C. A. F. Peters

Briefwechsel zwischen C. F. Gauss und H. C. Schumacher

Erster Band

C. A. F. Peters

Briefwechsel zwischen C. F. Gauss und H. C. Schumacher
Erster Band

ISBN/EAN: 9783744611039

Hergestellt in Europa, USA, Kanada, Australien, Japan

Cover: Foto ©ninafisch / pixelio.de

Weitere Bücher finden Sie auf **www.hansebooks.com**

Briefwechsel

zwischen

C. F. Gauss und H. C. Schumacher.

Herausgegeben

von

A. F. Peters.

Erster Band.

Altona.
Druck von Gustav Esch.
1860.

Vorwort des Herausgebers.

Die Briefsammlung, welche hiermit dem Publicum überliefert wird, besteht zum grössten Theile aus Mittheilungen von Gauss an Schumacher, deren Originale sich im Besitz der Schumacher'schen Erben befinden, und aus den Briefen Schumacher's an Gauss, die von den Erben des Letztern auf der Universitäts-Bibliothek zu Göttingen deponirt und mir von dem Vorstande dieses Instituts, durch freundliche Vermittlung des Herrn Ober-Bauraths Gauss, zur Verfügung gestellt sind.

Schumacher hat die von Gauss empfangenen Briefe mit grosser Sorgfalt aufbewahrt, allein nicht alle sind in den Besitz seiner Erben übergegangen, indem er mehrere, auf die Berechnung geodätischer Operationen sich beziehende, den Papieren der K. Dänischen Gradmessung beigelegt hat. Von den letztern wurden mir jedoch durch freundliche Bereitwilligkeit des Directors der Gradmessung, Herrn Geh. Etatsrath von Andrä, Abschriften mitgetheilt. Auf diese Weise wird die Sammlung der Briefe von Gauss sehr vollständig werden. Von den Briefen Schumacher's sind dagegen einige, insbesondere solche, die Gauss erhalten hat, wenn er nicht in Göttingen anwesend gewesen ist, verloren gegangen.

Durch die Herausgabe dieser Sammlung glaube ich dem wissenschaftlichen Publicum einen Dienst zu erweisen. Als gegenseitige Mittheilungen zweier um die Astronomie hochverdienter und durch Freundschaft eng verbundener Männer sind die Briefe für die neueste Geschichte dieser Wissenschaft, ohne Zweifel, von Wichtigkeit. Mit Interesse wird man darin z. B. verfolgen, wie die Instrumente und Hülfsmittel für Ausführung astronomischer und geodätischer Beobachtungen im Laufe von

40 Jahren vervollkommnet, und wie die Schwierigkeiten, welche sich der Ausführung der von Beiden unternommenen Gradmessungen entgegenstellten, nach und nach überwunden sind. In letzterer Beziehung dürften die Briefe selbst für die Ausführung neuer Vermessungen noch von Nutzen sein.

Die Briefe sind fast durchgehends in der Vollständigkeit abgedruckt wie sie geschrieben sind, da nicht allein der wissenschaftliche Inhalt derselben, sondern alles was die Briefsteller als Menschen darstellt, von der Mit- und Nachwelt als ein schätzbares Vermächtniss wird betrachtet werden. Selbstverständlich war bei der Herausgabe darauf zu sehen, dass solche Aeusserungen in den Briefen, durch welche lebende Personen sich verletzt fühlen könnten, möglichst unterdrückt wurden. In dieser Hinsicht war übrigens auf die Briefe von Gauss wenig Aufmerksamkeit zu verwenden, da dieser grosse Mann in seinen Urtheilen fast immer eben so vorsichtig als human war. Schumacher's Urtheile sind oft weniger sorgfältig abgewogen; allein aus mehreren Aeusserungen gegen Gauss geht hervor, dass er auf solche leicht hingeworfene vertrauliche Mittheilungen gegen Freunde kein Gewicht legte und der Meinung war, selbst durch deren Veröffentlichung könne sich Niemand gekränkt fühlen, da sie als nicht geschrieben zu betrachten seien. Sollte also hin und wieder ein etwas hartes Urtheil von Schumacher stehen geblieben sein, so ist es von dem genannten Gesichtspuncte aus zu beurtheilen. Die Rücksicht gegen die Leser, die doch am liebsten selbst urtheilen, schien es zu erfordern, nicht zu strenge im Unterdrücken zu sein.

Sollte diese Correspondenz, deren Fortsetzung, wenn irgend möglich, im Laufe dieses Jahres veröffentlicht wird, mit Beifall aufgenommen werden, so wird die zwischen Olbers und Schumacher sogleich darauf folgen.

C. A. F. Peters.

Altona im Februar 1860.

Inhaltsverzeichniss.

Schumacher an Gauss.

Laufde. No.	No. d. Briefs			Seite
1.	1.	1808,	2. April . .	1
3.	2.	—	20. September	4
5.	3.	—	11. October .	7
6.	4.	1809,	8. November	8
9.	5.	—	2. December	14
11.	6.	—	30. December	18
13.	7.	1810,	16. Februar .	28
14.	8.	—	3. April . .	33
15.	9.	—	27. April . .	35
17.	10.	—	4. Mai . .	37
18.	11.	—	30. Mai . .	39
19.	12.	—	10. Juni . .	43
21.	13.	—	25. Juni . .	48
22.	14.	—	3. Juli . .	49
24.	15.	—	6. September	52
26.	16.	—	6. October .	55
27.	17.	—	13. October .	57
28.	18.	—	19. November	58
30.	19.	1811,	9. Januar .	63
31.	20.	—	26. Februar .	68
33.	21.	—	20. März . .	71
35.	22.	—	15. Mai . .	76
37.	23.	—	11. Juni . .	80
38.	24.	—	31. Juni (sic)	81
39.	25.	—	1. August .	82
41.	26.	—	7. October .	85
44.	27.	1812,	10. Juni . .	88
45.	28.	—	7. August .	91
47.	29.	—	7. September	93
48.	30.	—	2. October .	93
50.	31.	1813,	23. Januar .	96
51.	32.	—	8. Februar .	99
53.	33.	—	10. Juli . .	101

Gauss an Schumacher.

Laufde. No.	No. d. Briefs			Seite
2.	1.	1808,	17. September	2
4.	2.	—	2. October .	6
7.	3.	1809,	10. November	10
8.	4.	—	23. November	12
10.	5.	—	14. December	16
12.	6.	1810,	10. Februar .	25
16.	7.	—	29. April . .	36
20.	8.	—	25. Juni . .	45
23.	9.	—	5. August .	51
25.	10.	—	6. October .	54
29.	11.	1811,	6. Januar .	61
32.	12.	—	10. März . .	69
34.	13.	—	25. April . .	74
36.	14.	—	2. Juni . .	78
40.	15.	—	24. August .	83
42.	16.	—	14. December	86
43.	17.	1812,	5. Juni . .	87
46.	18.	—	23. August .	91
49.	19.	—	31. December	95
52.	20.	1813,	3. März . .	99
55.	21.	1814,	20. Februar .	103
59.	22.	—	13. September	108
64.	23.	—	13. December	119
67.	24.	1816,	(?) April .	124
69.	25.	—	5. Juli . .	130
72.	26.	1817,	28. August .	133
73.	27.	—	13. October .	134
77.	28.	1818,	12. August .	141
79.	29.	—	10. September	144
81.	30.	—	24. September	148
84.	31.	—	28. October .	152
86.	32.	—	25. November	156
92.	33.	1819,	19. Juli . .	161

Schumacher an Gauss.

Laufde. No.	No. d. Briefs			Seite
54.	34.	1814,	6. Januar	101
56.	35.	—	7. Juni	104
57.	36.	—	17. Juni	106
58.	37.	—	1. August	107
60.	38.	—	7. October	110
61.	39.	—	14. October	111
62.	40.	—	28. October	113
63.	41.	—	7. December	118
65.	42.	—	20. December	122
66.	43.	1816,	5. April	123
68.	44.	—	8. Juni	126
71.	46.	1817,	25. April	133
70.	45.	—	8. Juli	132
74.	47.	—	16. November	135
75.	48.	1818,	3. Juni	138
76.	49.	—	7. August	139
78.	50.	—	8. September	143
80.	51.	—	18. September	145
82.	52.	—	1. October	150
83.	53.	—	28. October	150
85.	54.	—	21. November	155
87.	55.	1819,	5. März	156
88.	56.	—	18. April	157
89.	57.	—	10. Mai	157
90.	58.	—	4. Juni	159
91.	59.	—	17. Juni	160
93.	60.	—	3. August	162
95.	61.	—	15. December	167
Beilage, Brief von C. Rümker an Schumacher 1819, 1. Oct. 175				
97.	62.	1820,	5. Februar	184
99.	63.	—	15. April	188
101.	64.	—	5. Juni	192
103.	65.	—	29. August	196
107.	66.	—	16. December	201
108.	67.	1821,	11. Januar	202
111.	68.	—	20. Februar	207
Beilage, Brief von Zach an Lövenörn				209
112.	69.	1821,	24. Februar	211
114.	70.	—	24. März	220
115.	71.	—	27. März	222
117.	72.	—	10. April	227
120.	73.	—	(?) Juni	233

Gauss an Schumacher.

Laufde. No.	No. d. Briefs			Seite
94.	34.	1819,	22. August	163
96.	35.	—	18. Januar	176
98.	36.	—	(?) Februar	185
100.	37.	—	20. Mai	190
102.	38.	—	2. Juli	193
104.	39.	—	6. September	197
105.	40.	—	1. November	198
106.	41.	—	14. December	200
109.	42.	1821,	4. Februar	203
110.	43.	—	19. Februar	206
113.	44.	—	4. März	214
116.	45.	—	1. April	223
118.	46.	—	6. Mai	229
119.	47.	—	30. Mai	230
122.	48.	—	11. Juli	235
123.	49.	—	5. August	237
125.	50.	—	29. September	239
128.	51.	—	24. October	242
130.	52.	—	8. November	245
132.	53.	—	18. November	249
133.	54.	—	21. November	250
135.	55.	—	26. December	252
136.	56.	1822,	23. Januar	253
138.	57.	—	1. Februar	257
139.	58.	—	13. März	257
141.	59.	—	17. März	259
144.	60.	—	10. Mai	265
146.	61.	—	10. Juni	267
148.	62.	—	10. Juli	271
150.	63.	—	6. August	273
151.	64.	—	23. August	274
153.	65.	—	30. August	277
154.	66.	—	6. September	280
155.	67.	—	18. September	282
156.	68.	—	24. September	283
157.	69.	—	29. September	284
158.	70.	—	8. October	286
159.	71.	—	10. November	291
160.	72.	—	10. November	291
161.	73.	—	25. November	294
163.	74.	—	11. December	297
164a.	74a.	1823,	21. Januar	438
165.	75.	—	9. Februar	298
166.	76.	—	18. Februar	299

VII

Schumacher an Gauss.

Laufde. No.	No. d. Briefs			Seite
121.	74.	1821,	28. Juni . .	234
124.	75.	——	24. September	239
126.	76.	——	3. October .	241
127.	77.	——	5. October .	242
129.	78.	——	4. November	245
131.	79.	——	16. November	248
134.	80.	——	18. December	251
137.	81.	1822,	26. Januar .	255
140.	82.	——	12. März . .	258
142.	83.	——	52. März . .	261
143.	84.	——	4. Mai . .	264
145.	85.	——	4. Juni . .	266
147.	86.	——	22. Juni . .	270
149.	87.	——	19. Juli . .	272
152.	88.	——	17. August .	275
162.	89.	——	30. November	295
164.	90.	1823,	1. Februar .	297
167.	91.	——	25. Februar .	299
168.	92.	——	4. März . .	301
170.	93.	——	25. März . .	304
172.	94.	——	4. April .	308
174.	95.	——	17. Mai . .	310
Schreiben von Schumacher's Frau an Gauss 1823 30. Mai				310
178.	96.	1823,	20. Juni . .	315
181.	97.	——	8. August .	318
183.	98.	——	15. August .	322
185.	99.	——	29. August .	325
187.	100.	——	(?) September	332
Beilage, Schreiben von Clausen an Schumacher, 1823 den 17ten September				333
190.	101.	1823,	7. November	336
191.	102.	——	(?) December	342
Beilage, Schreiben von Wurm an Schumacher 1823, 25. Nov.				343
193.	103.	1823,	30. December	351
194.	104.	——	(?) December	352
196.	105.	1824,	9. Januar .	359
198.	106.	——	16. Januar .	363
199.	107.	——	27. Januar .	365
201.	108.	——	17. Februar .	376
202.	109.	——	20. Februar .	377
204.	110.	——	27. Februar .	384

Gauss an Schumacher.

Laufde. No.	No. d. Briefs			Seite
169.	77.	1823,	9. März . .	202
171.	78.	——	30. März . .	306
173.	79.	——	7. Mai . .	309
175.	80.	——	8. Juni . .	311
176.	81.	——	10. Juni . .	313
177.	82.	——	18. Juni . .	313
179.	83.	——	24. Juni . .	315
180.	84.	——	23. Juli . .	316
182.	85.	——	(?) August .	320
184.	86.	——	21. August .	223
186.	87.	——	1. September	230
188.	88.	——	18. September	334
189.	89.	——	23. October .	336
192.	90.	——	20. December	344
195.	91.	1824,	5. Januar .	358
197.	92.	——	12. Januar .	360
200.	93.	——	9. (?) Februar	369
203.	94.	——	21. Februar .	380
205.	95.	——	3. März . .	386
206.	96.	——	7. März . .	388
207.	97.	——	9. März . .	390
210.	98.	——	18. April .	392
213.	99.	——	2. Mai . .	395
215.	100.	——	24. Juni . .	397
217.	101.	——	1. Juli . .	400
220.	102.	——	20. August .	405
221.	103.	——	27. September	407
222.	104.	——	2. (?) October	408
225.	105.	——	17. October,	411
229.	106.	1825,	7. Januar .	418
231.	107.	——	10. Januar .	423
233.	108.	——	(?) Januar .	426
236.	109.	——	2. Februar .	433

VIII

Schumacher an Gauss.

Laufde. No.	No. d. Briefs.		Seite	Laufde. No.	No. d. Briefs		Seite
204.*)	110.	1824, 2. März	386	224.	120.	1824, 17. October	410
208.	111.	— 12. März	391	226.	121.	— (?) October	413
209.	112.	— 6. April	391	227.	122.	— 21. December	414
211.	113.	— 23. April	393	228.	123.	— 22. December	418
212.	114.	— 27. April	394	230.	124.	1825, 7. Januar	422
214.	115.	— 16. Mai	396	232.	125.	— 14. Januar	423
216.	116.	— 23. Juni	399	234.	126.	— 25. Januar	431
218.	117.	— 23. Juli	402	235.	127.	— 25. Januar	431
219.	118.	— 17. August	403	237.	128.	— 11. Februar	436
223.	119.	— (?) October	409				

*) Durch ein Versehen hat dieser Brief die Nummern 204 und 110 statt 205 und 111 erhalten.

Nº 1. Schumacher an Gauss.

Sie werden sich, verehrter Herr Professor! über die Zuschrift eines Unbekannten wundern, vielleicht sie etwas zu dreist finden. Ehe Sie aber mich verurtheilen, bitte ich den Brief auszulesen; ich hoffe Sie werden dann selbst gestehen, dass ich in der Sache mich nur an Sie wenden konnte.

Vor ungefähr 10 Jahren gab ein Spanier Pedrayes allen Mathematikern eine Differentialgleichung zu integriren auf, die in den Gött. Anz. und Hindenburg's Archiv abgedruckt ist. Pfaff hat sie nur für einen besondern Fall integrirt (so viel ich noch erinnere setzt er die beyden Veränderlichen gleich), sonst ist meines Wissens gar nichts geschehen, so ungeheuer es auch scheinen mag, dass, da Sie, Laplace, Lagrange leben, ein Fremder solche Männer vergeblich ausfordern darf. Freilich sagt er, dass neue Methoden, Methoden die er erfunden, dazu erforderlich wären, aber kann er nicht durch Umwege erreicht haben, wozu man auf kürzerem Wege hätte kommen können? Und was er erfunden hat, kann es nicht nacherfunden werden? Ich gestehe Ihnen, wie ich voriges Jahr zufällig das Stück von Hindenburg in die Hand bekam, und daraus diese Umstände erfuhr, überlief mich ein Schauder, das Blut kochte mir, und in demselben Augenblick fasste ich den Entschluss (lächeln Sie immer) mich ganz der Mathematik zu widmen, zu der ich schon als Knabe mich hingerissen fühlte, und die ich seit der Zeit ohne Lehrer durch Selbststudium verfolgt habe. — Ich hatte hier Gelegenheit mit dem Generale der spanischen Truppen, dem Marquis von Romaña bekannt zu werden, und habe von ihm das Versprechen erhalten, er werde mir Pedrayes eigne Auflösung schaffen.

Kaum hatte ich das Versprechen erhalten, so dachte ich an Sie. Gewiss Herr Professor, Sie können die Aufgabe lösen, wenn Sie wollen! Wie ehrenvoll wäre es für Deutschland,

wenn Sie unser Stolz, ehe die Auflösung vielleicht aus Spanien kömmt, sie hier gäben! Wollten Sie mich durch ein paar Zeilen benachrichtigen, ob Sie von Ihrer kostbaren Zeit, hiezu einige Stunden abbrechen wollen, so würden Sie mich unendlich verbinden.
Mit der unbegränztesten Hochachtung

Ihr

ergebenster

Schumacher,

(Dr. der Rechte, Palmaillenstrasse im Hause der Conferenzräthin Schumacher.)

Altona, d. 2ten April 1808.

N? 2. **Gauss an Schumacher.** [1

Vor allen Dingen muss ich Sie, mein theuerster Herr Doctor, um Vergebung bitten, dass ich Ihre verehrte Zuschrift vom 2ten May*) so lange unbeantwortet gelassen habe. Die Sünde des Aufschiebens wird so leicht zur Gewohnheit, wenn man öfters mit Arbeiten beschäftigt ist, die den grössten Theil unsrer Zeit in Anspruch nehmen.

Was die von Ihnen erwähnte Aufgabe betrifft, so muss ich Ihnen aufrichtig gestehen, dass ich bisher es noch nicht habe über mich gewinnen können, sie zum Gegenstande einer besondern ernstlichen Untersuchung zu machen. Ich habe die Unart, ein lebhaftes Interesse bei mathematischen Gegenständen nur da zu nehmen, wo ich sinnreiche Ideenverbindungen und durch Eleganz oder Allgemeinheit sich empfehlende Resultate ahnen darf, und wenn ich offenherzig sprechen soll, muss ich erklären, dass mich so etwas aus jenem Problem nicht angesprochen hat. Es kann wohl seyn, dass ich irre, und dass wirklich an Pedrayes Problem mehr ist, als man aus seiner Exposition schliessen kann, aber aller Wahrscheinlichkeit nach lässt sich wol nicht viel von jemand erwarten, der sein Problem so verworren vorträgt, dass man den Sinn nur errathen muss. Uebrigens weiss

---

*) Soll ohne Zweifel April sein.

ich kaum, ob Sie der Aufl. des H. Prof. Pfaff nicht Unrecht thun, wenn Sie sagen, dass er die Gleichung nur für einen besondern Fall integrirt habe: wenn Pfaff den Sinn der Aufgabe errathen hat, so ist die wahre Pointe der Aufgabe nicht das Integriren, sondern das Angeben einer Gleichung zwischen x und u, bei der jene Diff.-Gleichung sich algebr. integriren lässt, und wenn es eine andere Aufl. gibt, als die des Hrn. Pfaff, so scheint es wird dieselbe bloss in der Aufstellung einer andern Relation zwischen x und u bestehen als der einfachsten $x = u$, z. B. vielleicht in einer ähnlichen wie $xx + yy = 1$.

Vielleicht wäre ich im Besitz von Wahrheiten, die zur Entscheidung dieser Sache dienen könnten. Mir ist bei der Integralrechnung immer das weit weniger interessant gewesen, wo es nur auf Substituiren, Transformiren &c. kurz auf einen gewissen geschickt zu handhabenden Mechanismus ankommt um Integrale auf algebraische oder logarithmische oder Kreisfunctionen zu reduciren, als die genauere tiefere Betrachtung solcher Transcendenten-Functionen, die sich auf jene nicht zurückführen lassen. Mit Kreisfunctionen und Logarithmischen wissen wir jetzt umzugehen, wie mit dem 1 mal 1, aber die herrliche Goldgrube, die das Innere der höhern Functionen enthält ist noch fast ganz Terra Incognita. Ich habe darüber ehemals sehr viel gearbeitet und werde dereinst ein eignes grosses Werk darüber geben, wovon ich bereits in meinen Disq. arithm. p. 593 einen Wink gegeben habe. Man geräth in Erstaunen über den überschwenglichen Reichthum an neuen höchst interessanten Wahrheiten und Relationen die dergleichen Functionen darbieten (wohin u. a. auch diejenigen gehörigen, mit denen die Rectification der Ellipse und Hyperbel zusammen hängt). Es könnte wol sein, dass gerade aus diesen Untersuchungen die Beantwortung der Pedrayes-Aufgabe sich entnehmen liesse, vorausgesetzt, dass sie eine Auflösung zulässt, die wirklich einen Werth hat: allein wenn ich auch klarer sähe, dass die ganze Aufgabe zu etwas führen könnte, als dies bis jetzt der Fall ist, würde ich doch jetzt von dieser Untersuchung abstrahiren müssen, da ich mich erst dann in diese weitaussehende Materie wieder hinein werfen werde, wenn ich an die Ausarbeitung jenes grossen Werks werde denken können. Dazu bin ich aber jetzt noch mit zu vielen andern mir nicht minder interessanten Untersuchungen überhäuft.

Sollten Sie des Hrn. Pedrayes Auflösung erhalten haben, so würden Sie mich immer sehr durch die Mittheilung verbinden, und es würde mich gewiss innigst freuen, wenn ich finden würde, dass ich mir eine falsche Vorstellung von seiner Aufgabe gemacht habe. Haben Sie sie freilich bis jetzt noch nicht, so werden Sie sie schwerlich jetzt durch den Marquis de Romana erhalten.

Von meinem Werke über die Bewegung der Himmelskörper sind leider erst 17 Bogen, also etwa ⅓ des Ganzen fertig. Ich hoffe, dass auf den Novbr. der Druck vollendet seyn wird.

Wird die von Ihnen angekündigte Bearbeitung von Carnot Geometrie de Position bald erscheinen?

Mit ausgezeichneter Hochachtung habe ich die Ehre zu beharren.

Ew. Wohlgeboren

ergebenster Diener

C. F. Gauss.

Göttingen, d. 17. Septbr. 1808.

N° 3. **Schumacher an Gauss.** (2

Auf Veranlassung des Hrn. Dr. Schönhütt schrieb ich an Sie, verehrter Herr Professor, vor ohngefähr einem halben Jahre in Betreff der Pedrayischen Aufgabe. Ich weiss nicht, ob der Brief übergekommen ist, oder ob der Hr. Dr. Schönhütt nicht berechtigt war, Ihnen einen Unbekannten zuzuweisen, nur das weiss ich, dass mich Ihr gänzliches Stillschweigen sehr besorgt gemacht hat, Ihnen misfallen zu haben.

Ich bin überzeugt, dass Sie die Aufgabe des Pedrayes lösen können, wenn Sie wollen, und nicht vielleicht die Sache zu unwichtig ansehen.

Jetzt wende ich mich wieder in einer neuen Angelegenheit an Sie, wo möglich noch etwas unverschämter als das erste mal. Zuvor müssen Sie mir aber ein paar Worte über mich selbst erlauben.

Von Jugend auf zur Rechtsgelehrsamkeit bestimmt, zog

mich immer eine geheime Neigung zur Mathematik. Ich durfte ihr nicht folgen, und nur selten beschäftigte ich mich ohne Lehrer mit mathematischen Büchern. Weit entfernt aber zu verlieren, gewann meine Neigung immer mehr an Stärke, so dass ich die Grafen Reventlov und Schimmelmann, vor ohngefähr einem Jahr um Unterstützung zu meinem Vorhaben bat, ganz die Jurisprudenz zu verlassen, und bloss mich mit Mathematik (namentlich Astronomie) zu beschäftigen. Sie glaubten einige Anlagen in mir zu bemerken, und auf ihre Veranlassung habe ich ietzt vom Könige 600 Thal. Dän. Cour. jährlich zum Behufe einer astronomischen Reise erhalten.

Es hängt von gewissen Umständen ab, wohin ich zuerst gehen muss, aber wo möglich gleich, sonst im Frühjahr, komme ich nach Göttingen, um mich unter Ihren Augen zu bilden, wenn Sie sonst mich nicht verstossen. Meine Verehrung gegen Sie ist unbegrenzt, und mein höchster Wunsch ist, dass mich der erste Mathematiker seiner Freundschaft, und seines Rathes bey meinen Studien nicht unwerth finde. Ich komme nicht als Student nach Göttingen. Sie sind der einzige Magnet, der mich dahin zieht, oder vielmehr die Sonne, die mich anzieht. Darf ich dereinst den Titel Schüler von Gauss führen, so verlange ich nie einen andern.

Sehen Sie zu, verehrter Herr Professor! ob Sie meine Bitte gewähren können, darf ich aber nicht hoffen zu Ihnen Zutritt zu erhalten, so komme ich nicht nach Göttingen, das mir nur durch Sie interessant ist.

Ich weiss nicht, ob ich nicht zu viel wage, wenn ich um eine baldige Antwort bitte.

Mit der reinsten Hochachtung

Altona, d. 20sten Sept. 1808.

Ihr ergebenster Diener
H. C. Schumacher, Dr. der Rechte.

№ 4. **Gauss an Schumacher.** (2

Göttingen, 2. October 1808.

Ihr neulicher Brief vom 21. September hat mir sehr grosse Freude gemacht, mein theuerster Herr Doctor. Ich bin zwar weit entfernt zu glauben, dass ich alles das Schmeichelhafte verdiene, was Sie mir darin sagen: indess kann die gute Meinung eines Mannes, zu dessen Acquisition ich der Mathematik und Astronomie so sehr Glück wünsche, mir nicht anders als sehr werth seyn. Höchst erfreulich ist mir die Aussicht, dass Sie Göttingen eine Zeitlang zu Ihrem Aufenthalte wählen wollen, und ich werde mich sehr glücklich halten, wenn ich Gelegenheit habe, Ihnen auf irgend eine Weise nützlich zu seyn. Ueber eigentlichen förmlichen Unterricht werden Sie längst weit weg seyn. Meiner Einsicht nach ist dieser bei solchen Köpfen, die nicht etwa nur eine Masse von Kenntnissen einsammeln wollen, sondern denen es hauptsächlich daran liegt, ihre eigenen Kräfte zu üben, um selbst zur Erweiterung der Wissenschaften beizutragen, sehr unzweckmässig: einen solchen muss man nicht bei der Hand fassen und zum Ziele führen, sondern nur von Zeit zu Zeit ihm Winke geben, um sich selbst auf dem kürzesten Wege hin zu finden. Dass ich dies überall, wo Gelegenheit dazu seyn wird mit dem grössten Vergnügen thun werde, daran dürfen Sie nicht zweifeln; der Genuss, den die Beschäftigung mit den erhabenen Wissenschaften gewährt, die das Glück meines Lebens machen, kann ja dadurch nur erhöhet werden, dass wir ihn mit andern theilen, die von einer gleichen Liebe beseelt werden.

Alle Hülfsmittel, die unsere Sternwarte darbietet, stehen zu Ihrer Uebung bereit. Wir werden zusammen beobachten, Sie werden mich bei den Rechnungen unterstützen, und vielleicht bin ich im Stande, Ihnen bei beiderlei Beschäftigung manches mitzutheilen, was Ihnen interessant und nützlich seyn kann. Jene Hülfsmittel sind freilich bis jetzt noch etwas beschränkt, indess leidet es keinen Zweifel, dass Ihnen die Behandlung anderer Instrumente keine Schwierigkeit machen wird, wenn Sie sich mit denen vertraut gemacht haben, die Sie hier vorfinden.

Erlauben Sie mir jetzt noch eine mit obigen nicht in

Verbindung stehende Bitte. Sie stehen in näherer Verbindung mit Herrn Repsold, einem Künstler, von welchem ich schon von vielen Seiten sehr viel Rühmliches gehört habe. Dies hat den Wunsch bei mir veranlasst, von seiner Hand etwas zu besitzen. In der Folge, wenn einst unsre neue Sternwarte (deren Bau freilich sobald noch nicht vollendet seyn wird) ausgerüstet werden soll, könnte sich wol Veranlassung finden, seine Geschicklichkeit für grössere Arbeiten anzusprechen: für jetzt geht mein Wunsch nur auf eine kleinere. Ich besitze einen sehr schönen 10z. Sextanten von Troughton: bei manchen Gelegenheiten würde ich damit viel bequemer beobachten, wenn ich ein zweckmässiges Stativ dazu hätte. Es würde mir ein grosser Gefallen geschehen, wenn Hr. Repsold sich dieser Arbeit unterziehen wollte. Ich glaube, dass ich die Angabe einer Einrichtung, die Festigkeit und Bequemlichkeit mit einander vereinigt, seinem eigenen Erfindungsgeist überlassen kann, angenehm wäre es mir aber vorzüglich, wenn es zugleich leicht zu transportiren wäre. Der Griff des Sextanten (der der Ebene parallel ist) hat bereits ein gefüttertes Loch, etwa 1 Linie im Durchmesser, welches vielleicht schon die Bestimmung der Befestigung auf einem Stativ gehabt hat.

Mit der ausgezeichnetsten Hochachtung verharre ich

Ihr

ergebenster Freund und Diener

C. F. Gauss.

N.° 5.   Schumacher an Gauss.   [3

Mit welcher Freude ich Ihren letzten Brief empfing, mein innigst verehrter Hr. Professor, brauche ich wohl nicht zu sagen. Ihre Güte übertrifft bey weitem meine Erwartungen. Schon seit jeher fühlte ich, wenn Ihr Name genannt ward einen geheimen Stolz, dass ich von derselben Nation war — und jetzt darf ich mich mit Zuversicht dem Manne nahen, den ich so sehr bewunderte! Mein Dank kennt keine Gränzen.

Meine Absicht war kein Unterricht, ich wünschte nur unter Ihnen arbeiten, Sie um Rath fragen, von Ihnen in den schwierigsten Puncten belehrt werden zu können. Ihre Nähe allein ist belebend.

In der letzten Woche dieses Monats reise ich von hier ab, so dass ich ohngefähr im Anfange des Novembers in Göttingen eintreffe. Meine ehemaligen academischen Freunde sind längst fort, auch sonst habe ich dort keinen Bekannten, den ich bitten könnte, mir in der Nähe Ihrer Wohnung ein gutes Logis zu besorgen. Ich will es also dem Zufalle überlassen, ob er mich begünstigen wird. — Uebrigens können Sie aus diesem Wunsche, in Ihrer Nähe zu wohnen, sehen, wie ernstlich ich Ihre gütigen Anerbietungen annehme. Von meinen Büchern nehme ich beynahe nichts mit, ich wollte nicht gern Eulen nach Athen bringen.

Hr. Repsold lässt sich Ihnen vielmahls empfehlen, und wird Ihren Auftrag mit dem grössten Vergnügen nach besten Kräften ausrichten, wenn Sie nur die Güte haben wollen, ihm den Handgriff des Sextanten, oder eine genaue Zeichnung zu übersenden, worauf der Schwerpunct des Instruments bemerkt ist. Zugleich wünscht er ohngefähr das Gewicht des Sextanten zu erfahren, da Trougthon die lezten nicht mehr double firmed, und also schwerer, wie die ersten macht. Es ist ohnstreitig für die Transportabilität des Gestelles wichtig, dass man es nicht stärker wie grade nöthig ist macht. Er glaubt die Befestigung in dem einem Loche genüge nicht, sondern man müsse noch Klammern anbringen, die den Handgriff umfangen.

Mit den Gefühlen der reinsten Verehrung empfehle ich mich Ihnen

ganz ergebenst

Schumacher.

Altona, d. 11ten Octob. 1808.

N? 6.   Schumacher an Gauss.   [4

Ich sende Ihnen diesen Brief nach Göttingen voraus, damit er Sie bey Ihrer Ankunft begrüsse. Die Zerstreuung auf der Reise hört iezt mit ihrer betäubenden Kraft auf, und Ihr Schmerz tritt gewiss, wo alles Sie an die Entschlafene erinnert, mit unverminderter Kraft hervor. Sie haben keinen Trost zu erwarten, den Sie nicht aus sich selbst schöpfen, Sie können vor allen Menschen die mit Ihnen leben sich am weitesten in das Reich der Speculation stürzen, und von Gipfel zu Gipfel bis dahin steigen wo der menschliche Jammer nur schwach hintönt. Freilich wird wohl der Schmerz noch lange die ersten Schritte hemmen, und die Flügel Ihres Geistes binden, dass er sie nicht aus seinen Nebeln wegführe.

Sie werden es mir nicht für Stolz und Zudringlichkeit anrechnen, wenn ich Ihnen gestehe, dass ich seit Ihrer Abreise selbst hier unter Freunden und Verwandten eine gewisse Leere empfinde. Seit einem Jahre habe ich Sie so oft gesehen, Sie haben mir so viele Güte erzeigt, dass blosse Dankbarkeit mich schon fest an Sie ketten musste.

Sie haben hier einen Kragen vergessen, auch hat meine Mutter noch Ihr Manuscript über Interpolation, wir erwarten über beydes Ihre Befehle.

Gestern war ich wieder in Hamburg, und traf den Dr. Werthheim auf der Strasse. Er sah recht betrübt aus, und sehnt sich nach Göttingen. Seit 14 Tagen liegt er in einem Wirthshause und klagt, dass er noch keine Stunden hat. Auf seiner Stube ist auch kein Ofen, so dass er gezwungen ist, den ganzen Tag auf Kaffehäusern und bey Bekannten sich herumzutreiben. Er hat mir gesagt, dass er die von Ihnen vorgetragene Theorie der Refraction vollständig habe und will sie mir mittheilen. Er hat, wie er sagt, 3 Stunden gebraucht, um das, was Sie in einer vortrugen, auszuarbeiten.

Sonntag kam ein Brief aus Kopenhagen von dem Secretair von Schimmelmann, worin er fragt, ob noch keine Nachricht aus Dorpat da wäre. Sollten Sie dergleichen bey Ihrer Zurückkunft vorfinden, so theilen Sie wohl sie mir, so bald Sie können, gütigst mit.

Tausend Grüsse von meiner guten Mutter, denen ich meine beyfüge. Wir bitten beyde herzlich, uns nicht zu vergessen. Ich habe schon nach Ihrer Methode das Osterfest künftigen Jahrs berechnet, um zu sehen, wann wir Sie wieder erwarten dürfen. Sie haben gewiss nirgends Menschen, die sie mehr, wenn auch eben so stark, lieben als hier.

Ganz ergebenst
Schumacher.

Altona, d. 8ten November 1809.

N. S. So eben erfahre ich, dass in einer Auction d. 27ten Nov. Eulers Dioptrik, 3 Bände 4to, vorkommt, wollen Sie darauf reflectiren, so werde ich Ihre Commission gerne besorgen, auch Monge Application de l'Algèbre à la Géometrie 4to, Archimed von Torelli, Leibnitzens Werke von Dutens, 4to 6 Bände, Euler Scientia Navalis und beynahe alles andere von Euler. Wollen Sie auch wohl gefälligst an Rennenkampf sagen, dass Montucla Histoire des Mathematiques auch vorkommt; ich werde auch seine Commission gerne besorgen.

No 7. Gauss an Schumacher. [3

Braunschweig, den 10. Novbr. 1809.

Ich kann nicht umhin, Ihnen lieber Schumacher, noch von hieraus ein Lebenszeichen zu geben, da Sie gewiss öfters in Gedanken bei mir sind. Ich glaube, dass meine Reise mir ganz so wohl gethan hat, als eine Reise thun konnte, ich bin nun schon über fünf Wochen von dem Reste meines Lebens hinaus. Der Anblick von glücklichen häuslichen Verhältnissen, und besonders darunter von den Ihrigen und denen unsers Freundes Repsold, ist dasjenige, was am meisten dazu beigetragen hat, mir manche Stunden zu erheitern. Hier in Braunschweig habe ich noch einen Genuss eigner Art. Die vertrauteste hiesige Freundin meiner Frau theilt mit mir alle seit unsrer Entfernung von hier von dieser erhaltenen Briefe, und erlaubt mir von der Hälfte, die sie selbst behält, Copien zu nehmen. Dies ist ein unbezahlbarer Schatz; ihre ganze schöne Seele, ihre unendliche Liebe zu mir und unsern Kindern, und ihr stilles Glücklichseyn leben darin.

Meine Reise von Hamburg hieher war nicht die angenehmste. Meine Reisegesellschaft bestand, vielleicht einen ausgenommen, aus gemeinen Naturen, von denen ein Jude, ein Officier und ein Kaufmann sich fast mit nichts als mit Geschichten vom Hamburger Berge und mit Zoten unterhielten. Dabei war auch die physische Existenz besonders für die Nase nicht die behaglichste, so dass ich die zweite Nacht halb krank war; am

Montage, wo es anfing trocken von oben zu werden, nahm ich daher sogleich Extrapferde und fuhr allein den übrigen Theil des Weges hieher. Am Dienstage erhielt ich einen Brief von Harding mit einigen guten Nachrichten von meinem Hause und dem Befinden meiner Kinder. Dagegen sei die Demois. Boht vom Schlagfluss befallen, und in einem traurigen Zustande, der aber dem Vater nicht sehr zu Herzen zu gehen scheine. Auch von Lindenau habe ich hier einen Brief erhalten. Die bewuste Aufgabe sei im Septemberhefte der Monatlichen Correspondenz bereits abgedruckt.

Gelegentlich schicken Sie mir wol das in Altona vergessene Heft über die Interpolationen nach Göttingen zurück. Auch eine blosse Anzeige der Sujets der 24 (oder wie viele waren's?) Artikel, die Sie in Göttingen über allerlei mathematische Gegenstände gesammelt haben, wird mir sehr willkommen seyn.

Von hier werde ich vermuthlich den 13. Nov. abreisen. Ich befinde mich hier in freundschaftlichen Cirkeln ganz wohl. Auch im Allgemeinen finde ich den Zustand der Dinge bei weitem nicht so schlimm, als ich gefürchtet hatte, ja in mancher Rücksicht besser als in Göttingen. Die ausser Activität gesetzten Professores des Collegii Carolini geniessen noch ihren vollen Gehalt, und werden ziemlich ordentlich bezahlt, wenigstens waren sie schon bis zum August avancirt, und die an der Militärschule wieder angestellten haben sogar neben ihrer alten Besoldung die neue.

Ihrer wahrhaft verehrungswürdigen Frau Mutter sagen Sie von meiner grossen Hochschätzung, von meiner lebhaften Erkenntlichkeit für die freundliche Aufnahme in ihrem Hause und von meinem herzlichen Wunsche für eine recht lange Dauer ihres Glücks recht viel. Auch den übrigen Personen, die ich in Altona habe kennen lernen, empfehlen Sie mich wohl gelegentlich, ohne dass ich sie einzeln nenne.

Leben Sie wohl, lieber Schumacher. Von welchem Werth mir Ihre Freundschaft ist, brauche ich Ihnen nicht zu sagen.

C. F. Gauss.

No 8. Gauss an Schumacher. [4

Göttingen, den 23. November 1809.

Meinen Brief von Braunschweig werden Sie, lieber Schumacher durch Repsold empfangen haben. Ich wiederhohle Ihnen und Ihrer würdigen Frau Mutter nochmals meinen herzlichen Dank für die mir auf der Reise und bei meinem Aufenthalt in Altona erwiesene mir stets unvergessliche Freundschaft. Von Braunschweig bin ich den 14. abgereiset und den 15. Abends um 7 Uhr hier ganz wohlbehalten, obgleich nach überstandenen sehr ernsthaften Gefahren, von denen ich Ihnen mündlich einmal erzählen will, angekommen. Ich hatte meine Abreise von Braunschweig Einen Tag früher bestimmt, ein Zufall, den ich jetzt einen glücklichen nennen muss, hielt mich Einen Tag länger auf. Ohne diesen Zufall würde ich einen sehr unglücklichen Tag mehr gehabt haben. Ich fand nemlich bei meiner Zurückkunft meinen Joseph in den Masern (die hier epidemisch sind) so sehr krank, dass ich ganz erschrocken war; allein meine Schwiegermutter versicherte, dass er den Tag zuvor noch viel kränker gewesen sei, und dass sie nicht geglaubt habe, er werde die Nacht überleben. Jetzt hat er die Masern glücklich überstanden, und leidet nur noch etwas an Husten. Die Minna hatte sich in der Zeit meiner Abwesenheit ungemein zu ihrem Vortheil geändert; sie spricht schon ganz fertig, und war wenigstens bis vorgestern das lebendige Bild der Gesundheit: sie ist ausserordentlich an mich attachirt. Jetzt scheinen sich auch die Symptome der Masern bei ihr einzustellen, ich bin aber ziemlich ruhig, da sie übrigens so sehr gesund ist. Der arme Louis aber ist zwar sehr in die Länge gewachsen, aber noch sehr mager und schwach, ein paar Tage hindurch ist er auch so krank gewesen, dass ich schon glaubte ihn verloren zu haben; jetzt ist er auch wieder ruhiger, allein ich zweifle doch, dass er der Ansteckung entgehen kann. Erhält mir der Himmel meine drei Kinder, so ist die ihrentwegen ausgestandene Angst mir vielleicht für meine Ruhe sehr wohlthätig, da ich dann desto lebendiger fühle, wie viel ich noch zu verlieren habe. Im Ganzen bin ich jetzt etwas ruhiger oder apathischer geworden, vielleicht nur, weil ich keine Thränen mehr habe: ich habe sogar heute zum erstenmale eine mathematische Kleinigkeit gearbeitet zum Behuf meiner nun angefangenen Vorlesung. Von allen Trostgründen, die ich versucht habe, ist mir keiner kräftiger gewesen, als der, dass ich, wenn das Schicksal mir die Alternative vorgelegt hätte, mein gegenwärtiges Unglück zu wählen oder selbst zu sterben und die Seelige trostlos zurückzulassen, ich doch das hätte gutheissen müssen, was jenes nun entschieden hat.

Meine Gesundheit hat, glaube ich, durch die Reise etwas gewonnen. Ich habe sogar auf der letzten Tour 3 Meilen zu Fuss gemacht, ohne unangenehme Folgen davon zu verspüren. Wie geht es mit Ihrer Migräne? Wollen Sie nun nicht einmal eine ernstliche Cour dagegen gebrauchen?

Von Dorpat habe ich zu meiner Befremdung noch gar nichts erhalten. Dass ich, sobald etwas von daher einläuft, Ihnen sogleich Nachricht gebe, versteht sich von selbst.

Hr. von Rennekampf hat mir angebogenen Brief zur Besorgung zugestellt. Sollten Sie Euler's Dioptrik um ein Billiges für mich erstehen können, so würde es mir angenehm seyn. Ueber den Werth eines Louisd'or würde ich aber nicht gehen. Ist auch Euler's Introductio da, und können Sie solche für 10 ₰ Hamb. Cour. erhalten, so verpflichten Sie den Professor Harding. Dieser, welcher sich Ihrem Andenken empfehlen lässt, wünscht zugleich sehr, dass Sie mit Repsold's P. I. von folgenden Zonen, so viel Sie erhalten können, beobachten möchten:

Südl. Declin.	AR
$24^0 - 26^0$	$4\frac{1}{2}^h \ldots \ldots 12^h$
$25^0 - 28^0$	$8^h \ldots \ldots 16\frac{1}{4}^h$
$28^0 - 30^0$	$4\frac{1}{2}^h \ldots \ldots 16\frac{1}{2}^h$

Unter vielen herzlichen Empfehlungen an Ihre Frau Mutter, so wie an Repsold und dessen treffliche Frau,

Ihr ganz eigener

Carl Friedrich Gauss.

Dr. Wertheim wird, wie ich höre, eine öffentliche Vorlesung über Physik in Hamburg halten?

N? 9. **Schumacher an Gauss.** [5

Altona, d. 2ten Decemb. 1809.

Erst wenn man einige Zeit das langgenossene Gute entbehrt, fühlt man recht, wie viel man verloren hat, so vermisse auch ich Ihre Freundschaft, Ihren Rath bey jedem Schritte. Sie haben mich sehr verwöhnt, lieber Professor! und ich kann mich gar nicht wieder zurechtfinden.

Meinen aufrichtigsten innigsten Glückwunsch zu der Wiederherstellung Ihres Josephs. Ich hoffe, auch Minna und Louis werden Ihnen dieselbe Freude machen. Sie dürfen keines dieser Kinder missen, durch die Sie mit der Seeligen fortleben, für die Sie sorgen und arbeiten. Nur der ist ganz unglücklich, der bloss für sich zu streben hat, und an den Keines Hoffnungen hangen.

Ihr lieber Brief ward mir erst Montag Abend gebracht, wie Euler's Dioptrik schon verkauft war. Der Käufer aber ist Repsold, der es erstanden hat, um es, wie Sie befohlen, Ihnen zuzusenden. Lassen Sie ihm die kleine Freude, lieber Professor. Sie können es nicht wissen, welch ein Vergnügen es ist, einem Manne, den man so hoch verehrt und so aufrichtig liebt, einen kleinen Gefallen erzeigen zu können. Sie würden ihn gewiss sehr kränken, wenn Sie ihm die Bezahlung dafür geben wollten. Montucla kam erst Dienstags und der ist für Hrn. v. Rennenkampf für 43 ℔ 14 β gekauft, wie mir mein Commissionair schreibt, dazu kommen noch 44 β = 2 ℔ 12 β Commissionsgebühren (denn er lässt sich vom Marke einen Schilling bezahlen), so dass in allem 15 Thaler 26 β Hamb. Geld herauskömmt. Das ist freilich etwas theuer, und beynahe so viel wie der Pariser Ladenpreis, indess da dies Exemplar schön in Halbfzbd. gebunden und ganz ungebraucht ist, und da Hr. von Rennenkampf es ja doch auf mein Anrathen aus Paris verschreiben wollte, so hat er immer noch einigen Vortheil dabey. Ich bin aber erbötig, wenn es ihm zu theuer ist, es selbst zu behalten. Es kann seyn, dass er noch etwas mehr bekommen hat, weil ich noch nicht wieder in Hamburg bey dem Commissair gewesen bin. Das Geld kann er mit der Post oder durch Anweisung von Bornemann oder Heine überschicken. Um zu beurtheilen, wobey er den meisten Vortheil hat, kann er den Louisd'or zú 14 ℔ 1 β rechnen. Die Dioptrik und seine Bücher können wohl zusammengepackt werden, und ich erwarte Ihre Bestimmung, ob ich sie mit der Post absenden soll.

Montag, d. 11ten werden Hipp's Instrumente verkauft, unter andern auch der 5zöllige Troughton'sche Sextant. Mir dünkt, das wäre recht ein Instrument für Rennenkampf, wenn er sich mit der Praxis befassen will, Repsold meint für 13—14 Louisd'or würde es zu bekommen seyn. Da die Briefe aber hier nur Montags und Donnerstags ankommen, so würde, wenn er nicht seinen Brief an mich, nach Hamburg addressirt, bey Herrn Repsold abzugeben, oder lieber gradezu an Repsold, seine Commission zu spät kommen.

Gestern habe ich die Auflösung an Lindenau gesandt. Die Wurzeln der Gleichung für Ihre Zahlen sind *):

$$+ 0{,}945495$$
$$+ 0{,}395635$$
$$- 0{,}637596$$
$$+ 3{,}443930$$

von denen 3 gleich durch die Bedingungen der Aufgabe wegfallen, und nur die zweyte bleibt, es ist also:

$$h = 23^\circ\ 18'\ 20'',3$$
$$t = 5^h\ 36'\ 16'',5$$
$$A = 101^\circ\ 1'\ 29'',5$$

Man könnte noch als eine Aufgabe vorschlagen, welche von den Stundenlinien, die zwischen der Zone von $+25^\circ$, und -25° Declination begriffen sind, am meisten gekrümmt sey? Ich weis aber in diesem Augenblick es noch nicht in Gleichung zu setzen.

Der Professor .... kam im Museum zu mir und bat mich, ihm zu sagen, ob nicht eine kleine Unrichtigkeit im Ausdrucke auf ihrer ersten Seite **) sey, wo man, wie er meinte, statt inversa, directa lesen müsse, damit $\dfrac{g}{t\sqrt{p}\sqrt{(1+\mu)}} = \text{Const.}$

---

*) Vergl. Monatliche Correspondenz. Bd. XX. Seite 287.
**) Der Theoria m. c. c.

Er bot mir zugleich 3—4 Quartblätter an, die er vollgerechnet hatte, und die mir zum Leitfaden dienen sollten. Ich verbat natürlich seine Papiere und zeigte ihm mit 2 Kreidestrichen an der Billardtafel, dass er nicht recht klug sey. Gestern schrieb er mir ein Billet, ob ich ihm nicht einen Beweis, der durch alle 4 Quadranten gölte, geben könne, dass

$$\sin(a \pm b) = \sin a \cos b \pm \sin b \cos a.$$

Werthheim *) wird allerdings auf Rechnung des Hrn. Gabory, der mit den Instrumenten handelt, einen Cursus der Astronomie lesen. Er hat sich Euler's Intregalrechnung für 15 Thaler gekauft.

Wollen Sie wohl die Güte haben, dem Herrn von Rennenkampf das ihn betreffende mitzutheilen, und ihn zu grüssen und eines baldigen Briefes von mir zu versichern.

Bessel hat mir geschrieben, dass der Organist Knorre aus Dorpat in Lilienthal Telescope bestellt habe. Wahrscheinlich ist der ietzt zum Professor der Astronomie gewählt.

Tausend Grüsse von meiner Mutter, und die herzliche Bitte von uns beyden Ostern auf längere Zeit wieder zu kommen.

Altona, d. 2ten Dec. 1809.

Ewig Ihr

Schumacher.

N? 10.   **Gauss an Schumacher.**   [5

Göttingen, den 14. December 1809.

Ihre Aufträge an Hrn. Rennekampf, lieber Schumacher, habe ich besorgt, und dieser wird Ihnen bereits selbst geschrieben haben. Ich hatte einige Lust, für mich selbst auf den Sextanten zu reflectiren: allein ich finde es doch zweckmässiger,

---

*) Dr. Werthheim, ein Schüler von Gauss, war später Artillerie-Hauptmann in Hamburg. Für die von der Mathematischen Gesellschaft in Hamburg herausgegebenen Jahrbriefe hat er mehrere, jedoch nur der Elementar-Mathematik angehörende, Beiträge geliefert.   P.

wenn ich einiges Geld übrig habe, es lieber auf künftigen Sommer zum Reisen zu sparen, welches für meine Gesundheit vielleicht mehr als zuträglich seyn wird, da der Winter von dem was meine letzte Reise befestigt hat, wol einen Theil wieder einreissen könnte. Was Euler's Dioptrik betrifft, so würde ich gar keine Aufträge darauf gegeben haben, wenn ich gewusst hätte, dass Repsold darauf reflectirte, da ihm dieselbe viel mehr werth seyn wird, als mir hier, wo ich sie allezeit von der Bibliothek haben kann. Mein Heft über die Interpolationstheorie schicken Sie mir wol, besonders versiegelt, mit Hrn. von Rennekampf's Büchern.

Mit dem Arbeiten will es noch nicht recht bei mir gehen. Ich habe angefangen, die biquadratischen Reste wieder vorzunehmen, aber ich fühle mich noch immer zu wenig und zu selten aufgelegt.

Hr. Seyffer hat mir seine beiden neuen Werke über die Höhe und Länge von München zugesandt, wahre exercices de collège.

Hrn. ... bitte ich mich zu empfehlen, und für die Anzeige des ärgerlichen Schreibfehlers zu danken. In der deutschen Handschrift steht nicht im umgekehrten, sondern bloss im zusammengesetzten Verhältniss, das erste Blatt der lateinischen Handschrift habe ich verlegt, und weiss also nicht, ob durch einen Druck- oder Schreibfehler inversa statt composita gesetzt ist, doch wol das letztere, ob ich gleich nicht begreife, wie es zugegangen ist. Dass Hr. ... mehrere Quartblätter braucht, wozu ein Paar Federstriche hinreichen, müssen Sie dem an breites Dociren gewöhnten, aber doch gewiss von vielen Seiten achtungswerthen Schulmanne schon nachsehen.

Meine Kinder sind jetzt alle ziemlich hergestellt, den jüngsten scheinen die Masern diesmal verschonen zu wollen. Aber ich selbst bin seit einigen Tagen, besonders in den Frühstunden von 4—9, nicht ganz wohl und kämpfe mit Schlaflosigkeit und fast gänzlichem Mangel an Appetit. Ich hoffe, dass es nur vorübergehend und nicht Vorbote von etwas Schlimmeren seyn wird.

Mit den Zahlungen geht es hier jetzt besser, die Rückstände der Besoldungen sind ganz, obwol ganz in Preuss. Cour., berichtigt, auch der Societät der Wissenschaften sind einige Zuschüsse angewiesen.

Hr. Hammerich hat mir neulich geschrieben und um die Recension Ihres Carnot in unsern Anzeigen gebeten. Ich bin gern dazu erbötig, wenn nur noch etwas Zeit zugestanden wird, da doch über Carnots Ansichten selbst etwas gesagt werden müsste, mit denen ich mich noch nicht in extenso, sondern nur fragmentarisch bekannt gemacht habe. Seit meiner Zurückkunft habe ich noch gar Nichts für die Anzeigen geschrieben.

Bestellen Sie 1000 Grüsse an Ihre vortreffliche Frau Mutter und an unsern Repsold und behalten Sie lieb

Ihren ganz eigenen
C. F. Gauss.

Wie geht es Hrn. v. Berger? Correspondiren Sie nicht zuweilen mit ihm?

N? 11.   Schumacher an Gauss.   [6

Ich habe die Antwort auf Ihren gütigen Brief, lieber Professor! bis iezt verschoben, um Ihnen zugleich die Resultate der von mir berechneten Repsold'schen Declinationsbeobachtungen zu übersenden. Sie sind alle in dem Zeitraume vom 5. Junius 1804 bis zum 2. Aug. desselben Jahrs angestellt. An Bessel habe ich geschrieben und um bessere Declinationen aus Bradley gebeten, bis dahin will ich die Rechnung, so wie sie iezt geführt ist, mit mittlerer Refraction lassen. Am zuverlässigsten sind wohl die Resultate aus den beyden Culminationen des Polarsterns (an demselben Tage beobachtet), da keine Declination dabey entrirt. Aber auch die aus einzelnen stimmen, wie Sie sehen, vortrefflich unter sich, und lassen sich mit den aus beyden gezogenen sehr gut vereinen, wenn man nur die Zach'sche Declination um $3''$ ändert. Wenn der Fehler im Instrumente läge, müssten alle, sowohl einzelne, als verbundene Culminationen dasselbe geben. Die übrigen Declinationen sind die Maskelynschen aus Zach's Aberrat. Tafeln. Aberrat. und Nutat. ist, wo es anging, aus Zach's Tafeln, sonst aus Ihren allgemeinen berechnet. Bey dem Polarstern habe ich, obgleich eine Art Tafel in Zach's Werke ist, unmittelbar aus Ihren allgemeinen gerechnet.

Polhöhe der Repsoldischen Sternwarte in Hamburg.

Polarstern (beyde Culminat.)	53°32′51″,0	
	49, 7	
	48, 8	Mittel 49″,2
	48, 2	
	48, 2	
(obere Culminat.)	53, 9	
	54, 3	
	51, 9	Mittel 52″,9
	52, 2	
	52, 0	
(untere Culminat.)	47, 2	
	47, 0	Mittel 49″,1
	44, 0	
	44, 5	
	45, 2	Mittel 45″,2
	45, 7	
	44, 2	
	44, 6	
	44, 7	
	44, 6	
β Urs. maior.	49, 4	
	54, 4	
γ Ursae maior.	50, 0	
	51, 0	
	52, 3	
	49, 1	
η Ursae maior.	50, 2	
	46, 9	
	49, 6	
	49, 8	
	50, 5	
	51, 5	
α^2 Librae	48, 2	
	50, 3	
Regulus	55, 6	
Arcturus	55, 6	
	52, 1	
	52, 3	

Das kleine Observatorium, auf welchem diese Beobachtungen angestellt sind, lag auf dem Theile des Hamburger Walls, der gegenwärtig die Elbhöhe genannt wird. Nach Reinke's Messungen war der Meridiankreis damals 129,1 Toisen südlich und 240,1 Toisen westlich vom Michaelis-Thurm. Die Coordinaten des Meridiankreises der jetzigen Hamburger Sternwarte gegen Michaelis-Thurm sind 154,8 Toisen nördlich und 172,5 Toisen westlich. Der alte Repsold'sche Meridiankreis war demnach 283,9 Toisen südlicher u. 67,6 Toisen westlicher aufgestellt als der jetzige, und 30,8 Toisen nördlicher, 983,1 Toisen östlicher als der Meridiankreis der Altonaer Sternwarte.

P.

Spica .... 53°32'55",9
57, 2
57, 3
51, 5
Denebola 54, 1
52, 3
52, 4
54, 8
52, 9
Sirius 56, 8

Bey den meisten geben, wie Sie leicht sehen werden, die Piazzischen Declinationen weit bessere Resultate. Es scheint mir aber doch schon so die Uebereinstimmung erstaunend. Dies sind die einzigen von allen Beobachtungen, die man zur

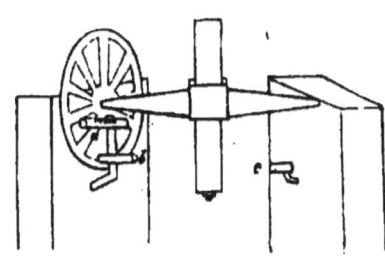

Polhöhe brauchen kann, weil nachher der Kreis nicht umgelegt ist, so dass man keine Collimation kennt. Durch Umlegen ist sie leicht und genau zu finden. Am Kreise selbst sitzt ein Niveau a. Wenn das einspielt, wird das Miscroscop b (das am Pfeiler festsitzt und gar nicht mit dem Kreise zusammenhängt) auf 0° 0' 0" gestellt, dann wird der Kreis umgelegt, und wenn das Niveau wieder einspielt, das Miscroscop c auch auf 0° 0' 0" gestellt. Jetzt stimmen beide Miscroscope (das Niveau ist auf halbe Secunden empfindlich) und man kann auf gewöhnliche Art aus den Zenithdistanzen in beyden Lagen des Kreises die Collimation bestimmen. Ich theile Ihnen die von mir berechneten Beobachtungen, so wie sie aus dem kleinen Tagebuche genommen sind, mit.

Zenithdistanzen.

1804. Juni 5. Polaris ....⎫
34° 42' 17" ⎬
22 ⎭

1804. Juni 5. Polaris 38° 10' 51"
       57
       52
Juni 7. Polaris 38 10 52
       58
       54

Der Kreis umgelegt.

Juni 8. Polaris 38 10 33
       —
       —

Juni 9. Polaris 38 10 32
       38
       33

Juni 12. Spica 63 39 22
   η Urs. m. 3 15 13
Juni 13. Regulus 40 37 8
   Denebola 37 52 24
   γ Urs. m. 1 15 55   falsch abgelesen, unter-
            geschrieben 14' 5".

   Polaris 38 10 31
       37
       34 } .... Gewölk.

   Polaris 34 42 1
       41 55
       41 59

Das Miscroscop ist nach der Collimation, die Repsold aus den hier angeführten Beobachtungen gezogen hatte, um 11" gestellt; eigentlich ist sie wohl nur 10", 3.

Juni 14. Polaris 38° 10' —
       48"
       43

   Polaris 34 42 13
       8
       14

Juni 16. Denebola 37 52 11
   γ Urs. maj. 1 14 15
   Polaris 38 10 43
       50
       —

1804. Juni 16. Spica 63° 39' 12"
η Urs. mai. 3 14 58
Polaris 34 42 13 ⎫
8 ⎬
13 ⎭
Juni 17. β Urs. ma. 3 53 0
Denebola 37 52 11
Polaris 38 10 44 ⎫
49 ⎬
44 ⎭
Spica 63 39 12
η Urs. maj. 3 15 0
Der Kreis umgelegt.
Juni 18. Polaris 34 42 10 ⎫
4 ⎬ beygeschrieben + 4".
9 ⎭
Juni 23. Polaris 38 10 40 ⎫
44 ⎬ beygeschrieben + 4".
41 ⎭
η Urs. maj. 3 15 4 ⎫
Acturus 3 19 50 ⎬ beygeschrieben − 4".

Das Microscop um 4" gerückt, weil bey dem Umlegen des Instruments die Wärme sich so stark geändert, dass die Blase des Niveaus am Kreise bedeutend ihre Grösse verändert.

Rigel 61° 67' 7" ist mit ✶ bemerkt.
Juni 24. ☉ 30 10 13 ⎫
29 54 26 ⎭
Sirius 69 57 29
Procyon 47 48 52 gleichf. mit ✶ bemerkt.
β Urs. mai. 3 52 55
Denebola 37 52 13
γ Urs. mai. 1 14 14
Polaris 39 10 44 ⎫
49 ⎬
44 ⎭
Spica 68 39 6
η Urs. mai. 3 15 0
α² Librae 68 43 36
Juli 2. η Urs. mai. 3 15 0

1804.	Juli 2.	Arcturus	33° 19′ 46″,5
		α² Librae	68 48 37
	Juli 7.	Denebola	37 52 11
		η Urs. m.	1 14 16
	Juli 12.	Arcturus	33 19 45
	Aug. 2.	Polaris	38 10 44 ⎫
			48 ⎬
			43 ⎭
		η Urs. mai.	3 15 1

Der Unterschied der Fäden beträgt nach meiner Rechnung bey dem Polarstern 5″ 5 (er braucht ohngefähr 9′ 40″ von einem zum andern). Ich muss noch anführen, dass Repsold mit dem Miscroscope den ganzen Kreis untersucht und nirgends Fehler gefunden hat, die über 2″ betragen. Dass er bey dem in die Mittenehmen des Objectes zwischen den beyden Fäden selten mehr als eine Secunde fehlt, habe ich schon mehrmals bey Landgegenständen gesehn. So wie ich von Bessel die Bradleyischen Declinationen bekomme, werde ich bey der Refraction die Thermometer- und Barometerhöhe in Rechnung ziehen, und diese Beobachtungen mit ihren Resultaten, so wie auch die vielen treflichen Rectascensionen des Polarsterns bekannt machen.

Meine sehr schwächliche Gesundheit, und die böse Witterung haben mir erst ein paar Abende Beobachtungen erlaubt. Wir haben in der ganzen Zeit kaum 3 bis 4 heitere Abende gehabt.

Wie wir uns hier über die wiederholte Hofnung gefreut haben, die Sie uns geben, Sie hier auf einige Zeit zu besitzen, brauche ich wohl nicht zu sagen. Mein werther, theurer Freund, Sie würden uns alle tief betrüben, wenn Sie nicht kämen und selbst sähen, wie ihre Gegenwart uns alle glücklich macht.

Hugues hat sich von demselben Künstler, von dem Hardings Sextant ist, einen ganz gleichen verschrieben. Ich bin sehr neugierig, wie der ausfallen wird. Sie können aber überzeugt seyn, dass, wenn Sie über lang oder kurz ihn zu besitzen wünschen sollten, er ihn Ihnen jederzeit für den Einkaufspreis überlassen wird. Sobald Rennekampf mir nur bestimmt, wie ich ihm den Montucla zusenden soll, werde ich ihn mit dem Hefte Ihrer Interpolationstheorie abgehen lassen, das ich vorher nicht excerpiren, sondern sorgfältig abschreiben werde, damit durch keinen Zufall es verloren gehen kann.

Von Ihrem Uebelbefinden habe ich meiner Mutter noch nichts gesagt, und werde ihr auch nichts eher sagen, bis ich von Ihnen (wie ich hoffe) erfahren habe, dass Ihre Gesundheit mehr befestigt ist. Es ist freilich wohl nicht eher Hoffnung dazu, ehe wir einen reinen und anhaltenden Frost bekommen, und Sie dadurch Gelegenheit finden, des Nachmittags mitunter ein Stündchen in die freie Luft zu kommen. Ich wünschte Worte zu finden, werthester Hr. Professor! die Ihnen die Sorge für Ihre in jeder Hinsicht so kostbare Gesundheit recht an's Herz legen könnten. Sie ist der Welt, Ihren Kindern und Ihren Freunden gleich wichtig.

Herrn ... habe ich Unrecht gethan, wie ich zu meinem Erstaunen sehe. Es kam aber mit daher, dass ich vorher schon eine Art Auszug aus dem ersten Capitel Ihrer Disquisitiones von ihm gesehen hatte, in dem er Congruenz durch **Gleichrestigkeit** übersetzt, und wozu ich gerufen ward, weil er in dem Beweis des Satzes, wenn $A \equiv B$ und $a \equiv b$, so ist

$$Aa \equiv Bb$$

einen Fehler entdeckt zu haben glaubte. Nach diesem Beweise seines Scharfsinns, erwartete ich weiter nichts von ihm und sah die ganze Sache flüchtig an. Uebrigens ist er noch immer überzeugt, dass doch inversa stehen müsse, und dass er Unrecht gehabt habe. So wie ich ihn sehe, werde ich ihm sagen, dass er wirklich Recht gehabt habe.

Es thut mir leid, dass Hammerich Sie mit der Bitte um die Recension beschwert hat. Sie werden es aber wohl dem Buchhändler verzeihen, wenn er Sie um eine Arbeit gebeten hat, die Ihrer so wenig würdig ist. Indessen habe ich ihm die Stelle Ihres Briefes mitgetheilt, und bin beauftragt, Ihnen seinen gehorsamsten Dank zu melden.

Berger hat mir neulich geschrieben, er glaube Hoffnung zur Professur in Kiel zu haben. Meine Sache wird wahrscheinlich sehr bald entschieden, wenn sie es nicht schon in diesem Augenblicke ist. Die Dorpater haben wohl aus Depit Sie verloren zu haben, nicht den von Ihnen vorgeschlagenen gewählt, sondern irgend einen andern.

Werden Sie nicht jezt, nach Zurückkunft des Königs, die Sache mit Leipzig arangiren? Von meiner Mutter soll ich Ihnen die herzlichsten Grüsse bestellen, zu denen ich meine eigenen und die der Repsoldischen Familie füge. Vergessen Sie nicht, theurer Hr. Professor! Ihren aufrichtigsten Verehrer und wärmsten Freund

Schumacher.

Altona, d. 30sten December 1809.

N<u>o</u> 12.   Gauss an Schumacher.   [6

Göttingen, den 10. Febr. 1810.

Die Repsold'schen Beobachtungen, die Sie mir mittheilen, haben mir viel Vergnügen gemacht. Der Kreis ist gewiss ein herrliches Instrument. Ist es denn wahr, wie mir Bessel schreibt, dass Repsold seine Sternwarte ganz aufgeben und die Instrumente veräussern will? Ich höre mit Bedauern von Ihnen, dass auch Sie diesen Winter gekränkelt haben. Der Winter muss wol für die meisten Naturen unzuträglich gewesen seyn, denn von allen Seiten hört man Klagen. Es ist also eine besondere Gunst des Himmels, dass ich mich dabei sehr wohl befinde. Schlaflosigkeit und Mangel an Appetit, worüber ich in meinem letzten Briefe klagte, suchen mich freilich öfters heim, allein beides stört mein körperliches Wohlbefinden gar nicht, und mag also wol nur von meiner herrschenden Gemüthsstimmung herrühren. Ehemals waren mir besonders die traulichen Wintertage immer ganz anders: ich sah immer mit einer Art von Schmerz einen nach dem andern schwinden, und hätte sie immer festhalten, den schnellen Flug der Zeit lähmen mögen. Jetzt erwarte ich mit Sehnsucht den Frühling, der doch mir auch nichts mitzubringen hat, und à son tour mich wieder auf den Winter vertrösten wird. Gethan hat übrigens der Himmel manches, um mich zu erfreuen. Meine Kinder haben die Gefahren glücklich überstanden, und sind jetzt alle gesund. Unsre neue Sternwarte soll nun auf das Frühjahr gebaut werden. Das Versprechen, meine äussere Lage mit Nächstem zu verbessern, hat man von Cassel aus, ohne mein Zuthun, erneuert, indem unser Präfect aus eigner Bewegung darauf angetragen hat. Sollte vielleicht von den Unterhandlungen mit L. etwas transpirirt seyn? Ich möchte übrigens nicht gern, dass von jenen Aussichten etwas zu früh zur Publicität käme, damit man in D. nicht abgeschreckt werde; bis jetzt ist von dortaus noch nichts geschehen.

Meine wissenschaftlichen Beschäftigungen bedeuten in diesem Winter nicht viel. Meine beiden Collegia (der künftige russische Professor der Astronomie, welcher die Astronomie mit hört, fand, dass er noch gar zu wenig vorbereitet sey, und nahm seit Januar noch ein Privatissimum, wo ich ihm jetzt sphärische Trigonometrie vortrage: anfangs konnte er noch keinen Logarithmen aufsuchen) zerstückeln meine Zeit, und machen mich für einen Theil des Tages zum Arbeiten unlustig, es treibt mich dann immer, wenn ich gelesen habe, aus dem Hause in's Weite. — Vor Kurzem habe ich die Oppositionen der ♀ von 1808 und 1809 berechnet. Sollten Sie Lust haben, für die Pallas eine Ephemeride der nächsten Sichtbarkeit zu berechnen, so würde ich dazu folgende Elemente vorschlagen.

(Mittag in Göttingen, d. 31. Decbr. 1810.)
Epoche der mittlern Länge 1811............. 127° 7' 48" 96
Tägliche mittlere tropische Bewegung........ 770" 93546
Sonnennähe 1811.................... 121° 4' 9" 5
Excentricität = sin φ = ... sin 14 9 39, 5
Logarithmus der halben grossen Axe.......... 0,4420439
Knoten 1811..................... 172 34 42, 8
Neigung der Bahn 34 37 12

Wollen Sie ein Uebriges thun, so reduciren Sie Sonnennähe und Knoten durch die Praecession auf den Tag der ☌, welche ungefähr in Februar 1811 fallen wird. Wie weit die Ephemeride auszudehnen sey, werden Sie leicht selbst überschlagen: ich denke ungefähr von Oct. 1810 bis Jan. 1811.

Bessel brachte mir vor einiger Zeit das Problem der kleinsten Ellipse, die von 4 positione datis rectis berührt wird, wieder in Erinnerung, seine Versuche waren misglückt. Ich fand eine sehr artige Auflösung, welche ich Bessel zugeschickt habe. Sie thun mir einen Gefallen, wenn Sie mir anzeigen, ob Sie selbst auf das Problem gekommen sind, oder ob Sie es sonst wo gefunden haben. Wäre es sonst noch nicht zierlich aufgelöset, so wäre ich nicht abgeneigt, meine Auflösung einmal bekannt zu machen. Meine Auflösung lässt sich sehr einfach und nett construiren, und sie führte mich zugleich auf folgendes artige Theorem, wovon ich wol wissen mögte, ob es sonst schon von jemand gefunden ist. Man halbire die Diagonalen AC, BD des Vierecks ABCD und die gerade Linie HI, welche die beiden Durchschnittspunkte H und I der gegeneinander überliegenden verlängerten Seiten verbindet resp. in E, F, G, so liegen diese drei Punkte in einer graden Linie.

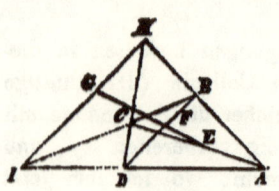

Vor einiger Zeit schrieb der Curator der Mannheimer Sternwarte an mich, dass diese wieder in Thätigkeit gesetzt sei, und dass man wünsche, dass ein junger Astronom (dessen Vermögensumstände freilich so seyn müssten, dass er sich vor der Hand selbst erhalten könnte) dort seinen Aufenthalt nähme. Er könnte mit auf der Sternwarte wohnen, und man könne ihm Hoffnung machen, ihn demnächst Barry zu adjungiren und zu seinem künftigen Nachfolger zu bestimmen. Ich habe an Oltmanns gedacht. Hoffentlich sind Ihre Verhältnisse fortdauernd so, dass Sie nicht einmal wünschen können, dazu vorgeschlagen zu werden. „Wegen Tiarks habe ich nach Lilienthal geschrie„ben. Bei der jetzigen Krisis mit dem Hanöverschen kann „Schröter noch keine ganz bestimmte Hoffnung geben, allein ich „glaube, dass wenn Schröter überhaupt wieder einen Gehülfen „annehmen kann, H. Tiarks sich sichere Rechnung darauf machen „kann." Haben Sie doch die Güte, ihm dies mit vielen Empfehlungen von mir zu melden, da ich selbst heute noch nicht an ihn schreiben kann.

Von der Bedeckung ♃ von ☾ den 8. Febr. haben wir hier die Eintritte sehr gut beobachtet, aber noch nicht berechnet: ist es Ihnen auch damit gelungen?

Der Bau unserer Sternwarte im Frühjahr und die Nothwendigkeit, dabei anwesend zu sein, wird, fürchte ich, meine Reiseplane auf das nächste Frühjahr wo nicht ganz vereiteln, doch sehr beschränken. Kann ich indess Ostern noch nach Braunschweig kommen und noch von dort aus eine weitere Reise unternehmen, so werde ich gewiss Hamburg und Altona vor anderen Richtungen den Vorzug geben.

Von dem Lalandischen Preise weiss ich bis jetzt weiter nichts, als was in den Zeitungen gestanden hat. Hr. von Humboldt hat mir die Ehre erzeigt, mir den astronomischen Theil seiner Reise zu dediciren.

Von der Mon. Corresp. habe ich bisher erst das Novemberstück gesehen. Ihre Auflösung meines Problems ist also vermuthlich im Decemberstück zu erwarten.

Die Anzeige eines elenden Wisches von Regner in Upsala, welche Sie neulich in unsern gelehrten Anzeigen gefunden haben werden, ist seit langer Zeit das erste wieder, was ich, ex officio, dafür niedergeschrieben habe.

Leben Sie wohl, lieber Schumacher. Tausend Empfehlungen an Ihre würdige Frau Mutter.

Stets Ihr ganz eigener

C. F. Gauss.

N° 13. Schumacher an Gauss. [7

Altona, d. 16ten Februar 1810.

Ich eile, mein vortrefflicher Freund, Ihren Brief vom 10ten Febr. zu beantworten, den Repsold mir gestern zuschickte. Dass Sie wohl sind, ist unsere Freude. Es kann niemand lebhafteren Antheil an beiderley Glück, das Sie trifft, nehmen, wie wir, meine Mutter und ich. Mit Sehnsucht denke ich an die köstlichen Augenblicke, die Sie mir in Göttingen, in den stillen Abendstunden schenkten. Es waren, wenn ich gewisse längst vergangene Tage ausnehme, die schönsten Zeiten meines Lebens. Die Verehrung, welche ich schon, ehe ich Sie persönlich kannte, für Sie hegte, war von der Art, dass sie nicht leicht zunehmen konnte, aber Ihre Güte zog täglich die Bande der innigsten Zuneigung fester. Ihre Freundschaft im strengsten Sinne des Wortes ist mir a consummation devoutly to be wish'd, aber wenn ich auch fühle, dass niemand Sie inniger lieben kann als ich, wenn Sie auch in einem Augenblicke durch freundliche Worte und Thaten mir Hoffnung geben, so fühle ich doch in dem andern, dass alles, was ich bringen kann (wenn Sie mein Herz ausnehmen wollen), so gegen den Gewaltigen verschwindet, dass es mir scheint, ich könne nicht, ohne zudringlich und unbescheiden zu seyn, auf etwas mehr als Wohlwollen von Ihrer Seite rechnen.

Aber so dringend wie möglich, theuerster Herr Professor, bitte ich Sie, lassen Sie sich Ostern nicht von dem Bau der Sternwarte abhalten hieher zu kommen, wir haben schon so zuversichtlich darauf gerechnet, dass eine Täuschung unserer Hoffnungen doppelt unangenehm sein würde. Wer weiss, wann wir wieder zusammen kommen. Erlaubt es nur meine Casse, so werde ich, wenn Sie es auch erlauben, Sie aus Göttingen abholen. Die erste Erlaubniss hängt davon ab, ob ich noch etwas weiteres aus dem Fonds ad usus publicos ausgezahlt bekomme, was ich allerdings hoffe, die andere ganz von Ihrer Güte.

Hier haben ewige Nebel geherrscht, nur 3—4 Tage Anfangs Januar waren heiter und die war ich bettlägerig. Repsold hat zuviel zu thun, um unterdessen meine Stelle vertreten zu können. Sonst sind 3 Tage Beobachtungen aus dem December alles was möglicherweise gemacht werden konnte. Auch den 8. Febr. war es dunkel. In diesem Augenblick ist es heiter, so wie gestern; da eine Wisniewskische Bessel'sche Sternbedeckung war (λ II). Ich habe Repsold es angezeigt und um Beobachtung gebeten. Ob es geschehen, weiss ich nicht, denn ich werde noch wohl ein paar Tage zu Hause bleiben müssen. Uebrigens will Repsold seine Sternwarte verkaufen, um eine kleinere auf seinem Hause anzulegen. Bessel hat schon nach der Uhr gefragt und ich habe ihm den Preis geschrieben. Sollten Sie nicht in Göttingen auf der neuen Sternwarte den Kreis brauchen können? Es bekommt ihn gewiss niemand so wohlfeil, als einer von uns beyden. Ich muss wohl darauf Verzicht thun, da in Copenhagen gar kein Platz dazu ist, und erst seinetwegen eine Sternwarte auf ebenem Boden gebaut werden müsste, aber wenn das auch nicht wäre, ist ein Instrument in Ihren Händen mehr als in meinen.

Durch mich kann nichts von L. transpirirt seyn. Es ist aber ohnehin ganz natürlich, dass man, wenn nur noch etwas für Wissenschaft gethan werden soll, Ihre Lage verbessert. Für die mir gegebene Berechnung der Pallasephemeride statte ich meinen Dank ab, ich kann in diesem Augenblick, da ich erst den Carnot zur Presse fertig liefern soll, noch nicht anfangen, werde es aber unmittelbar, so wie ich damit fertig bin, thun. Es ist in dieser mora kein periculum, da sie erst am Ende des Jahres wieder sichtbar wird. Bey Carnot fällt mir eine Bitte an Sie ein, die ich mir vornahm, als ich seine Entwickelung der sphärischen Trigonometrie übersetzte, diese nemlich, ob Sie mir erlauben, Ihre beyzufügen? Sie sehen, ich bin wie Bode, der immer auch für seine Jahrbücher bettelt. Sie werden sich erinnern, dass Sie mir in Göttingen erlaubten, einige Auflösungen von Problemen und einige Ausführungen von Ihnen beyzufügen, ehe sie aber gedruckt werden, sende ich Ihnen noch das Verzeichniss, um nachsehen zu können, ob sich auch etwas eingeschlichen habe, das noch nicht bekannt gemacht werden darf.

Bessel schrieb mir vor ohngefähr 14 Tagen, Sie haben ihm eine Auflösung des Problems von der grössten Ellipse geschickt, und er wolle Sie mir mittheilen, wenn ich sie noch nicht von Ihnen habe. Ich antwortete ihm, dass ich selbst in diesem Augenblicke daran arbeitete, soviel Carnot und meine Schwächlichkeit und ein Strudel von Gesellschaften erlaubt, in den ich unmerklich gerathen bin, und aus dem ich iezt nach und nach mich losmache.

Da ich, wenn ich früher Ihre elegante Auflösung sähe, gewiss abgeschreckt werden würde, so bäte ich ihn, sie mir noch nicht mitzutheilen. Zugleich überschickte ich ihm eine Limitation des Problems, die durch einfache Bedingungsgleichungen ausgedrückt wird. In Ihrem Briefe steht die kleinste Ellipse, die 4 positione datas berührt, da es mir aber scheint, die kleinste Ellipse, die diese Bedingungen erfüllt, sey, wenn sie möglich ist (denn unmöglich*) wird sie, wenn 3 oder 4 Linien einander parallel sind), die kleinste Diagonale des Vierecks, so vermuthe ich, dass kleinste ein Schreibfehler ist, oder bey Ihrer Auflösung noch ein Verhältniss der Axen bestimmt ward, das

---

*) Unmöglich wohl nicht, aber sie wird dann eine unendliche Linie.

S.

Sie nicht angeführt haben. Da ich aber immer, wenn ich auch nur einen Schreibfehler vermuthe, sehr ängstlich bin, indem ich aus öfterer Erfahrung weiss, dass Sie selbst in Fällen, die der nicht ganz gründlichen Betrachtung paradox vorkommen, immer Recht zu haben pflegen, so bescheide ich mich gerne, dass ich irren kann.

Die Aufgabe übrigens, wie ich sie Besseln aufgab, und wie sie in Montucla's Ausgabe von Ozanams Récréations mathématiques hinten steht (wo er alle wegweiset, die nicht très versés en analyse sind), ist folgende:

> In einem Vierecke die grösste mögliche Ellipse zu beschreiben.

Dass sie irgendwo gelöst sey, weiss ich nicht. Sie werden leicht in Reuss Repertorium sehen können, ob irgendwo in den Commentarien eine Auflösung vorkommt.

Gleich wie ich, durch Bessel's Brief veranlasst, meine Arbeit, trotz der Montuclaischen Verwarnung, anfing, sah ich, dass die grösste Ellipse in einem Vierecke nicht immer alle Seiten berühre.

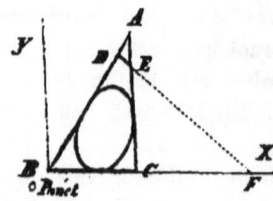

Es sey ABC ein Dreyeck und die darin beschriebene Ellipse die grösste mögliche in diesem Dreyecke, so ist sie auch die grösste mögliche in dem Vierecke BDEC. Legt man die Abscissenaxe in BC, so dass der eine Durchschnittspunct der Seiten in die Abscissenaxe selbst in F, der andere darüber in A ist und nennt die Coordinaten von

	x	y
B	0	0
D	a	b
E	a'	b'
C	a"	0

so berührt die grösste Ellipse die Seite

$$DE \text{ nicht, wenn } \frac{b'}{b} < \frac{a - \frac{1}{3}a''}{a' - \frac{2}{3}a''}$$

EC nicht, wenn $\dfrac{b}{b'} < \dfrac{a-3a''}{a'-2a''}$

im ersten Fall $\left(\text{auch wenn } \dfrac{b}{b'} = \dfrac{a-\frac{2}{3}a''}{a'-\frac{2}{3}a''}\right)$ ist die grösste Ellipse in dem Viereck BDEC diejenige, deren Mittelpunct im Schwerpuncte des Dreyecks ABC liegt und die die Seiten AB, AC, BC in ihrer Mitte berührt, im andern Falle $\left(\text{auch wenn } \dfrac{b}{b'} = \dfrac{a-3a''}{a'-2a''}\right)$ ist die grösste Ellipse in dem Viereck BDEC diejenige, deren Mittelpunct im Schwerpuncte des Dreyecks BDF liegt, und welche die Seiten BD, DF, BF in ihrer Mitte berührt.

In allen übrigen Fällen ist die grösste Ellipse, welche die Linien DE, EC, CB, BD berührt, zugleich die grösste, die in dem Vierecke BDEC beschrieben werden kann. Auch hier habe ich mir einen Weg vorgezeichnet, von dem ich nur noch nicht weiss, ob die Endgleichungen tractabel sind. Erlauben Sie, dass Bessel mir Ihre Auflösung mittheilt, wenn ich entweder meine vollendet, oder aufgegeben habe, so werden Sie mich sehr erfreuen. Es ist früher gar zu lähmend, wenn man das vollendete sieht.

Der elegante Satz, den Sie bei der Auflösung gefunden haben, ist gewiss neu. Ich konnte mir das Vergnügen nicht versagen, ihn durch die analytische Geometrie zu beweisen, was mir auf einem ziemlich zierlichen Wege gelungen ist. Sobald mir meine Auflösung gelingen sollte, werde ich mir die Freiheit nehmen, sie Ihnen zu senden, und diesen Beweis beylegen ad utrumque Tuo subjiciam iudicio.

Mein Gesuch ist, wie mir der Herzog schreibt, schon im December vorigen Jahres dem Könige übergeben, und wird auch wohl keine abschlägige Antwort erhalten, aber da der König alle Sachen selbst thut, so bleiben sie oft lange liegen; so liegt die Bestallung für Dr. Schmidt als erster Bankdirector schon 2 Jahre. Wollten Sie also die Gefälligkeit haben, mir einen kleinen Zettel zu schreiben, worin sie mich fragten, ob ich Lust zu der Mannheimer Stelle habe, so würde ich den dem Herzog schicken, der ihn dem Könige mittheilt, worauf unstreitig sogleich die Ausfertigung folgen würde. Sie brauchen deswegen gar nicht mit Oltmanns zu warten, indem ich die Stelle auf keinen Fall annehmen kann, und bloss Ihren Antrag, der mir ungemein heilsam seyn würde, wünsche. Mein Bruder ist jetzt Ritter des Dannebrogs geworden, was ihm als Beförderungsmittel im Militair zu höheren Stufen angenehm ist.

Die Auflösung Ihres Problems wird, wie mir Lindenau schreibt, erst im Januarhefte kommen, er hat mir noch einen besondern Abdruck Ihrer ersten Methode zur Berechnung der Planetenbahnen geschickt. Auch bin ich so glücklich gewesen, ein Prachtexemplar der besten Original-Ausgabe von Newton's Principiis, Lond. 1726 4to für 4 Thaler zu bekommen. Man kann nichts Schöneres sehen. Ich habe die Nachricht vom Lalandischen Preise im Moniteur selbst gelesen, es ist also wohl nicht daran zu zweifeln, wenn es überhaupt einer Bestätigung bedürfte, wo die Natur der Sache spricht. Ist der dritte Band von Delambre Base du système métrique heraus? Ich habe die beyden ersten für 4 ¾. (= 1½ Thaler), obgleich sie 45 Francs kosten.

Wenn mir recht ist, sagte mir Harding einmal, er wolle den einen seiner Piazzis für 3 Louisd'or verkaufen. Wollten Sie wohl gefälligst ihn fragen, ob dem also sey, aber vorher doch den Piazzi quæstionis besehen, ob er nicht vielleicht gar zu schmutzig ist.

Reinke hat Repsolden gesagt, es sei ein Dr. Werthheim in Hamburg, der mit Ihnen gearbeitet habe. Woher er es hat, weiss ich nicht.

Verzeihen Sie, werthester Herr Professor, wenn ich Sie etwas lange mit meinem Plaudern aufgehalten habe. Tausend Grüsse und Bitten von meiner Mutter und mir.

Ganz Ihr

Schumacher.

N° 14. **Schumacher an Gauss.** [8

Schon früher hätte ich Ihnen, mein vortreflicher Freund! auf Ihren gütigen letzten Brief geantwortet, wenn die Umstände von der Art gewesen wären, dass ich Ihnen etwas Erfreuliches hätte melden können. So aber wie die Sache in dieser Zeit stand, hielt ich es für besser zu schweigen und den Ausgang abzuwarten.

Gleich nachdem ich Ihren Brief erhalten, *) und die freundlichen Worte des Couverts gelesen hatte, sandte ich ihn an den Herzog und bat, ihn zu meinem Nutzen anzuwenden. Einige Zeit nachher erhielt ich eine Antwort, die mit den vorigen Briefen des Herzogs sehr contrastirte. Er wolle ihn durch Schimmelmann dem Könige geben lassen (in den vorigen Briefen wollte er alles selbst und allein betreiben), er zweifle nicht, dass er auf Se. Majestät Eindruck machen werde, übrigens würde er mir für den Augenblick lieber zu einer Anstellung in Kiel rathen (auch der Theurung in Kopenhagen wegen), Bugge's Stelle könne mir auch von da, bei eintretender Vacanz, nicht leicht entgehen. Da indessen die Anstellung in Kiel von einem Grafen Ranzau abhängt, der jetzt in Paris ist, und der mich so wenig, wie ich ihn, kennt, so war der Rath nach Kiel zu gehen, nicht viel besser als mich in Palermo Piazzi adjungiren zu lassen. Ich schrieb ihm daher, ich bäte sehr um eine Anstellung in Kopenhagen, und detaillirte ihm meine Gründe sehr weitläuftig, sogar mit einigen Wiederholungen, die bei solchen Gelegenheiten nicht schaden. Darauf habe ich von ihm selbst noch keine Antwort, aber der Secretair Schimmelmann's hat mir geschrieben, der Herzog habe die Papiere von Schimmelmann zurückgenommen, und wolle jetzt selbst wieder dem Könige die Sache übergeben; er setzt hinzu, ich brauche nicht weiter besorgt zu sein, er stünde mir jetzt für guten Ausgang.

So ist die Lage jetzt, und ich hoffe dass alles gut geht, und erwarte ruhig was da kommt. Auf den schlimmsten Fall gehe ich auf ein paar Monat nach Paris, und kehre dann nach Göttingen oder L. zurück. Wer solchen Zeiten entgegensieht, wäre wohl ein grosser Thor, wenn er unmuthig seyn wollte.

Wie steht es mit Ihrer Gesundheit? Wir hoffen je näher die Zeit kommt, desto sehnlicher Sie hier zu sehen. Lassen Sie sich doch werthester Freund! nicht durch Schwächlichkeit, wenn sie nicht gradezu das Reisen unmöglich macht, abhalten, grade der wankende Zustand Ihrer Gesundheit, hoffe ich zuversichtlich, wird durch die Reise hergestellt. Welche Freude Sie hier mit

---

*) Dieser Brief ist nicht mehr vorhanden.   P.

sich bringen, wissen Sie, aber dass ist auch wo Sie sonst hinkommen der Fall. Können Sie es irgend möglich machen, so schenken Sie uns die ersehnten frohen Tage Ihrer Gegenwart.

Den Verlust Ihres Louis haben wir alle getheilt, mögten wir auch einmal wieder Freude mit Ihnen zu theilen haben! Wer hat mehr Ansprüche auf ein heiteres Leben als Sie! und welche Schläge des Schicksals haben Sie getroffen!

Ich lege Ihnen eine Recension Ihres letzten Werks aus der Hamburger Neuen Zeitung, Mittwoch den 15. November 1809. bey, deren Verfasser ich nicht kenne. Auch weiss ich das Verdienst des Herrn Perthes nicht wie der Recensent zu schätzen, der ihn einem Remmehage (den ich übrigens auch nicht kenne) an die Seite stellt. Vielleicht ist aber die Ehre nicht gross. Adieu! liebster theuerster Herr Professor! Tausend Grüsse von meiner Mutter. Ich unterschreibe mich wie Dissen mich immer nannte,
$$\overset{\text{'}}{\alpha\iota\epsilon\iota}$$
$$\overset{\text{'}}{o}\ \pi\epsilon\rho\iota\ \tau o\nu\ \Gamma\alpha\upsilon\sigma\sigma\iota o\nu.$$

Altona, d: 3. April 1810.

N° 15. **Schumacher an Gauss.**

Von Tage zu Tage liebster Herr Professor haben wir hier mit der grössten Ungeduld die erwünschte Nachricht erwartet, Sie zu sehen. Lassen Sie mich meine Bitten mit denen Repsold's noch einmal vereinigen und schenken Sie uns einige Wochen, wenn es Ihnen nur immer möglich ist. Das Ausbleiben der endlichen Bestimmung macht mir die Reise nach Braunschweig unmöglich, da ich auf den Fall gefasst sein muss, noch nach Paris zu reisen, aber das Vergnügen, Sie in Lüneburg abzuhohlen, brauche ich mir nicht zu versagen. Zu der von Ihnen bestimmten Stunde werden Repsold und ich Sie in Lüneburg mit einem bedeckten Wagen erwarten.

Noch einmal liebster Herr Professor, ist es Ihnen nur möglich, so lassen Sie uns nicht vergebens bitten. Wir hoffen mit der grössten Ungeduld auf eine günstige Entscheidung.

Ganz der Ihrige
Schumacher.

Altona, d. 27sten April 1810.

Braunschweig, 29. April 1810.

Mein letzter Brief an Sie, theurer Schumacher, zeigte Ihnen ein sehr trauriges Ereigniss an: mein gegenwärtiger das froheste, welches mir in diesem Leben noch begegnen kann. Schon in jenem spielte ich darauf an; heute vor acht Wochen, wo ich jenen schrieb, war ich eine Stunde vorher über den Rubicon gegangen; meine damaligen Hoffnungen sind zu Wirklichkeiten geworden. Seit einigen Wochen bin ich wieder versprochen mit einem Frauenzimmer, von der ich Ihnen weiter nichts zu sagen brauche, als dass sie mir und meinen Kindern meine verewigte Gattin vollkommen ersetzen wird. Sie ist die zweite Tochter des Hofraths Waldeck, ich kenne sie schon seit beinahe zwei Jahren als das beste Mädchen in Göttingen, grossentheils durch meine verewigte Frau, deren genaue Freundin sie war, und Sie erinnern sich vielleicht, dass ich mehrere Male gegen Sie von ihr und ihrer vortrefflichen Mutter gesprochen habe. Durch besondere Umstände sind wir uns noch viel schneller als ich hoffen konnte, so nahe gekommen, dass sie seit 4 Wochen meine Verlobte ist, um in einigen Monaten meine Gattin zu werden. Seit 8 Tagen bin ich mit meiner Schwiegermutter, meinen Kindern und — meiner Braut, welche meine Kinder schon wie Mutter lieben, hier in Braunschweig, und Sie begreifen, dass ich diessmal, da wir in 10 oder 12 Tagen wieder unsere Rückreise werden antreten müssen, mir die Freude Sie in Altona zu sehen, versagen muss.

Meine Verhandlungen mit L. sind seitdem auch zur Reife gekommen, allein jetzt so gut wie abgemacht. Sie begreifen, dass ich jetzt gern in Göttingen bleibe um so mehr, da mir auch einige Verbesserungen zugesichert sind, und der Bau der neuen Sternwarte nun auch bald beginnen soll.

Am 13. und 14 April hatte ich die Freude, Bessel in Göttingen zu sehen; Harding begleitete ihn bis Gotha und kam am 19. zurück; den 21. reisete ich von da ab.

Tausend Empfehlungen an ihre treffliche Mutter und an die Repsold'sche Familie.

Leben Sie wohl lieber Schumacher und behalten Sie lieb

Ihren ganz eigenen

C. F. Gauss.

N? 17.   Schumacher an Gauss.   [10

Altona, d. 4ten May 1810.

Meinen herzlichsten aufrichtigsten Glückwunsch, theuerster Freund, und jedes Votum, welches man für Sie von den Göttern erflehen darf! Sie waren es sich und Ihren Kindern schuldig, eine zweite Verbindung nicht aufzuschieben. Obgleich Ihre Demoiselle Braut mich auch nicht einmal dem Ansehen nach kennen wird, bitte ich, mich Ihr herzlich zu empfehlen und tausend Grüsse zu bestellen. Ich hoffe sie schon einmal selbst zu sehen und dann zu bitten, Ihr Glück und Ihre häusliche Ruhe so zu begründen, wie Sie es verdienen; und wie es dann wohl schon lange geschehen seyn wird. Wir alle zusammen machen gewaltige Forderungen an Mademois. Waldeck, und sie wird schon einen harten Stand haben, wenn sie allen Erwartungen entsprechen will. Vorzüglich werden die Damen, welche Sie kennen, very nice zu befriedigen sein, denn jede hätte Sie gar zu gern gehabt. In der That, wäre ich ein Frauenzimmer, so wüsste ich wohl wie ich mich jetzt ärgerte.

Darf ich bey Ihrem Glücke meine Lage jetzt erwähnen, so muss ich Ihnen gestehen, dass die Sache $'επι$ $ξυρε$ $'ακμης$ zu stehen scheint. Es scheinen von neuem wieder longueurs zu kommen, und ich darf beinahe erwarten, dass alles abbricht. Ich bin freilich auf alles gefasst, es ist aber doch immer ein unbehagliches Gefühl, wenn man schon einen Ruheplatz gefunden zu haben glaubte, wieder in offene See getrieben zu werden. Ich kann nicht leugnen, dass die Sache einen kleinen Einfluss auf meine Stimmung hat, und mich etwas trüber macht als sie eigentlich sollte.

So sehr wir Sie ersehnt haben, so sehen wir doch alle recht gut ein, dass Sie Ihre Braut nicht verlassen können. Wir müssen also auch auf den Genuss Verzicht thun und uns mit Hofnungen trösten.

Ich habe diese Zeit über viel in Hamburg beobachtet. Sollten Sie einige Augenblicke dazu überhaben, so würden Sie mich sehr verbinden, wenn Sie mir zum Rechnen bequeme Formeln gäben, um aus den Beobachtungen bey einem Passageninstrum. Neigung der Axe, Azimuth, Winkel der Sehaxe mit der Umdrehungsaxe und Stand der Uhr gegen Sternzeit zu finden. Bei den Zach'schen Formeln in der Einleitung ist davon abgesehen, dass die kleinsten Fehler in der Zeit und den Stern-Katalogen einen gewaltig vervielfachten Einfluss auf die Resultate haben (ganz wird das wohl nicht zu vermeiden seyn), noch am Ende ein kleiner Blunder, die Resultate (Neigung der Axe und Azimuth) werden dadurch in Zeit gegeben, wobey er nichts bemerkt, obgleich kein vernünftiger Mensch bey 4" Neigung der Axe an 4 Zeitsecunden denken wird. Benutzt man sie nachher, um die Beobachtungen zu corrigiren, so ist es einerley, und man erspart sogar die Division mit 15; corrigirt man aber Axe und Azimuth darnach (durch den Werth der Schraubengänge), so wird man noch weit von der Wahrheit bleiben. Repsold's Uhr (die er Bessel verkaufte) hat, bei 16 Tagen continuirlicher Beobachtungen ihren täglichen Gang $-0''{,}8$, nie um $0''{,}1$ geändert. Bessel kann sich gratuliren.

Da durch Perthes eine Gelegenheit war, liess ich mir von Delambre Cagnoli seinen Sternkatalog und Aberrations n. Nutat. Tafeln ausbitten, und habe jetzt beydes mit einem sehr höflichen Briefe erhalten. Er hatte nemlich in d. Connaiss. d. T. bekannt gemacht, dass er sie zu vertheilen hätte.

Ich habe die kleinen Schooten'schen Sedez-Tafeln der natürlichen trigonometrischen Linien doppelt erhalten, und werde, wenn Sie es erlauben, Ihnen mit einem Studenten das eine Exemplar senden. Sie sind noch kleiner wie die Lalandischen.

Tausend Grüsse von meiner Mutter an Sie und Ihre Braut. Adieu! Theuerster Freund, leben Sie so glücklich wie wir es Ihnen wünschen, und vergessen Sie ein paar Menschen nicht, die mit der aufrichtigsten Liebe und Bewunderung an Ihnen hängen.

Ewig Ihr

Schumacher.

N? 18.   **Schumacher an Gauss.**   [1]

Ich habe, werthester Freund! so eben die C. d. T. für 1811 erhalten, und war sehr begierig zu sehen, wie Delambre Ihr Werk durchtreten würde, aber kein Wort davon! altum silentium! Ob er es noch nicht genug gedehnt hat, oder unwillig ist, dass Sie ihm kein Exemplar gesandt haben, weiss ich nicht, so viel ist gewiss, dass dies befremdende Schweigen von einem Werke, dass wie ein Coloss unter den astronomischen Schriften hevorragt, irgend einen miserablen Grund haben muss.

Dafür hat er aber auf 24 Seiten Ihre Methode, aus 2 Höhen die Polhöhe zu finden, so viel' wie möglich auseinander gezerrt. Am Ende scheint er, was analytische Eleganz betrifft, mit der Mollweidischen Auflösung zufriedener zu sein als mit der Ihrigen, er gesteht Ihnen freilich einmal eine Analyse fort adroite zu, hingegen von den Mollweidischen Formeln sagt er: elles sont élégantes, elles indiquent d'une manière plus directe qu'aucune autre méthode, le choix à fair entre les deux racines de l'équation, aber setzt er hinzu, was schon bekannt is, sie brauchen zuviel Logarithmen. Gleich anfangs drückt er sich auf eine ungeziemende Art aus, er nennt Sie:

un savant **professeur**, qui tient un rang **si** distingué parmi les géomètres et les astronomes.

Dann führt er an, Sie hätten sich vorgenommen, zu beweisen, dass man durch Analysis zu denselben Resultaten, die man durch Geometrie erreicht, gelangen kann, und setzt zu Ihrer Beruhigung hinzu:

j'ai toujours été persuadé de cette vérité.

Dann kommt seine (die gemeine trigonometrische) Auflösung und endlich Ihre, mit den Worten:

Voyons maintenant celle de Mr. Gauss; mais donnons aux calculs analytiques une forme plus directe, et plus élémentaire.

Bey der identischen Gleichung (er braucht übrigens 9 Umformungen, ehe er zu $(\sin a)^2 + (\cos a)^2 = 1$ kommt) ist es ihm beinahe wie Harding gegangen, er weiss nicht recht, warum man

$$\sin \varphi^2 = 1 - \cos \varphi^2 \text{ und nicht}$$
$$\sin \delta^2 = 1 - \cos \delta^2$$

gesetzt hat. Auch, sagt er, hat man gar keine raison bien déterminante pour chercher la valeur de cos h² d'après celle de sin h, que le problème donne directement.

Er ist auch so scharfsinnig zu finden, was der Winkel bedeutet, den Mr. Gauss appelle u sans autre explication. Jetzt geht er den gewöhnlichen trigonometrischen Gang, mit dem ich Sie nicht belästigen will. Bei v bemerkt er, man könne aus seinen développemens sehen comment Mr. Gauss a pu être conduit à chercher l'angle v.

Wie er nun fertig ist, sagt er Ihre Formeln wären dieselben qu'on prend à vue dans les trois triangles que résolvaient en tout temps les astronomes. Er meint aber doch, die geometrischen Betrachtungen seien leichter und kürzer. Ajoutons qu'il est toujours agréable pour le calculateur de comprendre de qu'il exécute, au lieu qu'il est comme impossible de se graver dans la mémoire les 6 formules analytiques et qu'on est obligé de les suivre en aveugle. Das ist freilich schlimm genug, wenn man das muss, indessen ist das offenbar seyne Schuld. Dann folgen die Differentialformeln und endlich Ihr Exempel nach Ihrer und seiner Methode berechnet. Dann kommt eine Methode von Beek Calkoen und Mollweide.

Ich unterrichte hier einen jungen Mann, der sich der Seefahrt gewidmet hat, in der nautischen Astronomie, und habe ihm auch Ihre Methode erklärt. Wie der Delambre's Entwickelung sah, konnte er gar nicht begreifen, wie man so weitläuftig sein könnte. Zu demselben Zwecke musste ich die Mendoza'schen Formeln für Breitenbestimmung durch 2 Höhen ausser Mittag untersuchen, und fand dass beynahe alles, was Delambre darüber C. d. T. 1808 p. 445 sagt, falsch ist. Was Mendoza nennt

	ist nach Delambre	aber in der That
versed a	$= 1 - \cos a$	$= \frac{1}{2}(1 - \cos a)$
coversed a	$= 1 - \sin a$	$= \frac{1}{2}(1 - \sin a)$
suversed a	$= 1 + \cos a$	$= \frac{1}{2}(1 + \cos a)$
sucoversed a	$= 1 - \sin a$	$= \frac{1}{2}(1 + \sin a)$

Es ist ferner, wie Delambre behauptet, kein angle au zénith entre les deux verticaux du Soleil dabey, sondern Mendoza's Tafeln sind für die gewöhnliche trigonometrische Auflösung mit constanter Declination eingerichtet.

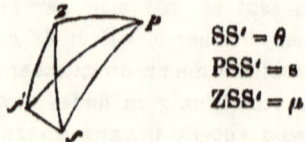

$SS' = \theta$
$PSS' = s$
$ZSS' = \mu$

Mendoza's Tafel XXI giebt θ (bey ihm Side), Tafel XXII einen Winkel der $= 90^\circ - s$, dazu addirt er noch 90°, so dass sein

$$\text{angle} = 180^\circ - s$$

Den Winkel μ berechnet er auf die gewöhnliche Art und nennt ihn Arch B, zu dem addirt er seinen angle und erhält so das Supplement von $(s - \mu)$. Um die Polhöhe zu berechnen, bedient er sich eines Hülfswinkels A,

$$\frac{\text{suvers.}\{180 - (s - \mu)\} \cos h \cos \delta}{\text{suvers. } (h - \delta)} = \text{vers. A}$$

suvers. A. suversed $(h - \delta) =$ suversed φ

Ist $\delta > \varphi$ so zieht man Arch B vom angle ab, um $s + \mu$ zu erhalten. Ist δ negativ, so thut man das gleichfalls und berechnet das Dreyeck zwischen Zenith, Stern und dem entgegengesetzten Pol, d. h. man nimmt statt suversed φ, coversed φ.

Oder in gewöhnlichen Zeichen:

$\frac{1}{2}\{1 - \cos(s - \mu)\} \cos h \cos \delta = \frac{1}{4}(1 - \cos A)(1 + \cos(h - \delta))$
$\frac{1}{2}(1 + \sin \varphi) = \frac{1}{4}(1 + \cos A)(1 + \cos(h - \delta));$

was auf die bekannte Formel

$$\sin \varphi = \sin h \sin \delta + \cos h \cos \delta \cos(s - \mu)$$

zurückkommt. Ich bin so frei gewesen, Ihnen diese Details herzuschreiben, wenn Sie vielleicht bei Ihren Vorlesungen der Mendoza'schen Tafeln erwähnen sollten. Ihre Zeit ist zu kostbar, als dass Sie auch nur eine Minute umsonst verlieren sollten.

Mollweide hat erklärt, er möchte meine Auflösung Ihres Problems nicht vollständig nennen. Wer ihn dazu aufgefordert haben mag, ist mir unbekannt. Wahrscheinlich hat er die bestimmte Aufgabe und meine eben so bestimmten Worte in der vorgegebenen Curve übersehen. Ich werde meinen Lesern doch nicht sagen sollen, dass $\frac{\sin 53^\circ\ 34}{\sin 25^\circ}$ ein unmöglicher Sinus sey? Wollte man aber auch die Reinke'schen Curven auf alle Declinationen ausdehnen, so geht das doch nur so lange $\delta < \varphi$, wenn $\delta = \varphi$ oder $\delta > \varphi$ geht das Azimuth des Sterns nicht vom wahren Südpuncte an, sondern von lauter veränderlichen Puncten, dem Ostpuncte an bis zum Nordpuncte. Es ist also ein Fall, auf den bey diesen Curven gar nicht Rücksicht zu nehmen war. Zählten sie die Azimuthe vom Nordpuncte, so hätte man allerdings die Fälle auch discutiren müssen, **wenn die Auflösung allgemein seyn sollte**. Ich werde darüber aber kein Wort verlieren, weil M. dadurch auf den Gedanken kommen könnte, ich bekümmere mich um sein Urtheil, da ich doch in der That nicht die mindeste Notiz davon nehme. Er hat dagegen in seinen Methoden, die Distanzen zu reduciren (M. C. 1808 p. 303), welche ich bey Gelegenheit meines Unterrichts durchsah, einen merkwürdigen Blunder gemacht.

Er findet γ, x durch ihre Tangenten und hat dann

$$\sin \tfrac{1}{2} \delta = \frac{\sin \tfrac{1}{2}(H-h)}{\cos \gamma}, \quad \cos \tfrac{1}{2} \delta = \frac{\sin \tfrac{1}{2}(H+h)}{\cos x}$$

Die Formeln soll man aber nicht brauchen, sagt er, wenn γ, x sehr klein sind,

„da dann zwar die Winkel hinlänglich genau, **aber nicht so ihre Cosinus gefunden werden können.**"

Dies ist nun kein Schreibfehler, denn nachher sagt er dasselbe noch einmal bei Gelegenheit von ϱ oder σ. Er hat wohl das, was Sie von den Circumpolarsternen bey Ihrer Methode, aus 3 gleichen Höhen die Polhöhe zu finden, sagen, nicht gelesen, denn das passt vollkommen hierher.

Sie haben mir mal von einer Verbesserung der indirecten Douwes'schen Methode gesagt, sollten Sie die wohl mir in ein paar Zeilen melden können? Sie würden mich ausserordentlich verbinden.

Einen Studiosum habe ich hier nicht auftreiben können, einer, Niemann, versprach mir, das Buch an Sie mitzunehmen, war aber schon weg, wie ich hinschickte. Für Harding habe ich Commission auf Ide's Uebersetzung der Laplace'schen Theorie der Weltkörper gegeben, welches ich gewiss bekommen werde,

Ich erinnere mich, dass er es in Göttingen gerne haben wollte.
Wollen Sie ihm dies und meinen Gruss sagen.

Viele Grüsse von der Repsold'schen Familie. Er ist jetzt
mit seinen Lampen in Ruhe und sieht recht schmachtend nach
Göttingen, ob Sie ihm nicht ein 8füssiges Objectiv mit 2 Linsen
berechnen. Klügel's Formeln kann er, wie Sie wissen, nicht
brauchen, weil er die Ränder der Linsen auseinander rückt, da
sie doch gar nicht centrirt werden können, wenn nicht beyde
Ränder dicht aufeinander liegen. Eine grosse Erleichterung wäre
es ihm, wenn die Hinterfläche des Convexglases und die Hinterfläche des Concavglases, oder sonst 2 Flächen einen Halbmesser
haben könnten. Indessen wenn das nicht geht, so scheut er auch
die vermehrte Mühe nicht.

Wie gerne, theuerster Freund! wäre ich zur Zeit Ihrer
Hochzeit in Göttingen. Es kann Niemand innigeren Antheil an
Ihrem Glücke und Ihrer Freude nehmen als ich.

Tausend Grüsse von mir und meiner Mutter. Mit mir steht
es noch immer sehr ungewiss, indess mag ich sie nicht iezt mit
Klagen quälen.

Ewig Ihr

Schumacher.

Altona, d. 30sten May 1810.

N. S. den 31sten.

Ganz hinten sagt Delambre noch, er habe von Ihrem und
Humboldt's Werke schweigen müssen, weil es ihm an Raum
mangelte; er wolle aber alles (C. d. T. 1812) nachhohlen. Ich
habe ihm also im Anfange des Briefes etwas Unrecht gethan.
So eben erhalte ich auch Nachricht, dass Ide für Harding wirklich erstanden ist, er wird also so gütig sein und disponiren,
auf welche Weise ich ihm das Buch übermachen soll.

N? 19.   Schumacher an Gauss.   [12

Schon wieder, werthester Freund! werden Sie mit einem
Briefe heimgesucht! und sogar mit einem Briefe, der eine Bitte
enthält. Repsold hat seine Schüsseln schon aus dem groben

gedreht, und was selten bei ihm kommt, grade Zeit, die Arbeit zu beginnen. Er ist zu blöde, selbst zu bitten, glaubt aber, Sie würden vielleicht, wenn Sie seine Noth wüssten, ihm zu Hülfe kommen. Ich würde ihm gerne nach der Klügel'schen Theorie in Gilbert's Annal. Jahrg. 1810 Stück 3, sein 8füssiges Objectiv berechnen, indessen traue ich den Formeln K.'s nicht, der schon früher nach dem vollkommensten, noch das allervollkommenste (sic) Objectiv angab. Ich habe keine Zeit, die Formeln zu prüfen und ganz die Dioptrik zu treiben. Sie sehen also, in welcher Noth wir sind, wenn Sie uns nicht zu Hülfe kommen. Ich glaube Ihnen schon in einem vorigen Briefe gemeldet zu haben, dass das Objectiv 8 Fuss Brennweite haben soll. Bey dem Glase dazu ist

mittlere Brech. Verh. des Kronglases 1,5157 Zerstreuung 0,0051
,,   ,,   ,,   ,, Flintglases 1,6109   ,,   0,0090

Haben Sie schon die kleinen Logarithmen von Prasse erhalten? Es ist ein Abdruck der Lalandischen mit 5 Decimal., aber ungefähr so wie die grössern Tafeln geordnet, so dass sie mit ebenso grossen Zahlen wie L.'s nur ein Duodezbändchen von 40 Blättern bilden. Es ist aber dadurch der Nachtheil gekommen, dass man sin a und tg a auf einem Blatte findet, aber cos a und cotg a davon getrennt sind. Die letzte Ziffer ist mit Cursivzahlen gedruckt, wenn man sie wegen der folgenden um 1 grösser nahm. Die Art aber, wie er sich in der Vorrede über den Nutzen erklärt, ist mir unverständlich, da man ja nie weiss, wie gross die folgende Zahl war, sondern nur, dass sie entweder 5, 6, 7, 8, oder 9 war.

Perthes hat jetzt zu 2 Thaler 12 s. recht artige logarithmische und trigonometrische Tafeln mit 6 Decimalstellen unter dem Titel: Tables de Logarithmes par Mrs. de la Caille, de la Lande et Marie. Paris 1809, kl. 8to.

Die trigonometrischen Linien gehen von Minute zu Minute mit Differenz für 10″. Die Zahlen von 1—21600.

Tausend Grüsse von meiner Mutter, Repsold und mir. Wir lassen uns sämmtlich Ihrer Demoiselle Braut empfehlen.

Ewig Ihr

Schumacher.

Altona, d. 10. Junius 1810.

N° 20.   **Gauss an Schumacher.**   [8

Göttingen, den 25. Junius 1810.

Schon lange wollte ich Ihnen, lieber Schumacher, für Ihre letzten Briefe, für Ihre Theilnahme an meinen neuen Aussichten, für Ihre, nach meiner Zurückkunft hieher, hier vorgefundene freundliche Einladung nach Altona und Hamburg, für die astronomischen Mittheilungen in Ihren letzten Briefen danken, Ihnen auch einmal recht viel über mich selbst schreiben, und doch bin ich bisher immer nicht dazu gekommen, da so mancherlei zerstreuende Dinge meine Stunden von einem Tage zum andern absorbirten, und so werde ich auch vielleicht vor eingetretener Veränderung meiner häuslichen Lage nicht wieder in den ruhigen Lebenstrain kommen, wo ich vor dem Ereigniss war, wovon Sie in den letzten Tagen Ihres hiesigen Aufenthalts Zeuge waren. Auch diessmal werde ich Ihnen nicht vielmehr schreiben können, als die Resultate meiner in der letzten Woche angestellten dioptrischen Rechnungen.

Repsold's Wunsch, dass zwei von den vier Flächen einerlei Halbmesser bekommen, lässt sich nicht erfüllen, wenn die Bedingung Statt finden soll, dass die dritte Fläche einen kleinern Halbmesser habe, als die zweite. Sie können sich davon leicht selbst überzeugen, wenn Sie folgende 4 Formeln näher prüfen, wodurch nach Repsold's Angaben über die Brechungs- und Zerstreuungsverhältnisse die 4 Halbmesser f, g, f', g' dargestellt werden, wenn die Brennweite 96 Zoll werden und die Abweichung, wegen Gestalt der Gläser und wegen der Farben gehoben werden sollen. Diese Form ist mir eigenthümlich und wie ich glaube, die zierlichste, die man finden kann.

$$\frac{1}{f} = +0{,}0556255 - 0{,}0276427 \text{ tang } \varphi$$

$$\frac{1}{g} = +0{,}0083843 + 0{,}0276427 \text{ tang } \varphi$$

$$\frac{1}{f'} = +0{,}0129083 - 0{,}0339803 \text{ secans } \varphi$$

$$\frac{1}{g'} = -0{,}0498917 + 0{,}0339803 \text{ secans } \varphi$$

Der Winkel φ kann nach Gefallen angenommen werden, negative Halbmesser zeigen hohle Flächen an.

Bei diesen Formeln ist die Dicke der Gläser nicht in Betrachtung gezogen. Mit Rücksicht auf diese werden einige Abänderungen nöthig, ich habe ein System von Werthen auf das schärfste berechnet, wodurch die äussern Farben bei den sehr nahe an der Axe und zugleich die mittlern, die in einem Abstande von 2 Zoll von der Axe genau in einen Punct zusammengebracht werden, und mir dabei die Bedingung vorgeschrieben, dass die 2te und 3te Fläche nicht viel verschieden seyn sollen: je ungleicher man sie nimmt, desto kleiner wird der Halbmesser der ersten Fläche, und man wünscht kleine Halbmesser so viel möglich zu vermeiden.

Maassen für ein Doppelobjectiv von 96 Zoll Brennweite, 5 Zoll Oeffnung:

		Dicke in der Axe
Halbmesser der Flächen des Convexglases	26 Zoll, 202	⎫ 0,21
	42 ,, , 972	⎭
des Concavglases	39 ,, , 985	⎫ 0,11
	100 ,, , 845	⎭

Ich bin überzeugt, dass, wenn die Brechungs- und Zerstreuungsverhältnisse genau so sind, wie Repsold sie gefunden hat, und die Flächen genau kugelförmig werden, dieses Glas eine sehr gute Wirkung thun muss.

Die Connaissance des tems für 1811 habe ich noch nicht gesehen. Was mich doch wundert, ist das Urtheil Delambre's über meine und Mollweide's Auflösung in Beziehung auf die Entscheidung, welche von den beiden Auflösungen der Aufgabe die rechte ist. Einfacher ist allerdings die Mollweide'sche Entscheidung, aber ein Anfänger kann sich leicht überzeugen, dass sie ganz falsch ist; man weiss nicht vorher, ob die Polhöhe positiv oder negativ ist, die Methode muss für beide Fälle gelten und muss erst entscheiden, welche von beiden Statt hat; auch ist es eben so häufig, dass beide Werthe der Polhöhe positiv ausfallen und Mollweide's Criterium ist durchaus aus der Luft gegriffen. Eine einfache geometrische Betrachtung zeigt diess auch leicht. Für den Fall, wo beide Beobachtungen gleichzeitig sind (der andre lässt sich bekanntlich leicht auf diesen zurückführen),

Pol ×

Stern 1   Stern 2

sind gegenseitige Lage des Pols und der beiden Sterne gegeben, ferner Abstände des Zeniths vom Pol, letzteres kann also eine doppelte Lage haben.

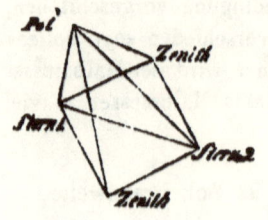

Nicht diejenige Lage des Zeniths ist die rechte, wo der Abstand vom Pol $< 90^0$ ist (sie können es beide seyn, oder der grössere kann auch der wahre, der kleinere der falsche seyn), sondern diejenige Lage, wo die Ordnung der 3 Puncte, Stern 1, Stern 2, Zenith, in demjenigen Sinn liegen, wie man es beobachtet hat, der Zuschauer, der den Kopf nach dem Zenith kehrte, hätte in der einen Lage des Zeniths den Stern 1 zur Rechten, den 2 zur Linken, in der andern umgekehrt. Jede andere Entscheidung muss falsch seyn.

Ein Wort von mir muss ich Ihnen doch auch sagen. Man hat mir sehr vortheilhafte Anträge gemacht, als Mitglied der Academie der Wissenschaften nach Berlin zu gehen, und es war sehr nahe dabei, dass ich diese Anträge schon jetzt angenommen hätte, diess ist nun aber nicht mehr wahrscheinlich.

Wie steht es mit Ihrer Gesundheit und mit Ihren Aussichten? Hätten Sie nicht Lust, wenn Sie in Dänemark zu lange hingehalten zu werden fürchten, sich um die Stelle in Greifswald zu bewerben, wo die Bedingungen sehr gut sind? Ich weiss nicht, ob ich Ihnen schon einmal geschrieben habe, dass Bode sie Harding antrug. Letzterer lässt Sie grüssen und freut sich auf den Ide.

Meine Hochzeit wird wol noch wenigstens 6 Wochen aufgeschoben werden. Empfehlen Sie, lieber Schumacher, mich und meine Braut Ihrer trefflichen Mutter tausendmal, so wie auch der wackern Repsold'schen Familie. Und Sie, seyn Sie herzlich gegrüsst

von Ihrem ganz eignen

C. F. Gauss.

Meine Auflösung der grössten Ellipse schicke ich vielleicht bald an Herrn von Lindenau.

N? 21. **Schumacher an Gauss.** |13

Altona, d. 25sten Juni 1810.

Schon wieder, mein verehrter Freund! werden Sie mit einem Briefe von mir molestirt. Ich sende Ihnen nemlich durch Hrn. Hammerich die Zusätze zu Carnot, um zu sehen, ob ich auch etwas nicht erlaubtes bekannt gemacht habe. Sie können daran ändern, und streichen, wie es Ihnen gefällig ist.

Unglücklicherweise ist bey einem Reinmachen der Stube in meiner Abwesenheit der Bogen verloren, auf dem Ihre Auflösung von der Aufgabe stand, ein Vieleck im Kreise zu beschreiben, dessen verlängerte Seiten durch eben so viele gegebene Puncte gehen. Wollten Sie wohl die Güte haben und auf dem weissen Blatte No. V diesen Verlust ersetzen? *) Auf eben dem Bogen war das Ende Ihrer Auflösung von den 4 berührenden Kreisen, ich habe sie propria mente ausgeführt, wobey aber gewiss viel Eleganz verloren gegangen ist. Wollten Sie auch die wohl gefälligst corrigiren?

Damit nicht einer, der nach Ihren sucht, um sie auszufinden, auch meine Arbeiten mitlesen muss, habe ich in der Vorrede alles angezeigt, was von Ihnen ist. Sonst wäre es vermessen, da, wer nicht blind ist, schon sehen wird, von wem es kömmt.

Viele herzliche Grüsse an Sie und Ihre liebenswürdige { Braut }.
{ Frau }

Ewig der Ihrige

Schumacher.

---

*) Sie können sich gefälligst auf Fig. 130 in Carnot beziehen.

N⁰ 22. **Schumacher an Gauss.** [14

Vielen Dank, mein verehrter Freund, für Ihren gütigen Brief. Repsold wird selbst Ihnen sagen, wie sehr er Ihnen für die Rechnungen verbunden ist. Unmittelbar wird er anfangen, die Schüsseln zu drehen, und in 4 oder 5 Wochen meint er ein 8füssiges Objectiv fertig zu haben. Da er schon angefangen hatte, sie aus dem gröbsten nach Klügel's Theorie zu drehen, so sind sie meist unbrauchbar, denn er erwartete nicht, dass Klügel sich soweit von der Wahrheit entfernt habe. Es ist merkwürdig, wie gut die Engländer durch Zusammenpassen und Auswählen der Gläser die richtigen Maasse getroffen haben, indem das von ihnen berechnete Objectiv, bis auf Kleinigkeiten mit den besten Englischen übereinstimmt.

So sehr ich wünschte, endlich einmal einen festen Wohnsitz zu haben, und so gerne ich unter den guten Bedingungen nach Greifswalde ging, so wenig kann ich dabey thun. Es würde auf jeden Fall sonderbar seyn, wenn ein ganz Unbekannter sich um die Stelle bewerben wollte. Ich kenne weder Bode noch Humboldt, oder wie sie sonst heissen mögen, die dort die Leitung haben, und darf also auch wohl, wenn ich es versuchte, kein günstiges Resultat erwarten. — Transeat cum ceteris!

Von Ihrem Rufe nach Berlin hatten Sie mir noch nichts geschrieben, sollte nicht eine Stelle, wo Sie keinen Augenblick Ihrer kostbaren Zeit durch Collegienlesen zu verlieren brauchen, grade für Sie seyn? Doch Sie werden das alles schon erwogen haben, und besser als ich.

Mollweide's Criterium passt, sehe ich, vollkommen zu dem Criterium in der M. C. bey seinen Auflösungen des Problems der ☾ Distanzen. Er ist gewaltig vorlaut, da niemand sich die Mühe nimmt, ihn ad absurdum zu führen. M. Hirsch hat nun in der Vorrede zu seinen Integraltafeln eine Palinodie gesungen, und bekennt selbst, dass seine Auflösung der Gleichungen nichts tauge.

Auf Ihre Auflösung der Aufgabe von der Ellipse verlange ich sehr, ich habe schon seit geraumer Zeit die Sache liegen lassen, weil es mir unmöglich war, dabey auf traitable Gleichungen zu kommen. Am meisten versprach ich mir von dem Satze, dass das Product der Perpendikel aus den Brennpuncten auf die Tangente dem Quadrate der halben kleinen Axe gleich sey. Es folgen daraus, wenn die Gleichungen für die 4 Linien, welche das Viereck bilden, folgende sind:

$$y = ax + b$$
$$y = a'x + b'$$
$$y = a''x + b''$$
$$y = a'''x + b'''$$

folgende 4 Gleichungen, wo $\mathfrak{S}$ die halbe kleine, α die halbe grosse Axe bedeutet:

$(y-ax-b)(y'-ax'-b) = (1+aa)\mathfrak{SS}$	(x, y) und (x', y')
$(y-a'x-b')(y'-a'x'-b') = (1+a'a')\mathfrak{SS}$	sind die Coordi-
$(y-a''x-b'')(y'-a''x'-b'') = (1+a''a'')\mathfrak{SS}$	naten der Brenn-
$(y-a'''x-b''')(y'-a'''x'-b''') = (1+a'''a''')\mathfrak{SS}$	puncte;

verbindet man damit

$$\tfrac{1}{4}(x-x')^2 + \tfrac{1}{4}(y-y')^2 + \mathfrak{SS} = \alpha a$$
$$\alpha\, d\beta + \beta\, d\alpha = 0$$

und eliminirt x, y, x', y' aus diesen Gleichungen, so müsste wohl der verlangte Werth von α und β daraus folgen, indessen bin ich damit nicht zu Stande gekommen, und auf Gleichungen von zu hohem Grade gerathen.

So muss ich mich also darauf beschränken, die Bedingungsgleichung, die wohl zierlicher aus Ihrer Auflösung fliessen wird, ohne Ihre zu kennen, gefunden zu haben. Für die Fälle, wo die grösste Ellipse nicht alle 4 Seiten berührt, was dann freilich nicht schwer ist.

Meine Gesundheit bessert sich von Tage zu Tage, ich hoffe noch einmal recht athletice gesund zu seyn, zumal, wenn ich aus den fatalen Sorgen für die Zukunft kommen sollte. Alle Repsold's alte Beobachtungen schreibe ich in's Reine, sie sind vorzüglich wegen der AR. u. Decl. des Polarsterns merkwürdig, ich werde Ihnen eine Copie davon besorgen.

Repsold hat durch Zufall einen Cary'schen Cercle repetiteur erhalten, den er für circa 800 Mark verkaufen will (14 Mark = 1 Louisd'or). Darf ich Ihnen unter der Addresse, an die Königliche Sternwarte in Göttingen, das Kupfer davon schicken und zugleich ein Exemplar für den Minister beylegen, wenn Sie ihn

für Göttingen kaufen wollten? Der vorige Besitzer hat ihn in
Kupfer stechen lassen. Ich habe bey der Gelegenheit ein Exemplar der Gardiner'schen Tafeln zu Avignon, in England gebunden und auf unvergleichlich schönem dicken Papier, für
1½ Thaler erhalten.

Von mir, meiner Mutter und Repsold tausend Grüsse an
Sie und Ihre Braut.

$'ο\ περι\ τον\ Γαυσσιον.$

Altona, d. 8ten Juli 1810.

N? 23.   **Gauss an Schumacher.**   [9

Göttingen, 5. August 1810.

Heute, theuerster Schumacher, habe ich Ihnen nur mit ein
Paar Worten zu schreiben, dass gestern der glückliche Tag
gewesen ist, der mein Lebensglück wieder neu begründet hat.
Dem Himmel sei für diess köstliche Geschenk gedankt.

Es soll mir sehr angenehm seyn, eine ausführlichere Nachricht von dem Cary'schen Kreise zu erhalten, es könnte immer
vielleicht etwas davon werden, dass wir ihn für unsere Sternwarte acquirirten, da an den Bau der neuen nun mit Ernst
gedacht wird. Sie wissen schon, dass 200000 fcs. dazu bestimmt sind. Auch meine Zulage von 200 ℛ, um die über Ein
Jahr lang sollicitirt war, habe ich nun endlich erhalten, und
halte mich nun an Göttingen viel fester gebunden, wie ehemals.

Von Herrn Tiarks habe ich gestern einen mir ganz dunkeln
Brief erhalten. Es habe ihn ein Unglück betroffen, welches
ich schon kannte, er wolle auf den Winter nach E. gehen, und
wünscht eine Empfehlung an Dr. M. zu haben. Ich weiss gar
nicht, was ich von der ganzen Sache, wovon ich sonst kein
Wort weiss, denken soll. Instruiren Sie mich doch darüber
baldmöglichst, ich bin dann gern erbötig, ihm einen Brief an
M. zu schicken, obgleich ich freilich nicht weiss, ob und in
wiefern diess für ihn von Nutzen seyn kann.

Aus den Zeitungen sehe ich, dass man einen Professor der Astronomie für Cracau für 8000 fl. poln. sucht. Möchten Sie sich nicht dazu melden?

Ihre Aufsätze zu Carnot habe ich sogleich weiter besorgt und die Auflösung des Polygons im Kreise beigefügt.

In einem in Nimes herauskommenden Journal für Mathematik ist eine ähnliche Aufgabe aufgeworfen, die eine ähnliche Behandlung verträgt:

Um einen Kreis ein Dreieck zu beschreiben, dessen Spitzen in drei positione datis rectis liegen.

Leben Sie wohl, lieber Schumacher, grüssen Sie herzlich Ihre vortreffliche Mutter und Repsolds von

Ihrem

C. F. Gauss.

N⁰ 24. **Schumacher an Gauss.** [15

Die herzlichsten Glückwünsche, mein verehrter, theurer Freund! von mir und meiner Mutter! Es kann niemand inniger als wir Theil an Ihrem Glücke nehmen, alles was Sie betrifft, ergreift auch uns. Wir gehören zu dem engeren Ausschusse aus der grossen Zahl Ihrer Bewunderer, die das Glück haben, Sie persönlich zu kennen, und die Sie herzlich lieben. Vorzüglich ich darf mich recht im strengsten Sinn zu τοις περι τον Γαυσσιον zählen. Sagen Sie doch Ihrer Gemahlin, dass wir, auch wenn Sie eifersüchtig würde, unsere Anhänglichkeit nicht aufgeben. Es sey also wohl das beste, sich mit Geduld darin zu finden.

Repsold hat iezt nach vieler Mühe zwey Obiective nach Ihrer Formel gefertigt. Das eine ist schlecht, das andere besser. Ganz lässt sich noch nicht darüber entscheiden, da es noch nicht sicher genug gefasst ist. Der Hauptgrund des Mislingens liegt wohl in der Dünne der Gläser, die so beym Poliren durchbiegen und ihre Gestalt verlieren. Die Brennweite trifft bis auf 0,005 eines Fusses mit der berechneten überein. Er wird Ihnen noch das Minimum der Dicke der Gläser melden, über das sie nicht hinausgehen dürfen, ohne durchzubiegen, und dann um Modification Ihrer Formeln danach bitten.

d. 6ten Sept.

Ich statte Ihnen einen zweiten Glückwunsch zu dem Orden ab, den Sie ehren. Also nur in der Hinsicht, weil es daraus erhellt, dass man in Cassel anfängt, Sie zu kennen. Ich bin auf einmal iezt zum ausserordentlichen Professor der Astronomie in Copenhagen mit 1200 Thaler Gehalt ernannt (was aber Dänisches Geld ist). Ich dachte schon an Cracau. Im October gehe ich ab nach Copenhagen.

Ich übersetze für Perthes Puissant's Geodesie. Sollten Sie geneigt seyn, es durch den Zusatz Ihrer Methode, den Inhalt der Figur aus den Coordinaten zu berechnen, und andere kleinere Theorien zu ehren, so würden Sie mich ungemein erfreuen. Perthes wird Ihnen gerne dasselbe Honorar wie bey der Theoria geben. Das meiste von dem astronomischen lasse ich aus. Dürfte ich mir Ihren Rath erbitten, ob es nicht gut wäre, die Topographie von Puissant mit dem erstern Werke zu vereinigen? — Tausend Dank für die Mühe, die Sie sich mit meinem Carnot gegeben haben.

Repsold hat iezt die Fussung fertig, mit $\frac{1}{4}$ Zoll Blendung thut es iezt eben so viel, als das 6füssige, das Sie auf der hiesigen Sternwarte gesehen haben, aber auch nicht mehr, wie es doch wohl seyn sollte. Es ist immer ein vortrefliches Fernrohr, aber würde gewiss, wenn die Gläser nicht durchgebogen wären, noch mehr thun. Repsold wünscht für die Decimaleintheilung des Fusses und der Oefnung, die er machen kann, $= 0^F,38$, die Formeln so eingerichtet, dass das Convexglas in der Axe

$0^F,025$ dick seyn kann,

und das Concavglas ebenda

$0^F,018$ seyn kann;

statt dass z. B. bey diesem lezten Sie bey der Berechnung nur $0^F,009$ angenommen haben.

Das iezt vollendete Fernrohr hat in der Axe

bey dem convexen $0^F,021$,
bey dem concaven $0^F,012$,

die Brennweite $= 8^F,06$. Ein wenig färbt es noch bey Fixsternen.

Die Zeichnungen des Kreises gehen Mittwochen von hier ab, unter der Addresse:

„An die Königliche Sternwarte zu Göttingen."

Tausend Grüsse von meiner Mutter und Repsold's an Sie und Ihre Frau Gemahlin.

Totus Tuus
Schumacher.

N? 25. Gauss an Schumacher. [10

Göttingen, d. 6. October 1810.

Noch in Altona müssen Sie, lieber Schumacher, meinen herzlichen Glückwunsch zu der Erfüllung Ihrer Wünsche erhalten. Möge Ihre Lage in Copenhagen ganz so angenehm und befriedigend seyn, wie Sie es wünschen. Das einzige, was mich dabei schmerzt, ist die weite Entfernung, in die Sie nun kommen und die geringe Hoffnung. die ich nun behalte, Sie bald einmal wieder zu sehen.

Dass das Objectiv, welches Repsold geschliffen, nicht ganz nach seiner Erwartung ausgefallen ist, thut mir leid. Ich will die Rechnung noch einmal für eine etwas grössere Dicke der Gläser wiederholen, wozu ich bisher noch nicht habe kommen können, da ich die auf meine erste Rechnung sich beziehenden Papiere verlegt und bisher nicht Zeit gehabt habe, mich ganz von neuem wieder hineinzusetzen. Ich glaube aber, dass eine etwas vergrösserte Dicke die Dimensionen nur wenig verändern wird.

Vor kurzem habe ich mit meiner Frau eine kleine Reise nach Gotha gemacht, von wo ich zu Anfang dieser Woche zurückgekommen bin. Ich habe mich gefreuet, dass der eingestürzte Flügel wieder neu aufgebauet ist. An unserm Bau hier ist noch gar kein Anfang gemacht. Harding hat vom König 1000 $\mathcal{J}$ erhalten, um nach Paris zu reisen und dort die Lücken seiner Sternkarten auszufüllen. Bis Weihnachten wird er wol seine Abreise noch verschieben.

Meine Auflösung über die grösste Ellipse werden Sie im August der M. C. gefunden haben. Auch Pfaff aus Halle hat eine eingesandt, welche mir Lindenau geschickt hat, die ich aber, weil er sein Verfahren gar nicht beschreibt, sondern bloss die Endresultate gibt, noch nicht weiter untersucht habe. Wollen Sie nicht auch Ihre zierliche Limitation, sammt der Art, wie Sie sie gefunden haben, einschicken?

Ihre Uebersetzung von Puissant wird eine um so nützlichere Arbeit seyn, wenn Sie beide Werke zu Einem verschmelzen, und überhaupt nicht gar zu ängstlich-treu dabei zu Werke gehen, sondern mehr eine freie Bearbeitung liefern. Wenn meine Zeit es erlaubt, werde ich gern einen oder den andern Beitrag dazu liefern.

Klügel hat mich ersucht, für sein Wörterbuch einige Artikel zu bearbeiten, wodurch man eine Idee von dem Inhalt meiner Disquisitiones erhalten könne. Ich werde aber nur auf den Fall darauf entriren können, dass ich nicht damit pressirt werde.

Ich habe jetzt eine kleine Abhandlung für unsere Societät vollendet, worin ich unter andern Zusätze zu dem 2. und 3. Abschnitt des 2ten Buchs meiner Theoria gebe. Die Ephemeride für die Pallas habe ich bereits selbst berechnet, an die andern Planeten habe ich aber noch nicht denken können.

Leben Sie wohl, lieber Schumacher, und behalten Sie ferner lieb

Ihren ganz eignen
C. F. Gauss.

Tausend Empfehlungen an Ihre vortreffliche Mutter und an Repsold's. Noch Einmal höre ich doch wol von Ihnen aus Altona?

N° 26.   Schumacher an Gauss.   [16

Zu den interessanten Bekanntschaften, die ich hier gemacht habe, zähle ich die des schwedischen Grafen Horn, der, wie

Sie wissen, mit in dem Morde Gustav III. verwickelt war und seit der Zeit mit seiner Familie in der Verbannung lebt. Er liebt Mathematik leidenschaftlich und besonders höhere Arithmetik. Jetzt wird er Ihre Disquisitiones studiren. Er sagte mir, er habe eine Reihe gefunden, wo die Coefficienten der 53 ersten Glieder die 53 ersten Primzahlen nach der Reihe enthalten. Unglücklicherweise ist es nicht für das 54te und die folgenden Glieder wahr. Aus dem Fermat'schen Theorem hat er das wohl schon bekannte Corollarium gezogen, dass wenn N eine Zahl von der Form

$$101010101\ldots\ldots$$

bedeutet, und u die Summe der Einer darin, $\dfrac{N}{2u+1}$ eine ganze Zahl sey ausgenommen wenn $u=1$, $u=2$, $u=5$. Mit Reihen hat er sich viel beschäftigt, z. B. mit der folgenden

$$a+a^a+a^{a^a}+a^{a^{a^a}}+\ldots \quad \text{Grenze } 0{,}64118$$

Aus dem Kopfe erinnerte er sich, die Summe S der ersten 100 Glieder wenn $a=\tfrac{1}{2}$ in folgende Grenzen falle

$$S<\frac{1}{a^6}+\frac{a}{5^a}$$

$$S<\frac{1}{a^6}+\frac{aa}{5^a}$$

Er hat mir über Kennzeichen der Zahlen, die mit 7 zu dividiren sind, u. s w. noch vieles gesagt. Ueberhaupt hat er sehr wenig, beynahe nichts gelesen, und alles selbst gearbeitet.

Ein Pastor Posselt auf Föhr hat mir auch von seinem 16jährigen Sohne eine eigene Arbeit über das Zurückweichen der Nachtgleichen gesandt, die freilich nichts neues mehr sagen kann, aber als die Arbeit eines solchen Jünglings Erstaunen erregt. Der Vater hat 13 Kinder und wünscht so sehr, dass er Unterstützung vorzüglich für diesen findet. Darf er Ihnen wohl von den Arbeiten seines Sohnes senden, und könnten Sie ihm wohl eine kleine Unterstützung zum Studiren in Göttingen auswirken? Ich glaube, Sie werden an dem jungen Menschen viele Freude haben.

Obgleich ich jetzt nichts habe, was mich traurig machen
könnte, fühle ich mich doch ängstlich und traurig ohne Grund.
Mein einziger Trost ist Arbeit. Wie verlange ich Sie zu sehen!
und wann wird das seyn können! Ich bin jetzt schon weit von
Ihnen, und rücke immer noch weiter. Am Ende muss ich von
allem weg, was mir lieb und theuer ist.

  Sie sind jetzt Gottlob! gewiss recht glücklich und können
es sein, grüssen Sie Ihre Frau Gemahlin vielmals und nehmen
Sie selbst von uns Allen den herzlichsten Gruss.
Totus Tuus
Schumacher.

Altona, d. 6. Oct. 1810.

N° 27.   **Schumacher an Gauss.**   [17

  Vielen Dank, mein einziger bester Freund! für Ihren lieben
Brief. Er hat mich sehr aufgeheitert, da ich wieder grade in
ziemlich zerrütteten Gesundheitsumständen bin. Der Arzt meint,
mein jetziger Mismuth und meine Schlaflosigkeit und Schwäche
rühren von dem langen Nachtarbeiten her, das ich diesen Sommer
unausgesetzt that. Ich glaube das aber nicht, wenigstens waren
es sehr schöne Stunden, und ich glaube, der gute Doctor meint,
Nachdenken über mathematische Gegenstände sei eine Art Kopf-
zerbrechen. Mit der innigsten Sehnsucht denke ich jetzt an
Göttingen und verlange zu Ihnen, und das grade um desto
stärker, je weniger Hofnung dazu da ist. — Wenn meine Gesundheit es erlaubt, muss ich innerhalb 4 Wochen von hier nach
Kopenhagen abreisen.

  Ich benutze die Gelegenheit, um Ihnen 4 Zeichnungen von
dem bewussten Cary'schen Kreise zu senden, von denen Sie gefälligst eine nebst dem Schnupftuch und dem Werke von Ide an
Harding geben werden. Für Sie bin ich so frey gewesen, den
kleinen v. Schooten beyzulegen, auch erfolgt zugleich ein Kragen, den Sie hier vergessen haben. Einen Brief des Grafen
Horn (er hat sich der Sicherheit wegen damals den Namen
Classen gegeben) an mich lege ich bey. Er sandte ihn mir mit
einem Werke über die Maxima und Minima worin er 24 zum

Theil schwere Aufgaben mit ausserordentlicher geometrisher Eleganz löset. Vorzüglich lege ich ihn wegen der Nachschrift bey, woraus Sie sehen werden, wie er sich in Sachen, die man ihm mittheilt, hineindenkt. Ich hatte ihm nemlich von Ihren arithmetisch-geometrischen Mitteln die Elemente gezeigt. Seine Hand hat erstaunende Aehnlichkeit mit Bessel's. Gestern brachte er mir ein kleines Theorem, das er recht zierlich bewiesen hat: „Soll eine gegebene Sehne in einer beliebigen Curve den grössten Bogen subtendiren, so ist es der, mit dem sie an ihren Endpuncten gleiche Winkel macht."

Sind Sie nicht so gütig, werthester Freund! und behalten für mich ein Exemplar Ihrer Abhandlung für die Societät? Ich werde es, wenn ich weiss, dass Sie meine Bitte nicht abschlagen, bey Ihnen abhohlen lassen. — Leider habe ich, da ich die letzte Zeit immer die Stube hüten musste, Ihre Auflösung noch nicht anders als einen Augenblick im Museum sehen können, welches soviel wie nichts ist, man muss sie studiren. Die Art, wie ich zu meiner Limitation gekommen bin, werde ich an Lindenau schicken.

Vielen Dank für die versprochenen Beyträge! — Mit Ihrem Brief zugleich erhielt ich eine Antwort von Puissant (ich hatte ihn gefragt, ob er etwas habe, dass er noch in die Uebersetzung gerückt wünsche). Er wird mir in diesen Tagen ein neues Memoire über Projectionen zuschicken, was ich, wie er wünscht, mit übersetzen soll.

Ich schreibe Ihnen gewiss noch einmal aus Altona. Tausend Grüsse von mir und meiner Mutter an Sie und Ihre verehrte Frau Gemahlin. Leben Sie wohl und denken Sie bisweilen an Ihren Sie, mehr wie er sagen kann, liebenden

Schumacher.

Altona, d. 13ten Oct. 1810.

N° 28.   Schumacher an Gauss.   [18

Repsold hat jetzt nach Ihren Formeln, werthester Freund! ein zweytes Objectiv vollendet, das ohnerachtet das Glas Streifen hat, vortrefliche Wirkung thut. Es sitzt schon im Passagen-

Instrumente und zeigt bey hellem Tage Mizar als Doppelstern. Beyde Sterne sind keine 20" von einander entfernt. Alle Sterne der vierten Grösse kann man jetzt bey Tage beobachten. Er ist voll Dank gegen Sie, muss aber bald, da er französisches Flintglas von Craynes und Lauçon erhält, unterthänigst bey Ihnen einkommen und um neue Maasse, nach dem neuen Brechungs- und Zerstreuungsverhältniss bitten? Wollen Sie nicht Ihre Formeln bekannt machen?

An Lindenau habe ich meine Limitation der Aufgabe von der Ellipse geschickt. Pfaff und Mollweide haben nicht daran gedacht. Ich habe sie ihm aber nicht unter der Gestalt wie ich sie Ihnen mittheilte, gesandt, weil ich dann noch die Bedeutung der negativen Brüche hätte entwickeln müssen, die hier, wenn der Nenner negativ wird, etwas Unendliches anzeigen, sondern unter einer andern Gestalt, wo nichts negativ werden kann. Reinke hat mir einen Brief geschrieben und mich gefragt, ob es nicht möglich sey, ihm Ihre Auflösung begreiflich zu machen, ich habe ihm aber geantwortet, dass sey sehr schwierig.

Horn brachte mir eine zierliche Aufgabe:

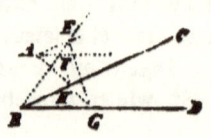

Wenn der Punct A und die Linien BC, BD der Lage nach gegeben sind, zwey Puncte FE anzugeben, so dass alle durch diese Puncte nach jeder Richtung gezogenen Parallellinien, z. B. EG, FH die gegebenen Linien in 2 Puncten H, G schneiden, die immer mit A in einer graden Linie liegen müssen.

Behandelt man sie analytisch und nennt die Tangenten des Winkels, den die Parallellinien mit der Abscissenlinie (BD) machen N, so kommt man auf eine Gleichung von der Form

$$X + N X' + \frac{X''}{N} = 0$$

wo X, X', X'' Functionen der Coordinaten von E, F sind.

Da die N eine völlig willkührliche Grösse nicht in die Bestimmung dieser Coordinaten entriren kann, in die 3 Gleichungen

$$X = 0$$
$$X' = 0$$
$$X'' = 0$$

zerfällt, die wenn es solche Puncte giebt, zusammen bestehen müssen. Nun kann ihnen kein Genüge geschehen, wenn nicht die Constante der Linie $EF = 0$, dann findet man liegt F in einer Parallele mit BD, und E in einer Parallele mit BC. Es giebt also unzählige solche Puncte. Zicht man durch A die beyden erwähnten Parallelen, so schneidet jede durch B gezogene Linie diese Parallelen in 2 solchen Puncten. Werthheim bat mich um meine Analysis, hat sie aber nicht begriffen, und meinte, es müsse sich doch noch kürzer auflösen lassen.

Ich schreibe jetzt für Hammerich eine mathematische Geographie. Um die Kugelgestalt der Erde zu beweisen, kann man den Erfahrungssatz nehmen, dass wenn ich von Norden nach Süden gehe, in gleichen Zwischenräumen die Höhe desselben Sternes um gleiche Grösse abnimmt. Es erhellt gleich daraus, dass die Erde keine Ebene seyn kann, sonst müssten die Tangenten den Winkeln proportional wachsen. Nun fragt es sich aber, was ist das für eine Curve, die bey vorausgesetzter endlicher Entfernung des Sterns diese Eigenschaft hat? Ist a die Entfernung eines Sterns, der in der Axe der Curve liegt, und θ der Winkel, den dieser Stern in jedem Puncte mit den Tangenten bildet, so bin ich auf die Gleichung

$$n \sqrt{\{yy + (a+x)^2\}} = an + 1 - \sin \theta$$

gekommen.

Bugge in Kopenhagen ist bey der Direction der Universität eingekommen und hat gebeten, ihm die Direction der Sternwarte allein zu überlassen. Der Herzog meint, ich solle bitten, so lange er dabey sey, von aller Verbindung loszukommen, und solle dabey um Urlaub ansuchen, hier auf Repsold's Sternwarte irgend ein nützliches Werk diesen Winter ausführen zu dürfen. Ich werde beydes thun, und es wird gewiss bewilligt werden. Ich denke also diesen Winter nach Hamburg zu ziehen und dort einen Catalogus der Circumpolarsterne auszuarbeiten, was jetzt so vortreflich angeht, da durch Ihr Objectiv Tag- und Nacht-Culmination observirt werden kann. Ich bitte Sie herzlich, mir Ihren Rath über den Umfang und die Methode der Arbeit mitzutheilen, und zugleich Niemandem etwas von dem auf dieser Seite enthaltenen mitzutheilen. Die Sachs ist noch nicht abgemacht und erst im Werden.

Tausend Grüsse von mir und meiner Mutter an Sie und Ihre Frau Gemahlin.

Ewig Ihr
Schumacher.

N? 29. **Gauss an Schumacher.** [11

Göttingen, 6. Januar 1811.

Eine Reihe von Geschäften, die im verwichenen Herbst den grössten Theil meiner Zeit absorbirten, hat mich es bisher von einer Woche zur andern aufschieben lassen, Ihnen, liebster Schumacher, auf Ihre letzten Briefe zu antworten und Ihnen sowol für die logarithmischen Tafeln als für den mir nachher zugekommenen zweiten Band Ihres Carnot zu danken. Harding habe ich den Ide und das Schnupftuch abgeliefert: den Hemdkragen erkennt er aber nicht für den seinigen, daher derselbe noch als eine res nullius hier liegt. Harding wird übermorgen nach Mannheim abreisen, und lässt sich Ihnen nochmals empfehlen.

Dass Repsold's Glass so gut ausgefallen ist, freuet mich sehr. Wenn er französisches Flintglas erhalten und dessen Zerstreuungskraft durch Versuche geprüft hat, so will ich gern die Krümmungen der Linsen daraus berechnen, allein ich muss dann bitten, mir zugleich die Dimensionen des nach meinen Zahlen geschliffenen Glases wieder mitzutheilen, da ich sie alles Suchens ungeachtet nicht habe wieder auffinden können, und sonst wenn ich ganz von vorn anfangen müsste, eine viel längere Arbeit haben würde.

Sehr ungern höre ich, dass Ihre Gesundheit noch immer nicht fest ist, aber sehr freue ich mich über die Liberalität Ihrer Regierung, die Ihnen noch die Wahl Ihres Aufenthalts überlässt. Ich wünsche nur, dass die Veränderung von Hamburgs politischer Lage auf unsers wackern Repsold's persönliches Verhältniss weiter keinen nachtheiligen Einfluss habe. Sollten Sie Ihr Vorhaben in Hamburg eine Wohnung diesen Winter zu nehmen, wirklich ausgeführt haben, so verbinden Sie mich sehr, wenn Sie die neuen Planeten fleissig beobachten. Bisher war hier das Wetter äusserst ungünstig: allein jetzt scheint mit dem starken Frost zugleich heiterer Himmel eintreten zu wollen. Ueber die Pallas werden Sie nächstens in den Göttingischen gelehrten Anzeigen eine weitläuftige Nachricht von mir finden: hier nur so viel. Ich habe einige Monate darauf gewandt, die Störungen derselben vom ♃ während der Jahre 1803—1811 zu berechnen und gefunden, dass die Ephemeride im Octoberheft des M. C. einer sehr grossen Verbesserung bedarf. Hier eine neue Ephemeride:

1811	Jan.	10 Mittern.	151°	43'	22°	8'	südl.
		14 ,,	151	36	21	50	,,
		18 ,,	151	22	21	24	,,
		22 ,,	151	2	20	49	,,
		26 ,,	150	34	20	6	,,
		30 ,,	150	1	19	14	,,
	Febr.	3 ,,	149	24	18	13	,,
		7 ,,	148	45	17	2	,,
		11 ,,	148	3	15	43	,,
		15 ,,	147	20	14	16	,,
		19 ,,	146	37	12	42	,,
		23 ,,	145	55	11	3	,,
		27 ,,	145	17	9	19	,,
	März	3 ,,	144	43	7	32	,,

Besonders ist mir an Beobachtungen um die Zeit der ☌ gelegen gegen Ende Februars. Ueber die Ceres habe ich keine Rechnungen gemacht, ich hoffe, dass die Ephemeride im Jahrbuche hinreicht, sie zu finden. Für ☿ und ♀ *) ist es noch zu früh.

Sie schrieben mir von einem jungen Predigerssohn auf Fühnen, der vorzügliche Talente für Astronomie zeige. Können Sie mir nicht etwas von seinen Arbeiten schicken? Kann ich ihm auch sonst nicht gleich nützen, so kann ich doch wenigstens, wenn seine Arbeiten wirklich so ausgezeichnet sind, öffentlich ein Wort darüber sagen. Vielleicht wäre es auch möglich, dass ihm sonst eine oder andere Unterstützung zufliessen könnte.

Ich habe diesen Winter zwei Collegia zu lesen und habe ein paar geschickte junge Leute zu Zuhörern.

Meine Vorlesung in der Societät über die Pallas (womit die vorhin erwähnte Arbeit nicht zu verwechseln ist) ist noch nicht gedruckt. Ich werde dann ein Exemplar für Sie zurücklegen.

---

*) Soll wohl ☿ sein.　　　　　　　　　　　　　　P.

Wie ist es mit Tiarks? Sie haben mir auf meine Anfrage in meinem letzten Briefe noch nicht geantwortet.

In meinem Hause ist übrigens alles wohl. Joseph und Minna gedeihen zusehends und im nächsten Frühjahr hoffe ich auch den Verlust meines Louis wieder ersetzt zu sehen.

Auf den Fall, dass das Pariser Institut die Pallasstörungen zum viertenmale zur Preisfrage aufgibt, bin ich nicht ganz abgeneigt, darauf zu reflectiren, da jetzt dieser Gegenstand auch an sich Interesse für mich erhalten hat. Ich zweifle aber, dass jenes geschehen wird. Da Sie dort den Moniteur selbst lesen, so bitte ich Sie, wenn Sie in diesen Tagen etwas darüber darin finden, es mir gütigst mitzutheilen.

Es gehe Ihnen wohl, mein theuerster Freund. Empfehlen Sie mich Ihrer Mutter und Repsolds.

Semper totusque Tuus

C. F. Gauss.

N? 30.   Schumacher an Gauss.   [19

Altona, d. 9ten Jan. 1811.

So unbescheiden es seyn mag, mein theuerster Freund! so kann ich doch nicht länger warten, Sie um Nachricht (nur in ein paar Worten) von Ihrem Befinden und allem was Sie angeht, zu bitten, und dieser ersten Bitte gleich eine zweyte hinzuzufügen, die uns allen sehr am Herzen liegt, nemlich die, Ostern hierher zu kommen. Ich habe Erlaubniss erhalten, diesen Winter hier zuzubringen, um auf Repsold's Sternwarte die Declinationen der Sterne nahe bey dem Pole mit dem Kreise zu messen, und ziehe demzufolge schon diese Woche nach Hamburg, d. h. ich miethe da nahe bey der Sternwarte eine Stube, damit ich jede heitere Nacht da seyn kann. Uebrigens bleibt mein Hauptquartier hier in Altona. Ich komme mit meiner Bitte so früh, damit Sie nicht anders über Ihre Ferien disponiren, und bitte so herzlich wie ich kann, uns hier den Vorzug zu geben. Auch müssen Sie selbst zusehen, was die Gläser nach Ihren Formeln geschliffen, thun, und ich enthalte mich aller Aeusserungen darüber, indessen war nichts anders zu erwarten, wo Sie rechneten und Repsold schliff.

Wollen Sie mir iezt eine Ephemeride zu rechnen geben, so kann ich unmittelbar dabey gehen, und bitte nur um die Elemente. Sie haben, wie mir Pr. Hipp sagt, ja einen jungen Mathematiker von vielen Talenten aus Hamburg da, sollte der wohl für mich die Tafel der Sonnencoordinaten abschreiben, und ist er von der Art, dass Sie ihm das Buch, worin sie stehen, dazu anvertrauen können? Geht das nicht, und Sie beglücken uns Ostern durch Ihre Ankunft, so bitte ich ergebenst, sie mitzubringen, damit ich sie hier abschreibe. — Was ist aus dem mathematischen Wunderkinde geworden, das mit Meyer Hirsch zugleich die Auflösung der Gleichungen erfunden hatte? und das meine Stube beziehen sollte?

Lange habe ich nicht so herzlich gelacht als neulich da ich in Bode's Jahrbuch für 1813 die p. 261 las, wo das gewisse Journal vorkömmt, und das Endurtheil: „Löblich ist es indessen u. s. w." Zu meinem Erstaunen fand ich Sie p. 223 in schöner Gesellschaft. Ich habe ihn diesen Sommer hier gesehen, wir waren zusammen bei Rainville gebeten. Da habe ich nun mancherley gehört, z. B. dass ein Hoflakey in Berlin eine der vortrefflichsten astronomischen Uhren habe, die wie ich auf Erkundigung erfuhr, jeden Morgen bey Sonnenaufgang einen Choral spielt, und des Abends bei Sonnenuntergang nicht minder. Auch konnte er den Wunsch nicht unterdrücken, wie er aus den Fenstern des Speisesaals die Elbe sah, eine Camera obscura dazuhaben, um das recht so im kleinen betrachten zu können. Nach Tische ward er etwas munter und fing an, auf Zach Anspielungen zu machen, so dass ich nicht umhin konnte, das Gespräch gelinderweise auf Piazzi's Libro Sesto zu lenken. Er versicherte, dass sey zwischen Berlin und Gotha auf der Post verloren. Ich meynte, er könne es doch mit dem Postzettel, den er ja gewiss habe, reclamiren, da versicherte er mir aber, die preussischen Postbedienten seyen so grob, dass man sich um alles in der Welt nicht mit ihnen einlassen müsse.

Den 2ten Theil meines Carnots haben Sie doch wohl schon erhalten? ich habe wenigstens Hammerich schon vor anderthalb Monat den Auftrag gegeben, ihn Ihnen durch Denkwerts zu senden. Noch einmal meinen herzlichen Dank für Ihre Beyträge.

Was ist an der Buzengeiger'schen Auflösung? Gelächelt habe ich auch, als ich las, dass er sich wundert, dass Sie das Problem auf eine andere Art als er gelöst haben. An Gergonne habe ich eine analytische Auflösung eines artigen geometrischen Problems gesandt.

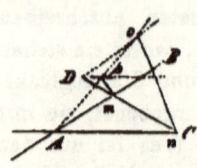

Es sind zwey Linien AB, AC, und ein Punct D der Lage nach gegeben, man sucht 2 Puncte μ, ν, von der Beschaffenheit, dass beliebige dadurch gezogene Parallelen die Linien AB, AC, in m, n so schneiden, dass immer D, m, n in einer graden Linie liegen.

Wenn man die Linien selbst als Coordinatenaxen annimmt, so sieht man leicht, dass die Aufgabe unbestimmt ist. Zieht man durch D Parallelen mit den beyden gegebenen Linien, so schneidet jede Linie durch A auf diesen Parallelen zwey solcher Puncte ab.

Meine Auflösung steht im Decemberheft der Annales de Mathématiques abgedruckt. Unmittelbar vorher ist ein Aufsatz von einem gewissen Stainville, worin er Ihren Satz für den Inhalt einer Figur aus den Coordinaten vorträgt. Es wird Ihnen nicht der Mühe werth seyn, ich werde aber noch diese Woche an Gergonne schreiben und reclamiren. Selbst wenn der zuerst drucken lässt, als Erfinder gelten soll, so ist Ihr Satz ein paar Monate früher in dem zweyten Theile meines Carnot gedruckt.

In meinem Briefe an Gergonne erwähnte ich, dass ich die Annales nur aus einer vortheilhaften Aeusserung von Ihnen kennte. In seiner Antwort hat er mir nun aufgetragen, Sie très humblement zu bitten, seine Annales, de loin en loin, mit irgend etwas aus Ihrer Hand zu beglücken. Ich weiss aber nicht, ob das Gesellschaft für Sie ist. Es scheint nicht, dass Lagrange und Laplace Theil daran nehmen.

Ein Liebhaber in Quedlinburg (nomine ni fallor Schmidt) hatte sich an einen gewissen Klopstock hier gewandt, um ein vortrefliches Fernrohr zu erhalten. Ich sagte ihm von Repsold's 6füssigen, und stützte mich auf Ihr Urtheil, das Sie darüber bey Ihrem Hierseyn fällten. Unterdessen kommt Benzenberg zu diesem Liebhaber, und wie der ihm von Repsold's 6füssigen sagt, versichert Benzenberg, es sey ein schlechtes Ding und voller

Streifen. Repsold hatte ihm nemlich bey seinem Hierseyn gesagt, dass seine Vortreflichkeit um desto mehr zu bewundern sey, weil das Cronglas Streifen habe. Sonst gehört Repsold's Auge dazu, um diese Streifen zu sehen. Hr. B. aber, der das Fernrohr gerne hatte kaufen wollen und da Repsold nichts abliess, ohne das Fernrohr bekommen zu haben wegging, fand für gut, das was er von Repsold gehört hatte, so zu entstellen. Sollten Sie jetzt einmal Gelegenheit finden, öffentlich von diesem Fernrohr zu reden, so würden Sie uns beyde sehr verbinden, wenn Sie Ihr Urtheil wiederhohlen wollten.

Da die Formeln für die Summen der Sinus, die den Ableitungen der Reihen zum Grunde liegen, aus der Trigonometrie entlehnt und also geometrisch bewiesen werden, so habe ich versucht, sie blos analytisch abzuleiten, indem es mir scheint, als sey das gewöhnliche Verfahren gegen die analytische Eleganz. Die Nachsicht, mit der Sie immer meine Sachen betrachtet haben, verleitet mich, Ihrem Urtheil auch diese Kleinigkeit zu unterwerfen. Erstlich zeige ich, dass die Reihe für den Sinus die Form

$$x + Bx^3 + Cx^5 \ldots$$

haben müsse. Es ist also

$$\sin(x+y) = (x+y) + B(x+y)^3 + C(x+y)^5 + \ldots$$

Entwickelt man die Potenzen von $x+y$ so hat jede eine grade Anzahl Glieder und lässt sich in zwey symmetrische Theile zerlegen, wovon der eine alle ungeraden Potenzen von x, der andere von y enthält. So gelangt man zur folgenden Gleichung, wo Sie leicht die Bedeutung der Functionen Y, Y', u. s. w. sehen werden, die man übrigens gar nicht zu entwickeln braucht. $X, X' \ldots$ sind dieselben Functionen statt y, darin x gesetzt

$$\sin(x+y) = x(1+Y) + Bx^3(1+Y') + \ldots$$
$$+ y(1+X) + By^3(1+X') + \ldots$$

Bezeichne ich nun mit $fy, \varphi x$ diejenigen noch unbekannten Functionen von x und y, durch deren Multiplication $x(1+Y) + Bx^3(1+Y') + \ldots$ entstanden ist, so ist wegen der Symmetrie

$$y(1+X) + By^3(1+X') + \ldots = fx \cdot \varphi y$$

also

$$\sin(x+y) = fy \cdot \varphi x + fx \cdot \varphi y$$

Setzt man nun $x=0$ so wird $fy \cdot \varphi x = 0$ und es ist $\sin y = f0 \cdot \varphi y$ oder

$$\varphi y = \frac{\sin y}{f0} \quad \text{ebenso} \quad \varphi x = \frac{\sin x}{f0}$$

also

$$\sin(x+y) = \sin x \frac{fy}{c} + \sin y \cdot \frac{fx}{c}$$

wenn $f0 = c$. Setzt man hierin $y = \pi$ (wo π der Quadrant ist), so ist $\sin(\pi + x) = \cos x = \sin x \cdot \frac{c'}{c} + \frac{fx}{c}$ (wenn $f\pi = c'$) also

$$fx = \cos x \cdot c - \sin x \cdot c'$$
$$fy = \cos y \cdot c - \sin y \cdot c'$$

und wenn man diese Werthe substituirt

$$\sin(x+y) = \sin x \cdot \cos y + \sin y \cdot \cos x - 2\frac{c'}{c} \sin y \cdot \sin x$$

oder für $x = y$

$$\sin 2x = 2 \sin x \cos x - 2 \frac{c'}{c} \sin x^2$$

Setzen wir nun $x = \pi$, so ist $\sin 2\pi = 0$, $\sin \pi = 1$, $\cos \pi = 0$, die Gleichung verwandelt sich also in

$$0 = -2 \frac{c'}{c}$$

also

$$\sin(x+y) = \sin x \cdot \cos y + \sin y \cdot \cos x$$

Jetzt folgen auch die Coefficienten der Reihen leicht. Aber ich habe Ihre Geduld schon genug ermüdet.

Leben Sie herzlich wohl, mein verehrter Freund! Empfehlen Sie uns alle Ihrer Frau Gemahlin und schlagen Sie unsere dringende Bitte wegen Ostern nicht ab.

Ganz Ihr

Schumacher.

N.° 31.   Schumacher an Gauss.   [20

* Altona, d. 26sten Febr. 1811.

Ich eile, theuerster Freund! Ihnen einige Meridianbeobachtungen der Pallas zu senden. Es sind meine ersten die Sie berechnen, und ich hoffe, Sie werden nicht abgeschreckt werden. Den 23sten sah ich Pallas noch eintreten, aber eine kleine Wolke vereitelte die Beobachtung. Jetzt hat das Wetter sich geändert, so dass ich es für besser hielt, Ihnen diese voraufzusenden als zu warten bis ich mehr auf einmal geben kann. Bey den Declinationen liegt die Polhöhe 53° 32′ 51″,5 zu Grunde. Schwerlich wird eine andere Sternwarte die Declinationen so gut geben können.

	AR in Zeit	AR in Bogen	südl. Abweich.
Febr. 19	9ʰ 46 29,0	146° 37′ 15,0	12° 42′ 45″,3
20	— 45 47,5	— 26 52,5	12 18 32 ,7
21	— 45 6,5	— 16 37,5	11 53 47 ,7
22	— 44 26,4	— 6 36,0	11 28 58 ,5

Wollen Sie übrigens die Declinationen selbst reduciren, so füge ich die beobachteten Zenithdistanzen bey.

	Zenithdist.	Th. Réaum.	B. Paris. Zoll	
Febr. 19	66° 13 27	— 3°	28 6,0	
20	65 49 18	— 5°	28 0,3	Collim. = —11″,2
21	65 24 38	— 3°	27 9,9	
22	64 59 48	— 2°	27 7,0	

Ceres habe ich nicht nach Bode finden können. Die continuirlichen Nachtwachen in voriger Woche haben mich etwas angegriffen. Der Tag geht dabey immer mit Schlafen und Ruhe verloren. Seyn Sie so gütig und setzen Sie Ihre verbesserte Ephemeride der Pallas, die ich nur bis zum 3. März habe, noch weiter fort, und theilen Sie sie mir mit. Es ist um wenn etwa eine längere Zeit dunkles Wetter eintritt, sie gleich wieder zu finden. Befehlen Sie sonst über mich was Sie an Beobachtungen überhaupt, oder der neuen Planeten in's Besondere wünschen. Meine Verleger pressiren so, und die Sternwarte nimmt mir soviel Zeit, dass ich nicht gut zuverlässige Ephemeriden mir rechnen kann. Ich bin also so frey, Ihre Güte hier in Anspruch zu nehmen.

Dürfen wir hoffen, theuerster Freund, Sie bald hier zu sehen? Die Sternwarte ist in der grössten Ordnung, und erwartet Ihren Besuch, aber Ihre Freunde erwarten ihn noch sehnlicher.

Viele Grüsse von Allen

Totus Tuus

Schumacher.

N. S. Es wird jetzt in Paris an einer Ausgabe der Taylor'schen Tafeln auch in 4to aber mit 8 Decimalen gedruckt. Prony hat sie berechnet. Didot druckt sie stereotyp. Sie wird 96 Frcs. kosten. Ebenso kommen die grossen Tafeln des Cadasters in 3 Foliobänden (300 Francs) heraus.

Sie müssen auch kommen, um die treflichen Achromate zu sehen, die Repsold nach Ihren Rechnungen geschliffen hat.

N° 32.   **Gauss an Schumacher.**   [12

Göttingen, den 10. März 1811.

Verzeihen Sie es mir, lieber Schumacher, dass ich so lange von einem Tage zum andern aufgeschoben habe, Ihre letzten beiden Briefe zu beantworten. So gern möchte ich Ihrer freundschaftlichen Einladung folgen und diese Ostern einige Zeit bey Ihnen zubringen. Allein da diese Reise doch nicht wol mit weniger als drei Wochen zu bestreiten wäre, so muss ich leider darauf Verzicht leisten, da ich diessmal eine so lange Trennung von Göttingen um so weniger mir erlauben kann, da vermuthlich im May die Niederkunft meiner Frau bevorsteht und ich vor Ostern nicht würde abkommen können. Aber recht dringend lade ich Sie ein, dafür zu uns zu kommen. Schlagen Sie mir es nicht ab, lieber Schumacher. Auch meine Frau, die mir für das Opfer, das ich bringe, einen Ersatz wünscht, vereinigt ihre Bitten mit den meinigen. Wir haben Platz genug, Sie zu beherbergen, und mich verlangt so sehr danach, so manche liebe alte Erinnerungen zu erneuern. Harding ist noch in Mannheim, und wird wol gegen Ende dieses Monats nach Paris abreisen; dort aber wol nur einen kurzen Aufenthalt machen.

Hat Repsold sein französisches Flintglas noch nicht erhalten? Da bei dem Zerschneiden doch wol manche kleine Splitter davon abfallen, so würde er mich verbinden, wenn er mir davon für unsern Chemiker Prof. Strohmeier eine kleine Probe überliesse. Auch bitte ich Sie, mir die Dimensionen des neuen Objectivs wieder mitzutheilen; ich bin von mehrern Personen darum angegangen, und kann die Papiere nicht wieder finden. Sollte es nicht möglich seyn, dass Repsold sich entschlösse, für unsren Mauerquadranten ein neues achromatisches Fernrohr in Arbeit zu nehmen? Es wäre dies eine höchst wichtige Acquisition für mich um so mehr, da es mit dem Bau und der Approvisionirung unsrer neuen Sternwarte bei der Geldklemme noch ziemlich weitläuftig aussieht. Sprechen Sie doch einmal darüber mit dem treflichen Repsold.

Für Ihre Pallasbeobachtungen danke ich schönstens. Ich hoffe sie bald in Rechnung nehmen zu können. Weitere Beobachtungen werden dies Jahr nicht nöthig seyn, aber sehr lieb wäre es mir, wenn Sie einige Juno- und Vesta-Beobachtungen liefern könnten. Ich weiss aber noch nicht, wie viel die Ephemeride des Hrn. Bode im J. B. 1813 abweichen wird.

Haben Sie die schöne Bedeckung des Aldebaran nicht beobachtet? Im Fall es geschehen ist, bitte ich um die Mittheilung. Ich habe bloss den Austritt, aber die Bedekung von o Leonis vollständig beobachtet.

1811
März 1 Austritt α Tauri............ 9^h 47' 16",4 M. Z.
" 7 Eintritt o Leonis............11 42 43 ,8 "
" 7 Austritt o Leonis............12 52 58 ,2 "

Haben Sie die Connaissance des Tems 1812 schon gesehen? Ich noch nicht. Ich höre aber, dass Hr. Delambre meine Theoria &c. darin angegriffen habe. Falls Sie schon etwas näheres davon wissen, machen Sie mich doch damit bekannt. Ob die neue Ausgabe von Biot wol schon erschienen ist?

Die Buchhandlung Treuttel und Würz in Paris hat die Erlaubniss erhalten, englische Bücher in Frankreich einzuführen. Sollte es unter den gegenwärtigen Umständen nicht möglich seyn, dass Perthes sich die gleiche Erlaubniss verschaffte? Dies wäre gewiss eine gute Speculation, und ich kann versichern, dass unsre öffentliche Bibliothek eine grosse Quantität durch ihn zu beziehen dann bereitwillig wäre.

Wissen Sie dort noch nichts Näheres über das Verhältniss des Hrn. v. Villers zur französischen Regierung? Wie man hier sagt, sollen alle seine Papiere in Lübeck saisirt sein.

Der Druck meiner letzten Abhandlung über die Pallas ist noch nicht angefangen.

Ich lese diesen Winter zwei Collegia. Es sind drei junge Leute hier, die sich der Astronomie widmen. Der junge Hamburger Gerling wird geschickt im Calcul und Observiren. Ausserdem noch ein Westphale Wachter und ein Carlsruher Seeber.

Von Busse höre ich, dass er zugleich Student in Leipzig und Professor in Freiberg ist, wo er die Stelle seines nach Italien gereiseten Vaters vertritt. Dass Mollweyde jetzt an Rüdiger's Stelle nach Leipzig kommt, wissen Sie vielleicht schon. Tiarks ist, wie mir sein hier studirender Bruder sagt, Bibliothekar bei Sir Joseph Banks geworden.

Leben Sie wol, lieber Schumacher, erfreuen Sie mich bald mit der Nachricht, dass Sie meine Bitte Raum finden lassen und mich mit Ihrem Besuche erfreuen wollen, und bestellen Sie tausend Empfehlungen bei Ihrer trefflichen Mutter und bei Repsolds von

Ihrem ganz eignen
C. F. Gauss.

N° 33.   Schumacher an Gauss.   [21

Ich fange diesen Brief an Sie, theuerster Freund! gar nicht so vergnügt an wie sonst. Eine meiner liebsten Hofnungen scheint zu scheitern, die Hofnung Sie zu sehen. Leider ist es mir unmöglich, Ihrer gütigen Einladung zu folgen, so gern 'ich es auch thäte. Die Direction der Universität hat mir den Aufenthalt hier unter der Bedingung, auf Repsold's Sternwarte zu beobachten, gestattet und zu dem Zwecke mir noch eine besondere Gratification gegeben, so dass ich Hamburg nicht verlassen darf bis ich nach Copenhagen gehe. Sie sehen also selbst, dass ich gebunden bin und mich nicht rühren darf, so gerne ich auch das durch Sie mir liebe Göttingen wiedersähe. Aber bester Freund! ist denn gar keine Möglichkeit, dass Sie reisen können? Sie müssen Anfang May zurück, ça va sans dire, wie nun wenn Sie am grünen Donnerstage abreiseten, und wenn Sie nicht länger als 3 Wochen uns schenken können, so reiseten, dass Sie Donnerstag den 2. May wieder uns verliessen, oder wenn es nicht anders seyn soll, so dass Sie dann schon in Göttingen wären? Das sind 3 wohlgezählte Wochen, in denen wir sehr glücklich seyn würden, Sie zu sehen, und die auch alle sonstigen Bedingungen erfüllen, und noch dazu die so wichtige Bedingung, ihre Gesundheit zu befestigen, die in der That mitunter solcher Bewegungen bedarf. Mein bester theuerster Freund! ist es Ihnen möglich, so schlagen Sie es nicht ab, wie gerne käme ich, wenn ich nicht angekettet wäre.

Wegen des Fernrohrs zum Mauerquadranten habe ich mit R. gesprochen. Da es aber dicker seyn muss als das alte, wenn es überhaupt helfen soll, so müsste auch eine ganz neue messingene Röhre dazu. Ein 7- oder 8füssiges mit 5 Zoll Oefnung so gut wie das was jetzt an R.'s Kreise sitzt, würde Ihnen beynahe 600 Thaler kommen, dabey, ist, weil es in Göttingen niemand aufsetzen kann, Repsold's Reise nach Göttingen, um es zu aptiren, so wie was etwa dann an Verbesserung des Zapfens und sonstiger Arbeit am Mauerquadranten nöthig seyn sollte, schon berechnet. Wäre es nicht besser, Sie kauften Repsold's Kreis, der zugleich ein so vortreffliches Passageninstrument ist und eine Zierde der künftigen Sternwarte ausmachen würde, und erbauten eine hölzerne Hütte, um ihn aufzustellen? Da er ihn wahrscheinlich nicht wird behalten können, indem jetzt wohl der Wall zu anderm Gebrauche bestimmt werden möchte, so will er ihn für 1600 Thaler verkaufen, und dann noch, wenn Sie es verlangen, eine Theilung mit einem Vernier anbringen, der unmittelbar Secunden giebt, was er noch für vortheilhafter hält als die jetzige Einrichtung. Er steht dabey für die Richtigkeit der Secunde. Auch wird er selbst nach Göttingen kommen, um ihn aufzuschlagen. Das Fernrohr ist so vortreflich, dass wir neulich einen der feinsten Sterne von circa 89° 55′ Decl. die schönste mire méridienne, für den der ihn sehen kann, damit beobachtet haben. Sehen Sie doch einmal zu, ob Sie ihn durch den Herschel sehen können.

Vesta und Juno habe ich vergeblich aufgesucht und viel Zeit darüber verloren. Die Ephemeriden müssen sehr schlecht seyn. Leider ist kein Blatt von Harding so weit südlich ausgedehnt, dass ich mich also beschränken musste, sie am Passageninstrument zu erwarten. Von Pallas sende ich Ihnen noch folgende Meridianbeobachtungen.

	AR ⚳	Declination
März 9	9^h 36' 7"	— 4° 52' 42",5
15	— 34 10 ,6	2 13 59 ,0
16	— 33 57 ,6	1 47 57 ,0
18	— 33 34 ,3	0 56 47 ,8

Von Ceres ebenso folgende Meridianbeobachtungen:

	AR ⚳	Declination
März 15	10 12 59,7	+ 28° 7' 53",5
17	— 11 39,2	28 9 20 ,9
18	— 10 56,2	28 9 38 ,6

Bey der Beobachtung vom 15. März ist es möglich, dass ich mich in der Minute versehen habe, was in dem Microscop leicht angeht, da sie durch Zähne angedeutet werden. Uebrigens wird sich das leicht zeigen.

Ist es Ihnen möglich, werthester Freund, so lassen Sie mich sobald als möglich genaue Juno- und Vesta-Orte bekommen. Die Vergrösserung am Passageninstrumente ist so stark, dass wenn nur ein Fehler von 5' in der Declination ist, der Stern mir entgeht. Uebrigens habe ich in diesen hellen Tagen eine sehr reiche Erndte gehabt, und befinde mich trotz der continuirlichen Nachtwachen sehr gut. Jetzt ist das Wetter ganz verändert. Ich hoffe einen Catalog von Circumpolar-Sternen zu Stande zu bringen, dessen Declinationen sich vor allen auszeichnen müssen. Ich dachte ihn mit speciellen Aberrations- und Nutations-Tafeln für jeden Stern herauszugeben, und erbitte mir darüber Ihren Rath.

Von dem französischen Flintglase hat Repsold noch nichts erhalten, der Fabrikant ist krank und kann jetzt nichts machen; übrigens wird er gerne Strohmeyern Stücke mittheilen.

Beyde Sternbedeckungen haben wir leider wegen des dunkeln Wetters nicht beobachten können.

Die C. d. T. hatte ich schon, wie ich Ihren lezten Brief schrieb. Ich hielt es aber nicht der Mühe werth, Ihnen davon zu sagen. Lindenau habe ich darüber vor 6 Wochen geschrieben. Er kann eigentlich nicht angreifen und muss loben, aber es kommt mir vor, als wenn der Teufel die Werke Gottes lobt. Alle Augenblicke meint er das und das habe sich kürzer machen lassen, das sey schon bekannt, mitunter gar seine eigne Entdeckung. Er geht so weit, dass er glaubt, die alte Manier, Ephemeriden zu berechnen, sey kürzer als Ihre mit Constanten, er sagt ganz naiv:

Soit préjugé, soit toute autre raison, j'avoue que je ne sens pas l'avantage du nouveau procédé.

Vorauf geht noch eine lange Saalbaderey über Ihre Methode, aus 3 gleichen Höhen die Polhöhe zu finden, die eckelhaft und beleidigend ist. Es geht ihm wie Mollweide, er glaubt, Sie wüssten nicht, was die Hülfswinkel bedeuten. Summa summarum, das ganze Gewäsch verdient nicht, dass Sie es ansehen.

Biot hat mir vor ein paar Tagen wieder geschrieben. Seine Astronomie ist ganz heraus. Der Calcul des probabilités von Parisot soll horrende Paralogismen enthalten. Auch von Lacroix habe ich den ersten Theil der neuen Ausgabe.

Liebster, bester Freund! meine Mutter vereinigt Ihre Bitten mit meinen und Repsold's, lassen Sie sich bewegen und machen Sie uns glücklich. Dürfte ich von der Stelle, ich würde keinen Augenblick säumen. Aber theils der ausdrückliche Befehl, theils mein Herr College, der mich cane pejus ac angue hasst, und nicht ermangeln würde, diese Uebertretung gehörig darzustellen, theils meine Circumpolarsterne binden mich hier fest. Ist es nur irgends möglich, so machen Sie sich noch vor grünen Donnerstag los. Wir bitten alle so herzlich.

Totus Tuus
Schumacher.

Altona, d. 20*ten* März.

N<u>o</u> 34. **Gauss an Schumacher.** [13

Sehr traurig hat es mich gemacht, dass Sie, liebster Schumacher, den von mir so sehr gewünschten Besuch nicht haben ausführen können. Wie gern wäre ich zu Ihnen gekommen: allein zu den Ihnen schon bekannten Gründen kam auch noch ein Besuch des Herrn von Lindenau bei mir, welcher acht Tage hier gewesen ist. Er hat das Manuscript des jungen Posselt mitgenommen und wird davon in der M. C. referiren. Ich habe durch ihn ein sehr schönes Stativ für den Sextanten erhalten, welches ein Weimar'scher Künstler nach dem Muster eines Ramsden'schen gemacht hat. Es ist eine Lust damit zu beobachten. Ihre Idee, künftig den Repsold'schen Kreis für die neue Sternwarte (woran jetzt wieder gebauet wird) zu kaufen, ist sehr gut: noch ist es aber zu früh, darauf anzutragen, man muss den Bau erst weiter vorrücken lassen; denn in Cassel meint man, die Schröter'schen Instrumente seien schon eine vollständige Ausrüstung und hat noch keine Idee von dem, was nöthig seyn wird: ist man nur erst in den Bau tief genug eingegangen, so soll man auch schon Instrumente kaufen.

Die Juno habe ich neulich glücklich aufgefunden. Die Ihnen mitgetheilte Beobachtung war nicht die Juno, sondern ein Fixstern; aber für die folgenden stehe ich ein:

April 22. $9^h 51' 35'' $ MZ. $216° 41' 50'' $ $0° 58' 16'' $ Südl.
24. 10 32 55   216 17 59   0 46 50

Boden's Rectascensionen also 7' zu gross, die Declinationen scheinen gut. Aber Juno hat kaum die 10te Grösse.

Es wird dem Repsold'schen Kreise viel Ehre machen, wenn Sie damit beobachten können, und mir werden Ihre Beobachtungen äusserst willkommen seyn. Die Vesta habe ich noch nicht aufgesucht.

Noch eine Bitte an Sie habe ich von Hrn. Hofrath Reuss. Er ist mit Dietrich, dem Verleger seines Repertorium, nicht recht zufrieden, weil dieser gar zu langsam die Sache betreibt und möchte wol, dass Perthes das noch übrige, welches die Medicinischen Wissenschaften enthält, etwa 4 Bände ausmacht und im Mspt. ganz vollendet ist, übernähme; er lässt Sie recht angelegentlich bitten, einmal bei Perthes auf den Strauch zu schlagen, ob er dazu wol geneigt wäre? Seine Bedingungen kenne ich zwar noch nicht, ich glaube aber nicht, dass das von Dietrich bezahlte Honorar sehr beträchtlich gewesen ist.

Hr. Woronkofsky, ein ehemaliger Zuhörer von mir, ist aus Paris zurück gekommen. Er sagt mir, dass man dort Exemplare der Taylor'schen Tafeln à 120 frcs. in Menge haben kann.

Die Conaissance des tems 1812 habe ich nun auch erhalten. Lindenau wünscht, dass ich sie in der M. C. beleuchten soll, ich kann mich aber kaum dazu entschliessen. Es sind gar zu triviale und in die Augen springende Sachen, die darauf erwiedert werden müssen.

Leben Sie wohl, lieber Schumacher. Grüssen Sie herzlich Ihre würdige Mutter und Repsold's von

Ihrem ganz eignen

C. F. Gauss.

Göttingen, 25. April 1811.

Vor einigen Tagen habe ich Langsdorf's Photometrie (eigentlich Dioptrik und Catoptrik), 2 Bände, 1803 und 1805, erhalten, es scheint ein brauchbares Werk zu seyn, was mehr bekannt zu seyn verdiente.

N.° 35.   Schumacher an Gauss.   [22

Altona, d. 15ten May 1811.

Ich bin so frey, mein verehrter Freund! mich noch einmal über einen Gegenstand an Sie zu wenden, den ich schon früher berührte und mir Ihren Rath auszubitten. Es betrifft den Catalog der Declinationen von Circumpolarsternen, den ich gegen Michaelis herauszugeben denke. Ich werde ihn mit Aberrations- und Nutationstafeln für jeden Stern begleiten, die ich nach Ihren kleinen Tafeln berechne. In der That ist die Rechnung hiedurch so erleichtert, dass ich nur zu der ersten speciellen Tafel alle 3 gebrauchte, da a, A, B, b, c nur von ☉ und ☾ abhängen, so sind sie für alle die 150 Tafeln, die ich zu berechnen habe, dieselben, und ich brauche weiter nichts, als Ihre zweite Tafel, die ich zu dem Behufe auf einen Zettel geschrieben in dem Buche habe, in dem ich die Rechnungen führe. Soll ich auch, wie Burkhardt gethan hat, die Variation für jeden Tag des Jahres beysetzen? fast scheint mir, wird der Platz, den das einnimmt, nicht durch die Bequemlichkeit beym Rechnen ersetzt. Uebrigens ist alles additiv, und jeder Tafel die Constante 30″ addirt, so dass man am Ende 1′ wegzuwerfen hat. Welche Praecession soll ich brauchen? die Zach-Delambre'sche oder die neuere Piazzi'sche? Da ich nicht Zeit genug habe, die absoluten AR durch die bekannte Methode zu finden, und mich also auf Maskelyne stützen müsste, so habe ich, obgleich das eine sehr sichere Stütze ist, keine AR mitgetheilt, und werde nur die Piazzi'schen beyfügen, um die Sterne auffinden zu können. Einige neue müssen allerdings bestimmt werden. Es scheint mir nemlich, wenn eine solche Arbeit grösseres oder geringeres Verdienst haben soll, so muss sie ganz auf sich selbst beruhen und keine fremden Data entlehnen. Wenigstens ist das des Repsoldischen Instruments nicht würdig. Ueber die vortheilhafteste Einrichtung u. s. w. erbitte ich mir ganz ergebenst Ihren baldigen Rath, da die Arbeit von Tage zu Tage fortrückt, und also, was verändert werden soll, bald verändert werden muss.

Wie befindet sich Ihre Frau Gemahlin? Oder sind Sie vielleicht schon, indem ich dies schreibe, mit einem Sohne erfreut? Wir alle erwarten mit der innigsten Theilnahme die Nachricht. Jetzt, da ich Urlaub erhalten habe, noch diesen Sommer hier zu bleiben, hoffe ich doch ganz gewiss, werthester Freund! auf das Vergnügen, Sie Michaelis hier zu sehen? Ich praenumerire bey Zeiten, Sie sollen meine Sternwarte hier in vollem Flor sehen. Noch sind wir bey den feinern Berichtigungen. Ein neues Ocular, das Repsold sogleich einsetzte, hat uns so aufgehalten.

Didot veranstaltet iezt zu Paris eine stereotype Ausgabe der Taylor'schen Tafeln mit 8 Decimalen, die von Prony berechnet ist. Es wird ein Quartant. (Praenumerat. 72 frcs. Ladenpreis 96 frcs.) Vergessen Sie mich nicht, werthester Freund!

Totus Tuus

Schumacher.

N° 36. **Gauss an Schumacher.** [H

Göttingen, 2. Juni 1811.

Sehr erfreut bin ich durch die Nachricht, dass Sie, lieber Schumacher, auf Michaelis einen Catalog von Circumpolarsternen bekannt machen werden. Circumpolarsterne sind, meiner Meinung nach, zu vielfachen astronomischen Zwecken, und zu mehreren, als wozu sie bisher angewandt sind, am allerzweckmässigsten. Aber gerade darum bedaure ich auch ausserordentlich, dass Sie die von Ihnen selbst beobachteten Rectascensionen unterdrücken wollen, da ich gerade diese noch für viel wichtiger halte, als die Declinationen. Der Grund, den Sie anführen, scheint mir nicht bündig genug. Die Bestimmung einer Fundamentalrectascension und die Verfertigung eines ausgedehnten Rectascensionscatalogs sind zwei ganz heterogene Geschäfte: das Theilen der Arbeit ist, so wie überall, so auch in der Astronomie, immer sehr nützlich gewesen, und erscheint mir nichts derogirendes, wenn man aus einem andern Felde in einem solchen Falle etwas entlehnt. Entlehnen müssen Sie ja doch auf alle Fälle etwas, die Praecession, die Constanten der Nutation, auch der Aberration, falls Sie nicht letztre, was ich für höchst nützlich halte, aus den beobachteten Rectascensionen der dem Pole sehr nahen Sterne selbst ableiten wollen. Von der Nutation gilt zwar dasselbe; allein dazu würden doch zum wenigsten 10 Jahre erforderlich seyn. Sie können ja auch noch immer in Zukunft, wenn Sie Gelegenheit dazu haben, eine Fundamentalrectascension nachholen aus eignen Beobachtungen und so die constante Correction geben, die zu allen Ihren Rectascensionen addirt werden muss. Nehmen Sie mir meine Aufrichtigkeit nicht übel, aber wenn ich auf eins von beiden Verzicht thun müsste, auf Ihre Specialtafeln für Aberration und Nutation, oder auf Ihre Rectascensionsbestimmungen, so würde ich viel lieber jene entbehren. Bei der Praecession würde ich doch Bedenken tragen, Piazzi's neue Angabe anzunehmen, ehe man etwas näheres darüber weiss. Leider ist der Libro Sesto noch immer weder hier, noch in Gotha.

Die Vesta haben Sie bei dem schönen Wetter ohne Zweifel recht fleissig im Meridian beobachtet. Ich habe sie 5mal observirt, und hoffe daraus die Opposition so gut, als es mit einem solchen Mauerquadranten möglich ist, abzuleiten, werde aber diese Rechnung nicht eher unternehmen, bis ich Ihre Beobachtungen erhalten habe, um deren baldige Mittheilung ich also recht sehr bitte. Verschiedene male habe ich sie ganz bestimmt mit blossen Augen gesehen, da sie zwischen 5. und 6. Grösse hatte.

Die Hoffnung, Sie, bester Schumacher, auf Michaelis zu sehen, gebe ich noch nicht auf. Entweder Sie kommen zu uns, oder wenn ich irgend eine Reise machen darf, so wird es die nach Hamburg seyn. Lindenau hat einige Lust nach Hamburg zu reisen, allein so gern ich mit ihm sonst zusammenreisete, so gefällt es mir nicht recht, dass er zugleich Bremen und Lilienthal besuchen will. Auf die Weise würden für jeden Ort nur wenige Tage kommen können.

Der Niederkunft meiner Frau sehe ich jetzt mit jedem Tage entgegen. Wollen Sie denn nicht auch bald an's Heyrathen denken, da Sie ja jetzt sedem fixam haben? Auch um deswillen müssten Sie hierher kommen — nicht um hier zu wählen — sondern um zu sehen, wie glücklich ich bin.

Harding wird wahrscheinlich im Laufe dieses Monats zurück kommen. Er ist ganz entzückt von Paris und besonders von den Pariser Damen — von welcher Classe, weiss ich nicht. Olbers ist jetzt auch in Paris als Deputirter der guten Stadt Bremen.

Wenn Sie Gelegenheit haben sollten, von den neuen Didot-Prony-Taylor'schen Tafeln Exemplare zu erhalten, so möchte ich auch wol eines davon haben. Von meiner Disquisitio de elementis ellipticis Palladis habe ich Ihnen ein Exemplar zurückgelegt, welches ich Ihnen zusenden werde, sobald sich eine Gelegenheit dazu findet.

Tausend Grüsse an Ihre Mutter und Repsold's

von Ihrem ganz eignen

C. F. Gauss.

N°. 37.	**Schumacher an Gauss.**	[23

Ich eile, mein theuerster Freund! Ihren lezten Brief zu beantworten. Ausser der Unmöglichkeit, absolute AR zu bestimmen, ist noch ein anderes Hinderniss da — die schlechte Uhr. Sie wissen, dass Bessel die von Repsold selbst gemachte vortrefliche bekommen hat; wie habe ich ihr nachgeseufzt, und in aller dieser Zeit mit welcher Sehnsucht an sie gedacht! sie veränderte in 4 Wochen ihren Gang nicht um 0''', 1, das heisst, nicht aus den Endresultaten geschlossen, sondern in 4 Wochen, wo täglich beobachtet wurde. Die jetzige hat ein Uhrmacher nach der Repsold'schen gemacht, Sie sind aber bey ihr von Tag zu Tag nicht auf 3''—4''. sicher. Eine solche Uhr ist wohl zum Auffinden der Sterne zu brauchen, nicht aber um AR zu geben. Dennoch aber will Repsold alles thun, sie, wo möglich, gut zu machen, und ich kann also vielleicht noch mehrere AR geben, was ich nicht unterlassen werde, wenn es nur irgends angeht. Die Opposition der Vesta war mir, wie Sie wissen, unmöglich zu beobachten, da die Instrumente erst gegen Ende May's in ziemlicher Ordnung waren. Ich bedaure sehr, dass ich nicht Beobachtungen senden kann. Wenn Sie an Lindenau schreiben, so theilen Sie ihm gefälligst meine Beobachtungen der Pallas mit, ich habe das Papier verlohren, auf dem ich sie aus dem Journal reducirt habe.

Heute ist Ihr Exemplar der Prony-Taylor'schen Tafeln mit dem meinigen verschrieben, ich hoffe, es Ihnen recht bald senden zu können. Für die Disquisitio de clementis Palladis statte ich ihnen meinen herzlichsten Dank ab.

Leider darf ich aus den Gründen, die ich Ihnen auf Ihre gütige Einladung mittheilte, nicht Michaelis nach Göttingen kommen. Aber eben deswegen bitte ich Sie, theuerster Freund, so dringend, wie ich nur kann, kommen Sie zu uns! Lassen Sie nachher Lindenau nach Bremen reisen, er kann ja wieder zurückkommen, oder Sie können sich in Celle wiedertreffen. Sehr gerne sähe ich Ihre Frau Gemahlin und den Erwarteten, alles, was Sie lieben und wodurch Sie glücklich werden, ist mir werth und theuer, vor der Hand aber muss ich wohl darauf Verzicht thun. Eine sedem fixam habe ich freilich, aber ich fürchte beynahe, es geht mir wie Harding, wir vermehren den

Hagestolzenorden; wenn man im 31sten Jahre noch nicht einmal eine Braut hat, so ist es ziemlich unwahrscheinlich, dass man im 41sten eine Frau haben werde.

Tausend Grüsse von Allen hier und von mir besonders.

Ihr Sie innigst liebender

Schumacher.

Altona, d. 11ten Junius 1811.

N? 38.   Schumacher an Gauss.   [24

Erst jetzt habe ich den Moniteur vom 9. Junius 1811 zu sehen bekommen, und ich eile Ihnen, wenn Sie es noch nicht wissen, das Nähere über die Preise zu schreiben. Auf die Störungen der Pallas sind zwey Abhandlungen eingegangen, wovon die eine gar nicht beachtet wird, die andere aber grandes connaissances en analyse verräth, dennoch aber nicht Genüge gethan hat. Der Termin ist also noch 5 Jahre hinaus verlängert bis zum 1. Junius 1816, und das Institut wird die erste in der Zeit einlaufende Abhandlung krönen, welche vollkommen den Bedingungen Genüge leistet. Der Preis ist noch derselbe, nemlich 6000 Francs.

Dr. T. der Ihnen den unverständlichen Brief schrieb, wünscht gerne den Ort zu besehen, wo die Schwankung der Erdaxe entdeckt ward. Er fürchtet aber, nicht Zutritt zu erhalten, wenn Sie ihm keinen Empfehlungsbrief an den alten Kater senden, der Hornemann so schlecht empfing. Der Grund, warum er nicht mehr in Hamburg ist, liegt blos in seiner Bescheidenheit. Es schien ihm zuviel Ehre, wenn seine Obrigkeit ihn wie einen römischen Senator anredete, wobey man seiner Jugend wegen nur das Wort Pater wegliess und sich auf das Adjectivum beschränkte. Nach meiner Kenntniss aber von der Lage der Dinge muss ich Ihnen einen solchen Empfehlungsbrief dringend widerrathen, nicht dass er ihn nicht verdiente, sondern Ihrer selbst wegen.

Durch das neue Objectiv am Kreise habe ich einen kleinen Stern beobachtet, der 14" Zeit vor dem Polarstern vorhergeht, und dessen Zenithdistanz 13" grösser ist, d. h. bey vollem Lichte beobachtet. Ich sehe aus Bodens grossem Catalog, dass der Polarstern ein Doppelstern der IV. Classe Herschel's ist. Sie können, wenn Sie den Stern durch die Göttinger Instrumente betrachten wollen, von der Vortreflichkeit des nach Ihren Formeln geschliffenen Objectivs urtheilen. Noch immer ist das französische Flintglas nicht da.

Meine herzliche Gratulation zu dem bevorstehenden Ersatze, von mir und von uns allen. Noch einmal, mein vortreflicher Freund! bitten wir herzlich, kommen Sie diesen Ostern. Repsold wird wahrscheinlich nichts verlieren.

Der Krageu, den Sie Hardingen offerirt haben, ist Ihr eigener, den Sie hier in Altona liegen liessen. Ich bitte wegen dieses eiligen, in meinem Hamburger Quartier geschriebenen Briefes um Entschuldigung.

Ganz Ihr

Schumacher.

Hamburg, d. 31. Junius 1811.

Ihre Briefe bitte ich nach wie vor nach Altona zu senden.

N° 39. **Schumacher an Gauss.** [25

Altona, d. 1. Aug. 1811.

Dr. Werthheim, werthester Freund! ist zu mir gekommen, um mich zu bitten, sein ergebenstes Gesuch an Sie gelangen zu lassen. Das Hamburgische Gymnasium soll erweitert werden, und namentlich will man mehrere Lehrer der Mathematik anstellen. Er hat sich deswegen an Cuvier gewandt, und auch angeführt, dass er bey Ihnen gehört habe, worauf C. geantwortet, wenn er wirklich bey Ihnen gehört und nur zehn Worte davon behalten habe, so könne er sicher auf eine vortheilhafte Anstellung in Frankreich rechnen. Auf alle Fälle wünsche er etwas Schriftliches von Ihnen über Werthheim zu sehen. Letzterer bittet nun ganz gehorsamst, ihn in dieser Noth nicht zu verlassen.

Wollten Sie dies schriftliche in ein Billet an Cuvier einkleiden, das Sie gefälligst mir zur Besorgung übersenden könnten, und zugleich meiner darin erwähnen und mich zum Astronomen bey der Sternwarte der zu errichtenden Marineschule vorschlagen, so würden Sie zu alle dem, was Sie für mich gethan haben, noch eine neue Wohlthat hinzufügen. Ich gehe höchst ungern nach Copenhagen, ich bin dagegen auf R.'s Sternwarte schon so einheimisch, dass ich sie gar zu gerne immer behielte. Bugge hat mir, wie Lövenörn mir schrieb, eine tödtliche Feindschaft erklärt, so dass ich in Copenhagen wenig Freude haben werde und immer auf der Hut sein muss. Auch ohne dass Cuvier die Wichtigkeit Ihrer Empfehlung erklärt hätte, weiss ich dass alles von Ihnen abhängt.

Didot hat mir geantwortet, er habe unsere Nahmen in die Subscribentenlisten eingetragen. Aber leider unterstütze das Gouvernement solche Unternehmungen nicht. Von allen Subscribenten seyen vier Fünftel Fremde, und wenn es zu Stande komme, so sey seine einzige Hofnung auf die Fremden gestellt, weswegen er mich sehr bitte, doch soviel Subscribenten als möglich zu sammeln.

Jetzt nahet der Herbst, und unsere Hofnung, Sie hier zu sehen, erwacht auf's neue. Lassen Sie, werthester Freund! wir bitten innigst, wenn es Ihnen nur immer möglich ist, sie nicht zu Schanden werden.

Von allen die herzlichsten Grüsse und die dringendsten Bitten herzukommen. Sollte was Gott verhüten wolle, irgend ein Gegenstand des Kummers für Sie eingetreten seyn, so wollen wir alles mögliche aufbieten, Sie etwas zu erheitern.

Ganz Ihr

Schumacher.

N? 40.   Gauss an Schumacher.   [15

Göttingen, den 24. August 1811.

Kurz vor Empfang Ihres letzten Briefes, liebster Schumacher, war Hr. Cuvier hier gewesen, und ich hatte von ihm selbst gehört, dass er vor seiner Rückreise nach Paris noch einige Zeit zum Besuch verschiedner andrer deutscher Universitäten verwenden wolle, und also noch wenigstens Einen Monat unterwegs bliebe. Diess zu meiner Entschuldigung, dass ich nicht gleich das verlangte Certificat für Hrn. Werthheim eingeschickt habe. Es folgt hiebei, und ich habe zugleich Hrn. Cuvier darin auf Sie aufmerksam gemacht und geäussert, ich glaubte, Sie würden sich eventualiter für Hamburg gewinnen lassen.

Mit Theilnahme werden Sie gewiss, theuerster Freund, hören, dass meine Frau am 29. Julius glücklich von einem Sohn entbunden ist. Meine Aengstlichkeit war gross, und ich habe deswegen es Ihnen nicht eher schreiben wollen, bis ich zugleich hinzusetzen könnte, dass meine Frau ganz über den Berg ist. Das kann ich jetzt; bereits geht sie wieder aus, und der kleine Eugen gedeihet zusehends; er sieht seinem verstorbenen Bruder Louis sehr ähnlich.

An unsrer neuen Sternwarte wird jetzt ziemlich thätig gearbeitet. Gestern habe ich die Mittagslinie, die Harding vor 8 Jahren gezogen hatte, oder vielmehr die nach dieser von den Mäurern gesetzten Hauptseiten wieder geprüft und eine Abweichung von 10 Millimeter auf 12 Meter gefunden. Ich will aber nicht entscheiden, wie viel Harding, die Mäurer oder ich dabei gefehlt haben.

Vorgestern habe ich denn auch den Kometen wiedergesehn, ich habe aber noch keine Ortsbestimmung machen können, und weiss also noch nicht, wie viel meine vorläufigen Resultate, die Sie aus Nro. 130 unsrer gelehrten Anzeigen kennen werden, abweichen. Viel indess gewiss nicht. Der Komet ist bereits mit blossen Augen zu erkennen, etwa fünfter Grösse.

Das Unglück, was Repsold's Sternwarte durch die Kanonen gelitten hat, habe ich erst durch die M. C. erfahren. Wenn nur eine solche Beschädigung nicht irreparabel ist?

Lindenau hat, wie ich höre, seine Reise noch procrastinirt. Ich fürchte beinahe, dass ich es auch werde thun müssen, wenn meine schon durch so manche Extraordinaria geschwächten Kräfte noch durch die Anleihe von beinahe 200 Thlr. erschöpft werden. Wenn Sie es doch möglich machen könnten, dafür dieses mahl hieher zu kommen!

Wird Ihr Sternkatalog noch auf Michaelis erscheinen? Vielleicht kann er für den Kometen gute Dienste leisten.

Von demselben geschickten Mechanicus in Weimar der mir
das Sextantenstativ gemacht hat, habe ich jetzt einen Focometer
machen lassen, d. i. eine Vorrichtung, die Brennweiten von
Gläsern bequem zu messen. Er ist schon fertig, aber noch nicht
abgeliefert.

Leben Sie wohl, theuerster Schumacher, und bestellen
tausend herzliche Grüsse an Ihre Mutter und Repsolds von

Ihrem ganz eignen
C. F. Gauss.

N° 41.   Schumacher an Gauss.   [26

Zu den Gründen, verehrtester Freund! die mich schon Ostern
zurückhielten, Ihre so angenehme Einladung anzunehmen, ist
noch ein anderer hinzugekommen, der bald mich von allen
Reisen hätte abhalten können. Ich bekam nämlich vor 3 Wochen
die hier grassirende Ruhr, bin aber ietzo, weil dem Uebel gleich
anfangs mit zweckmässigen Mitteln begegnet wurde, ganz wieder
hergestellt. Die schönste Zeit, den Kometen zu beobachten, ist
dadurch verloren gegangen, auch sonst viel versäumt. Ich darf
kaum jetzt beobachten, wenn das Wetter es auch erlaubte, und
doch sind die Beobachtungen jetzt sehr nöthig, indem schon bey
12° Höhe der Comet wegen der Bäume am Walle nicht zu sehen
ist. Weder Göttinger Anzeigen noch sonst ein Journal kommt
hieher, auch kein Buch, ich lebe also in der völligsten Unwissenheit über ihn. Lindenau hatte den Versuch gemacht, mir
die Monatl. Corresp. mit der Post zu schicken, sie ist aber
angehalten, und ich habe nichts davon gesehen. Man kann
auf keiner Insel der Südsee isolirter von aller Litteratur seyn
als hier.

Meinen herzlichsten Dank für Ihr mächtiges Fürwort bey
Cuvier, ich weiss keine kräftigere Hülfe. Diesen Winter weiss
ich noch nicht, ob ich nach Copenhagen soll, oder hier bleibe,
χειται 'εν γvνασι θεων!

Unser aller Glückwünsche zu Ihrem Eugen, wir waren sehr
besorgt, und ich mochte in meinem vorigen Briefe nicht fragen,
weil ich fürchtete. Desto erfreulicher war uns Ihre Nachricht.

Mögen Sie noch lange im Kreise Ihrer Familie das häusliche Glück geniessen, dessen niemand mehr werth ist als Sie!

Finden Sie einen Augenblick Zeit, so senden Sie mir doch Ihre Cometen-Elemente, deren Sie in Ihrem Briefe erwähnen. Viele Grüsse an Ihre Frau Gemahlin.

Ganz der Ihrige
Schumacher.

Altona, d. 7. Oct. 1811.

N. S. Harding sagte mir einmal, er wolle seinen Piazzi für 3 Louisd'or verkaufen. Ist er noch der Meinung, und ist das Exemplar nicht beschmutzt, so bitte ich um die Gefälligkeit, ihn für mich zu kaufen. Er muss aber noch vorerst in Göttingen bleiben, weil er sonst unfehlbar confiscirt würde, wie alle anderen Bücher, die man schickt.

N? 42. **Gauss an Schumacher.** [16

Es ist lange, mein werthester Freund, dass wir uns nicht schriftlich unterhalten haben. Der neue Comet bietet mir jetzt eine angenehme Gelegenheit dar, mein Andenken bei Ihnen zu erneuern. Ich vermuthe zwar, dass Sie bei Empfang dieses Briefes dessen Existenz schon wissen, da vermuthlich Olbers, der ihn auch aufgefunden hat, eine Nachricht davon in die Hamburger Zeitungen geschickt haben wird. Da es aber auch möglich ist, dass er es unterlassen hat, und die Göttiger gel. Anz. erst spät nach Altona kommen werden, so eile ich, Ihnen Nachricht davon zu geben, da Sie uns mit Repsold's Passagen-Instrument die besten Beobachtungen liefern können. Pons hat den Cometen den 16. Nov. aufgefunden. Am 9. Dec. erhielt ich die erste Nachricht davon und fand ihn sogleich. Hier meine bisherigen Beobachtungen.

1811	M. Z. in G.	AR	südl. Decl.
Dec. 9	10^h 6' 52"	63° 49' 41",4	10° 21' 55",5
11	10 34 1	63 38 18 ,0	8 39 46 ,4
12	8 5 52	63 26 25 ,8	7 54 25 ,9

Ich habe der Versuchung nicht widerstehen können, vorläufig die Elemente zu berechnen:

Perihel Zeit.........1811, Nov. 12, 6225 Göttingen
— Länge......................48° 30′ 20″
— Abstand, Logar. 0,20160
Knoten................................92.46.59
Neigung der Bahn.....................31.37.55
Bewegung direct.

Sein Licht ist schwach (wie ein Stern achter Grösse kaum), aber er lässt sich gut beobachten, da sein Mittelpunct ziemlich bestimmt erscheint. Den 31. Jan 1812 wird er in $112\tfrac{1}{2}°$ AR, $25\tfrac{1}{4}°$ N. Decl. noch etwa $\tfrac{1}{4}$ so hell seyn wie jetzt. Mit lichtstarken Instrumenten kann man ihn gewiss noch sehr lange verfolgen.

In Nro. 199 unsrer gel. Anz. finden Sie die Anzeige der Connaissance des Tems und in 201 eine Ephemeride des grossen Cometen für 1812 Januar. Nächstens finden Sie von mir eine Aufgabe in der M. C. *)

Wie steht es denn jetzt mit Ihrer Gesundheit? Wie gern sähe ich Sie einmal in meiner Nähe, um mich einmal über tausend Dinge recht auszusprechen. Mir geht es wohl, ich, meine Frau, Joseph, Minna und Eugen sind alle gesund, und wir empfehlen uns Ihnen, Ihrer treflichen Mutter und Repsolds

angelegentlichst
C. F. Gauss.

Göttingen, 14. Dec. 1811.

Neulich ist in Deventer eine Tafel der Factoren der Zahlen bis 1,020,000 herausgekommen. Der Verfasser heisst Chernac. Ein schönes Werk.

N° 43.   **Gauss an Schumacher.**   [17

Die unerwartete schnelle Abreise des jungen Encke, meines sehr geschickten und kenntnissvollen Schülers in diesem Sommer,

---

*) Attraction zweier rechtwinklichten Parallelepipeda auf einander, wenn beide eine solche Lage haben, dass sie Theile eines rechtwinklichten Parallepipedums sind. Attraction $= \dfrac{1}{(\text{Entf.})^2}$

veranlasst mich, mich durch ein Paar Zeilen wenigstens in Ihr Andenken, lieber Schumacher, zurück zu rufen. Es ist sehr lange, dass ich von Ihnen nichts gehört habe, und ich wünsche, sehr bald einmal von Ihrem Wohlbefinden zu hören. Ich schicke Ihnen hiebei einen längst versprochenen Abdruck meiner Vorlesung über die elliptischen Pallas-Elemente. Von einer zweiten Abhandlung über die transcendenten Functionen ist bisher nur erst die Hälfte gedruckt. Möchten Sie nicht auch dieses Jahr mit Hrn. Repsold's trefflichem Kreise mir einige gute Beobachtungen der neuen Planeten liefern? Pallas steht genau auf dem Platze der Ephemeride; Juno hat 14' mehr Rectascension, die Declination stimmt auf 1'. Beide Planeten sind dies Jahr scharfe Prüfungen für die Güte eines Instruments. Pallas hat nur 10te, Juno kaum 11te Grösse.

Ich habe jetzt das Glück, mehrere fähige junge Leute hier zu haben. Gerling aus Hamburg geht indess bald von hier ab, von Nicolai, einem ausgezeichnet fähigen Kopf, werden Sie öfters Proben seiner Geschicklichkeit in den Gött. gel. Anz. gefunden haben. Könnten Sie es nicht möglich machen, mich einmal mit einem Besuche zu erfreuen.

Verzeihen Sie die Unordnung und grosse Eile, worin ich heute habe schreiben müssen. Stets und ganz

der Ihrige

C. F. Gauss.

Die besten Empfehlungen an Ihre Frau Mutter und Repsold's.

Göttingen, 5. Juni 1812.

N? 44. Schumacher an Gauss. [27

Meinen herzlichsten Dank für die Disquisit. de Elem. ellipt. Palladis und gleichfalls für die versprochene Abhandlung über die transcendente Reihe, deren Anzeige ich in den G. A. gelesen habe. In der That war, was ich da davon las, der erste begeisternde Funke, der mich seit langer Zeit traf. Kränklichkeit, und überhäufte nicht angenehme Arbeit (Unterricht), hatten mich diesen Winter hindurch in eine so melancholische Stimmung gesetzt, dass ich an keinen meiner Freunde zu schreiben wagte, und mir fest einbildete, ich sey allen verhasst und lästig. Das mildere Frühlingswetter aber, und die Beendigung der Vorlesungen, die ich hier auf dem Museo den Bürgern und Damen Altona's hielt, und die, um alles recht breit zu treten und deutlich zu werden, mir unglaubliche Zeit kosteten, haben nach und nach eine heiterere Stimmung zurückgeführt, und Ihr lieber Brief hat mir die theure Versicherung gegeben, dass Sie sich noch meiner erinnern und nicht mit Widerwillen. — Die Aerzte wollen durchaus die Befestigung meiner Gesundheit nur durch eine Reise in das südliche Frankreich und Italien garantirt wissen, und ich habe demzufolge darum supplicirt, ohne noch zu wissen, ob ich es erlange. Sollte das der Fall seyn, so werde ich, wenn Sie es erlauben, in Göttingen vorsprechen. Mich verlangt herzlich, den theuersten urd werthesten meiner Freunde wiederzusehen, bey dem es mir nur zuweilen vorkömmt, als dürfe ich ihn nicht so lieben, wie ich thue, weil er einem höheren Geschlechte anzugehören scheint.

Die Probe mit der Pallas würde Repsold's Kreis wohl bestanden haben, wenn er noch stände, aber die Sternwarte ist jezt locus ubi Troia fuit. Man fing diesen Frühjahr an, erst die Befriedigung zu stehlen, dann Stühle und Tische, so dass Repsold eiligst die Instrumente wegnahm, um nicht auch die zu verlieren. Der Kreis steht hinter dem Ofen auf Repsold's Stube. Jetzt will man ihm eine Sauvegarde geben, wenn er nur wieder alles in Stand setzt. Es sind aber gute Gründe da, es nicht zu thun. Die vorjährige Pallas-Opposition ist gewiss nirgends so gut beobachtet wie hier, wie Sie am besten entscheiden können, wenigstens glaube ich, die Declinationen in Gränzen von $2''-3''$ mit meinem ganzen kleinen Vermögen verbürgen zu können. — Es ist hier sonst kein wissenschaftlicher Geist. Der Senator Matthiessen (Altona's Geometer) wollte sich über eine sehr leichte Summation halb todt wundern, die ich ihm zufällig zeigte, nemlich

$$\sqrt[1]{x^2 \sqrt[1]{x^3 \sqrt[1]{x^4 \sqrt[1]{x \text{ in infinit.}}}}} = x^{e-1},$$

woraus Sie denn abnehmen können, dass er wenig an dergleichen gewöhnt seyn muss.

Wenn ich Sie nach einer Kleinigkeit fragen darf, so wäre es die, ob eine Methode, die Circummeridianhöhen zu berechnen, die ich mir hier entwickelt habe, indem ich die Verbesserung des Sinus mit der mittlern in der Gegend herrschenden Differenz der natürlichen Sinus für 1″ dividire und die noch auf beträchtliche Entfernungen vom Mittage mit den Vortheilen der Bequemlichkeit, Genauigkeit verbindet, Aehnlichkeit mit einer von Ihnen gebrauchten Methode hat, von der Sie mir einmal gesagt haben, ohne sie weiter zu entwickeln. Mit Tafeln für $2 \sin \frac{1}{2} t^2$ kann man die Zahlen, die zu den Argumenten gehören, ausschreiben, das Mittel nehmen, mit $\cos \varphi \cos \delta$ multipliciren und erhält dann durch die Division mit der angeführten Differenz sogleich die Mittagsverbesserung.

Haben Sie Delambre's Gewäsch im Moniteur über Ihre moindres quarrés gelesen? Wer diese Methode nach Ihnen benennt, hat probablement, wie er sagt, nichts als die Theoria motus gelesen. Das ist denn immer doch schon Ehren werth, wollten aber alle ihre Excerpta publiciren, so wäre es für die Buchdrucker schlimm. — Ich wünschte sehr zu wissen, was Sie von Bohnenberger's Aenderungen Ihres Problems (p. 87 seiner Astronomie) sagen? Anbey sende ich Ihnen zur Probe Hutton's durchgezeichnetes Portrait. Ich lege mir so nach und nach eine Sammlung von Bildnissen der Mathematiker an und werde, wenn Sie es erlauben, alles in duplo machen und Ihnen das eine Exemplar zustellen.

Tausend Empfehlungen von uns an Sie und Ihre Frau Gemahlin. Obgleich getrennt, wage ich es doch, mich zu unterschreiben wie, Dissen mich zu nennen pflegte.

ʿο περὶ τον Γαυσσιον.

Altona, d. 10ten Juni 1812.

Ein gewisser Stubbe in Kiel hat ein sehr heftiges Programm gegen den kleinen Dissen geschrieben, unter andern schönen Sachen kommt darin vor:

> Dort lehrt Magister Dissen
> Die Kinder griechisch p—.

No. 45. **Schumacher an Gauss.** [28

Ich bin so frey, verehrtester Freund und Gönner, Ihnen dies kleine Geschäftsbillet zu schicken.

Repsold lässt nemlich ergebenst bitten, ob Sie den Universitätsmechanicus Apel nicht zu sich kommen lassen wollten und ihn fragen, ob er geneigt sey bey R. zu arbeiten. Er war nemlich ungefähr vor einem Jahre hier und suchte hier Arbeit oder Etablissement. R. giebt ihm freyen Tisch und Logis und 200 Mark Courant jährlich (1 Louisd'or = 14 Mark Courant). Ich glaube, er hat noch einen Bruder, und wenn das ein geschickter, stiller Mensch seyn sollte, so wäre es R. auch recht, wenn der käme, falls Apel selbst nicht könnte.

Tausend Grüsse von uns Allen an Sie und Ihre Frau Gemahlin.

Ganz der Ihrige
Schumacher.

Lindenau hat an Repsold geschrieben, er habe 5 Bücher für mich gekauft, wisse aber nicht, ob ich sie wolle. Bitten Sie ihn, wenn Sie ihn auf der Durchreise sehen sollten, mir nur die Art zu bestimmen, wie ich ihm das Geld durch Wechsel zukommen lassen soll, denn mit der Post kann ich es nach den jetzigen Einrichtungen nicht schicken, und mir vor allem den Titel der Bücher zu melden, die er gütigst gekauft hat, dann auch die Bücher sobald als möglich zu senden.

Neulich ward ich von einem Hamburger Kaufmann, Soltau, gefragt, ob ich wohl nach Mannheim gehen möchte, wissen Sie etwas näheres?

No. 46. **Gauss an Schumacher.** [18

Göttingen, 23. August 1812.

Dem Auftrage Ihres letzten Briefes zufolge habe ich Hrn. Apel kommen lassen und ihm die Vorschläge gethan: er meinte aber, es sei ein Misverständniss, da er nicht für sich — der hier eine fixe Besoldung und eine Frau habe — sondern für seinen jetzt sich in München aufhaltenden Bruder Arbeit gesucht habe: an diesen wolle er sofort schreiben und sich dann mit Repsold selbst in Correspondenz setzen: ohne Zweifel hat er diess nun längst gethan.

Werden Sie, theuerster Schumacher, Ihren Plan, einige Zeit in einem südlichen Clima eine mildere Luft zu athmen, nicht bald ausführen? Ich rechne dann gewiss darauf, dass Sie mir eine nicht zu schmale Zeit zutheilen. Mich verlangt so sehr danach, mich mit Ihnen einmal recht auszusprechen.

Für die rothe Dinte und das Portrait von Hutton danke ich herzlich. Durch Hrn. Doctor Gerling — dessen wackrer anspruchloser Character Ihnen gefallen wird, schicke ich Ihnen einen Abdruck vom ersten Theil meiner Vorlesung über die transcendenten Functionen. Vor einiger Zeit las ich von einer Ankündigung einer mathematischen Geographie von Ihnen, ist diese schon erschienen?

Es ist mir recht lieb, dass Hr. Gerling in meiner Nähe bleibt. Er kommt als Lehrer der Mathematik an's Lyceum in Cassel. Er hat gute Kenntnisse und viel Geschick für praktische Arbeiten.

Von Lindenau hatte ich die letzte Nachricht aus Marseille. Vielleicht besuche ich ihn, wenn er früh genug zurück kommt, in diesen Ferien auf 8 Tage. Täglich erwarte ich einen 12zölligen Reichenbach'schen Multiplicationskreis. An unsrer neuen Sternwarte wird noch immer fortgebaut, obwol langsam, da es zu sehr an Geld fehlt. Ich verzweifle noch nicht daran, Repsold's Kreis noch einmal zu acquiriren: aber in diesem Augenblick lässt sich noch nichts dazu thun.

Wollen Sie sich nicht einmal an die Aufgabe von der Attraction der rechtwinklichten Parallelepipeden machen? Noch fehlt es mir an Zeit, meine eigne Auflösung auszuarbeiten.

Dass Bessel heirathet oder jetzt vielleicht schon geheirathet hat, wissen Sie vermuthlich schon.

Leben Sie wohl, mein theurer Schumacher, und erfreuen Sie bald einmal wieder mit einigen Zeilen

Ihren ganz eignen

C. F. Gauss.

№ 47.   Schumacher an Gauss.   [29

Altona, d. 7ten Sept. 1812.

Erst jetzt, mein verehrtester Freund, habe ich Ihren Brief durch Dr. Gerling erhalten.

Meinen herzlichen Dank für die Reihe $1 + \frac{\alpha \cdot \epsilon}{1 \cdot f} x + \cdots$ Ich bin dabey, sie dem Senator Matthiessen und seinem geschickten Sohne zu erklären. In welcher glücklichen Zeit lebe ich doch, dass ich mit Ihnen zugleich lebe, und Sie meinen Freund nennen darf! Ich würde, wenn ich später geboren wäre, alle Ihre Zeitgenossen beneiden!

Ich sende Ihnen nur eiligst diese paar Worte, um Sie so dringend und herzlich, wie ich nur kann, zu bitten, diesen Michaelis hieher und nicht nach Seeberg zu reisen. Lieber, werthester Freund, erfüllen Sie meine Bitte! Ich kann nicht kommen, weil man in Kopenhagen jetzt gar kein Geld hat, und mich mit der Reise bis auf eine bessere Zukunft vertröstet. Wir alle bitten so sehr! Geben Sie uns doch bald eine günstige Antwort!

Ganz Ihr
Schumacher.

№ 48.   Schumacher an Gauss.   [30

Der Ueberbringer dieses Briefes ist ein junger Hanbury aus einem der wohlhabendsten und ersten Handelshäuser in Hamburg, der sich aber, soviel ich weiss, jezt von allen Geschäften zurückgezogen hat. Er hat eine unwiderstehliche Neigung zur Mathematik, und es ist demnach wohl zu vermuthen, dass er besondere Talente dafür besitze. Ist das der Fall, so werden Sie, verehrtester Freund! ihn gewiss ohnedem mit Ihrem Rathe unterstützen, und meine Bitte darum ist sehr überflüssig, dennoch konnte ich es einem meiner speciellsten Freunde hier, Herrn Parish, nicht abschlagen, Ihnen diesen Brief zu schreiben, und für einen Unbekannten, von dem ich überall mehr als rühmliches höre, zu intercediren.

Herr Gerling ist mir weggekommen, ohne Euler's Portrait für Sie mitzunehmen, das ich endlich aufgetrieben habe, aber blos für Sie. Bis ich Gelegenheit finde, es Ihnen zu übermachen, empfangen Sie gefälligst den beyliegenden Umriss, so wie den Umriss von Joh. Bernoulli. — Wie haben wir hier auf Sie gehofft! Der Gruss durch Lindenau zerstörte Alles, indem wir da nicht mehr vermuthen durften, Sie würden zwey Reisen machen.

In Lessing's Beyträgen zur Litteratur (Werke, 14ter oder 15ter Theil) steht ein griechisches, dem Archimed zugeschriebenes Epigramm über die Heerden Apolls auf Sicilien, das darauf hinaus kommt, folgende Gleichungen in ganzen rationalen Zahlen aufzulösen.

$$W = \frac{5}{2 \cdot 3} X + Z$$

$$X = \frac{9}{4 \cdot 5} Y + Z$$

$$Y = \frac{13}{6 \cdot 7} W + Z$$

$$w = \frac{7}{3 \cdot 4} (X + x)$$

$$x = \frac{9}{4 \cdot 5} (Y + y)$$

$$y = \frac{11}{5 \cdot 6} (Z + z)$$

$$z = \frac{13}{6 \cdot 7} (W + w)$$

Ausserdem noch die Bedingung, dass $W + X$ ein vollständiges Quadrat und $Y + Z$ eine Trigonalzahl seyn solle. Ich möchte wissen, wie die Griechen solche Aufgaben, wegen der grossen Zahlen, zu denen sie führen, gelöst haben.

Ein Herr Dase hat hier auf mein Anrathen Tetens Werk über die Wittwencassen, 2 Bde., 8vo, auf die eleganteste Auf-

lösung bis Ende November gesetzt. Theilen Sie es gefälligst
Ihren schwächeren Schülern mit.
Tausend Grüsse von Allen an Sie.
Totus Tuus
Schumacher.
Altona, d. 2ten Octob. 1812.

N° 49.   Gauss an Schumacher.   [19

Den 31. Decbr. 1812.

 Seit langer Zeit haben wir, lieber Schumacher, uns nicht
in Briefen unterhalten, und freilich bin ich Ihnen noch den Dank
für Ihr letztes Briefchen, das mir Hr. Hanbury mitbrachte, schuldig. Ich kann das Jahr nicht ausklingen lassen, ohne mich erst
noch einmal in Ihr Andenken zurückzurufen.
 Hr. Hanbury ist mein Schüler geworden, und ich bin mit
ihm wohl zufrieden.   Ueberhaupt ist Hamburg eine gute Pepinière für Astronomen. Gerling und Enke sind beide gute Köpfe,
und beide hoffe ich, werden sich reelle Verdienste erwerben.
Ersterer wird jetzt freilich durch sein Amt sehr beengt.
 Vor einiger Zeit habe ich mich mit der berühmten und
höchst interessanten Theorie der Anziehung elliptischer Sphäroide
beschäftigt, es ist mir gelungen, indem ich sie auf eine ganz
neue Art behandle, ihr die höchste Einfachheit zu geben, so
dass ich das Wesentliche davon auf 2 Octavseiten habe bringen
und das Ganze Hrn. Enke in 3 Stunden vortragen können.
Ich habe ein ausführliches Memoire darüber schon ganz fertig
liegen, welches ich nächstens der Societät übergeben werde.
 Der 12zollige Reichenbach'sche Kreis ist seit kurzem angelangt. Es ist ein unvergleichliches Kunstwerk. Leider ist
nur die eine Niveauröhre auf dem Transport beschädigt, so dass
ich nicht eher werde beobachten können, als bis eine neue
Röhre angelangt sein wird. Einen 8zolligen Theodoliten von
Reichenbach erwarte ich im nächsten Monat.
 Aus Ihrer vor einiger Zeit an mich gethanen Anfrage schloss
ich, dass Sie wol nicht abgeneigt seyn würden; Copenhagen

mit Mannheim zu vertauschen; Hr. von Lindenau bestätigte mir diess. Ich habe in dieser Voraussetzung, da so viel ich weiss, Barry's, der wahrscheinlich abgehen wird, Stelle noch nicht wieder besetzt ist, vor ungefähr 6 Wochen an den Staatsrath Klüber in Heidelberg geschrieben und Sie dazu nachdrücklich vorgeschlagen, aber bisher noch keine Antwort erhalten. Hat er vielleicht Ihnen direct geschrieben?

Werden wir nicht bald etwas von der wichtigen astronomischen Entdeckung, welche Sie, wie mir versichert ist, gemacht haben, erfahren dürfen? Sie wissen, theurer Freund, dass Ihre Arbeiten mir immer, eben weil es Ihre sind, doppelt interessant sind.

Dass Bessel sich im verwichenen Herbst mit einer Tochter des Prof. Hagen in Königsberg verheirathet hat, wissen Sie vielleicht schon.

Cecilie Tychsen ist vor Kurzem gestorben. Die Aerzte streiten, woran.

Nicolai hat den zweiten Kometen von 1811 in einer Ellipse berechnet. Die Umlaufszeit ist zwischen 800 und 900 Jahren. Ich bin wegen jenes sehr talentvollen jungen Mannes jetzt in Unruhe, da er jetzt in der Conscription steht.

Leben Sie wohl, lieber Schumacher, und lassen bald etwas angenehmes von sich hören

Ihren treu ergebenen

C. F. Gauss.

Göttingen, 31. Dec. 1812.

N? 50.   Schumacher an Gauss.   [31

Meinen herzlichsten Dank, werthester Freund! für Ihren letzten Brief und die Freude, die Sie uns damit gemacht haben, denn auch meine Mutter hat ihren Theil bekommen. Mögen Sie in diesem neuen Jahre nur halb so glücklich seyn als Sie es verdienen und Anspruch darauf haben! Sie ganz abzubezahlen, scheint mir selbst als Wunsch zu schwer, und niemand weiss das so gut als Ihre Freunde, denen Sie ein Gegenstand der innigsten Liebe sind, ausserdem dass Sie von Allen (also desto mehr von uns) nur als der Gewaltige verehrt werden.

Meinen herzlichsten Dank füge ich noch besonders für Ihre Empfehlung an Klüber bey. In der That gehe ich gerne nach Mannheim, und sehne mich bey guten Instrumenten in Thätigkeit zu kommen. Ihre Empfehlung ist auch schon so würksam gewesen, dass Klüber mir die Stelle angetragen hat und meine Bedingungen wegen des Gehaltes verlangte. Ich habe sie ihm geschrieben und erwarte seine Antwort. Barry will abgehen und wartet nur auf einen Successor. Sobald Klüber's Antwort kommt, fordere ich meinen Abschied, und dann werde ich das lange entbehrte Glück geniessen, Sie zu sehn, ein Glück, auf das ich bey den besonderen Umständen hier, die mir das Reisen verbieten, und bey den Hindernissen, die Sie dort finden, uns hier zu besuchen, beynahe schon Verzicht that. Wie gut übrigens für Ihre Gesundheit eine solche Reise seyn würde, brauche ich wohl nicht anzuführen, und dass unsere innigen Bitten darum nie aufhören, versteht sich von selbst. Was in unsern Kräften nur steht, Ihnen den Aufenthalt hier angenehm zu machen, erwartet Sie in jedem Augenblicke.

Sollten Sie irgend ein Werk (astronomisch oder mathematisch) haben wollen, das eben da gedruckt ist, wo die Princip. Philos. nat. math. zuerst erschienen, so bitte ich nur, mir sobald als möglich den Titel aufzugeben, und ich werde es Ihnen noch diesen Winter verschaffen.

Was mit meiner Entdeckung gemeynt seyn mag, von der man Ihnen gesagt hat, weiss ich so eigentlich nicht. Ich habe eine neue Art Sextanten mir vorgestellt, die bey der back observation dieselbe Genauigkeit geben, ob aber an der Idee irgend etwas ist, muss sich erst bey der Ausführung zeigen. Beobachtet kann ich auch nichts haben, da die Instrumente eingepackt sind. Summa Summarum, Alles sind Kleinigkeiten.

Für Bessel bin ich sehr besorgt; sobald Sie irgend etwas beruhigendes erfahren, theilen Sie es mir wohl gütigst mit. Es ist nicht gut an seinem Wohnplatze zugegangen. Jetzt ist es aber nicht möglich, dorther Briefe zu bekommen.

Wie sehr verlange ich nach Ihrer Theorie der Anziehung der elliptischen Sphäroide! Sobald Ihr Memoire gedruckt ist, bitte ich ergebenst um ein Exemplar. Sie wissen, dass Legendre auch im verwichenen Jahr ein Memoire über denselben Gegenstand dem Nationalinstitute übergeben hat.

Ich denke eine Ausgabe der kleinen Lalandischen Tafeln zu besorgen, die Logarithmen der ersten 1000 Zahlen der Bequemlichkeit halber so wie Lalande. Man hat oft nur genäherte Werthe nöthig, und es ist bequem, die nahe beysammen zu haben. Von 1000—10000 wie Prasse. Die trigonometrischen wie Lalande.— Würden Sie wohl gütigst dem Buchhändler dazu Ihre Tafeln für die Logarithmen der Summen zweyer Grössen gegen ein von Ihnen zu bestimmendes Honorar mittheilen? Oder wollen Sie die ganze Ausgabe übernehmen? Kein Mensch kann besser über Rechnungsvortheile urtheilen wie Sie; ist in der Einrichtung der Tafeln sonst auch etwas zu ändern?— Am allerbesten wäre es, wenn Sie die ganze Einrichtung übernähmen, doch ich befürchte, Ihre Zeit wird das nicht erlauben. Soll das Format behalten werden, oder sind Sie für 8vo?

Einer meiner talentvollsten Schüler hat noch eine ergebene Bitte an Sie. Er wollte sich nämlich aus dem Briefe, worin Ihre Theorie der Interpolation steht, einen kleinen Aufsatz von mir schreiben, dessen Inhalt ich ihm gesagt hatte, ich musste es ihm aber abschlagen, weil Ihre Abhandlung, die ich nach meinem Versprechen nicht communiciren darf, darin steht. Eben dadurch wuchs seine Begierde, und er wagt Sie gehorsamst zu bitten, ihm das Studium dieser Abhandlung zu erlauben. Er will sie ebensowenig Anderen mittheilen. — Er erwartet Ihre Entscheidung und wird bis dahin hoffen.

Meine mathematische Geographie kommt erst Ostern heraus, sobald sie da ist, werde ich mir die Freiheit nehmen, Ihnen ein Exemplar zu übersenden.

Dürfte ich Sie bitten, falls Sie den Brief nicht verloren haben, ein Auge auf meine Methode die Circummeridianhöhen zu reduciren, zu werfen, die in den Zusätzen gebraucht werden soll, und mir in ein paar Worten Ihr Urtheil darüber zu geben?

Leben Sie wohl, theuerster Freund! und vergessen Sie mich nicht.

Ganz Ihr

Schumacher.

Altona, d. 23sten Jan. 1818.

N° 51.   **Schumacher an Gauss.**   [32

Ich benutze diese Gelegenheit, mein vortreflicher Freund und Gönner! um Ihnen zu melden, dass der Senator Matthiessen hier mit seinem Sohne sich entschlossen hat, die Lionellische Tafel für 7 Decimalen zu berechnen und gehorsamst bitten, ihnen die Ausdehnung und die bequemste Manier der Berechnung anzugeben. Beyde rechnen sehr gut und sicher.

Ein paar Tage nachdem ich den Brief an Sie weggeschickt, erhielt ich das Novemberstück der M. C. und fand die Tafel darin. Es ist schade, aber demohnerachtet kann sie mit Ihrer Erlaubniss sehr meine Ausgabe verzieren. — Ich erwarte Ihre Bestimmungen darüber.

Mir scheint das Format in 8vo vortheilhafter, weil man so auf einmal mehr Logarithmen übersieht.

Haben Sie noch nichts von Legendre's Arbeit gesehn, so kann ich Ihnen einen Auszug aus dem Moniteur darüber machen. Die Idee dieser neuen Bearbeitung ist nicht sein, sondern er schreibt sie einem unbekannten Manne zu, dessen Namen ich vergessen habe. Das Hauptsächlichste ist ein Kunstgriff, die Anziehung eines Punctes ausser dem Ellipsoid, durch Beschreibung eines neuen Ellipsoids auf die Anziehung eines inneren Punctes zu reduciren.

Leben Sie wohl, werthester Freund, und vergessen Sie nicht
Ihren
Schumacher.
Altona, d. 8ten Febr. 1813.

N° 52.   **Gauss an Schumacher.**   [20

Göttingen, den 3. März 1813.

Die schnelle Reise des Herrn Hanbury erlaubt mir, Ihnen heute nur einige Zeilen zu schreiben, liebster Schumacher. Zuerst also meinen herzlichen Glückwunsch zu Ihrer Vocation nach Mannheim. Nehmen Sie doch ja ihn an. Das schöne Klima, die herrlichen Instrumente, die liberale Regierung, keine lästige Collegenschaft: alles fordert Sie dazu auf. Mir persönlich wäre es auch noch deswegen erfreulich, weil ich dann hoffen dürfte, dass Sie von Zeit zu Zeit nach Göttingen kämen, so wie ich Sie auch einmal in Mannheim besuchen könnte. Ich warte mit Ungedult auf die Nachricht von Ihnen, dass 'alles arrangirt ist.

Wir haben jetzt zwei herrliche Instrumente von Reichenbach, einen 12zolligen Bordaischen Kreis und einen 8zolligen Theodolithen. Von ersterm hat bisher noch kein astronomischer Gebrauch gemacht werden können, weil anfangs das Hauptniveau gebrochen war, wofür erst seit kurzem ein neues angekommen ist. Ausserdem war kein Platz auf der Sternwarte fest genug: ich habe also eine besondere steinerne abgestumpfte Pyramide bauen lassen, die unmittelbar auf die Mauer zu stehen kommt und heute angefahren ist. In wenigen Tagen werden also die Beobachtungen anfangen können. Die bisher mit dem Theodoliten auf der Sternwarte gemessenen terrestrischen Winkel beweisen, dass es ein unübertreffliches Instrument ist. Bei gut sichtbaren Objecten gibt eine 10malige Repetition den Winkel fast auf Eine Secunde genau. Ich werde, wenn nicht die Zeitumstände Hindernisse in den Weg legen, nächstes Frühjahr dadurch Göttingen mit Gotha verbinden. In Zukunft können wir dann auch einmal Göttingen und Mannheim in Verbindung setzen.

Der Unterricht des Hrn. Hanbury hat mir viel Vergnügen gemacht. Es ist ein geschickter, gut vorbereiteter junger Mann und sehr fleissig.

Meine Vorlesung über die Attraction der elliptischen Sphäroide wird bald gedruckt. Was im Moniteur gestanden hat, wird sich vermuthlich nur auf Ivory's Arbeit beziehen, die in den Phil. Trans. 1809 steht. Laplace hat mich auf diese aufmerksam gemacht. Es ist eine sehr glückliche Idee darin, wodurch Ivory's Verfahren einen grossen Vorzug vor dem von Laplace und Legendre erhält. In andern Puncten bin ich aber weniger mit Ivory zufrieden. Meine eigne Auflösung hat übrigens damit gar nichts gemein.

Leben Sie wohl, lieber Schumacher. Tausend Grüsse an Ihre verehrte Mutter, welcher ich für Ihren freundlichen Brief danke, und an Repsolds.

      Stets der Ihrige
          C. F. Gauss.

N° 53.   **Schumacher an Gauss.**   [33

Eben, werthester Freund! komme ich von Kopenhagen zurück, wohin ich reisete, um meinen Abschied zu bekommen. Ich habe ihn auch bedingt mündlich mitgebracht, den schriftlichen aber noch in diesem Augenblick nicht. Der König gab mir selbst die Erlaubniss, doch sollte ich, wenn Bugge stürbe und er mich dann riefe, zurückkommen. Meine Pflicht war diese Bedingung anzuzeigen. Aber dadurch ist meine Anstellung in Mannheim sehr verspätet, vielleicht wird sie gar verhindert. Klüber hat mir gemeldet, er müsse mit der Regierung erst darüber correspondiren, sonst wäre ich in diesen Tagen schon zu Ihnen nach Göttingen gekommen.

Meine Mutter folgt mir wahrscheinlich nach Mannheim, und so würde sie denn auch, im Fall ich hinkomme, das Vergnügen haben, Ihnen einen Besuch auf der Durchreise abzustatten. Heute schreibe ich noch einmal an Klüber und bitte ihn Alles zu beschleunigen, ich riskire sonst meine Bücher, die ich so lange hier lassen muss, zu verlieren.

Wollten Sie, werthester Freund! dem jungen Posselt, dessen Aufsatz über Præcession und Nutation Sie in Händen gehabt haben, nicht eine Empfehlung geben? Er sucht bey dem Könige Unterstützung, um in Göttingen Mathematik studiren zu können. Senden Sie Ihr Urtheil nur an mich, wenn Sie sonst mögen.

Tausend Grüsse von uns Allen an Sie und Ihre liebenswürdige Gemahlin, deren persönliche Bekanntschaft ich bald zu machen hoffe.

                                    Ganz Ihr
                                           Schumacher.
Altona, d. 10ten Julius 1813.

N° 54.   **Schumacher an Gauss.**   [34

Werthester Freund und Gönner!

Nach langen Unruhen kann ich mich und meine Sternwarte Ihnen wieder empfehlen. Die ersten Zeiten waren durch Barry's Schritte, der nicht seinen erbetenen und erhaltenen Abschied annehmen wollte, ziemlich unangenehm. Nachher kamen die noch fortdauernden Kriegsunruhen, und dabey die ewige Arbeit, die Instrumente nur in beobachtungsfähigen Zustand zu setzen. Denn ausser dem Mauerquadranten und dem Passageninstrumente war kein Instrument hier, mit dem man nur möglicherweise eine Beobachtung hätte machen können. Einen solchen Saustall, eine solche Vernachlässigung haben Sie nie gesehen! Nach und nach erhebt sich eines nach dem andern wieder aus dem Staube, und bald hoffe ich auch den Zenithsector nicht gereinigt, aber nur in einen solchen Zustand gesetzt zu haben, dass es möglich ist, die Collimation des Mauerquadranten zu bestimmen.

So darf ich denn bey Ihnen vorfragen, ob Sie irgend besondere Beobachtungen der neuen Planeten u. s. w. wünschen, ich werde ganz Ihren Befehlen folgen. Reichenbach's Kreis konnte noch immer nicht aufgestellt werden, aber doch lassen sich immer am Mauerquadranten gute Differ.-Beobachtungen machen. An Lindenau habe ich solche über 61 λ Cygni gesandt nebst der Sternbedeckung vom 28. December 1813:

2 ψ Aquar. Eintritt 3^h 43' 52'',2 Sternzeit

1 ψ verfehlte ich, weil das Fernrohr keine sanfte Bewegung hat, bey dem Nachschieben.

Zach hat mir aus Marseille geschrieben, dass Piazzi keine Unterstützung findet, seinen neuen Catalog herauszugeben. Zach hat also die Herausgabe übernommen und mit einem Buchhändler in Avignon unterhandelt, der den Druck unternehmen will, wenn man ihm den Absatz von 300 Exemplaren versichert. Z. hat auf 100 Exemplare subscribirt, und Piazzi will eben so viel nehmen. Piazzi will seinen Catalog aus 23jährigen Beobachtungen geben, aber nicht im Mittel, sondern eine jede Bestimmung eines jeden Sterns einzeln, um die eigene Bewegung der Fixsterne daraus ableiten zu können.

Tausend Grüsse von meinen Frauen an Sie und Ihre Frau Gemahlin. Empfehlen Sie mich Herrn Harding.

Die Zimmer werden bald für Sie eingerichtet, und Alles erwartet Ihre uns beglückende Ankunft.

Ihr ewig dankbarer

Schumacher.

Mannheim. d. 6ten Jan. 1814.

N? 55. **Gauss an Schumacher.** [21

Ich danke Ihnen, liebster Freund, für das Briefchen, womit Sie mich vor einiger Zeit erfreuet haben, und bedauerte nur, dass es so kurz war. Ich hätte so gern von Ihrer und der Ihrigen Zufriedenheit, woran ich so warmen Antheil nehme, recht viel Umständliches gehört. Ich gebe die Hoffnung nicht auf, künftig, vielleicht selbst noch im Laufe dieses Jahres deswegen einmal in Mannheim nachzusehen. Wie steht es denn mit Barry's Papieren — welcher ja, wie ich auf Umwegen höre, todt seyn soll? Werden denn die vielen Fixsternbeobachtungen, die einzige Frucht seiner vieljährigen Beobachtungen, untergehen?

Wahrscheinlich haben Sie auch in diesen Tagen, wo es hier wenigstens zwischendurch heiter war, die Vesta beobachtet. In diesem Fall bitte ich sehr, mir Ihre Beobachtungen bald zu communiciren. Ich habe bisher 3 Meridianbeobachtungen gemacht, den 12. 14. 15. Febr. und glaube, dass meine Declinationen gut seyn werden.

Lindenau hat mir zuletzt aus Steinfurt geschrieben. Ich denke doch, er wird demnächst gern wieder das Schwerdt mit dem Fernrohr vertauschen.

.. Welchen Einfluss die neue Ordnung der Dinge bei uns auf die Astronomie haben wird, müssen wir erst noch erwarten. Bereits sind 500 $x\beta$ für den Bau bewilligt. Ins siebente Jahr bin ich jetzt hier. Ob ich wohl, si diis placet im 14ten ordentlich werde beobachten können? Im Allgemeinen werden übrigens doch auch die Wissenschaften in Zukunft in Deutschland gewinnen.

Mit inniger Betrübniss denke ich jetzt oft an die guten Hamburger. Nach allen Nachrichten soll das Elend über alle Vorstellung gehen. Von Olbers habe ich lange keine Nachrichten. Ich vermuthe, dass die Unruhe wegen seines Sohnes, der bei der französischen Präfectur angestellt mit in Hamburg eingeschlossen ist, ihn sehr niederbeugt. Der gute Gerling ist in Cassel auch in keiner guten Lage. Die von dem Westphälischen Gouvernement Angestellten sind noch immer in Ungewissheit über ihre Existenz, und Gehalt wird keines ausgezahlt. Viel anders ist es freilich auch hier nicht. Ich wünschte sehr, dass dieser wackre und geschickte junge Mann ganz bei der Astronomie bleiben könnte. Für seinen Landsmann, Enke, habe ich einen sehr vortheilhaften Antrag nach Ofen. Aber jener ist jetzt ganz verschollen; er war vorigen Sommer der hanseatischen Legion beigetreten und ich weiss noch nicht, ob meine Briefe, worin ich ihm seine Aussichten bekannt machte, ihn getroffen haben.

Leben Sie wohl, liebster Schumacher. Tausend herzliche Grüsse an Ihre treffliche Mutter und Ihre liebenswürdige Gattin, auch gelegentlich an Herrn Klüber

von

Ihrem ganz eignen

C. F. Gauss.

Göttingen, den 20. Februar 1814.

Vielleicht erhalten Sie diesen Brief durch Herrn Seeber, meinen ehemaligen Zuhörer, einem jungen Mann von vielen Kenntnissen.

N? 56.   Schumacher an Gauss.   [85

Ihren Brief, verehrtester Freund! erhielt ich in Carlsruhe, wohin ich gereiset war, um den mir als künftiges Local zu einer Sternwarte vorgeschlagenen Thurmberg bey Durlach, eine Stunde von Carlsruhe, zu besehen. Allerdings lässt sich dort eine Sternwarte bauen, wie sie wohl nicht in Europa existirt. Der Berg ist etwa 800 Fuss über das am Fusse liegende Durlach erhaben, hat nach allen Seiten die freieste Aussicht (man sieht Strasburg, Mannheim, Worms, den Melibocus-Thurm bey Darmstadt u. s. w.) und erlaubt die Instrumente auf lebendigem Felsen zu stellen. Weingärten bedecken ihn bis zur Spitze. Indessen ist das ganze Proiect iniuria temporum wieder in's Stocken gekommen, zudem würde es, wenn ernstlich daran gearbeitet würde, einen solchen Widerstand von Seiten der Mannheimer finden, dass schwerlich ein der Astronomie so vortheilhafter Plan je ausgeführt wird. Auf jeden Fall ist das grösste Geheimniss nöthig, um das ich auch ergebenst bitten will.

In Hinsicht meiner Erwartungen hier bin ich sehr getäuscht. Die Instrumente fand ich in einem Zustande der Verwahrlosung, der unbegreiflich ist. Reichenbach's Kreis verdorben. Kein Geld, und keinen Willen ihn aufzustellen. Einen Thurm dazu, den die ganze Stadt als ein Meisterwerk betrachtet und der gar nichts taugt, und auf dem kein Instrument fest steht.

Nehmen Sie dazu Mannheim's Lage in einem Sumpfe, zwischen dem Zusammenflusse des Rheins und Neckars. Ewig zitternde und unreine Luft, so dass beynahe alle Tagbeobachtungen wegfallen, und die beyden Miren des Passageninstruments gewiss nicht einmal in der Woche sicher einzustellen sind. Schwärme von Mücken und Fliegen, und Narren, die immer fortgejagt werden müssen, und noch von Barry's Zeiten die Sternwarte als ein Rendezvous betrachten, so haben Sie ein schwaches Bild von meiner Lage.

Ich sitze hier bey gewiss sehr treflichen Instrumenten, und kann keinesweges der Erwartung entsprechen, zu der sie berechtigen. Es sind in diesem Jahre bis iezt nur 800 Beobachtungen gemacht.

Kränklichkeit hat mich verhindert, die Opposition der Vesta zu beobachten, was um so mehr schade ist, da grade damals die heitersten und schönsten Nächte waren. Wenn ich sie aber auch beobachtet hätte, so würde ich sie Ihnen doch nur privatim mitgetheilt haben. Ich will nichts bekannt machen, damit ich die Leute zwinge, mir eine andere Sternwarte zu bauen, denn wenn sie sehen, dass überhaupt etwas darauf gethan wird, so kommt es ihnen gar nicht auf das Besser oder Schlechter an, und sie denken, die alte Jesuiter-Sternwarte ist noch immer gut genug. Um das Treiben darauf vormals beurtheilen zu können, will ich Ihnen nur anführen, dass Pat. Mayer laut dem Journal 1776, d. 20. Juni, am Mauerquadranten den Diameter des Arcturus $= 2''{,}5$ in tempore oder $= 37''$ in Bogen beobachtet hat, dabey steht:

> Ob maxim. apparent. Diametr. et figuram oblong. satis bene determinatam, et quod coelo licet omnino sereno hodie nusquam ejus Satelles videri potueirt Arcturi observatio maximi momenti videtur.

Seeber will gerne als Adiunct angestellt seyn, schreiben Sie mir doch, was an ihm ist?

Sehr, sehr bitte ich, so dringend wie ich kann, kommen Sie noch diesen Sommer. Haben je meine Bitten die geringste Gewalt über Sie, so schlagen Sie mir diese nicht ab. Es liegt mir sehr viel daran, endlich einmal wieder eine herzliche Freude zu haben. Sie sollen selbst sehen, wie es hier zusteht. Wir alle bitten so sehr wie wir nur können.

Barry's Fixsternbeobachtungen, und vorher 3000 von ihm selbst auf 1810 reducirte Sterne aus dem Widder, Stier, Krebs, Wassermann, sollen jezt gedruckt werden. Ueberall sind grosse Lücken, indessen wird es immer, wie die Histoire céleste, eine schätzbare Sammlung bleiben.

Noch einmal wiederhole ich meine dringende Bitte. Bedenken Sie bey Ihrer Ueberlegung darüber, wie sehr, sehr glücklich Sie den machen würden, den schon Dissen $\tau o \nu \ \pi \varepsilon \varrho \iota \ \tau o \nu \ \Gamma a v \sigma \sigma \iota o \nu$ nannte.

Mit den wärmsten Grüssen von uns allen an Sie und Ihre liebenswürdige Frau Gemahlin schliesse ich

Totus Tuus
Schumacher.

Mannheim, d; 7ten Juni 1814.

N? 57. Schumacher an Gauss. [36

Diesen Brief, verehrtester Freund, wird Herr Schädtler aus Hamburg Ihnen übergeben. Er hat mich, um eine Empfehlung an Sie gebeten, deren er gewiss nicht bedarf. Schon in Carlsruhe lernte ich ihn kennen und schätzen. Jezt reiset er in sein befreites Vaterland zurück.

Repsold ist glücklich durchgekommen, obgleich sein ganzes Haus mit Lazarethen und Koth umgeben war. Glücklicherweise ist Chaban gestorben und man hat, um ihn beerdigen zu können, den Dreck etwas bey Seite schaffen müssen. Dadurch hat er einen Ausgang gewonnen, der vorher durch Haufen von Unrath versperrt war.

Sie würden Herrn Schädtler sehr verbinden, wenn Sie die Güte haben wollten, ihm Ihren Reichenbach'schen Kreis zu zeigen und zu erklären. Die mit stehender Säule hat er hier gesehen. Er kann Ihnen einen niedlichen 2zölligen Sextanten von Baumann zeigen, den er mit an Repsold nimmt, und der für kleine Dreyecke und zu einer unbemerkten Aufnahme eines Landes viele Bequemlichkeit hat.

Leben Sie wohl, verehrtester, theuerster Freund, und vergessen Sie nicht

Ihren ganz eignen

Schumacher.

Mannheim, d. 17ten Juni 1814.

N. S. Tausend Empfehlungen von meiner Mutter und Frau an Sie und Ihre Frau Gemahlin. Ich habe Ihnen in meinem vorigen Brief nicht gemeldet, dass Herr Wachter mich mit einem grossen Schnurrbarte und Säbel besucht hat. Jezt hängt er wieder seine Waffen an die Wand. Was macht Lindenau?

N? 58.   *Schumacher an Gauss.*   [37

So eben, verehrtester Freund! bekomme ich ein Schreiben von Zach, der im Begriffe ist, nach Lyon zu reisen, um den armen Lindenau zu sehen. Er hat schon ein Exemplar von seinem Werke über Gebirgs-Attractionen an mich abgesandt, dem ein Exemplar für Sie (für unsern „vortreflichsten Gauss") beygepackt ist. Ich erbitte mir darüber Ihre Befehle, wie ich es, wenn es hier ankommt, Ihnen am schnellsten senden soll. Sehr grosse Lust habe ich, es zu behalten bis Sie selbst es abholen. Ist es denn ganz unmöglich?

Meine Mutter wird wahrscheinlich diesen Winter in Copenhagen zubringen und gegen d. 10ten Sept. abreisen. Könnten Sie gar es nicht einrichten, dass Sie vorher kämen, und dann so gütig wären, einen Plaz in ihrer Chaise zur Rückkehr anzunehmen? Omnes Te unicum exspectamus!

Piazzi's neuer Catalog ist heraus (mit 7646 Sternen). Er glaubt, bey dem Polarstern eine bedeutende Parallaxe ($2'',8$ in Zeit) in AR gefunden zu haben. Oriani hat aber an Zach geschrieben, er könne beweisen, dass es ein Irrthum sey.

Barry's Catalog kommt sehr schlecht bey diesem neuen weg. Es sind Fehler von mehreren Minuten in den 1830 Mannheimer Sternen. Sehr viele über 10″, 20″, 30″. Zach meint, seine Beobachtungen zu drucken sey Sünde und Geldversplitterung.

Tausend Grüsse von uns allen an Sie und Ihre Frau Gemahlin.

Ganz Ihr

Schumacher.

Mannheim, d. 1. Aug. 1814.

N° 59.   **Gauss an Schumacher.**   [22

Göttingen, den 13. September 1814.

Sie erhalten diesen Brief, theuerster Freund, durch Hrn. Spöndli, einen wackern Zürcher, der hier einige Jahre Medicin studirt hat. Ich muss Ihnen vor allen Dingen noch meinen Dank nachhohlen, theils für den freundlichen Brief, den Hr. Schädtler mitbrachte, theils für die gefällige Uebersendung der Zach'schen Bergattractionen. Sollten Sie Hrn. von Zach etwa nächstens schreiben, so bitte ich, ihm den verbindlichsten Dank, welchen ich ihm bei erster Gelegenheit selbst abstatten werde, vorläufig zu melden.

Sehr gern hätte ich Ihre freundschaftliche Einladung, diese Ferien nach Mannheim zu kommen, angenommen, aber mancherlei Umstände erlauben mir diesmal eine so weite Reise nicht. Ich werde nur auf 8 Tage zu Hrn. von Lindenau gehen können, der seit kurzen wieder auf dem Seeberge ist.

Vor kurzen ist denn hier auch die gewichtige Astronomie von Delambre angekommen, die allen Personen, welche Astronomen werden wollen, ohne mehr als Elementargeometrie und Trigonometrie zu wissen, ein willkommener Trost seyn wird. Selbst in den 4 Species brauchen sie noch nicht recht sattelfest zu seyn, denn auch darin werden sie noch oft in die Schule geschickt.

Eine herrliche Acquisition hat diesen Sommer unsre Sternwarte an einem Reichenbach-Fraunhofer'schen Heliometer gemacht, 43^Z Brennweite 34 Linien. Oeffnung, Vergrösserungen 50·75·100·150 mal. Leider kann ich ihn, da erst noch ein parallactisches Stativ nachkommen muss, zur Zeit noch wenig benutzen, da ich ihn einstweilen nur auf ein elendes Stativ legen kann: aber auch so schon gibt er herrlich harmonirende Resultate. Er hat das Eigne, die Messungen zu multipliciren.

Von den Greenwicher Beobachtungen ist ein neuer. Band herausgekommen, wobei Pond's Muralkreis abgebildet ist. Ich weiss dies nur durch Hrn. Struve aus Altona, jetzt Observator in Dörpt, der ein Exemplar davon bei Perthes gesehen und die Abbildung copirt hatte. Wahrscheinlich erhält unsre Bibliothek auch bald ein Exemplar.

Auf Ihre Beobachtungen der bevorstehenden Pallasopposition zähle ich im voraus, Sie werden uns mit Ihrem schönen Quadranten, um welchen ich Sie beneide, die besten Declinationen liefern. Lassen Sie immer die Rectascensionen laufen, diese werden schon auf dem Seeberg observirt werden, aber Declinationen müssen Sie uns geben.

Ich wünschte wol Repsold's Kreis für unsre neue Sternwarte zu acquiriren. Dem Plane nach sollten 2 Passageninstrumente angebracht werden, ich finde das 2te sehr überflüssig, und sehr gut könnte der dazu bestimmte Platz den Kreis tragen. Wenn nur erst wieder mehr Geld da wäre. Das Gouvernement hat den besten Willen, aber es fehlt an allen Ecken. Für den Bau sind in diesem Jahre mehr nicht als 1500 ℳ bewilligt! Für die Institute ist seit Anfang des Jahrs noch nichts ausgezahlt. Besoldungen seit einem halben Jahre.

Ich schreibe jetzt an einer Abhandlung für die Societät, eine neue Methode, durch Näherung zu integriren, eigentlich eine Verbesserung der Cotesischen Methode, deren Genauigkeit dadurch verdoppelt wird, so dass ich z. B. mit 7 Gliedern eben so weit komme, wie Cotes mit 14. Einige Untersuchungen über die Theorie der Refraction hatten mich darauf geführt.

Hr. Seeber, dessenwegen Sie mich befragen, hat viele Kenntnisse, nur schien er mir hier eine sehr schwächliche Gesundheit zu haben.

Ein andrer Zögling von Göttingen, Encke, wird wahrscheinlich als Adjunct von Pasquich nach Ofen kommen. Er hat den Feldzug mitgemacht und ist jetzt wieder hier.

Leben'Sie wohl, theuerster Schumacher. Unter 1000 Grüssen
an Ihre würdige Mutter und Gattin
Ihr ganz eigner
C. F. Gauss.

No 60.   Schumacher an Gauss.   [38

Ihren Brief, mein verehrtester Freund! aus Seeberg habe ich gestern erhalten, aber keinen früheren, auf den Sie sich beziehen und in dem mir wahrscheinlich die Hofnung genommen ward, Sie hier zu sehen. Denn bis auf gestern war es unser aller Freude, die Lösung Ihres gegebenen Wortes, noch in diesem Jahre zu kommen, nun nahe zu wissen. Wir haben Sie sehr, sehr sehnlich erwartet, leider ist aber auch diesmal wieder Lindenau der Glückliche, der sie uns raubt, und ich würde Unwahrheit reden, wenn ich Ihnen verbergen wollte, dass wir sehr betrübt sind. Was Sie sonst auch für Reize in Seeberg finden, herzlicher, freudiger können Sie nirgends aufgenommen werden als bey uns, und dabey haben Sie die Ueberzeugung, ein ganzes Haus durch Ihren Eintritt glücklich zu machen.

Pallas habe ich schon in zwey Nächten auf eignen Antrieb vergeblich gesucht (am Mauerquadranten). Das Fernrohr ist ganz vorzüglich und hat bey seiner grossen Oefnung und geringen Vergrösserung (56 mal) eine ausnehmende Lichtstärke, dennoch fürchte ich, wird alles dies nicht hinreichen, um die unglücklichen Nebel, die auf dem Rheine ruhen, und aus den Morästen aufsteigen, mit denen Mannheim umgeben ist, zu überwältigen, vorzüglich in dieser Jahrszeit, wo das wahre Reich der Dünste ist. Bey kleineren Zenithdistanzen ist das nicht so merklich. Alles, was ich Ihnen versprechen kann, ist, dass es nicht an mir liegen soll.

Auch Bessel's Sterne zu Wisniewsky's Beobachtungen habe ich revidirt, es ist mir aber nie gelungen, No. V zu finden. Bey ganz verdunkeltem Felde blinkten mehrere sehr schwache Sterne von Zeit zu Zeit auf, bey der geringsten Beleuchtung aber war alles verschwunden. Am 25. Sept. habe ich unter scheinb. $AR = 21^h 37' 38''$ Zenith-Dist. $= 74° 20'$ freilich einen Stern beobachtet, der aber doch ohne grosse Fehler bey der vorläufigen Bestimmung in der M. C. vorauszusetzen nicht No. V seyn kann.

Auch über No. II bin ich nicht gewiss.

Ausser der Sternbedeckung für 1813, die ich Ihnen schon übersandt habe, kann ich Ihnen folgende mittheilen.

1) 1814. Febr. 28	Immersio 62 χ^a Orion	$7^h 49' 28''$,7 w. St. Zeit		
2) Aug. 21	Immersio stellulae	18 23 37 ,5		
3) Aug. 21	Alius paullo maior	18 53 19 ,5	ist unt. d. Florenzer Sternbedeck.	
4) Sept. 27	Immersio 95 ψ^a Aquar.	20 44 29 ,5		

Zu No. 1) gehören noch folgende Beobachtungen. Erster Mondsrand am Passageninstrument $5^h 46' 48''$,58. Uhrgleichung $= -2''$,80. Am Mauerquadranten:

	96 Eintheil.	90 Eintheil.	Barom.	Therm.	
β Tauri	21° 1' 36'',5	21° 1' 34'',5	27 9,1	+2°,5	Das Barom. franz.
64 χ^a Orionis	29 45 36 ,5		27 6,4	+1 ,0	— Therm. Réaum.
☾	29 30 14 ,2	29 30 14 ,9	27 6,4	+1 ,0	42'' nach der Culmination.
η Gemin.	26 54 47 ,7	26 54 51 ,0	27 6,4	+1 ,0	

Die Collimation des Mauerquadranten war vermöge des Zenithsectors damals $= +52''$,5.

Alle diese Sternbedeckungen sind sehr scharf beobachtet.

Haben Sie nicht Lust, verehrtester Freund, unter Ihrer Direction und in Gesellschaft mit Lindenau und mir eine Ephemeride zu berechnen, die alle andern übertreffen würde? Im Anhange könnte dann ein Depot für astronomische Aufsätze seyn. Wenn Sie sich dazu entschliessen, so concertiren Sie nur mit Lindenau. Sie werden an mir einen rüstigen Mitarbeiter haben. Geben Sie gefälligst mir bald Antwort darauf.

Die herzlichsten Grüsse von uns allen an Sie und Ihre Frau Gemahlin. Meine Frau giebt mir Hofnung, diesen Winter einen Zuwachs der Familie zu erhalten.

Ganz der Ihrige

Schumacher.

Mannheim, d. 7ten Octob. 1814.

N° 61. **Schumacher an Gauss.** [39

Ich eile, werthester Freund, Ihnen anzuzeigen, dass ich die Pallas am 12ten im Meridian unter

scheinb. AR 3^h 0' 8",0
Declination — 19° 12' 39",0

beobachtet habe, nachdem ich vorher 6 Nächte und die vorige mitgerechnet, wo der Nebel sie mir wieder entzog, 7 Nächte vergebens darum aufgestanden bin.

Ganz sicher ist diese Beobachtung nicht, weil ich sie mir weit schwächer vorstellte. Nun war aber den 12ten einmal ein Himmel, wie er meines Quadranten würdig ist, und sie erschien sehr lichtstark; als ich nun mehr Licht geben wollte, klemmte sich die Klappe oben und ich musste sie so im dunkeln Felde beobachten, das kaum und kaum die Fäden unterscheiden liess.

Die AR beruht auf Vergleichung mit γ und ξ Capricorni am Mauerquadranten. Die Declination habe ich gesucht, indem ich durch Sonne und Sterne den Punct bestimmte, in dem der Aequator an dem Tage den Quadranten schnitt. Für den 12ten sind dies die Resultate.

	96 Eintheil.	90 Eintheil.
☉	49° 29' 2",2	2",8
σ Sagitt.	— — 6 ,6	7 ,2
π Sagitt.	— — 3 ,5	3 ,9
ξ Capric	— — 6 ,5	6 ,2
Deneb.	— — 1 ,5	3 ,2
γ Capric.	— — 0 ,9	0 ,4

Uebrigens wache ich jede Nacht und werde Ihnen alle Beobachtungen im Original senden, um selbst reduciren zu können.

Ganz Ihr

Schumacher.

N. S. Den 14. Oct. 1814.

Diese Nacht wird nichts werden, es regnet und das hält hier an. Ich setze noch das Vergleichungstableau der AR. Es giebt für Pallas:

	AR
σ Sagitt.	3^h 0' 9",80
π Sagitt.	— — 9 ,74
ξ Capric.	— — 8 ,30
γ Capric.	— — 7 ,79
Deneb.	— — 15 ,40

welche sich nicht in einer Ebene darstellen lassen. Leider hat der Quadrant durch das Einpacken in den 90er Jahren gelitten. Bessel's No. II und V kann ich noch immer nicht sehen.

№ 62. Schumacher an Gauss. [40

Hier, mein verehrtester Freund, alles was ich Ihnen geben kann. Dass es so wenig ist, ist nicht meine Schuld, bis zum 24sten bin ich jede Nacht aufgewesen, und hatte den Trost, dass mit der Halsentzündung, die ich an dem Tage bekam, trübes Wetter einfiel. Heute scheint es sehr schön werden zu wollen, indessen giebt mir mein Arzt keine Hoffnung, vor acht Tagen wieder an die Luft kommen zu dürfen, und so säume ich denn nicht länger, Ihnen mein bischen Armuth zu senden.

Die Nebel haben sehr geschadet und in den meisten Nächten bey sonst heiterem Himmel mir den Anblick der Pallas ganz entzogen. Es ist leider keine Pallasbeobachtung hier, mit der ich vollkommen zufrieden wäre. Unter den günstigsten Umständen ist die vom 15 Octob. gemacht, der ich den Vorzug vor den andern geben möchte. Die Rectascensionen sind freilich nur am Mauerquadranten beobachtet, indessen glaube ich doch, dass sie sehr gut sind und ihrer Natur nach besser als die Declinationen. Die Beobachtungen erhalten Sie alle im Original, was wohl am besten ist, da wir leicht nach verschiedenen Elementen reduciren könnten.

Wenn ich indessen bedenke, mit welchen Schwierigkeiten ich bey diesen Beobachtungen trotz meines vortreflichen Mauerquadranten zu kämpfen hatte, so glaube ich können sie, wenn keinen absoluten, doch einigen relativen Werth haben, indem wohl nur aus Italien bessere zu erwarten sind. Die besten Declinationen, welche je beobachtet sind, habe ich einst aus Hamburg mit Repsold's vortreflichem Kreise geliefert, und da der nun brach liegt, so ist von dorther nichts zu hoffen. Ich glaube, wenn Sie den bekommen, so werden Sie mir nicht ferner meinen Mauerquadranten beneiden, und um ihn Ihnen zu verkaufen, wird R. gerne mehrere Jahre crediliren.

Die AR der ☉ habe ich selbst noch nicht reducirt, und

sende sie Ihnen auch roh. Nur habe ich die Sterne, aus denen der Stand der Uhr bey der ☉ Culmination abgeleitet ist, beygefügt, damit Sie selbst über die Genauigkeit der Zeit urtheilen können. Da ich, nachdem ich die 3 ersten Faden des ersten Randes beobachtet habe, an den Mauerquadranten laufen muss, um dort den obern und untern Rand zu beobachten, und von dort wieder an das Passageninstrument, um die 3 letzten Faden des letzten Randes, so ist es unmöglich, die Sonne so scharf und ruhig zu beobachten als einen Stern, bey dem ich nicht vom Passageninstrument weggehe. Das Instrument lässt sich bey Culmination der ☉ nie auf die Mire einstellen. Ich stelle es daher immer des Morgens um 9 Uhr ein, wenn die Luft noch nicht so zittert, und sehe des Abends um 4 oder 5 Uhr nach: gewöhnlich hat es sich nicht derangirt. Wie ich herkam, fand ich Barry'n beyde Miren, die nördliche und südliche brauchen, als ob sie kein Azimuth hätten, und doch geht die Linie von beyden Miren nicht einmal durch das Passageninstrument. Barry's Miren hatten

die nördliche $-0'',86$
die südliche $1,39$ in Zeit Azimuth (diese brauchte er immer)

Ich habe neue Striche auf die Pyramiden setzen lassen, die aber weil Brusseur nicht meine Signale verstand, noch ein kleines Azimuth haben, nemlich $+ 0'',20$ in Zeit, wonach alle ☉ Beobachtungen zu corrigiren sind. Die Horizontalit. der Axe ist natürlich in Bogen angegeben, wie das Niveau sie giebt.

Die Durchgänge am Mauerquadranten bedürfen keiner besondern Bemerkung, nur das ist zu erinnern, dass die Columnen

Stand (gegen Sternzeit)
T. G. (täglicher Gang)

ganz von einander unabhängig sind. Der Stand wird aus Vergleichung mit der Arnold'schen Uhr des Passageninstruments hergeleitet, wozu ich die Augenblicke wähle, wenn ihre Schläge auf's genaueste zusammenfallen. Der tägliche Gang aber ist aus Sterndurchgängen am Mauerquadranten hergeleitet.

Bey den Zenithdistanzen zeigt das Thermometer von Baumann die äussere Temperatur. Es hat doppelte Scalen.

Vor jeder Beobachtung wird das Loth eingestellt, und die

Columne Deviation zeigt, wie es nachher stand. N bedeutet nördlich, S südlich vom Mittelpuncte in Theilen des Halbmessers. Der Durchmesser des Puncts ist $= 17''$ also zeigt folgendes Täfelchen

N	S
−	+
0,1	0'',8
0,2	1 ,7
0,3	2, 6
0,4	3 ,4
0,5	4 ,2

die Correctionen der Zenithdistanzen. Bey der Sonne scheint die fast immer nachher beobachtete beträchtliche Deviation keine Verrückung des Instruments anzuzeigen, sondern nur eine Ausdehnung der Feder, an der der Faden hängt. Die Klappe wird 2' vor dem Durchgange geöffnet. Der Horizontalfaden ist ungefähr 4'',4 dick. Die Zeichnung zeigt, wie der Sonnenrand beobachtet ist. Will man also den Durchmesser ableiten, so ist er um die ganze Fadendicke zu gross, und wenn die Luft zittert um noch mehr, da ich dann gezwungen bin, die Sonne an beiden Seiten etwas hervorragend zu beobachten. Der Mittelpunct der Sonne lässt sich aber immer mit Schärfe ableiten.

Die Tage sind astronomische von Mittag zu Mittag, bey No. 1624 ist dabey ein Versehen bemerkt. Da ich für Lindenau Venus-Declinationen beobachtet habe, so bitte ich, ihm die Reduction meiner Beobachtungen auch mitzutheilen.

* * *

Herr Spöndli hat sehr verspätet Ihren lieben Brief abgegeben. Ich hoffte Sie noch diesen Herbst, da Sie nicht zu mir kommen wollen, in Göttingen zu besuchen, allein meine Halsentzündung wird wohl das unmöglich machen. Mit Reichenbach gehe ich sehr wahrscheinlich nach Italien und habe mit grossem Erstaunen in der Zeitung dort einen Congress angekündigt gesehen. Gehen Sie auch hin oder gehören Sie nicht zu den ausgezeichnetsten deutschen Astronomen. Auf allen Fall bitte ich mir von Ihrer Hand eine Empfehlung zu diesem Congress aus. Mit tausend Grüssen

ganz Ihr

J. H. Schumacher.

Mannheim, d. 28. Oct. 1814.

Beobachtete AR. der Sonne am Passageninstrument.

Tag	Faden I	Faden II	Mittelfaden	Faden IV	Faden V	☉	Stand der Uhr bey d. Culminat.	Bemerkung
Octbr. 10	37",0	55",9	13ʰ 0' 14",8	—	—	1. Rand	vor 27",82	westl. Axe 3" hoch
	—	—	2 24,4	43",2	2",2	2. Rand		
Octbr. 11	23",2	41",9	13 4' 1",2	—	—	1. Rand	vor 32",89	östl. Axe 2" hoch
	—	—	6 11,2	30",1	49",3	2. Rand		
Octbr. 12	10",6	29",1	13 7' 48",2	—	—	1. Rand	vor 38",33	
	—	—	9 58,1	17",2	36",1	2. Rand		
Octbr. 13	57",9	16",7	13 11' 35",9	—	—	1. Rand	vor 43",67	
	—	—	13 45,8	5",0	23",8	2. Rand		
Octbr. 17	—	—	13 27' 12",3	1",3	20",1	2. Rand	zurück 13",10	w. Axe 1",5 h.
Octbr. 21	48",2	6",9	13 40' 26",2	—	16",1	1. Rand	zurück 29",96	westl. Axe 2" hoch
	—	—	42 37,5	57",1	—	2. Rand		
Octbr. 22	31",9	50",8	13 44' 10",2	—	—	1. Rand	zurück 24",10	östl. Axe 0",8 hoch
	—	—	46 22,0	41",0	0",2	2. Rand		
Octbr. 15	29",3	47",9	13 19' 6",9	26",3	44",9	1. Rand	vor 49",29	nachher nicht nivellirt
	48,1	—	21 18,0	37",0	55",6	2. Rand		

Azimuth des Instruments = + 0",20 Sternzeit.

Aequatorealintervalle der Fäden in Sternzeit:

vom ersten bis zum Mittelfaden 37",39
vom zweiten bis zum Mittelfaden 19",02
vom Mittelfaden bis zum vierten 18",89
vom Mittelfaden bis zum fünften 37",43

Den 16ten ward Arnold aufgezogen, angehalten und 3 Striche verlängert.

Tag	Name	Stand
October 10	γ Dracon.	vor 28″12
	ζ Sagittarii	27,86
	δ Dracon.	27,70
	α Aquil.	27,58
October 11	Wega	vor 32″89
October 12	Wega	vor 38″32
	ζ Sagittar.	38,28
	δ Dracon.	38,25
	γ Aquil.	38,42
	α Aquil.	38,40
October 13	Wega	vor 43″78
	ζ Sagittar.	43,64
	γ Aquil.	43,59
	α Aquil.	43,69
October 15	γ Aquil.	vor 49,33
	α Aquil.	49,25
	α^2 Capric.	49,28
October 17	Arctur.	zurück 12″84
	γ Aquil.	13,30
	α Aquil.	13,17
October 21	Regulus	zurück 20″62
	Wega	21,10
	γ Aquil.	21,03
	α Aquil.	21,06
October 22	Wega	zurück 24″14
	γ Aquil.	24,11
	α Aquil.	24,14
	α Capric.	24,02

Diese Tafel enthält die Sterne, auf denen der Stand der Uhr bey der Culmination der Sonne beruht, so wie er vermittelst des täglichen Ganges auf diesen Augenblick reducirt ist.

No 68. Schumacher an Gauss. [41

Mannheim, den 7. Dec. 1814.

Seit der Opposition habe ich nur eine Beobachtung von Pallas erhalten können, die ich Ihnen, werthester Freund, nur so isolirt senden will, da in diesen Nebeln gar keine Hoffnung ist, sobald noch eine dazu zu bekommen. Sie werden die Lage des Quadranten von daher unverändert annehmen können, wie sich aus einer Vergleichung mit den damaligen Zenithdistanzen dies mir zu ergeben schien, indessen habe ich noch zur Vergleichung die Sterne aus dem Steinbock und Fomalhaut beygesetzt. Lindenau hat mir Ihre Resultate aus meinen Beobachtungen mitgetheilt und zugleich mich zur Theilnahme an einer Reise nach Bremen auf Ostern eingeladen. Wenn meine dringendsten Bitten nur die geringste Gewalt über Sie haben, so bitte ich so innig ich nur kann, kommen Sie beyde Ostern hieher.

	Bar.	Réaum.	Fahr.		96 Eintheil.	90 Eintheil.
Dec.3	27 9,3	+5,3	44,0	♎	71°14′ 36″9	71° 14′ 38″3
	27 9,6	+3,9	40,9	α Cygni	4 51 20,0	4 51 21,3
	27 9,9	+3,0	38,9	γ Capr.	66 56 23,9	66 56 24,8
	idem	idem	idem	δ Capr.	66 24 35,0	66 24 35,0
	27 10,0	+2,8		Fomalh.	79 59 48,5	79 59 53,6
	27 10,2	+1,4	35,5	Pallas		77 9 9,9
				Stellula		77 14 25
				sequens.		

Bey Fomalhaut geben die Beobachtungen immer Differenzen beyder Eintheilungen, z. B.

	96	90
Nov. 25	53″1	59″5
27	50,5	59,0

Bey Pallas konnte ich die AR nicht beobachten, weil ich genug zu thun hatte, das Licht so zu blenden, dass ich Stern und Faden sah, auch las ich nur die innere Eintheilung ab, um den folgenden Stern (etwa 2 oder 1½′ nach Pallas) noch zu bestimmen, doch konnte die Messung nur geschehen, als er schon den dritten Faden passirt war. Senden Sie mir doch gütigst, so wie es herauskommt, das Stück der G. Anz. worin die Resultate dieser Beobachtungen vorkommen. Sollte wider Erwarten das Wetter hell werden, so will ich Ihnen auch die Ceresopposition senden. Indessen ist gar keine Hoffnung dazu.

Bey der Sonne, die so wie Figura zeigt, beobachtet ist, muss noch die halbe Fadendicke $= 2'',2$ applicirt werden.

Lindenau hat mir gemeldet, Sie hätten sich mit ihm verbunden, wenn Zach nicht will, die M. C. fortzusetzen. So werden Sie freilich zu einer Ephemeride keine Zeit haben.

Ich wäre geneigt, wenn kein Buchhändler will, auf eigne Kosten alle halbe Jahr auf ein oder zwey Bogen die numerischen Data so wie immer die schärfsten Bestimmungen sie geben, abdrucken zu lassen, was für alle Astronomen und Liebhaber bequem wäre. Es kämen darin vor:

Planetenelemente.

Fundamentalsterne.

Zahlen für den Erdkörper u. s. w.

Ueberhaupt alle Zahlen, die Interesse haben, aber nur Zahlen mit Angabe der Quellen. Jedes Jahr einmal Refractionstafeln, und Ihre Aberrations- und Nutationstafeln (die auch einen stehenden Artikel in den Mailänder Ephemeriden ausmachen). Darf ich auf Ihre Hülfe rechnen? So werde ich gewiss etwas sehr scharfes und genaues liefern.

Leben Sie wohl, werthester Freund, und vergessen Sie nicht
Ihren ganz eignen
und immer um Herkunft bittenden

Schumacher.

N? **64.** Gauss an Schumacher. [23

Göttingen, 13. Decbr. 1814.

Hier, theuerster Freund, schicke ich Ihnen die Ausbeute der diesjährigen Pallasbeobachtungen, woran Sie selbst einen so wichtigen Antheil haben. Was Ihnen Lindenau geschickt hat, ist vermuthlich das Resultat einer frühern fehlerhaften Rechnung, aus dem Gegenwärtigen werden Sie sehen, dass Ihre Beobachtungen eine gute Harmonie geben. Ihre letzte, mir gestern zugekommene Beobachtung ist gar zu weit von der Opposition entfernt. Bei künftigen ähnlichen Fällen bitte ich Sie, nur Ihre Aufmerksamkeit auf die Zenithdistanzen zu concentriren und besonders bei so lichtschwachen Gegenständen das Auge nicht mit Anstrengung auf die Appulse an den Verticalfäden zu fatiguiren. Hr. Enke hat zwar auch Ihre Rectascensionen reducirt, und sie stimmen gut mit denen am Passageninstrument überein, allein Rectascensionen vom M. Q. haben doch immer nur wenig fidem, da dass Instrument dazu nicht das zweckmässigste ist. Da Sie die Fädenintervalle nicht geschickt hatten, so musste Hr. Enke sie, so gut es gehen wollte, aus den mitgetheilten Beobachtungen selbst ableiten.

Unsre neue Sternwarte ist jetzt bis auf den innern Ausbau fertig, und der Anfang der Wohngebäude auf nächstes Frühjahr ist endlich genehmigt. Die werden nun auch noch einige Jahre erfordern. Da indessen das Ende doch nun einigermaassen abzusehen ist, so habe ich nun auf die Erreichung eines lange genährten Wunsches ernstlich zu denken angefangen. Ich meine die Acquisition des Repsold'schen Kreises. Ich habe vor einem Monat Hrn. von Arnswaldt, der mit dem Herzoge von Cambridge hier war, für diese Idee vorläufig gewonnen, und dann sogleich an Repsold geschrieben, um seine Bedingungen, die Sie mir zwar schon vor einigen Jahren meldeten, von ihm selbst zu erfahren. Mein Brief war am 17. November abgegangen, aber zu meiner Verwunderung habe ich noch immer gar keine Antwort. Wissen Sie vielleicht, wie es damit zusteht. Das Instrument könnte wol auch schon vor der Bewohnbarkeit der Flügel — vielleicht schon im nächsten Sommer — aufgestellt werden.

Wie wird es denn mit Ihrer Reise nach Italien? Sollten Sie dieselbe noch ausführen, so benachrichtigen Sie mich hoffentlich vorher und übernehmen dann wol einige Aufträge. Haben Sie denn schon Piazzi's neuen Catalog? Bode, wie ich aus dem J. B. 1817 sehe, schon seit geraumer Zeit.

Ich habe nunmehro für den Reichenbach'schen Kreis einen eignen Schirm vorgerichtet, der bloss auf das Objectiv Licht durchlässt, und bin nun auf das gegenwärtige Solstitium sehr begierig. Wenn nur das Wetter günstiger würde. Heute habe ich zum erstenmale mit dem Schirm beobachtet, ein Zufall hat aber die Beobachtungen etwas gestört.

Die längstgewünschte Reise zu Ihnen wird doch wol bis Michaelis verschoben bleiben müssen. Ich bleibe doch immer an die Ferienzeit gebunden und unglücklicherweise fällt 1815 Ostern so früh. Es wäre zu sehr Schade, wenn eine Reise in Ihre schöne Gegend in einer so ungünstigen Jahreszeit vorgenommen würde.

Die Astronomie von Delambre wird, fürchte ich, der Wissenschaft nachtheilig seyn. Sie wird Lalande verdrängen, weil sie zum Theil mehr enthält. Allein ihr fehlt der feine Lebensgeist, der zum Höherstreben begeistert. Sie wird uns astronomische Tagelöhner, aber keine Astronomen bilden.

Meine letzte Societätsvorlesung, die neue Integrationsmethode enthaltend, ist noch nicht abgedruckt.

Sollte es wirklich rathsam seyn, noch neue astronomische Ephemeriden zu unternehmen? Die Rectascensionen der Planeten auf Bogenminuten, und deren Abstände von der Erde abgerechnet, scheinen mir die Carlinischen nichts zu wünschen übrig zu lassen. Aber so ein von Zeit zu Zeit zu erneuernder Abdruck einer kleinen astronomischen Haustafel wäre sehr wünschenswerth. Auch die Längen und Breiten der vornehmsten Sternwarten dürften darin nicht fehlen. (Göttingen $30'23''$; $51^0 31'55''$.) Sollten Sie eine solche veranstalten, so werde ich Ihnen noch dieses und jenes anzeigen, was ich in derselben zu finden wünschte. Die M. C. wird wol schwerlich wieder zum Leben erweckt werden. —

Zu den schönen Hofnungen, von denen Sie mir in Ihrem vorigen Briefe schrieben, wünsche ich herzlichst Glück. Empfehlen Sie mich Ihrer Frau Gemahlin und Mutter bestens.

Totus Tuus
C. F. Gauss.

№ 65. **Schumacher an Gauss.** [42

Mannheim, den 20. Decemb. 1814.

Meinen herzlichsten Dank für Uebersendung der G. A. Es freut mich, dass sie so gut noch ausgefallen sind. Wie es scheint, ist doch mein Mauerquadrant besser als Bessel's Kreis. Die Ceres habe ich hier nicht beobachten können. Noch immer herrschen hier Regen und Nebel mit einer Wärme von $+8^0$ im Durchschnitt.

Repsold ist wahrscheinlich in Neuwerk bei Aufstellung seiner grossen Réverbéren auf dem dortigen Leuchtthurm. Wollten Sie etwa ein paar Worte an Madame Repsold, oder Herrn P. A. Hugues, den Sie damals auch kennen lernten, zum Ueberfluss senden, damit ihm der Brief nachgeschickt werde?

Meine Reise nach Italien kommt vielleicht doch noch zu Stande. Der König von Dännemark will mir dazu 400 Ducaten vorstrecken, was gewiss, da ich seine Dienste verlassen habe, seiner Liebe für die Wissenschaft Ehre macht. Das Unglück ist nur, dass hier keine Gehalte ausbezahlt werden, und ich also nicht sicher abreisen und meine Familie zurücklassen kann. Indessen ist doch die Wahrscheinlichkeit dafür, dass es zu Stande kommt, und Sie würden wohl thun, de faire Vos paquets mit denen Sie mich beehren wollen, und die auf's beste besorgt werden sollen.

Piazzi's Catalog habe ich noch nicht. Zach hatte die Güte, ihn mir zu versprechen, hat ihn aber zurückgehalten, weil er mich in Italien erwartet. Herr Klüber schreibt mir aus Wien, dass Triesnecker tausende von Fehlern darin gefunden habe.

Ich bin nicht eher ruhig, bis Sie mir ein förmliches schriftliches Versprechen geben, unabänderlich Michaelis 1815 nach Mannheim zu kommen, und nur unter dieser Bedingung gebe ich meine Ansprüche auf Ostern auf.

Mit tausend Grüssen von uns allen an Sie und Ihre Frau Gemahlin

ganz der Ihrige
Schumacher.

N⁰ 66.   **Schumacher an Gauss.**   [43

Kopenhagen, d. 5ten April 1816.

Endlich, mein verehrtester Freund! ist es mir gelungen, dem jungen Posselt auf 2 Jahre ein Reisestipendium zu verschaffen, um zu Ihnen nach Göttingen zu kommen. Er geht mit der grössten Begierde von der Welt, und ich glaube, dass Sie an ihm Freude haben werden. Von Seiten seines Herzens ist er eben so sehr zu empfehlen, als von Seiten seines Kopfes, nur in dem, was man Lebensart nennt, muss ihm manches verziehen werden. Sollte die Frau Meyern die Stube offen haben, wo ich wohnte, so würden Sie mich sehr verbinden, wenn Sie sie für ihn miethen wollten. Ist die nicht offen, so geben Sie wohl gütigst dem Pedellen den Auftrag, eine mässige Stube und Kammer in der Nähe für ihn zu miethen. Er kommt gleich nach Ostern. Festigkeit im Rechnen fehlt ihm noch sehr, aber wo kann er die besser lernen als bei Ihnen? — Ich glaube, er wird unter Ihren Schülern einst einen der ersten Plätze behaupten. Wissen Sie wohl, dass Sie der Methode der kleinsten Quadrate schon in den A. G. E. 1799, Bd. IV, p. 378, erwähnt haben? Sonderbar genug hat Legendre nachher dasselbe Beispiel Ihrer Anwendung, wie er 1806 davon sprach, gewählt. Ein Landsmann von Ihnen ist hier Professor der Mathematik. Er heisst Degen. Vor einiger Zeit sagte er mir, er beschäftigte sich schon, seitdem er Tetens Schüler sei, mit gewissen Mediis arithmetico-geometricis, die von den Ihrigen verschieden sind. Er nimmt nemlich zwei Grössen, von denen a die grössere, b die kleinere seyn soll (die Stelle ist gleichgültig)

$$a, \tfrac{1}{2}(a+b) = a', \tfrac{1}{2}(a'+b') = a'', \text{ u. s. w.}$$
$$b, \sqrt{ab} = b', \sqrt{a'b'} = b'', \text{ u. s. w.}$$

Er selbst weiss nur, dass diese Reihe einen Limes hat, den man bald findet. Ich habe mich sehr mit diesem Limes beschäftigt und bin jezt so glücklich gewesen, einen Zusammenhang mit der Ellipse zu finden, den ich mir die Freiheit nehme Ihnen vorzulegen. Da der Limes dieser Reihe, so wie ich ihn dargestellt habe, von $\frac{b}{a}$ abhängt, so bezeichne ich ihn mit

$M\left(\frac{b}{a}\right)$. Ich nenne ferner die sehr schnell convergirende Reihe (aus den Differenzen der successiven $a, a', a'', \cdot\cdot$ gebildet).

$$\frac{a-a'}{2a'}+\frac{a-a'}{2a'}\cdot\frac{a'-a''}{2a''}+\frac{a-a'}{2a'}\cdot\frac{a'-a''}{2a''}\cdot\frac{a''-a'''}{2a'''}+\cdots$$

$\mathfrak{M}\left(\frac{b}{a}\right)$; dann ist

$$\tfrac{1}{2}\pi\left(\frac{a'}{M\left(\frac{b}{a}\right)}-\frac{(a-a')\,\mathfrak{M}\left(\frac{b}{a}\right)}{M\left(\frac{b}{a}\right)}\right) = \text{Quadrans Ellipseos}\left(\frac{b'}{a'}\right)$$

wo das Zeichen $\left(\frac{b'}{a'}\right)$ eine Ellipse bedeutet, deren grosse Axe $= 1$, kleine Axe $= \frac{b'}{a'}$ ist. Ich habe nun Degen angezeigt, ich habe seinen Limes gefunden und halte es für billig, zu warten, ob er dasselbe finde. Wie ich vor 14 Tagen an Lindenau schrieb, hatte ich den Limes noch nicht. Gewiss haben Sie bei Ihren Mediis auch dieses angesehen, und Sie würden mich sehr durch ein paar Worte darüber verbinden.

Leben Sie wohl, werthester Freund, und vergessen Sie nicht
Ihren ganz eignen
Schumacher.

N⁰ 67.   **Gauss an Schumacher.**   [24

Göttingen, den   April 1816.

Die Nachricht von der Herkunft des jungen Posselt, welche Sie, werthester Freund, mir ankündigen, ist mir sehr angenehm und ich werde mich freuen, wenn ich ihm nützlich werden kann. Er findet hier noch einen Studiosus der Astronomie, Doctor Tittel aus Erlau; auch Encke ist in diesem Augenblick wieder hier, wird aber bald zu seiner Stelle in Gotha abgehen. Wohnungen sind gegenwärtig überaus rar hier, indessen ist noch ein Zimmer in demselben Hause wo Tittel wohnt (bei der

Johanniskirche) offen; näher bei meiner Wohnung war schon vor einem Monate auch nicht Ein Zimmer mehr zu haben. Meine Frau wird ihm bei seiner Ankunft jenes nachweisen, denn ich selbst werde in wenigen Tagen eine Reise nach München antreten, von welcher ich gegen Ende May wieder hier zu seyn rechne.

Haben Sie denn wirklich vergessen, dass das arithmetisch-geometrische Mittel, mit welchem Hr. Degen sich beschäftigt, ganz dasselbe ist, womit ich mich seit 1791 beschäftigt habe, und jetzt einen ziemlichen Quartband darüber schreiben könnte? Ich habe zwar ausser jenem auch noch andere arithmetisch-geometrische Mittel betrachtet, die aber ganz elementarisch sind. Jenes ist das wahre, worüber Sie hier auch eine im Jahre 1800 von mir angefangene kleine Abhandlung gelesen haben (in einem blauen Octavbande, Varia betitelt, worin noch von Ihrer Hand eine Restitutio in Integrum einiger durch einen Dintenfleck unkenntlich gewordenen Stellen zu sehen ist). In jener Abhandlung steht theils ein Beweis, dass wenn ein Ausdruck

$$\frac{1}{\sqrt{(g + h \cos \varphi)}}$$

in die Reihe

$$A + B \cos \varphi + C \cos 2\varphi + D \cos 3\varphi \cdots$$

verwandelt wird, das Medium Arithm. Geom. zwischen dem grössten und kleinsten Werthe von $\sqrt{(g + h \cos \varphi)}$, d. i. zwischen $\sqrt{(g+h)}$ und $\sqrt{(g-h)}$ ist; theils Beweis, dass

$$\text{d. Med. } (x, y) = \text{Med. } (x, y) \cdot \times \left\{ \begin{array}{l} \frac{dx}{x} \cdot \left(1 + \tfrac{1}{2} \cdot \frac{x - x'}{x'} + \tfrac{1}{2} \cdot \frac{x - x'}{x'} \cdot \frac{x' - x''}{x''} + \text{etc.} \right) \\ \frac{dy}{y} \cdot \left(1 - \tfrac{1}{2} \cdot \frac{x - x'}{x'} - \tfrac{1}{2} \cdot \frac{x - x'}{x'} \cdot \frac{x' - x''}{x''} + \text{etc.} \right) \end{array} \right\}$$

Gerade diese Formel unter andern ist von Ihnen selbst restituirt.

Durch die Media und ihre Differentiale kann man dann leicht die übrigen Coefficienten B, C, D etc. bestimmen, so wie überhaupt die Coefficienten von $(g + h \cos \varphi)^{\frac{1}{2}-k}$, wo k irgend eine ganze Zahl ist (welche Reduction bekannt genug ist). In dem zweiten Theile der Abhandlung Disquisitiones Generales circa Seriem infinitam $1 + \frac{\alpha \cdot \beta}{1 \cdot \gamma} x$ etc. (welche ich vielleicht bald gebe) werde ich einen Theil meiner Untersuchungen über die Ar. Geom. Mittel bekannt zu machen anfangen.

Leben Sie wohl, werthester Freund! und vergessen Sie nicht

Ihren ergebensten
C. F. Gauss.

N? 68.   **Schumacher an Gauss.**   [44

In der That, mein vielverehrter Freund! ist mir alles, was Sie mir in Göttingen über Ihre media mitgetheilt haben, ganz aus dem Gedächtniss verschwunden. Die einzige Art, wie ich mir dies erklären kann, ist wohl die, dass Sie mir das Buch Varia, dessen ich mich sehr gut erinnere, unter der Bedingung gaben, nichts daraus zu excerpiren oder abzuschreiben, eine Bedingung, die ich treulich erfüllt habe.

Die Art, wie ich zu dem wenigen, was ich Ihnen mittheilte, gekommen bin, ist auch so einfach und beinahe ohne alles Verdienst, dass ich nichts besseres zu meiner Rechtfertigung anführen kann. Indem ich über a und b in eine Linie vereinigt

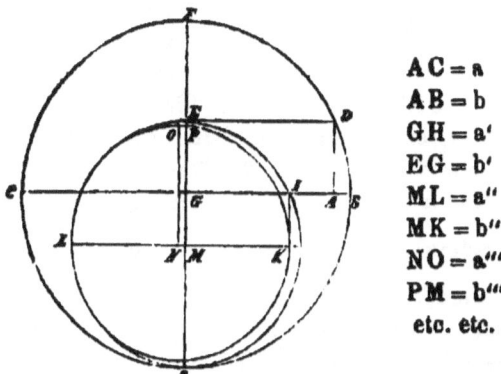

$AC = a$
$AB = b$
$GH = a'$
$EG = b'$
$ML = a''$
$MK = b''$
$NO = a'''$
$PM = b'''$
etc. etc.

einen Kreis beschrieb, und aus dem Trennungspuncte ein Perpendikel errichtete, so war der Halbmesser dieses Kreises a', das Perpendikel b'. Ich fuhr fort, wie die Figur hier zeigt, bis zwischen Halbmesser und Perpendikel kein Unterschied mehr war. Daraus floss unmittelbar die Form eines unendlichen Products für den Limes, die ich Lindenau mitgetheilt habe, mit dessen Umformung und vergeblichen Versuchen, es auf einen endlichen Ausdruck zu bringen (wie Ihre elementaren Media, über die ich ein paar Zettel von Ihrer Hand immer $κειμηλια$ bewahre) ich viele Zeit verlor, vorzüglich da es mir gelang, dies Product auf die Hälfte der Glieder zu bringen, oder immer eins um das andere zu überspringen. Nun glaubte ich, würde ich dies Ueberspringen bei dem Reste wieder anbringen können u. s. w. Indem ich aber diese Media auf beiden Seiten von a und b ausdehnte, fand ich die einfache Umformung (wo die $a_{,}$, $a_{,,}$, die Glieder sind, aus denen das gegebene a als abgeleitet betrachtet wird):

$$2 a_{,} \cdot \cos \tfrac{1}{2} \varphi_{,,}{}^2 = a_{,,}$$
$$2 a \cdot \cos \tfrac{1}{2} \varphi_{,}{}^2 = a_{,}$$
$$2 a' \cdot \cos \tfrac{1}{2} \varphi^2 = a$$
$$2 a'' \cdot \cos \tfrac{1}{2} \varphi'^2 = a'$$
$$2 a''' \cdot \cos \tfrac{1}{2} \varphi''^2 = a''$$

und erinnerte mich dabei an eine Arbeit von Wallace, wo die bekannte Umformung von $\int dx \left(\dfrac{1 - ee\, xx}{1 - xx} \right)^{\tfrac{1}{2}}$ auf ähnliche Formen wo e immer kleiner wird, ins unendliche fortgesetzt wird, eine Abhandlung, die ich grade vor einem Vierteljahre in einer andern von Woodhouse excerpirt gelesen hatte. Da ich krank war, bat ich Posselt mir den Theil der Ph. Trans. zu hohlen, und sah sogleich, dass nur mit andern Bezeichnungen alles identisch war und gradezu in seine Form 1804 II. p. 244. $P(1-eQ)\dfrac{\pi}{2}$ substituirt werden konnte. Herrn Degen, der übrigens noch nicht einmal auf meiner Schwelle steht, habe ich sogleich mitgetheilt, dass Sie sich so lange schon damit beschäftigt hätten, und er hat dadurch, wie leicht zu erachten, alle Lust verloren, eine Arbeit, wobei nur gewisse Beschämung zu erndten ist, fortzusetzen. Da ich Gott sey Dank noch keine Zeichen eines verrückten Gehirns gegeben habe, so werden Sie mir leicht glauben, dass ich so fruchtlose Untersuchungen und einen so lächerlichen Wettstreit mit dem **Gewaltigen** ebensowenig unternehmen werde. Aber so dringend wie möglich bitte ich, machen Sie bald von Ihren Schätzen bekannt!

Ich habe in der Hoffnung, Sie würden dadurch Veranlassung finden, Ihre Theorie der Interpolation, die ich handschriftlich habe, bekannt zu machen, die Preisfrage unserer Gesellschaft für 1817 so abfassen lassen: „Theoriam interpolationis evolvere „quæ præsertim in functionibus periodicis adhuc manca videtur." Wir bitten insgesammt gehorsamst uns zu beehren.

Nun noch eine Sache, die mir sehr am Herzen liegt. Der König hat mir die nöthigen Fonds zu einer Gradmessung von Skagen bis Lauenburg ($4\frac{1}{3}°$ der Breite) und eine Längengradmessung von Kopenhagen bis zur Westküste von Jütland ($4\frac{2}{3}$ Längengrade) bewilligt. Ich wäre jetzt schon in Arbeit, wenn nicht würklich unverantwortlicherweise Reichenbach mich mit den Instrumenten im Stiche gelassen hätte. Darüber geht beinahe dies ganze Jahr verloren. Im Februar schrieb er mir einen Entschuldigungsbrief und versprach die Instrumente im Frühjahr zu senden. Darauf habe ich mich denn auch verlassen und alles hier darnach eingerichtet, und ihn noch dazu um Eile gebeten. Er hat mir nicht geantwortet, und ich von einem Posttage zum andern auf die Nachricht wartend, dass alles in Hamburg eingetroffen sey (bis zu diesem Augenblicke noch nichts) habe beinahe den König selbst irre gemacht, und allen den Neidern die willkommenste Gelegenheit zu einem kleinen Triumphe gegeben. Sie kommen ja nun eben von München, können Sie mir nicht Nachricht über meine Instrumente geben? Will Reichenbach sie nicht machen, oder jetzt nicht machen, so muss ich einen kurzen Entschluss fassen und nach England reisen, um sie bei Troughton zu bekommen. Indessen hoffe ich nicht, dass es nöthig seyn werde, zu solchen Extremen die Zuflucht zu nehmen, wie es aber auch sey, werden Sie mir den Freundschaftsdienst nicht versagen, ungesäumt mir Nachricht darüber zu geben. An Reichenbach habe ich nichts von meinem Entschluss, nach England zu gehen, geschrieben, um ihn nicht böse zu machen, da ich doch lieber von seinen Instrumenten hätte.

Sie können leicht denken, dass ich alles aufbieten werde, etwas so vollkommenes als möglich zu leisten, und hier ist es, wo ich mir Ihren Rath erbitte. Zeigen Sie mir doch an, worin

Sie Verbesserung der gewöhnlichen Methoden wünschen, und entwerfen Sie mir den Plan der Berechnungen. Wäre es nicht möglich, dass Sie, oder Lindenau, oder alle beide, den Meridian durch Hannover fort bis gegen Gotha, oder bis an die bairischen Dreiecke führten, und dass wir dann gemeinschaftlich eine Grundlinie in der Gegend von Hamburg mässen? Die eine Grundlinie bei Gotha ist ja, meine ich, beinahe schon von Zach fertig? Ist das, was Sie mir mitzutheilen haben, zuviel, um schriftlich abgemacht werden zu können, so laden Sie mich nur durch einen ostensibeln Brief, mit dem ich dann gleich zum Könige gehen werde, auf ein Rendezvouz in Hamburg diesen Herbst ein, wo wir unsern ganzen Operationsplan verabreden können. Ich zweifle nicht, dass wenn Sie sonst Lust dazu haben, Ihre Regierung nicht jede Unterstützung dazu geben werde, und gegen diese können Sie auch gerne die Nachricht brauchen, dass der König von Dännemark mir bereits alle Fonds bewilligt habe, sonst bitte ich aber nichts öffentlich von dieser Gradmessung bekannt zu machen, bis Sie entweder sich zur Theilnahme entschlossen haben, oder bis ich sie allein vollführt habe. Wollen Sie in Ihrem Briefe an mich Ihr Vergnügen darüber bemerken, dass der König sich zu einer solchen wissenschaftlichen Operation entschlossen habe, so würden Sie ihm ein grosses Vergnügen machen (er hat mich express gefragt, was Sie wohl dazu sagen würden) und mir zu ähnlichen wissenschaftlichen Operationen in der Folge ein desto leichteres Gelingen bahnen.

Geht Nicolai bald auf meinen Thurm? — Posselt ist leider bei seinem Vater krank geworden, und wird daher wohl spät im Sommer erst kommen können. Sein Zimmer wird vielleicht Herr Dr. Tittel ihm offen erhalten.

Von uns allen an Sie und Ihre liebenswürdige Frau Gemahlin die besten Empfehlungen.

Ihr ganz eigner
J. H. Schumacher.

Kopenhagen, den 8. Juni 1816.

Nº 69. **Gauss an Schumacher.** [25

Göttingen, 5. Julius 1816.

Vor allen Dingen, theuerster Freund, meinen herzlichen Glückwunsch zu der herrlichen grossen Unternehmung, welche Sie mir in Ihrem letzten Briefe ankündigen. Diese Gradmessung in den k. dänischen Staaten wird uns, an sich schon, über die Gestalt der Erde schöne Aufschlüsse geben. Ich zweifle indessen gar nicht, dass es in Zukunft möglich zu machen seyn wird, Ihre Messungen durch das Königreich Hannover südlich fortzusetzen. In diesem Augenblicke kann ich zwar einen solchen Wunsch in H. noch nicht in Anregung bringen, da erst die Astronomie selbst noch so grosser Unterstützung bedarf: allein ich bin überzeugt, dass demnächst unsre Regierung, die auch die Wissenschaften gern unterstützt, dem glorreichen Beispiele Ihres trefflichen Königs folgen werde. Wir würden dann schon einen respectabeln Meridianbogen von $6\frac{1}{2}$ Grad haben, und leicht würden sich dann auch noch diese Operationen mit den Bayrischen Dreiecken in Verbindung setzen lassen. Letztere sind gewiss mit grösster Sorgfalt gemessen, und es ist nur zu beklagen, dass sie der Publicität entzogen werden.

Ueber die Art, die gemessenen Dreiecke im Calcul zu behandeln, habe ich mir eine eigne Methode entworfen, die aber für einen Brief viel zu weitläuftig seyn würde. In Zukunft, falls ich bis dahin, wo Sie Ihre Dreyecke gemessen haben, sie nicht schon öffentlich bekannt gemacht haben sollte, werde ich mit Ihnen darüber umständlich conferiren: ja ich erbiete mich, die Berechnung der Hauptdreiecke selbst auf mich zu nehmen.

Bei dem zweiten Theile Ihrer Unternehmung, der Messung des Längengrades, habe ich nur einen kleinen Zweifel. Ich meinte nemlich, dass die Länder der dänischen Monarchie eher flach zu nennen sind, wenigstens keine hohe Berge haben. Ist diese Voraussetzung gegründet, und sind Sie dann dadurch genöthigt, zur Bestimmung des astronomischen Längenunterschiedes einen Zwischenpunct oder gar mehrere zu nehmen, so wird jener Bestimmung, auch wenn Sie noch so geschickte Gehülfen und Hülfsmittel haben, doch immer eine kleine Ungewissheit ankleben.

Einen grossen Vortheil haben Sie in dem Umstande, dass Dänemark schon einmal trigonometrisch vermessen ist, ich meine natürlich nicht in den gemessenen Winkeln selbst, die weit davon entfernt sind, sich zu einer Gradmessung zu qualificiren, sondern weil jene Operationen Ihnen das Auswählen der Stationspuncte ungemein erleichtern wird. Dies Aufsuchen würde mir bei einer ähnlichen Arbeit gerade das unangenehmste seyn, weil dabei so viele Zeit umsonst verloren wird. Ich habe mir viele Mühe gegeben (in ähnlichen Rücksichten auf künftige Operationen) die von Epailly im Hannöverschen gemessenen Winkel zu erhalten, aber ohne Erfolg.

Während meines Aufenthaltes in München hat Reichenbach mehreremale der von Ihnen bestellten Instrumente erwähnt und geäussert, dass es ihm sehr schmerzhaft sey, dass er sie nicht versprochenermaassen habe liefern können. In der That rauben diesem Künstler seine Dienstgeschäfte sehr viele Zeit. Es thut mir nur sehr leid, dass ich, da ich den Gebrauch, welchen Sie davon beabsichtigen, gar nicht wusste, mich nicht ganz bestimmt erkundigt habe, wie weit sie schon sind, und wann sie etwa vollendet seyn können. Damals sind sie indessen bestimmt noch nicht zusammengesetzt gewesen, weil ich sie sonst gesehen haben würde. Eines fällt mir dabei ein. Sollten Sie nicht Lindenau vielleicht bewegen können, dass er Ihnen seinen Theodoliten überliesse?

Herr Posselt ist vor ein Paar Tagen hier angekommen. Gewiss erwirbt sich Ihr König durch die Beförderung der Studien dieses talentvollen jungen Mannes ein grosses Verdienst um die Astronomie. Er hat schon eine kleine astronomische Arbeit angefangen, die Verbesserung der Junoelemente nach meiner Beobachtung der letzten Opposition.

Das Programm mit der Preisfrage Ihrer Societät ist mir noch nicht zu Gesichte gekommen. Mit Lindenau habe ich auch über eine Preisfrage conferirt, die in der neuen Zeitschrift mit dem Preise von 100 Ducaten aufgegeben werden soll. Mir war eine interessante Aufgabe eingefallen, nemlich:

„**allgemein** eine gegebene Fläche so auf einer an-
„dern (gegebnen) zu proiiciren (abzubilden), dass das
„Bild dem Original in den kleinsten Theilen ähnlich
„werde."

Ein specieller Fall ist, wenn die erste Fläche eine Kugel, die zweite eine Ebne ist. Hier sind die stereographische und die merkatorische Projectionen particulaire Auflösungen. Man will aber die allgemeine Auflösung worunter alle particulären begriffen sind, für jede Arten von Flächen.

Es soll hierüber in dem Journal philomathique bereits von Monge und Poinsot gearbeitet seyn (wie Burckhardt an Lindenau geschrieben hat), allein da ich nicht genau weiss wo, so habe ich noch nicht nachsuchen können, und weiss daher nicht, ob jener Herren Auflösungen ganz meiner Idee entsprechen und die Sache erschöpfen. Im entgegengesetzten Fall schiene mir dies einmal eine schickliche Preisfrage für eine Societät zu seyn. Bei der hiesigen kommt die Reihe des Aufgebens nur alle 12 Jahre an mich.

Leben Sie wohl, bester Freund, und erfreuen bald wieder mit einigen Zeilen .

Ihren ganz eignen

C. F. Gauss.

Tausend herzliche Empfehlungen an die Ihrigen. Meine Familie hat sich am 9. Junius wieder um eine Tochter vermehrt.

Für die Cirkelquadratur danke ich vorläufig sehr. Noch habe ich nicht daran studiren können. Herrn Dr. Thune bitte ich mich vielmals zu empfehlen.

N° 70.   Schumacher an Gauss.   [45

Verehrtester Freund!

Noch einmal meinen herzlichsten Dank für Ihre gütige Aufnahme, und dann ein paar Worte über meine Geschäfte hier. — Münster ist schon abgereist, zu Arnswald bin ich aber gegangen und sehr artig empfangen. Er nahm gegen Ihre Erwartung sehr Theil daran und fragte genau nach allem Detail, auch, ob nicht Gehülfen nöthig wären? Sehr bald reiset er nach Wisbaden, auf der Hinreise muss er zu schnell durch Göttingen, auf der Herreise aber wird er, so sagte er mir, alles näher mit Ihnen besprechen. Ich darf sagen, dass es nur von Ihnen abhängt, ihn ganz zu gewinnen.

Empfehlen Sie mich gehorsamst Ihrer Frau Gemahlin.

Ihr ganz eigner

Schumacher.

Hannover, d. 8ten Juli 1817.

N⁰ 71.   Schumacher an Gauss.   [46

In kurzer Zeit, mein sehr verehrter Freund! werde ich die Ehre haben, Sie auf einige Augenblicke in Göttingen zu sehen, ich reise nemlich noch vorher nach München, um den beschädigten Kreis abzuhohlen und mehrere Instrumente zu bestellen. Ich denke gegen d. 5ten oder 6ten Mai aus Hamburg zu reisen, und melde mich nur in der Absicht an, wenn Sie vielleicht mir für München oder sonst Aufträge zu geben hätten. Sagen Sie gefälligst Posselten nichts von meiner Ankunft, ich wollte ihn wohl ein wenig überraschen.

Mündlich habe ich bald die Freude, Ihnen meinen Dank, wie für Alles, so auch für Ihre Mitwirkung zu meiner Gradmessung zu sagen, bei der meine Gehülfen während der Reise nach München die Stationen auswählen.

Ganz Ihr

Schumacher.

Kopenhagen. d. 25sten April, des Abends vor meiner Abreise, 1817.

N⁰ 72.   Gauss an Schumacher.   [26

Vor einigen Tagen, theuerster Freund, kam der Minister A. von seiner Badereise hier durch. Da er nur einen Tag hier verweilte, so konnte ich ihn nur einige Minuten allein sprechen, wo jedoch auch die bewusste Angelegenheit in Anregung kam. Er gab mir auf, ihm darüber ein schriftliches Memoire zuzusenden. Da dieses nun ausführlicher seyn kann, als jede mündliche Unterhaltung, so ersuche ich Sie, mir baldmöglichst alle diejenigen Notizen mitzutheilen, auf die es hiebei ankommen wird. Namentlich möchte ich gern recht genau über die Oeconomie Ihrer Operationen belehrt seyn; was bereits jetzt geschehen ist, mit was Sie gegenwärtig beschäftigt sind, wie Sie die weitern Arbeiten auf einander folgen zu lassen gedenken, und in wie langer Zeit Sie glauben, sie vollenden zu können, über Ihr Personal, und einen so viel wie möglich ins Einzelne gehenden Ueberschlag der Kosten. Ich glaube gern, dass Sie in letzterer Rücksicht nichts Genaues angeben können, und Ihr glückliches Verhältniss zu Ihrem trefflichen König macht es Ihnen für Sie selbst auch weniger nöthig. Aber geben Sie es nur so gut Sie können. Ihre bisherigen Erfahrungen werden Ihnen doch schon einigermaassen einen Maasstab geben. Bei uns ist die Sache anders, einigermaassen würde ich nothwendig von dem Oeconomischen im Voraus einen Etat zu machen im Stande seyn müssen, wenn eine Genehmigung gehofft werden soll, und ich selbst bin in diesem Puncte durchaus ohne alle Erfahrung. Es thut mir jetzt sehr leid, dass ich bei Ihrem Hierseyn mich nicht über manches dahin gehörige näher bei Ihnen erkundigt habe. Verbessern Sie meinen Fehler durch einen recht ausführlichen Brief.

Ich hatte gehofft, nach Ihrer Zurückkunft nach Hamburg eine Nachricht über Repsold's Kreis zu erhalten, aber noch immer weiss ich gar nicht, wie es damit steht. Mit Betrübniss sehe ich jedesmal die Pfeiler an, die auf ihre Last warten.

Vielen Dank nochmals für die Verpflanzung der Kalbsfüsse von München nach Göttingen. An Hrn. Ursin meinen schönsten Empfehl.

Ihr ganz eigner
C. F. Gauss.

Göttingen, den 28. August 1817.

N<u>o</u> 78. **Gauss an Schumacher.** [27

Der Zweck dieses Briefes, theuerster Freund, ist, Ihnen noch einmal die Bitte in Erinnerung zu bringen, welche ich in einem vor 5 oder 6 Wochen geschriebenen und durch Hrn. Repsold an Sie nach Lübeck abgeschickten Briefe gethan hatte.

Vielleicht, dass Sie den Brief schon beantwortet haben, und dass Ihre Antwort — vielleicht gar, dass mein Brief selbst verloren gegangen ist. Auf den letzten Fall will ich noch kurz wiederhohlen, dass ich Sie um eine ausführliche Notiz über das Oeconomische Ihrer Unternehmung ersucht hatte, über Ihr Personal, dessen Bezahlung, Subsidia zur Abschätzung der muthmasslichen Kosten, so gut Sie es nach Ihren bisherigen Erfahrungen geben können; ferner über den Plan und muthmassliche Dauer Ihrer Unternehmung, wie weit Sie bis jetzt fortgeschritten und was Sie zunächst vorzunehmen gedenken. Das mir von dem Minister abgeforderte Memoire wird nothwendig mancherlei solche Angaben enthalten müssen, die ich nur, insofern Sie meine Bitte erfüllen, geben kann. Ihr Verhältniss mit Ihrem trefflichen König ist in dieser Rücksicht freilich einzig. Bei andern Verhältnissen würde ein detaillirter Plan und ein, wenn gleich nur ganz beiläufiger Kostenetat in mehr als einer Rücksicht nothwendig.

Von Repsold's Kreise noch immer Nichts.

Um sicher zu seyn, dass dieser Brief in Ihre Hände komme, addressire ich ihn nach Copenhagen.

Hrn. Ursinus bitte ich für die Uebersendung des Bandes vorläufig meinen besten Dank zu sagen.

Eilig

ganz der Ihrige.

Göttingen, den 13. October 1817.

N°. 74.   Schumacher an Gauss.   [47

Lysabbel, auf der Insel Alsen, 1817, Nov. 16.

Schon aus Hohenhorst, verehrtester Freund! habe ich Ihnen und Herrn von Arnswald geschrieben, ich sehe aber aus Ihrem Briefe, dass meiner verloren ist, wie es mir schon mit mehreren begegnet ist, die ich vom Lande in die Stadt gesandt habe. Ich will also nur fürs erste kurz die Hauptpuncte wiederhohlen:

Mein Personal besteht aus 2 Capitainen, die mir vom Könige als Gehülfen beigegeben sind, und die einen Handlanger jeder haben. Ich kann den einen unmittelbar ohne weiteres zurücksendenden, wenn ich nicht weiter mit ihm zufrieden bin, sollte das aber der Fall bei dem andern seyn, so müsste ich erst darüber eine Einstellung an den König machen. Sie behalten ihr Gehalt und haben ausserdem die Diäten, die den Capitainen der Armee zukommen, nemlich $1\frac{1}{2}$ Species täglich (2 Species $= 1$ holländ. Ducaten). Für den Handlanger geniesst jeder 1 Mark täglich ($7\frac{1}{2}$ Mark $= 1$ holländ. Ducaten). Ebensoviel rechne ich für meinen Handlanger. Ich selbst erhalte keine bestimmte Diäten, sondern soviel ich brauche. Aus Erfahrung in Holstein kann ich das, was ich täglich brauche, auf $1\frac{1}{2}$ holländ. Ducaten rechnen. Ich glaube, dass Sie mit demselben Gelde auskommen.

Freie Beförderung habe ich nach jeder Richtung. Sollte das in Hannover nicht gegeben werden, so müssten Sie wohl einen artis peritum in Hannover um den Belauf der Fuhrkosten fragen. Für meine Chaise (in der der 12zollige Theodolit steht), habe ich 4 Pferde, und für das übrige mir gehörige Gepäck einen Wagen mit 2 Pferden. Für den Capitain Caroc habe ich 2 Wagen, für Steffens einen Wagen — im Ganzen also 12 Pferde.

Die 4 Signale, die ich im Laufe dieses Jahres gebaut habe, kosten im Durchschnitt jedes 15 Louisd'or. Mehr werden sie gewiss in Hannover nicht kosten. Wie viel Sie nöthig haben, ist wohl schwer zu bestimmen. Ich sollte denken, dass es nicht viel wären. Mir sind aus Erfahrung Kirchthüme lieber, weil sie grössere Dreyecke geben, und mit Aufmerksamkeit sich sehr gut centriren lassen, was ich nie durch das Loth thue, sondern durch den Theodoliten selbst aus 2 Standpuncten ausserhalb des Thurms.

Durch die Münchner Reise und nachherige Hindernisse konnte ich erst den 28sten Julius meine eigentlichen Operationen anfangen, von der Zeit bis jetzt habe ich von $53^{\circ}\ 33'$ bis $54^{\circ}\ 54'$, also $1^{\circ}\ 21'$ triangulirt. Wenn durch Ihre Gehülfen, wie es sich gehört, die Stationen vorher ausgesucht, und die Signale erbaut sind, so können Sie gewiss die Dreyecke in einem Jahre messen.

Ich habe mein südlichstes Dreyeck nicht gemessen, in der Hofnung, dass wir das Dreyeck durch das wir zusammenhängen würden gemeinschaftlich messen können. Ebenso können wir die Grundlinie gemeinschaftlich bei Hamburg messen, wodurch wir beide gewiss an Genauigkeit gewinnen würden. Sollten Sie es nöthig finden, so könnten Sie am südlichsten Puncte Ihrer Dreyecke noch eine controllirende Basis messen. Ich werde eine solche bei Copenhagen messen.

Es wäre für Sie sehr bequem, wenn der Capitain Caroc Ihre Gehülfen, wenn auch nur auf ein paar Monate, practisch in Auswahl der Puncte und Errichtung der Signale üben könnte, und ich bin überzeugt, dass unser König ihn dazu auf Verlangen von Ihrer Seite Urlaub giebt. Uebrigens ist am besten zu den

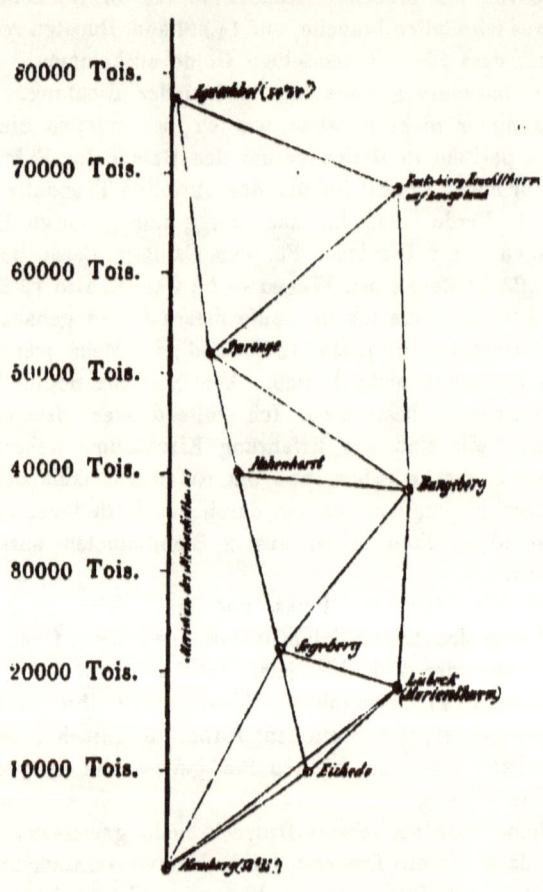

Gehülfen Officiere zu haben, weil diese den meisten Einfluss auf Bauern haben, und eine etwas militairische Behandlung mitunter nicht ohne Nutzen ist. Caroc ist die Genauigkeit und Ordnung selbst, und Ihre Gehülfen würden ein gutes Vorbild haben, wie sie Ihnen alle die zeitraubenden Praeliminarien abnehmen müssten.

Hier haben Sie eine kleine Uebersicht der von mir in diesem Jahre gemessenen Dreyecke. Bei Boitzenburg soll eine hohe Koppel liegen, von wo aus man Hamburg und Lübeck sehen kann. Wenn sich das bestätigt, so würde dort ein Signal zu bauen seyn und das unser gemeinschaftliches Dreyeck werden.

Ueber die Dreyecke selbst und einige Particularien behalte ich mir vor aus Copenhagen Ihnen das Nähere zu melden, und empfehle mich Ihnen und Ihrer Frau Gemahlin gehorsamst.

Ihr ganz eigner

Schumacher.

P. S. Ihr Kreis kostet Repsolden unendliche Arbeit. Zweimal hat er die Theilungen weggeschliffen, weil die Schwankungen des Hauses sie verdorben hatten. Nun hat er ihn im Kellergeschosse zur Theilung aufgestellt und es geht endlich vortreflich. Sie werden gewiss den Aufschub reichlich ersetzt bekommen.

No. 75. **Schumacher an Gauss.** [48

Wäre es wohl möglich, werthester Freund! jezt den Plan und Aufriss Ihrer Sternwarte zu bekommen. Es wird grade über den Bau hier ventilirt, und diese Zeichnungen wären mir jezt ebenso nützlich als angenehm. Sollte es angehen, so bitte ich, sie den Posselt'schen Dissertationen beizulegen und gradezu mit der fahrenden Post zu senden.

Es existirt auch eine in Kupfer gestochene Ansicht, um die ich gleichfalls bitten möchte.

Tausend Empfehlungen von uns Allen an Sie und Ihre Frau Gemahlin.

Ganz ergebenst

Schumacher.

Kopenhagen, d. 3ten Juni 1818.

N⁰ 76. Schumacher an Gauss. [49

Hier, mein sehr verehrter Freund! den Entwurf der Lauenburgischen Dreiecke und unserer Verbindung. Das schwarze

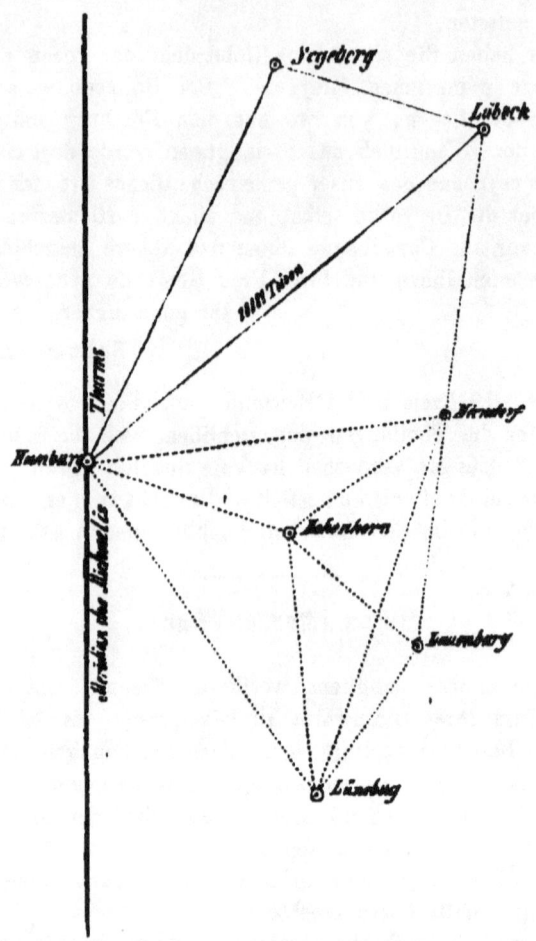

Dreieck Hamburg, Segeberg, Lübeck, ist das erste meiner im vorigen Jahre gemessenen. Die punctirten sollten dies Jahr noch gemessen werden. Es liegen von diesen Stationen Niendorf, Hohenhorn, Lauenburg, im Lauenburgischen, Lüneburg

hingegen schon in Ihrem Lande. Um nun dereinst die hannöverschen Dreiecke an meine zu knüpfen, lässt sich schwerlich eine schönere Verbindung als durch den Lüneburger Thurm finden, zumal da Sie gegen Westen, in passender Entfernung, hohes Terrain zu einem Signale haben. Wäre es nun nicht möglich, dass Sie gegen Michaelis (etwas früher) nach Lüneburg kämen, um die Winkel von da aus zu beobachten. Niendorf ist ein circa 60 Fuss hohes Signal, das nur wenige Monate sicher und unverrückt steht, ebenso ist Lauenburg ein Signal, und die Verbindung kann nie wieder ohne grosse Kosten als jetzt gemacht werden. Ich habe diese Dreiecke so lange es in meiner Macht stand, aufgeschoben, jetzt kann ich aber nicht mehr, da sie zugleich als Grundlage der Karte von Lauenburg dienen sollten. Das äusserste, was ich thun könnte, wäre auf Ihr ausdrückliches Verlangen Sie noch bis künftiges Frühjahr auszusetzen. Dann müsste ich aber so früh anfangen, um die Karte nicht aufzuhalten, dass ich nicht sehe, wie ich den Winkel Lübeck-Niendorf von Hamburg aus bekommen soll, da Lübeck nur im Herbste gut gegen Abend vom Michaelisthurme zu sehen ist.

Wäre es nicht durch Ihren treflichen Curator möglich, dass Sie gegen Mitte Septembers um diese Winkel zu messen, hieher kämen? So wie diese Winkel gemessen sind, behalten Sie an Hamburg und Lüneburg feste Puncte, bis Sie Ihre Dreiecke einst messen können. Oder wenn offizielle Wege nicht schnell genug zum Ziele führen, möchten Sie nicht der Wichtigkeit der Sache wegen diese Station auf eigene Kosten übernehmen? Einer meiner Gehülfen steht ganz zu Ihren Befehlen, um Ihnen bei allen Einrichtungen u. s. w. zur Hand zu gehen (versteht sich auf meine Kosten).

Aus Erfahrung weiss ich, dass man sich bei Entfernungen wie die von Lüneburg nach Niendorf und Hamburg nicht mehr sicher auf 8zollige Theodolithen verlassen darf, was wie ich glaube, allein in der geringern Stärke der Fernröhre seinen Grund hat. Sie haben ja aber zu diesen Winkeln immer Ihren 12zolligen Bordaischen Kreis, wenn Sie auch nachher zu Ihren Dreiecken einen Theodolithen brauchen wollen.

Glauben Sie, dass Herr v. Arnswald es gerne sehen werde, wenn ich deswegen an ihn schreibe, so bin ich gern dazu erböüg. Auf allen Fall geben Sie mir in ein paar Zeilen umgehend Ihre Antwort, damit ich meine Einrichtungen treffen kann. Addressiren Sie gütigst Ihren Brief an Herrn Conrad Hinrich Donner in Altona.

Viele Empfehlungen an Ihre Frau Gemahlin und Sie selbst. Möchte mein Glück es wollen, dass ich Sie bald hier sähe!

Ganz der Ihrige
J. H. Schumacher.

Altona, d. 7ten Aug. 1818.

N? 77.   **Gauss an Schumacher.**   [28

Göttingen, den 12. August 1818.

Ihr Brief, theuerster Freund, hat mich krank angetroffen, und nicht ohne Mühe stehe ich von meinem Lager auf, ihn zu beantworten. Schon im vorigen Herbst, gleich nachdem ich Ihre Notizen erhalten, habe ich ein Memoire über Ihre Gradmessung abgefasst und die mannigfaltigen Vortheile, die eine künftige Fortsetzung derselben durch das Hannoversche haben würde, nach Möglichkeit ins Licht gestellt, so dass ich nun gar nichts weiter hinzuzusetzen wüsste. Ich habe dieses Memoire eingesandt, aber bis Dato ist darauf noch nichts weiter erfolgt. Unter allen schweren Künsten, ist die Kunst des Sollicitirens diejenige, wozu ich — freilich zu meinem grossen Nachtheil — am wenigsten Talent habe, noch passe. Und daher kann ich unter den obwaltenden Umständen nicht wohl schriftlich auf den Gegenstand quæst. zurückkommen; mündlich wäre es vielleicht bei Gelegenheit eher thunlich, und es thut mir daher sehr leid, Ihren Brief nicht 8 Tage früher erhalten zu haben, da unser trefflicher Curator unlängst hier durchgekommen.

Ohne übrigens die Hoffnung, künftig den Plan einer solchen Fortsetzung einmal realisiren zu können, aufzugeben, erlauben Sie mir die Bemerkung, dass die Beobachtung der drei nöthigen Winkel in Lüneburg leicht von Ihnen selbst oder Ihrem Gehülfen wird gemacht werden können. Sie haben von Lauenburg bis dahin etwa 3 Meilen, während ich fast 30 habe; Sie können, wenn Sie günstiges Wetter dazu wählen, das Geschäft wol in 3 oder 4 Tagen abthun, während ich vielleicht eben so viele Wochen dazu nöthig haben würde, und in ähnlichem Verhältniss möchten die Kosten stehen, nicht zu gedenken, dass Sie bessere Hülfsmittel und mehr Erfahrung haben. Die Erlaubniss dazu und die Befehle an die Lüneburger Behörden, die Sie etwa für nöthig halten könnten, würden gewiss von Hannover aus auf das erste Ansuchen sogleich ertheilt werden.

Es sind aber nicht die erwähnten grössern Schwierigkeiten etc., die mich zu dem obigen Wunsch bewegen, sondern nur meine Abneigung gegen das Sollicitiren. Finden Sie es passend, Ihre Bitte um die erwähnte Erlaubniss bei dem Minister etwa so einzukleiden, dass Sie hinzusetzen, sie sei in dem Fall unnöthig, wo man die erwähnten Messungen hannoverscher Seits selbst ausführen wolle, dass Sie nach meinen Aeusserungen wüssten, ich würde dieselben gern übernehmen, wenn sie mir aufgetragen würden, und dass dazu für jetzt keine neue Instrumente nöthig seyn werden, sondern die hier vorhandenen zureichten etc., so können Sie gewiss seyn, dass ich Ihnen kein Dementi geben werde. Nur früher als Ende Septembers würde es nicht wohl thunlich seyn, und von selbst versteht sich, dass mein Gesundheitszustand mit in Betracht kommt. Sollte übrigens auf diesen Wink entrirt werden, so werde ich doch auch um einen Ihrer Gehülfen bitten müssen. Sie bemerken mit Recht, dass der 8zollige Theodolith zu schwach seyn werde, und beim Kreise ist, um die Zenithdistanzen messen zu können, ein Gehülfe, der das Niveau einstellt, nicht gut zu entbehren, zumal wenn der Kreis, wie dies auf einem hohen Thurm schwerlich anders geschehen kann, nicht sehr solide aufgestellt ist. Gegenwärtig habe ich aber hier niemanden, den ich dazu brauchen könnte. Würde die Operation bis zu nächstem Frühjahr verschoben, so wäre dies leichter möglich, da ich auf Michaelis einen neuen Schüler erwarte, der besonders viel Geschick für das Praktische haben soll, und den ich dann eventualiter mitnehmen könnte. Aus Ihrem Briefe sehe ich nicht deutlich, ob Sie Ihre Signale schon gebauet haben, oder erst bauen wollen. Gern würde ich die Operation auf eigne Kosten machen, allein in meiner Lage ist dies gegenwärtig nicht möglich.

Habe ich wol nicht Hofnung, von Repsold bald einiges zu erhalten? Seit seiner Abreise von hier habe ich keine Sylbe von ihm erfahren, ich weiss sogar nicht einmahl, ob er die Bezahlung des Kreises erhalten hat.

Harding ist im Begriff, sich nächstens zu verheirathen.

Hat Hr. Posselt die Stelle in Greifswalde erhalten?

Stets Ihr ganz eigner
C. F. Gauss.

Ich frankire diesen Brief damit er sicherer geht, nicht, und ersuche Sie, es mit Ihrer Antwort eben so zu machen.

N° 78.   **Schumacher an Gauss.**   **[50**

Mein sehr verehrter Freund!

Sie werden wahrscheinlich schon von Herrn v. Arnswald selbst (mir hat er heute geschrieben) den günstigen Erfolg, der in Hannover meinerseits mit Ihrer Erlaubniss gethanen Schritte wissen, und mein einziger Wunsch ist nur, dass Sie bald so weit hergestellt sind, dass Sie die Reise unternehmen können. — Sie haben nun das erste feste Fundament für Ihre Gradmessung. Hr. v. Arnswald meldet mir, es würde nur von Ihnen abhangen, sich mit mir über die diesen Herbst zu messenden Winkel in Lüneburg zu vereinigen und die Fortsetzung der Hannöverschen Gradmessung sey zwar noch nicht beschlossen, „er bezweifle indess keineswegs, dass dies für die Wissenschaft wichtige Unternehmen hienächst ausgeführt werde, und er werde namentlich es sich angelegen seyn lassen, es zu befördern."

Dürfte ich bitten, so wäre es dies, so schnell es Ihre Gesundheit erlaubt (die bey mir allem vorgeht) nach Lüneburg zu reisen, und mir zu melden, wann Sie da zu seyn denken. Ich werde selbst hinüber kommen, und wenn Sie nicht den Capitain Müller als Gehülfen haben, so soll der Capitain Caroc Ihnen in allem da behülflich seyn. Sie reisen aber nachher mit mir doch auch nach Hamburg? Die herzlichsten Bitten aller vereinigen sich dahin.

Empfehlen Sie mich vielmals Ihrer Frau Gemahlin, und
entschuldigen Sie die Eile.

Ganz Ihr

Schumacher.

d. 8ten Sept. 1818, Altona.

N° 79.   **Gauss an Schumacher.**   [29

Göttingen, den 10. Sept. 1818.

Ich eile, Ihnen, theuerster Freund, anzuzeigen, dass ich
von unserm Minister Arnswaldt den Auftrag erhalten, die zur
Verbindung einer Hannoverischen Triangulirung mit der Ihrigen
nöthigen Messungen in Lüneburg vorzunehmen, und dazu das
Nöthige mit Ihnen zu verabreden. Er macht zugleich mir Hoffnung, dass demnächst auch die Fortsetzung selbst wol zu Stande
kommen werde, und es freuet mich, dass diese nun durch die
in Lüneburg vorzunehmenden Operationen gesichert werden
kann. Ich ersuche Sie nun, mich baldmöglichst zu benachrichtigen, wenn Ihre Signale alle vollendet sind, und mir die nöthigen
Renseignements zu geben. Ich erinnere mich nicht mehr, ob
es in Lüneburg mehrere hohe Thürme gibt, und ob also vielleicht ein Zweifel entstehen könne, welcher der rechte sei. Da
Sie doch ohne Zweifel sich in Voraus überzeugt haben, dass
Lüneburg von den 4 Stationen jenseits der Elbe sichtbar ist,
so werden Sie mir den Thurm so designiren können, dass ich
nicht irren kann. Auch bitte ich, vorläufig mir Ihre Signale
so zu beschreiben, dass mir ihre Erkennung erleichtert und eine
Verwechslung mit andern Objecten vermieden wird. Sollten
Sie selbst schon an Ihren Stationen die Winkel gemessen haben,
so könnten Sie mir die Winkel in Lüneburg schon proxime angeben, und dadurch alle Verwechslung am besten verhüten.
Bis dahin, wo ich Ihre Antwort erhalte, werde ich den Kreis
zum Transport in Stand setzen und hoffentlich wird es sich mit
meiner Gesundheit (die jetzt noch immer nicht ganz ist, wie sie
seyn sollte) soweit bis dahin bessern, dass ich die Reise bald
antreten kann. Leider werde ich, in Ermangelung eines eignen

Wagens, mich wol nur eines Mietwagens bedienen müssen (wenn ich nicht bis dahin Gelegenheit finde, hier einen schicklichen eignen zu erkaufen) und daher mich nur auf das Nöthigste von Iustrumenten beschränken müssen. Gern hätte ich sonst ausser dem Kreise auch den Theodolithen mitgenommen, um zu sehen, wie die Resultate zusammen passen. Auf astronomische Beobachtungen werde ich mich diesmal wol nicht dort einlassen, denn wenn die Messung in Zukunft weiter ausgeführt werden soll, muss ich natürlich doch noch einmal nach Lüneburg zurück. Ich besitze eine kleine Zeichnung von Epailly's Dreiecken; Hamburg, Hohnhorn und Lüneburg sind auch Dreieckspunkte darauf; westlich von Lüneburg bildet Hamburg und Welsede ein △ damit; vielleicht könnten Sie den Winkel Lüneburg-Welsede in Hamburg, so wie ich den Welsede-Hamburg in Lüneburg auch gleich messen. Es ist einige Hofnung da, die Epailly'schen Winkel aus Paris zu erhalten.

Ob ich gleich die Zeit meiner Abwesenheit von Göttingen möglichst beschränken muss, so hoffe ich doch, dass es möglich zu machen seyn wird, dass wir uns an einem oder andern Orte selbst sehen.

In diesen Tagen habe ich das Reichenbach'sche M. F. aufgestellt. Die optische Kraft des Fernrohrs ist sehr gross und gibt beim Beobachten einen grossen Genuss.

Den hölzernen Schemel für den Kreis werde ich wol mitnehmen oder vorausschicken müssen, um nicht in Lüneburg mit Anfertigung eines andern Zeit zu verlieren. Da Sie schon viel auf Thürmen beobachtet haben, so können Sie mir über die Einrichtung vielleicht noch einen Rath geben, wovon ich noch profitiren könnte.

In Erwartung einer recht baldigen Antwort
stets
Ihr treu ergebenster
C. F. Gauss.

N? 80.   Schumacher an Gauss.   [51

Gott sey Dank, mein verehrtester Freund! dass es sich mit Ihrer Gesundheit bessert! Ich sehe aus Ihrem lieben Briefe vom

10ten Sept., dass Sie damals noch nicht meinen hatten. Also nur soviel iezt, wie darin nicht steht.

Wegen des passenden Thurms in Lüneburg (es sind dort 4) wandte ich mich vorher an H. C. Albers, der Ihnen aus der Mon. Corresp. wohl noch wegen seines Aufsatzes über Proiection erinnerlich ist. Er hat sehr fleissig alles untersucht und mir folgendes gemeldet:

Der höchste Thurm ist der Johannisthurm, allein man müsste durch das kupferne Dach brechen. Niedriger ist der Michaelisthurm, er hat aber eine sehr bequeme ganz freie Laterne. Hier die Zeichnung, die er mir mitsandte.*) Da ich mich nun bestimmen musste, welchen ich einschneiden wollte, wählte ich den Michaelisthurm, der von allen meinen Stationen sehr gut zu sehen ist, und zwar nicht, weil im Johannisthurm Kupfer ausgehoben werden muss (denn das geht sehr gut und leicht), sondern weil ich aus Erfahrung weiss:

1) welch einen starken Einfluss ein sehr mässiger Wind auf solche Thürme hat (die ganze Spitze ist Holz), wodurch die Augenblicke der Beobachtung ungemein beschränkt werden, indem er gewöhnlich stets hin und her oscillirt.

2) wie schwer und unsicher die Centrirung der Winkel in diesen Thürmen ist, die voll von Gebälk und alle schief sind.

Dahingegen ist der Michaelisthurm fast ganz solider Stein, und die Centrirung ist sehr leicht und sicher. Ich hoffe damit auch in Ihrem Sinne gehandelt zu haben.

Wenn Welsede das Walsede auf der Lecoq'schen Carte, etwas südlich von Rotenburg, ist (anders etwas kann ich nicht finden), so ist das Dreyeck Lüneburg, Welsede, Hamburg unmöglich. Die Entfernung ist beinahe von Hamburg 9 Meilen, und in der Richtung liegt das hohe Elbufer bei Harburg, das allen freien Horizont wegnimmt. Hat Epailly vielleicht auf diesem Berge bei Harburg ein Signal gehabt und von dort Welsede gesehen? Die Station Niendorf fand ich bei meiner Anwesenheit dort unpracticabel, weil man von dort aus nicht den nördlichen Marienthurm (die Station) in Lübeck sehen konnte, wohl aber den südlichen. Es war dies ein unverzeihlicher Fehler des Capitain Steffens, der sie ausgesucht hatte.

---

*) Die Zeichnung ist nicht mehr vorhanden. P.

Ich habe deswegen 14 Tage verloren, endlich aber eine neue Station Syck gefunden, durch die die Verbindung so ist, wie Sie hier sehen. Sie haben also 2 Winkel zu beobachten, Lüneburg-Hohenhorn (Kirchthurm), Hohenhorn - Lauenburg. Im Dreiecke Hamburg-Hohenhorn - Lüneburg habe ich bis iezt folgende Reihen für den Winkel zwischen Hohenhorn und Lüneburg hier gemessen (mit dem 12zolligen).

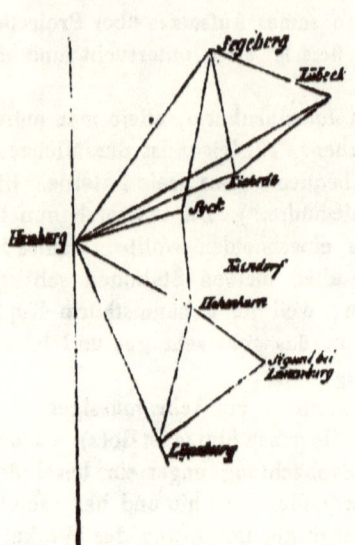

	Zahl d. Beobb.
32° 24' 35"73	10
— — 35,81	10
— — 35,36	10
— — 36,56	10
— — 36,21	10
— — 35,91	10
— — 37,06	10

Den Winkel in Hohenhorn hat Caroc mit dem 8zolligen Theodoliten gemessen aus 98 Beobachtungen 112° 44' 15",2. Der gyros horizontis aller seiner Winkel giebt 360° 0' 0",68. Das Lauenburger Signal ist sehr deutlich. Damit Sie sehen, was ein 8zolliger Theodolit in so geringen Entfernungen thut, setze ich Caroc's Reihen in extenso her:

112° 44' 18"13	10	ziemlich
— — 20,13	10	gut
— — 19,50	10	ziemlich
— — 23,44	8	ziemlich
— — 21,38	10	sehr gut
— — 23,88	10	ziemlich
— — 22,50	10	gut
— — 21,25	10	gut
— — 21,75	10	vorzüglich gut
— — 24,00	10	gut.

Es ist aber noch kein doppelter Faden darin, wodurch es gewiss noch besser wird.

Reisen Sie, werthester Freund, sobald Sie können. Wird Ihre Frau Gemahlin Sie nicht begleiten und nachher mit nach Hamburg gehen? Ich erbiete mich und praenumerire auf die Ehre eines Cicerone hier.

Haben Sie die Güte, mir umgehend in einem recommandirten Brief zu bestimmen, wann Sie in Lüneburg seyn werden, und seyn Sie überzeugt, dass Sie mich dann schon da treffen. Ich glaube, Sie haben hier besser Gelegenheit, einen guten und wohlfeilen Wagen zu kaufen als in Göttingen.

Auf allen Fall aber hoffe ich, begleiten Sie mich hieher.

Ihr ganz eigner

Schumacher.

d. 18ten Sept. 1818.

N. S. Wollen Sie Ihren Chronometer vortreflich durch Jürgensen rein gemacht haben, so vergessen Sie nicht, ihn mitzubringen. Ich liefere ihn von hier sicher nach Copenhagen und hier zurück.

N<u>o</u> 81.　　　**Gauss an Schumacher.**　　　[30

Göttingen, den 24. September 1818.

Endlich, theurer Freund, kann ich Ihnen etwas Bestimmteres über meine Reise schreiben. Mit meiner Gesundheit hat es sich soweit gebessert, dass ich nunmehro mit Vergnügen an dieselbe denken kann, von der ich mir anfangs, gedrückt von körperlichem Uebelbefinden, nur die Schattenseite zuwenden konnte. Ich freue mich jetzt recht herzlich darauf. Meine Vorbereitungen, Instrumente und Stativ zum Transport in Stand zu setzen, sind meistens vollendet, nur eine Reinigung des Theodolithen und Anfertigung eines ledernen Futterals um den Kasten steht noch bevor, welches alles, nebst einigen andern Kleinigkeiten, in ein Paar Tagen fertig wird. Ich habe daher meine Abreise auf nächsten Montag festgesetzt, und denke Donnerstag, den 1sten October, in Lüneburg zu seyn. Ich werde zwar versuchen, schon Mittwoch dahin zu kommen, allein ich zweifle, dass es möglich seyn wird, da ich theils nicht weiss, wie sich mein hier gekaufter Wagen fährt, theils auch in Hannover verschiedene Besuche werde machen müssen, und endlich nicht weiss, wie die Wege und Nachtquartire zwischen Hannover und Lüneburg sind.

Hr. Albers hat mir den Artillerie-Capitain Müller zum Gehülfen vorgeschlagen. Unter den obwaltenden Umständen jedoch würde mir bei dieser Expedition ein Gehülfe, der nicht schon mit dergl. Instrumenten umzugehen practische Uebung besitzt, von keinem Nutzen seyn. In Zukunft wird sich darüber tractiren lassen, und diesmal werde ich mich an Ihr gütiges Anerbieten halten müssen. Ich fürchte nur, dass die Schärfe meiner Beobachtungen bedeutend hinter der Ihrigen zurückbleiben wird, um so mehr, da auch die Fernröhre meines Kreises denen Ihres Theodolithen nicht gleich kommen und die Spinneufäden bei der kurzen Brennweite noch zu viel decken. Doppelte Fäden aber selbst einzuziehen, habe ich nicht wagen mögen, zumal da überhaupt gute Spinnefäden bereits schwer zu finden, und ich beim Misglücken der Operation in Verlegenheit seyn würde.

Der Triangel Hamburg-Lüneburg-Wolsede steht zu bestimmt auf Epailly's Netz, als dass ich zweifeln könnte, dass er ihn wirklich gemessen. Aber Wilsede finde ich auch auf einer Karte vom Königreich Hannover, ungefähr in derselben Lage, wie auf Epailly's Netz; weit von Rotenburg und noch etwa ¼ Meile östlich der Chaussee von Soltau nach Harburg, so viel ich mich erinnere (denn in dem Augenblick, wo ich dies schreibe, habe ich weder Netz noch Charte zur Hand und darf keine Zeit verlieren, um die Post nicht zu versäumen), ungefähr unter Einer Breite mit Lüneburg.

Ich kenne die Gasthöfe in Lüneburg nicht; Hr. Albers hat die Gefälligkeit gehabt, mir den Schütting zu empfehlen, wo ich demnach vorfahren werde, obgleich ich lieber einen Gasthof gewählt hätte, der näher am Michaelisthurm läge, und obgleich dasjenige, was Hr. Albers zur Empfehlung sagt, dass er den ganzen Tag die Sonne habe und am Markte liege, für mich weiter keinen Reiz hat. Sollte indess kein andrer eben so guter Gasthof in der Nähe der Michaelis-Kirche seyn, so ist auch mir der Schütting der liebste, indem ich viel lieber täglich 4mal einen langen Weg mache, als schlecht logirt bin. Sollten

Sie, bester Freund, früher als ich in Lüneburg seyn und in jenen Beziehungen einen andern Gasthof passender finden, so schicken Sie gütigst einen Zettel in's Cellische Thor, mich zu avertiren.

Ueber alles undre mündlich. Wenn nur das Wetter in Lüneburg nicht gar zu ungünstig ist, dass der Aufenthalt dort zu viele Zeit kostet, so wird es mir grosser Genuss seyn, noch mit Ihnen nach Hamburg zu gehen.

Ewig
Ihr ganz eigner
C. F. Gauss.

N⁰ 82.   Schumacher an Gauss.   [52

Willkommen in Lüneburg, mein vielverehrter Freund! So eben erfahre ich durch Repsold Ihre Ankunft. Das schlechte Wetter in den lezten Tagen hat mich so aufgehalten, sonst wäre ich schon dort. Auf jeden Fall habe ich die grosse Freude, Sie Montag Abend zu begrüssen.

Ich schreibe mit der heutigen Post an Ursin, dass er unverzüglich dahin reise, um zu sehen, ob er Ihnen irgendwobei an die Hand gehen kann. Meine Absicht war, dass Caroc jezt den Winkel Lüneburg-Hohenhorn in Lauenburg beobachten solle, und dann sogleich nach Lüneburg käme. Ich wollte den 8zolligen Theodoliten wo möglich mitbringen, da ich nicht gewiss weiss, ob Repsold schon einige Veränderungen daran gemacht hat.

Wünschen Sie es anders, so haben Sie nur die Güte, es umgehend an Repsold zu melden, so finde ich Ihren Wunsch in Hamburg und werde ihn stricte befolgen.

Ganz Ihr
Schumacher.

Lübeck, den 1sten October 1818.

N⁰ 83.   Schumacher an Gauss.   [53

Hoffentlich sind Sie nun, mein vielverehrter Freund! schon ruhig wieder auf Ihrer Sternwarte, wenn anders der Jubel des

Ihnen gegenüberwohnenden jungen Ehemanns nicht so laut ist, dass er die Wände durchtönt. Vor der Frau bin ich nicht bange, deren Zärtlichkeit wird gewiss stiller seyn, und ich glaube nicht, dass sie eben viel von ihrem Glücke äussern wird — unstreitig weil sie es zu tief fühlt, um etwas davon laut werden zu lassen.

Sie erhalten hiebei die Zeichnung des Lauenburger Signals, den Kostenüberschlag und den Plan von Lüneburg von Albers (der vielleicht, wenn er vor 100 Jahren in die Hamburger Gesellschaft aufgenommen wäre, nur sein s in ne zu verwandeln gebraucht hätte, um den Nicknamen der Gesellschaft zu erhalten). Senden Sie mir doch gütigst alle Elemente zur Centrirung meiner Winkel.

Können Sie Ihre berühmte Sonnenuhr etwa für 4 Louisd'or abstehen, so bitte ich sie nur Ursin mitzugeben. Wahrscheinlich komme ich dies Jahr nicht durch Göttingen; wenn sie in Dünkirchen fertig werden, so sende ich Caroc. Für meine Reise ist die Jahreszeit zu weit vorgerückt. Sollte es aber bis zum Frühjahr dauern, so werde ich allerdings selbst gehen.

Ich habe Ursin geschrieben, sich bei Lindenau zu erkundigen, ob er mir den Kreis überlassen oder leihen will. Ist das der Fall, so soll er gleich nach Gotha gehen, ihn abhohlen und nachher immer mit Miethchaisen nach Hamburg bringen. Was er dazu an Geld braucht, haben Sie wohl die Güte, ihm vorzustrecken, ich werde es unverzüglich von hieraus zurücksenden, und bin ich nicht hier, Repsold. Er muss sich dann auch wohl einen ledernen Ueberzug dazu machen lassen.

Noch eine Bitte hätte ich, und die wäre, ihn anzuhalten, Planetendistanzen zu rechnen und dabei mit Ihrem Rathe an die Hand zu gehen.

Schreiben Sie mir doch gütigst, was Sie in Hannover ausgerichtet haben.

Tausend Empfehlungen von Repsold und mir an Sie und Ihre Frau Gemahlin.

Ganz ergebenst
J. H. Schumacher.

Altona, d. 28. October 1818.

N? 84. Gauss an Schumacher. [81

Göttingen, den 28. October 1818.

Ich habe nunmehro die kleinen Reductionen meiner Winkelmessungen in Lüneburg berechnet, und eile, Ihnen, theuerster Freund, nun die sämmtlichen Resultate mitzutheilen.

Zenithdistanzen:

Hamburg Michaelisknopf .... 90° 4′ 42″5
Hohenhorn, Spitze 90 2 59,3
Lauenburg, Signal, Knopf 90 3 32,9

Winkel Hamburg-Hohenhorn.

	Beob.	Gem. W.	Red. auf vorläufiges Centr.	im vorl. Centr.
Oct. 8	20	34. 51. 14.87	−2″40	34° 51′ 11″97
8	14	13.11	−2,40	10,71
9	10	11.00	+0,43	11,43
	44			34. 51. 11,45

Correction wegen Exc. d. u. Fernrohrs.. + 0,04
Reduction auf den Horizont............ + 0,05

Horizontaler Winkel im vorl. Centr. .... 34. 51. 11″54
(aus 44 Beobachtungen)
Sie haben gefunden...................... 34. 51. 11,85
(aus 40 Beobachtungen)

Winkel Hohenhorn-Lauenburg.

Oct. 7	10	41° 27′ 58″47	−3,62	41. 27. 54,85
8	12	56,71	−3,62	53,09
8	12	57,25	−3,62	53,63
	34			41. 27. 53,80

Correction wegen Excentr. .... + 0,06
Reduction auf den Horizont........... + 0,05

Horizontaler Winkel im vorläufigen Centr. ... 41. 27. 53,91
(aus 34 Beobachtungen).
Sie haben gefunden...................... 41. 27. 54,53
(aus 36 Beobachtungen).

Nehme ich aus unsern Bestimmungen das Mittel, reducire vom vorläufigen Centro auf den Punct unter der Kugel und applicire die übrigen mir von Hrn. Caroc mitgetheilten Correctionen, so finde ich die Winkel der beiden Dreiecke

I				II			
Hamburg	32°	24′	35″40	Hohenhorn	44°	42′	29″61
Lüneburg	34	51	12,01	Lüneburg	41	27	53,79
Hohenhorn	112	44	14,61	Lauenburg	93	49	35,80 *
	180	0	2,02		179	59	59,20
Sph. Ex.			1,60				....
Fehler			+ 0,42	Fehler			−

So viel ich mich erinnere, ist der Winkel Lauenburg * das Mittel aus allen, guten und schlechten, Reihen, und die guten allein gaben etwas mehr, so dass der Fehler wahrscheinlich auch äusserst geringe wird. Wie viel die Winkel in Hohenhorn durch Hrn. Carcc's spätere Messung sich geändert haben, weiss ich noch nicht, und ich bitte Sie, mir nunmehro die Definitiv-Resultate mitzutheilen. Sehr lieb würde es mir auch seyn, alle Winkel von allen Ihren bisher gemessenen Hauptdreiecken zu erhalten, so wie die Nebenwinkel in Hamburg, Hohenhorn oder Lauenburg gemessen, *) so weit sie sich auf Puncte diesseits der Elbe beziehen.

Die wenigen von mir gemessenen Nebenwinkel sind folgende:

Oct. 3. Michaelisthurm, Theodolith.

47. 59. 42 Hohenhorn
7. 14. 50 Winsen, dicker Thurm
7. 51. 30 Winsen, dünner Thurm
17. 14. 2 Ferne Windmühle
45. 19. 80 ⎱ Bardewick ⎰ niederer ⎱ Thurm
45. 19. 55 ⎰   ⎱ höherer ⎰
49. 27. 20 Rother Thurm
89. 27. 38 Lauenburg, Signal
198. 35   Centrum (vorl.) Distanz = 0ᵐ 520

---

*) und alle die Ihrigen in Lüneburg.

Oct. 9. Bastei, Theodolith.

283. 4. 10 ⎫
282. 55. 50 ⎬ Knopf des Michaelisthurms in Lüneburg
349. 30. 20 Mitte von Hrn. Prof. Schumacher's Theodolith
169. 35. 30 Nicolaithurm
201. 28. 50 Johannisthurm

Den Winkel Bardewick-Lauenburg nimmt Hr. Caroc beim Centriren an $= 44^0\ 19'$ während meine Beobachtung nur $44^0\ 8'$ gibt. Die Ungewissheit, welcher Werth der rechte ist, hat aber natürlich gar keinen merklichen Einfluss auf das Centriren selbst.

Ist es Ihnen möglich, liebster Freund, so schicken Sie mir die erbetenen Mittheilungen, so wie die genaue Zeichnung und Kostenberechnung des Signals recht bald.

Stets und ganz

der Ihrige

C. F. Gauss.

Schon in Hannover fand ich die Nachricht vor, dass Olbers' Tochter, die Doctorin Focke, am 8. Oct. im Wochenbett gestorben ist. Olbers ist untröstlich. — Lindenau wird, wie man in Gotha allgemein behauptet, nächstens Minister werden. — In einer Zeitung lese ich heute, dass in Bonn am Rhein jetzt auch eine Sternwarte gebauet wird, wofür Meisterwerke der Kunst bereits in München, London, Paris (?), Berlin (??) jetzt verfertiget werden. Den Plan dazu habe einer der grössten theoretischpraktischen Mathematiker und Militärs gemacht*); diese Sternwarte sei aber nicht für sterile Beobachtungen, sondern für lebendigen Jugendunterricht bestimmt, der überall vernachlässigt werde (dafür mögen denn auch die Berliner Meisterwerke leicht gut genug seyn; sagten Sie mir nicht auch von einem solchen Hamburger Meisterwerke von durchgestochenen Sternen, was man wol den Bonnern empfehlen könnte?) Die grössten Mathematiker drängten sich schon zu dieser ehrenvollen Stelle etc.

---

*) Sollte dies etwa der Capitain Rhode sein? Denn Carnot wird man wol den Auftrag nicht gegeben haben.

No. 85. **Schumacher an Gauss.** [54

Die englische Regierung, mein vielverehrter Freund! hat mir officiell auf Verwendung des Königs den Sector geliehen, der mir persönlich ausgeliefert werden soll. Da ich nicht nach Dünkirchen ging, ist er nach England zurückgebracht und steht auf dem Woolwich Observatory. Mudge drängt mich, jezt gleich zu kommen und ihn in Empfang zu nehmen, ich denke das aber bis zum Frühjahr anstehen zu lassen.

Mudge meldet mir gleichfalls, die französische Regierung werde sich officiel bei der englischen verwenden, um den Sector, sobald ich ihn gebraucht habe, für Formentera geliehen zu bekommen. Wollten Sie da nicht das Prævenire spielen, und ihn sich gleich jezt auf die Zeit, wenn ich ihn gebraucht haben werde, ausbitten, so dass die Franzosen nach Ihnen kämen? Es ist doch immer, wie es mir scheint, wichtig, die Resultate dieses Instruments nicht allein, wie ich thun werde, mit kleinen Repitifionskreisen zu vergleichen, sondern da es bei so vielen Gradmessungen dient, auch mit Ihren grossen festen Instrumenten in Göttingen. Wenn Herr v. Arnswald sich zeitig meldet, so erhalten Sie ihn gewiss vor den Franzosen.

Nach schriftlichen Aeusserungen des Königs werde ich wohl mein astronomisches Observatorium nicht in Lüneburg bauen können, sondern muss mich an Lauenburg halten. Indessen wird Sie das hoffentlich nicht hindern, in der Nähe von Lüneburg auch den kleinen Weg zu machen und an diesen Beobachtungen Theil zu nehmen.

Lindenau hat mir den Kreis geliehen und schreibt, Enke kann ihn an Ursin ausliefern. Sagen Sie gütigst also Ursin, dass er unverzüglich ihn hohlt und herbringt. Ist auch der Wesertransport sicher genug? Wenn er ihn hier abgeliefert hat, so wird er hoffentlich von seinem Vater die Erlaubniss vorfinden, nach Göttingen zurückkehren zu dürfen. — Das nöthige Geld strecken Sie ihm wohl gütigst vor, es soll sogleich von hier aus besorgt werden.

Schärfen Sie ihm gütigst auch die höchste Sorgfalt mit dem Kreise ein, er muss wissen, dass er nicht zu vorsichtig damit umgehen kann.

Alles, was sich auf Lüneburg bezieht, theile ich Ihnen

gleich aus Copenhagen mit. Caroc, der auf Alsen ist, hat die meisten Papiere. Ich bitte gleichfalls, mir das, was auf meine Centrirung in Lüneburg Bezug hat, in originali mitzutheilen. Ich habe nichts als Ihre Rechnung darüber.

Viele Grüsse an Sie und Ihre Frau Gemahlin

Ihr ganz eigner

Schumacher.

Altona, d. 21. November 1818.

N° 86.   Gauss an Schumacher.   [32

Ursin bringt Ihnen, liebster Freund, den Kreis mit; er schien sich hier zu gefallen und ist sehr betrübt darüber, dass er nicht nach Göttingen zurückdarf. Den Bericht über meine Reise habe ich bereits vor längerer Zeit nach H. abgeschickt, darin auch die Nothwendigkeit einer zeitigen Bestellung eines grössern Theodolithen vorgestellt, bisher aber noch keine Antwort erhalten. Mehr urgiren kann ich und mag ich nicht, denn überhaupt kann ich nur dann ein Geschäft, was mir Freude macht, erwarten, wenn man gern darauf entrirt. Im entgegengesetzten Falle, und wenn allerlei beengende Rücksichten Statt finden müssten, würde ich keine Freude daran haben. Ich werde also den Erfolg ruhig abwarten.

Hrn. Ursin habe ich in Folge Ihres Auftrages 24 Pistolen vorgestreckt. Da Sie kein Maximum bestimmt haben, so konnte ich es nicht abschlagen, es scheint aber, dass der Kreis für die kurze Zeit des Gebrauchs, Ihnen ein etwas sehr theures Instrument wird.

Stets Ihr ganz eigner

C. F. Gauss.

Göttingen, 25. November 1818.

N° 87.   Schumacher an Gauss.   [55

Mittwochen den 10. März oder Donnerstag den 11ten denke ich in Göttingen auf eine Nacht einzutreffen, und bin so kühn, wenn Sie nicht eine Schildwache vor die Sternwarte stellen, die mich abweiset, bei Ihnen vorzufahren. In Hannover werde ich dem Minister meine Aufwartung machen, und über London und Münster Ihre näheren Instructionen empfangen.

Ich gehe über Paris nach London und komme so zurück. Auf der Rückreise hoffe ich etwas länger in Göttigen seyn zu können.

Auf baldiges Wiedersehen

ganz Ihr
Schumacher.

Hamburg, d. 5. März 1819.

N<u>o</u> 88.   Schumacher an Gauss.   [56

Ich bin, mein vielverehrter Freund, bis jezt einzig hier zu Woolwich mit dem Sector beschäftigt gewesen, und habe London nur auf 3 Stunden eines Morgens gesehen. Demohnerachtet habe ich gleich Sir Joseph Banks (der hier beinahe allmächtig ist) Ihre Gradmessung ans Herz gelegt, und er hat die Idee so warm aufgefasst, dass er mir versicherte, er sehe gar nicht, wie es möglicherweise mislingen könnte, und er wolle sich mit ganzen Kräften dafür verwenden. Dies nur für erst, ich glaube, Sie können sehr sicher alles so arrangiren, dass wir Lauenburg zusammen als astronomische Station machen. Sobald ich nach London komme, mehr.

Der Sector ist in der That ein vortrefliches Instrument und Sie werden Ihre Freude haben, ihn zu sehen.

Ihr
Schumacher.

Woolwich, d. 18. April 1819.

N<u>o</u> 89.   Schumacher an Gauss.   [57

Mein sehr verehrter Freund!

Da ich schon mit Banks über die Sache gesprochen hatte, so mochte ich nicht selbst mit Münster reden, um Banks nicht gleichsam dadurch ein Mistrauen in seinem Credit zu zeigen, ich bat aber unsern Gesandten, es zu thun, und der hat es erst in den lezten Tagen würklich gethan.

Münster, obgleich unser Gesandte es, indem er von dem Zwecke meiner Reise erzählt hat, nur beiläufig berührt hat, es sey zu wünschen, dass die Gradmessung in Hannover fortgesetzt würde, ist doch ein wenig stutzig geworden, dass Sie selbst nicht sich an ihn gewendet hätten, und hat geantwortet, er werde sein möglichstes thun und zweifle gar nicht, dass es nicht gehen würde, er bäte sich aber aus, dass Sie selbst sich sobald als möglich darüber an ihn wendeten und ihm sagten, was Sie verlangten an Gelde. Unser Gesandte meinte, wenn Sie mit etwa 1500 Pf. Sterling auskönnten, so würde es sehr schnell entschieden werden, und damit können Sie nach meiner besten Ueberzeugung reichen.

Haben Sie also die Güte, sobald als möglich an Münster zu schreiben, und berufen Sie sich auf mich, dass ich Ihnen gesagt habe, er erwarte es, seiner Aeusserung an den dänischen Gesandten, Geheimenrath v. Bourke, zu folge. Verlangen Sie ohngefähr die Summe von £ 1500, und machen Sie sich anheischig, Rechnung darüber abzulegen, vergessen Sie aber nicht gleich, indem Sie von den nöthigen Gehülfen reden, den Zusatz, „die ich mir, sobald eine Resolution darüber gefallen ist, aussuchen werde", beizufügen.

Wollen Sie mir erlauben, als einen in den Geschäften etwas bewanderten beizufügen, dass ich glaube, es wäre sehr nützlich, wenn Sie zugleich an Arnswaldt ungefähr so schrieben:

Der dänische Gesandte in London habe mit Münster über den Nutzen der Fortsetzung der Gradmessung bei Gelegenheit meines Aufenthaltes in London gesprochen, und Münster habe verlangt, Sie sollten deswegen an ihn schreiben. Dies sey auch dann geschehen, und Sie benachrichtigten Se. Excellenz davon und bäten so sehr als möglich, die Sache in London zu unterstützen, auch Sir Joseph Banks habe alle Mitwirkung versprochen. Zuforderst sey es sehr zu wünschen, und für beide Gradmessungen gut, wenn wir die astronomische Station in Lauenburg, mit der ich im Anfange Junius begönne, zusammen machen könnten, und dies würde wohl von der Resolution Sr. Excellenz abhangen.

Verzeihen Sie die Eile dieses Briefes. Ich bin glücklich zu Mlle. Germain durchgedrungen und soll Mittwochen bei ihr essen. Das nähere mündlich auf meinem Durchfluge durch Göttingen, wo ich leider nur einige Augenblicke bleiben kann. Meine besten Empfehlungen an Ihre Frau Gemahlin.

Ihr ganz eigner

Schumacher.

Paris, d. 10ten Mai 1819.

N° 90.   **Schumacher an Gauss.**   [58

Zuförderst Ihnen und Ihrer Frau Gemahlin meinen verbindlichsten Dank für Ihre gütige Aufnahme, und dann zur Relation.

Arnswaldt liess mir sagen, er sey heute unpässlich und bäte mich, morgen zu kommen, sollte ich aber morgen nicht können, so würde ich ihm auch heute willkommen seyn. Ich muss also schon heute über bleiben.

Fischer's Remisenhof ist ganz eingegangen. Nachdem ich etwa 10 Minuten an der Thür geklopft hatte, kam ein Nachbar und sagte mir, das Haus stände leer, indem er aus der Stadt gezogen sey und in der Entfernung einer halben Meile eine Schenke halte. Ich weiss also würklich nicht, wo man jezt einkehren soll, denn in Ahlis' Schenke, wo ich dies schreibe, ist es sehr unreinlich und gar nicht zu empfehlen. In Hansen's Schenke ist die schlechteste Bedienung von der Welt. In der London-Schenke ist es sehr schlecht und sehr theuer. — Vielleicht ist Böttcher's Schenke das einzige. In Frankfurt ist es eben so schwer, ein schlechtes Wirthshaus zu finden, als hier ein gutes.

Freitag, den 4ten (Junius 1819).

So eben komme ich von Arnswaldt, und es ist ganz ausserordentlich gut gegangen. Sie werden ein Ministerialrescript erhalten, sich nach Lauenburg zu begeben (noch vor Verlauf von 14 Tagen) und allen nöthigen Vorschuss. Das englische Geld schien ihm anfangs sehr zu gefallen, am Ende aber versicherte er mir wiederholt, wenn auch England nichts gäbe, so wolle er doch zur ganzen Gradmessung Rath schaffen.

Jetzt, mein vielverehrter Freund! hängt es nur von Ihnen und Ihrer Frau Gemahlin ab, wann Sie beide zur Reise fertig sind. Ich werde Ihnen in einigen Tagen aus Hamburg das Bestimmte über den Anfang der Beobachtungen melden.

Noch muss ich hinzusetzen, dass, wie ich diese Nacht erfuhren, die Betten vortreflich und sehr reinlich sind, auch ist die promteste und gefälligste Aufwartung. — Essen aber sehr schlecht. — Eine Sorte Wein (Bordeaux-), Chateau Leoville, ist gut. — Ueber die Preise weiss ich noch nichts.

Theilen Sie mir doch gefälligst den Stand von Repsold's Chronometer von Barraud mit, wie wir beide auf der Reise nach Paris durchkamen, und die Länge Ihrer Sternwarte von Paris, meine Addresse ist nach wie vor:

Herr Conrad Hinrich Donner, Altona.

Ihr

Schumacher.

Ich habe nicht frankirt, weil ich selbst nicht Zeit habe, ihn nach der Post zu bringen.

N⁰ 91.   **Schumacher an Gauss.**   [59]

Um sicher zu gehen, mein vielverehrter Freund! sende ich noch dies Billet nach.

Am Ende der nächsten Woche ist der Sector aufgestellt. Also gegen den 26sten Junius. In Hinsicht des Logis ist nichts gutes für Sie allein zu finden, und ich muss bitten, bei mir vorlieb zu nehmen. Bitten Sie aber Ihre Frau Gemahlin im voraus um Verzeihung, wenn es mittelmässig ausfällt.

Aus den Zeitungen sehe ich, dass Ihr Brief Münstern verfehlt hat. Es ist also wohl am besten, ihn selbst zu sprechen.

Mit den herzlichsten Grüssen

Ihr

Schumacher.

Altona, d. 17ten Junius 1819.

N? 92.   **Gauss an Schumacher.**   [33

Göttingen, 19. Julius 1819.

Mit ein Paar Zeilen muss ich Ihnen, theuerster Freund, gleich melden, dass ich gestern Morgen um 5 Uhr ohne besonderen Unfall zurückgekommen. Die Reise hat mich etwas angegriffen; die Ruhe, einige Tage Kost aus der Apotheke und nachher die gewohnte Lebensweise werden mich aber bald wieder herstellen. Den kleinen Langher habe ich vorgestern Mittag wohlbehalten in Hannover abgeliefert.

Ich habe hier drei neue Hefte der Zeitschrift des Herrn v. Zach vorgefunden. Ihnen wird vorzüglich interessant seyn, dass Inghirami seinerseits auch die Berechnung der Mondsdistanzen von Planeten auf sich genommen hat. Die Ephemeride für Venus für das Jahr 1820 ist bereits in jenen Heften abgedruckt, und Sie können daher damit die Rechnung Ihres Ursin vergleichen.

Von einem meiner Schüler, Hrn. Dirksen, höre ich, dass Harding zwar den Cometen im Meridian beobachtet hat, dass aber die Beobachtungen wegen Mangels des Niveaus schlecht ausgefallen sind, weil die verschiednen Sterne Unterschiede im Collimationsfehler von 20" gegeben hätten! Ist dieser Bericht richtig (Harding's eignen habe ich noch nicht erhalten), so ist dies freilich eine Bestätigung von der Zweckmässigkeit von Zach's Educationsmethode. Ich selbst habe den Cometen noch nicht beobachtet, da es gestern Abend trübe war: vielleicht wird es diesen Abend gut.

Albers habe ich in Lüneburg gesehen. Ich habe ihm zwar gesagt, dass Sie nur noch einige Tage in Lauenburg bleiben werden, indess würden Sie auch ohnedies seinen Besuch nicht zu fürchten haben; wenigstens sagte er mir, er sey nach seiner Krankheit noch so schwach, dass er noch nicht einmal bis an den Garten seiner Mutter allein habe gehen können.

Posselt ist gestern hier angekommen. Er will noch ein Paar Tage hier bleiben, um sich etwas mit den Instrumenten bekannt zu machen. Im Vertrauen hat er mir gesagt, dass er eine Braut habe, eine Dlle. Moritz in Plön. Meiner Frau hatte Bessel gesagt, dass ihm schiene, auch Lindenau gehe auf Freiers Füssen.

Die Posten zwischen Lauenburg und hier scheinen nicht immer ordentlich zu gehen. Ich ersuche Sie daher, die Briefe, die Sie mir von dorther schreiben, nicht zu frankiren.

Stets Ihr ganz ergebenster
C. F. Gauss.

N? 93.   **Schumacher an Gauss.**

Ich ergreife die Gelegenheit, mein vielverehrter Freund, Ihnen mit Olbers

1) Schwarze Hosen u. s. w. zu senden, die Sie hier liegen liessen.

2) meine Beobachtungen, so weit sie gemacht und von Nissen copirt sind. Sie werden darin sehen, wie weit der Faden schief steht, und die List, die ich gebraucht habe, um es zu bestimmen. Ich glaube jetzt beinahe fertig zu seyn, und werde den Rest Ihnen nachsenden.

3) Die Bestimmungen von Stade zur Controlle von Müller's des berühmten Behauptungen.

Ueber das Nähere hier wird Olbers Ihnen ausführlicheren Bericht geben.

Reichenbach's Kreise sind noch immer nicht da.

Die vortreflichen Cometenbeobachtungen aus Copenhagen sind von Ursin. Ich habe ihm geschrieben, wenn so etwas wieder vorkommen sollte, würde ich ihm rathen, sich zum juristischen Examen zu melden.

Vergessen Sie nicht

Ihren ganz eignen
J. H. Schumacher.

Lauenburg, den 3. Aug. 1819.

N. S. Unter allen Capellabeobachtungen ist keine sicher, das Schwanken und Zittern des Sterns verhinderte dies.

Bitte sehr um Ihre Aberrations- und Nutations-Tafeln.

N° 94. Gauss an Schumacher. [34

Beigehend, liebster Schumacher, habe ich das Vergnügen, Ihnen eine Abschrift meiner Aberrations- und Nutationstafeln zu schicken. Sie werden dabei selbst bemerken
1) dass die Tafel für die Nutation noch nicht vollendet ist. Ich hatte immer nur daran gerechnet, was ich eben nöthig hatte; inzwischen, habe ich jetzt noch ein Stück zugesetzt, so dass sie vom März 1818 bis Junius 1822 ausreicht. Sie können sie übrigens nach Gefallen selbst erweitern oder vollenden; denn es ist, das Argument $= t$ gesetzt,

$$E = \alpha \sin n (t - 3410), \quad F = -\varepsilon \cos n (t - 3410)$$

wo $n = 190'' 115863$, $\log \alpha = 9{,}52196$, $\log \varepsilon = 0{,}95124$.

2) dass die Tafel vornehmlich für den Fall bestimmt ist, wo mehrere in Einem Jahre gemachte Meridianbeobachtungen zusammen reducirt werden sollen, so dass man nur das Mittel-Resultat, ohne die einzelnen besonders, verlangt. Wenn einzelne Beobachtungen reducirt werden sollen, so möchte der Gebrauch dieser Tafel nur geringen Gewinn geben.

Verbindlichst danke ich Ihnen für die gefällige Mittheilung Ihrer Lauenburger Beobachtungen. Der Repsold'sche Kreis ist jetzt abgenommen, um in dem Zimmer, worin er stand, noch einige nöthige Arbeiten vornehmen zu lassen, ich hoffe aber nicht allein jenen bald wieder gebrauchen, sondern auch bald mit dem neuen Reichenbach'schen Kreise anfangen zu können, der seit kurzem angekommen ist.

Das Mittagsfernrohr habe ich jetzt im täglichen Gebrauch; leider macht nur die Shelton'sche Uhr jetzt seltsame mir bis jetzt unerklärliche Sprünge. Das Mittagsfernrohr ist übrigens sehr schön, den Stern, der 5' vom Pol steht, kann ich mit ziemlich starker Beleuchtung beobachten, doch habe ich δ Ursae minoris mehreremale bei Tage vergeblich gesucht. Den Cometen habe ich sogar gestern Abend noch einmal im Meridian beobachtet, er ist aber so schwach, dass die Beobachtung mehr Schätzung ist; meine guten Beobachtungen gehen nur bis zum 4. August. Dirksen's Elemente, welche noch jetzt bis auf die Minute genau sind, schreibe ich Ihnen hier ab:

Perihel Juni 27, 74042. 1819 M. Z. in Mayland
Länge Perihel 287° 6' 21''
Log. Abstand   9,53308
Knoten   273. 42. 5
Neigung   80. 45. 12

Meine in Lauenburg zurückgebliebene Hosen etc. hat Olbers nicht mitgebracht, weder er noch sein Bediente wussten davon. Ich bitte Sie also recht sehr, da ich von dieser Art Kleidungsstücke keine Doubletten habe, sie mir, wenn sich nicht recht bald eine Gelegenheit findet, doch gefälligst mit der Post unter Aufschrift alte Kleidungsstücke zuzuschicken.

Olbers ist hier 5 Tage gewesen, während welcher das Wetter beständig so ungünstig war, dass er mit den hiesigen Instrumenten fast gar nichts gesehen hat.

Ich habe dieser Tage den 2. Band von Pond's Beobachtungen erhalten, worin die Beobachtungen mit dem neuen Transit anheben. Es ist nicht fein, dass über die Beschaffenheit dieses Instruments hier gar nichts gesagt wird, vielleicht ist Pond im Stil so stark wie in der Trigonometrie. Nur gelegentlich erfährt man, dass eine 250- u. 300-, ja 1000malige Vergrösserung da sind, und dass letztere noch scharfe Bilder gebe. Wie viel Oeffnung hat wol dies Fernrohr, und ist Ihnen wol der Preis des ganzen Instruments bekannt? Sie verpflichten mich sehr durch eine Auskunft darüber. Nicht recht klar ist mir auch, wo erzählt wird, dass um zu untersuchen ob die Gegengewichte auf die Horizontalität der Axe influirten (6. Dec. 1816). Diese Versuche zeigen einen ganz unmerklichen Einfluss an. Aber nun wird beim 8. Dec. 1816 bemerkt, „the counterpoises were now entirely removed." Man sieht erstlich nicht, dass die vorhergegangenen Versuche dies removal motivirten, und zweitens kann man doch kaum glauben, dass die counterpoises, welche die Reibung der Zapfen in den Pfannen mildern sollen, von Pond weggenommen sind. Hat er also vielleicht hiemit nicht jene Gegengewichte, sondern eine ähnliche Balancirung, wie die hiesigen, gegen die Biegung des Rohrs gemeint? Auf alle Fälle ist es unverantwortlich, dass Pond sich nicht bestimmter erklärt. Vielleicht können Sie mir auch hierüber Auskunft geben, so wie über die Art, wie Pond das Instrument umlegt. Die hiesige Manier mit dem M. F. geht äusserst schön und schnell (jetzt in 6 Minuten inclusive des Wiederstellens auf einen Stern, ich hoffe aber noch bei mehr Uebung in 5 oder $4\frac{1}{2}$ Minuten fertig werden zu können, so dass beim Nordstern gar kein Faden versäumt wird.) Freilich kostet aber diese Maschinerie über 200 ₰.

Ihre neuen Instrumente von Reichenbach werden Sie nun wahrscheinlich auch erhalten haben, und ich bin äusserst neugierig auf die Resultate. Reichenbach hat mir für nächsten Sommer einen Besuch für längere Zeit versprochen.

Die Dorpater haben, wie es scheint, keine Lust zu ... An Posselt ist nunmehro der Ruf dahin bereits gelangt, es schien mir jedoch bei seinem Hierseyn, dass er wenig Neigung habe, sich von Deutschland zu entfernen.

Stets Ihr ganz eigner
C. F Gauss.

Göttingen, den 22. August 1819.

* * *

Gebrauch der Tafeln.

α Asc. R., δ Declin., ε Schiefe der Ekliptik.

$a = \dfrac{\cos \alpha}{\cos \delta}$ \hspace{2em} $a' = \cos \delta \cdot \text{tg}\, \delta - \sin \delta \cdot \sin \alpha$

$b = \dfrac{\sin \alpha}{\cos \delta}$ \hspace{2em} $b' = \sin \delta \cdot \cos \alpha$

$c = 46'' 0175 + 20'' 044 \sin \alpha \, \text{tg}\, \delta$ \hspace{1em} $c' = 20'' 044 \cdot \cos \alpha$

$d = \text{tang}\, \delta \cos \alpha$ \hspace{2em} $d' = - \sin \alpha$

Dann ist
Inbegriff der Aberration, Præcession, Lunar- und Solar-Nutation:

Für AR............... $a\, A + b\, B + c\, (C + E) + d\, (D + F)$

Decl............... $a'\, A + b'\, B + c'\, (C + E) + d'\, (D + F)$

Anmerkungen.

I. Die beiden ersten Theile geben die Aberration, wobei Lindenau's Constante zum Grunde liegt $20''61$. Wer Delambre's Constante vorzieht, hat bei den Logarithmen dieser Theile nur $0{,}00755$ abzuziehen.

II. Die Coefficienten c, c' sind die jährliche Præcession, und mag also jeder nach Gutdünken die darin vorkommenden Constanten wählen.

III. Südliche Declinationen sind als negative zu betrachten.

Die Argumente der Tafeln finden sich auf folgende Art:

Es sei f das Datum, g die Sternzeit in Decimalen des Tages, h die Länge des Orts westlich von Göttingen, den ganzen Umfang als Einheit angesehen; endlich ist

$i = 0$ vom Anfang des Jahrs bis zu dem Tage wo
$AR \odot = g$ wenn
$i = 1$ von da an bis zu Ende des Jahrs $g < 18^h 40'$

und so resp. $i = -1$ oder $= 0$ wenn $g > 18^h 40'$

und	k =
1817	+0,75847
1818	+0,51621
1819	+0,27395
1820	+0,03168 (+1,03168 nach dem Februar)
1821	+0,78942
&c.	

Dann ist das Argument für Tafel I $= f + g + h + i + k$

Ferner sei f' Datum vom Anfang des Jahrs an gezählt (d. i. den 1. Januar als 1 in gemeinen als 0 in Schaltjahren)

und	k' =
1817	2189,25024
1818	2555,25024
1819	2921,25024
1820	3288,25024
1821	3654,25024
1822	4020,25024
1823	4386,25024
&c.	

Dann ist Argument für Tafel II $= f' + g + h + i + k'$

№ 95. Schumacher an Gauss. [61

Kopenhagen, d. 15ten December 1819.

Werthester Freund!

Sie hätten schon lange eine ausführliche Nachricht von mir
erhalten, wenn ich nicht theils durch die Beobachtungen in
Lysabbel, theils in den ersten Tagen meiner Ankunft hier, durch
so mannigfache Geschäfte und Besuche zu zerstreut gewesen
wäre, um Ihnen einen ordentlichen Bericht, wie es sich gebührt
abzustatten. Ich will jetzt nachhohlen so gut ich kann. Zuvörderst lege ich Ihnen einen Brief von Rümker bei, aus dem
Sie das, was Sie über das Passageninstrument vermutheten, bestätigt finden werden. Er enthält auch Curiosa über ein Ungeheuer von Sector. Gefährlich scheint es mir nur, dass der
Observator im Keller seyn muss, *) vorzüglich für einen gentle-
man, der den Ruf hat, to be unhappily given up to liquors.

Die Reichenbachischen Instrumente kamen endlich nach
Altona, und gleich nach ihrer Ankunft reisete ich nach Lysabbel.
Der Stutzschwanz **) hat nach seiner Construction, wo die Ocular-
röhre auf der stählernen Axe gleitet, und einen Ausschnitt hat,
in dem die Vorrichtung zur Stellung des Fadenkreuzes sitzt, den
Nachtheil, dass die Atmosphäre in unmittelbarer Verbindung mit
dem Fadenkreuze steht. Es kann das in München 1600 Fuss
über dem Meere vielleicht unbedenklich seyn, soviel aber ist
gewiss, dass es am Meere selbst, wo ich beobachte, durchaus
nicht geht. Nur bei ganz trockuem Wetter sind die Fäden gespannt, und so wie etwas Feuchtigkeit kommt, beschreiben sie
gleich Schlangenlinien und werden schlapp. In allen Climaten
hat es aber den Nachtheil, dass sich der Staub unmittelbar auf
den Fäden setzt und sie höckericht macht. Mit diesem Instrumente war also gar nichts in seinem jetzigen Zustande zu thun,
und meine ganze Sorgfalt ging auf den 18zolligen Kreis, an dem
das Fadenkreuz wie gewöhnlich gegen die äussere Luft verwahrt
ist. Ich brauche Ihnen nicht zu sagen, dass das 2füssige Fern-

---

*) Sie können jezt wenn Franzosen Ihre Sternwarte besuchen, versichern,
dass nicht in Paris allein im Keller beobachtet werde. S.
**) Universalinstrument mit gebrochenem Fernrohr. P.

rohr daran vortreflich ist, und dass ich die Sterne damit ohne die geringsten Beschwerden im Augenblicke der ☉ Culmination beobachten konnte, denn das wissen Sie aus eigener Erfahrung ebensogut, nur das füge ich hinzu, dass diese Tagbeobachtungen mir in jeder Hinsicht Vorzüge vor den Nachtbeobachtungen zu haben scheinen, bei denen durch die Beleuchtung immer ein unruhiges Licht im Felde des Fernrohrs entsteht, so dass der Stern bald etwas zittert, bald nicht, dahingegen bei Tage ich eine kleine ruhige scharf begränzte Scheibe sah.

Erlauben Sie mir, Ihnen die Beobachtungen mit diesem Instrument bis zum 18. October hinzusetzen, wo die vorige schöne Witterung in eine feuchte überging. Ich habe die Form von Polhöhe gewählt, um das was die südlichen Sterne gaben, ungefähr mit den nördlichen vergleichen zu können. Bey den südlichen brauchte ich ein Mittel von Pond's, Oriani und Brinkley's Declinationen, und bei allen die Delambre'sche Refraction.

Polaris.

		Obere Culmination	Z. d. Beobb.
October	8	54° 54′ 12″85	10
,,	10	— — 12,77	10
,,	11	— — 12,33	 8
,,	12	— — 11,64	10
,,	17	— — 11,87	10
,,	18	— — 11,87	16
		Untere Culmination	
,,	9	— — 12″02	 8
,,	11	— — 11,45	 6
,,	12	— — 11,26	 8
,,	17	— — 11,49	 8

β Ursæ minoris.

		Obere Culmination	
,,	12	54° 54′ 10″04	 8
,,	15	— — 11,56	20
,,	17	— — 10,89	10

	Untere Culmination	Z. d. B.
October 12	54° 54′ 11″48	 2
„ 17	— — 12,74	 6

α Pegasi.

„ 8	— — 11″0	 8
„ 10	— — 10,1	 2
„ 12	— — 10,0	 6
„ 18	— — 9,0	 6

γ Pegasi.

„ 17	— — 11″89	 4
„ 18	— — 12,21	 6

Arcturus.

„ 12	— — 9″8	 8
„ 15	— — 7,4	 2

α Arietis.

„ 17	— — 16″3	 6
„ 18	— — 14,9	 4

Nach dem 18. October ward das Wetter so feucht, dass die Fäden im Fernrohr sich merklich krümmeten, ohne doch wie bei dem Stutzschwanze Schlangenlinien zu beschreiben. Aus diesem Grunde schon verdienen die folgenden Beobachtungen nicht das Zutrauen wie die früheren. Es zeigte sich aber grade damals noch ein Umstand, der mich sehr quälte, und mit dem ich hier erst in volle Richtigkeit zu kommen hoffe. Da der Kreis 2 Gegengewichte hat, eines für den Kreis, eines für die Alhidade, und Reichenbach wahrscheinlich um die horizontale Lage der Axe mehr zu sichern, indem er sie am stärksten an ihren Enden unterstützte, — das Gegengewicht der Alhidade schwerer als das des Kreises gemacht hatte, so ward ich gleich anfangs besorgt, ob die Reibung an den Rollen auf denen die Alhidade unterstützt wird, bei Bewegung des Kreises sie selbst nicht afficiren und verrücken könne?

Um Worte zu sparen, habe ich hier eine flüchtige Zeichnung

beigelegt. a a ist der Arm des Gegengewichts der Alhidade, auf dem sie ruht. Wenn ich nun bei der ersten Beobachtung mit dem Kreise den Stern einstelle, und jezt in einer andern Lage des Fernrohrs abgelesen habe, so kann man fragen, ob bei der Bewegung des Kreises von der Lage, wo die Nonien abgelesen wurden, bis zur Lage, wo das Fernrohr auf den Stern pointirte; bei welcher Bewegung die Alhidade über die Frictions-Rollen in a u hinglitt, die Lage der Alhidade durch Reibung gegen diese Rollen nicht in Bezug auf den Kreis geändert ist? Noch mehr Recht hat man, so zu fragen, wenn nach der zweiten Beobachtung das Fernrohr vermittelst des Kreises durch's Zenith wieder auf den Stern geführt wird, wo während dieser ganzen Bewegung des Kreises die Alhidade sich an den Frictionsrollen ihres Gegengewichts reibt, und also wenn die Schrauben, durch die sie an den Kreis befestigt wird, nicht vollkommen sicher sind, ihre Stellung gegen den Kreis verändern wird.

Um in dieser Sache nun zur Gewissheit zu kommen, hatte ich schon früher ein paarmal einen Nonius bei der ungeraden Beobachtung abgelesen, wo mit dem Kreise eingestellt wird, aber keinen Unterschied von dem gefunden, was ich auf der andern Seite bei der graden Beobachtung abgelesen hatte, und da noch dazu die Reihen so vortreflich an beiden Seiten des Zeniths stimmten (α Arietis ausgenommen) so war ich weit entfernt an Gefahr zu denken. Allein am 21sten October, da das Wetter sich schon verändert hatte, und der Stern etwas zitternd war, las ich, weil ich die Reihe schon im voraus für schlecht hielt, und also den Zeitverlust nicht scheuete, bei den ungeraden Beobachtungen die Nonien ab, und es fand sich auf beiden Seiten von der graden zur ungeraden Beobachtung ein bedeutender Unterschied, so dass die ganze Reihe diesen Ablesungen zu Folge eine Correction von 14″ erhalten musste.

Von der Zeit an bis zum Ende war es beinahe immer der Fall, und um mich ganz irre zu leiten, traf es sich, dass wenn man auf diese verschiedenen Ablesungen Rücksicht nahm, die Reihen sehr gut mit den vorigen stimmten. Allein es war ausserdem diese ganze Zeit feuchtes Wetter, die Fäden etwas gekrümmt und gewöhnlich der Stern nicht so schön und ruhig wie bis zum 18. October.

So erhielt ich Polaris

oben	October	27	54° 54'	14"96	......	6
unten	,,	20	— —	11,11	......	8
	,,	21	— —	14,00	......	6
	,,	22	— —	14,71	......	8
	,,	27	— —	15,47	......	10
	,,	30	— —	13,96	......	6
	,,	31	— —	15,63	......	6

Nimmt man auf die scheinbare Verrückung der Nonien Rücksicht, so stehen diese Beobachtungen so, wie folgt:

$$54° 54' \quad 11"63$$
$$— — \quad 11,11$$
$$— — \quad 11,75$$
$$— — \quad 12,15$$
$$— — \quad 13,97$$
$$— — \quad 12,96$$

β Ursae minoris gab

oben	October	23	— —	11,26	......	2
	,,	27	— —	10,75	......	4
	,,	28	— —	13,86	......	10
	,,	31	— —	14,50	......	10
unten	,,	27	— —	10,18	......	10
	Novbr.	3	— —	17,60	......	6

γ Pegasi

October	27	54° 54'	11"43	......	6
,,	31	— —	8,52	......	6

Dazu kam, dass die Ablesung der Nonien sehr unbequem war. Derselbe Nonius, den ich bei der graden Beobachtung bequem ablas, sass bei den Zenithdistanzen, die ich beobachtete, bei der ungeraden Beobachtung ganz unten am Kreise, wo man das Auge nur in einer sehr gezwungenen Stellung an das Microscop bringen konnte: Dazu kommt, dass des Abends man bis auf 12" verschieden ablas, nachdem man das Licht rechts oder links hielt (denn grade oben konnte man es nicht wegen des eignen Kopfes halten), und ebenso zeigten die Microscope bei Tage (einfache Linsen) bei der geringsten Bewegung des Auges Parallaxen, die ebensoviel betrugen konnten. Auch war, wenn man einen Nonius horizontal stellte und den Kreis dann 180°· drehte, wobei er durch das Zenith geführt ward bis derselbe Nonius auf der andern Seite wieder horizontal stand, wo also diese Würkung des Gegengewichts auf die Alhidade sehr stark hätte seyn sollen, durchaus keine Spur einer Verstellung. Ebensowenig verstellte sich die Alhidade, wenn ich einen scharf begrenzten irdischen Gegenstand einstellte und dann ziemlich stark an ihr hin und herrückte, wobei ich sie mit den Fingern in den Speichen fasste und vor und nach der Operation die Nonien ablas. Ich kam auch auf den Gedanken, dass die Feder, welche den Zapfen der Alhidade hinten anzieht, nicht stark genug sey, und er also weil er konisch ist etwas mit der Alhidade vorhängen könne, und setzte deswegen eine stärkere Feder an, die Repsold mir gemacht hatte, aber ohne die geringste Würkung, so dass ich es auf nichts als auf die durch Feuchtigkeit etwas erschlappten Fäden schieben kann.

Ich habe Ihnen das so umständlich geschrieben, um Sie zu bitten, die Sache zu überlegen und mir Ihre Meinung darüber zu schreiben. Pointirungsfehler sind nur sehr unbedeutend, so giebt z. B. die Reihe von β Urs. min. vom 3. Nov. zerlegt:

1—2 Beob. .... Zenithdist. 50° 12′ 16″6
3—4 ,, ... ,, — — 17,5
5—6 ,, ... ,, — — 16,7

Um die Spinnefäden vor dem Erschlappen zu sichern, ist Repsold auf eine sinnreiche Idee gekommen. Er hat einen mit Gewichten beschwerten Spinnefaden von 5 Zoll durch feuchte Dämpfe bis zu einer Länge von etwa 7 Zoll getrieben, und findet, dass er dann bei'm Trocknen nicht wieder zurückgeht, sondern in Feuchte und Trockenheit unveränderlich gespannt bleibt. Solche Fäden zieht er mir jezt ein; und ich hoffe sie bald versuchen zu können.

In der That, da schwerlich das Auge eine feine Bewegung des Fadens merken kann, so scheint es das einzige Mittel zu seyn, um sich etwas davor zu sichern, viele Einsätze mit Fadenkreutzen zu haben, und die oft zu wechseln, wo es sich dann zeigen wird, welche übereinstimmende Resultate geben. Denn wenn sie durchbiegen, so wäre es doch sehr unwahrscheinlich, dass die Grösse des Durchbiegens bei allen gleich sey.

Ob eine Verstellung der Alhidade stattfindet oder nicht, kann man unmöglich mit Reichenbach's einfachen Microscopen untersuchen, und ich werde ihn bitten mir zu dem Ende ein zusammengesetztes mit innerem Micrometer zu machen, das ich bei einem beliebigen Nonius aufschrauben kann, und das mir dann in allen Lagen des Kreises zeigt, ob die Alhidade unverändert bleibt.

Der Sector hat eben so gute Resultate wie in Lauenburg gegeben. Ich will von den in Lauenburg beobachteten Sternen Ihnen zur Uebersicht den Mittelfaden ohne alle Reductionen ausziehen und diesem oder dem nächsten Briefe beifügen. Sehr verbinden würden Sie mich, wenn Sie in dem Lauenburger Journale, das in Ihren Händen ist, die ausser dem Meridian gemachten Beobachtungen nachsehen wollten, und mir mittheilen, wie man daraus am wahrscheinlichsten die Lage des Fadens und seine Gestalt (denn er scheint keine grade Linie zu seyn) herleitet. Befehlen Sie das Lysabbler Journal in extenso, so will ich es gleich abschreiben lassen und Ihnen zusenden. Auf Ihr gütiges Versprechen, dieselben Sterne in Göttingen zu beobachten, hoffe ich sehr; Bessel hat es für Königsberg versprochen, und Pond thut es jezt, wie Sie aus Rümker's Briefe sehen, in Greenwich.

Diesen Winter wird hier beobachtet, zu welchem Zwecke ein eigenes Observatorium auf dem Walle gebaut ist, und im April gehe ich nach Skagen mit Kreis und Sector. Von da mit Reichenbach's Kreisen und Troughton's Sector nach Lauenburg zurück. Der Rest des Jahres soll zu einer Grundlinie bei Hamburg oder Pendelversuchen in Lauenburg benutzt werden. Wie sehr ich in Lauenburg Ihre Belehrung und Gesellschaft wünsche, brauche ich wohl nicht zu sagen. Ich fürchte aber, dass die Hitze dieses Sommers Ihnen so unangenehme Eindrücke gegen Lauenburg zurückgelassen hat, dass Sie nicht zu einer zweiten Reise sich entschliessen. Sollte dies dennoch der Fall seyn, und sollten Sie in Reichenbach's Gesellschaft hin (denn er will auch zu uns kommen) und in meiner nach Göttingen zurückreisen mögen, so würden Sie mich ungemein glücklich machen. Wenn Sie es für passend halten, wird gewiss unser König sich von der Hannöverschen Regierung Ihre Gegenwart ausbitten, und Sie haben nur die Güte, mir das Nähere darüber zu schreiben.

Der König hat in diesen Zeiten wegen Juden-Unruhen viel Verdruss gehabt, und es wäre ihm gewiss zu gönnen, dass er eine kleine Freude hätte, die Sie ihm, wenn Sie es passend finden, machen könnten, wenn Sie in den G. A. etwa bei Gelegenheit der von mir Ihnen übersandten Lauenburger Beobachtungen von unserer Gradmessung reden und die Verdienste des Königs, der ein so grosses Unternehmen befahl und würklich so königlich unterstützt, vorzüglich in's rechte Licht setzen wollten. Wenn Sie es anders mögen, so bitte ich mir gleich mit der Post das Blatt der Anzeigen zu senden, und Sie können überzeugt seyn, dass Sie einem der besten Menschen sehr frohe Augenblicke machen werden. Seine grösste Freude ist, wenn Männer wie Sie seine Verdienste um Wissenschaften anerkennen.

Da Sie mir einmal erlaubt haben, mich Ihren Schüler zu nennen, ein Name auf den ich stolz bin, so will ich mir noch am Schlusse des Briefes Ihre Belehrung ausbitten. Ich glaubte immer zu wissen was Sternzeit sey, und weiss es auch für alle mögliche Praxis scharf genug, da ich aber bei Vorlesungen einen scharfen Begriff dieser Zeit aufstellen wollte, bekam ich Bedenklichkeiten. Ist ein Sterntag die Zeit, in der sich die Erde um ihre Axe dreht? oder die Zeit zwischen zwei successiven Culminationen des Frühlingsnachtgleichenpunctes? Soll man einen mittleren Sterntag zwischen zwei successiven Culminationen des mittleren 0Υ von einem wahren zwischen zwei successiven Culminationen des wahren 0Υ unterscheiden? Oder sind mittlere und wahre Sternzeit nicht in der Dauer, sondern nur im Nullpunct unterschieden, der bei der einen der mittlere, bei der andern der wahre 0Υ ist? Will man das statuiren, so kommt wieder die erste Frage.

Doch genug davon. Vergessen Sie nicht Ihren entfernten eifrigsten Verehrer

Schumacher.

Schreiben des Herrn C. Rümker an Schumacher.

Hamburg, d. 1. Octbr. 1819.

Dear Sir!

The chronometer 1755, is delivered on the 30th Septbr. to Mr. Parish by J. Roome, master of the merchand brigg Ann & Sarah, to whom Messrs. Taylor and Mosley (ship brokers) have intrusted it according to Mr. Mellish's directions. Mr. Troughton has finished the zenith sector und wishes but to try it first by some observations before he sends it to the continent. The „contre poids" were taken from the transit instrument in Greenwhich upon Mr. Pond's desire, who suspected that they caused some inaccuracy in the observations. The price of this instrument without object glass is £500. The object glass is the work of Mr. Dollond senr., who made it to rival with Sir Wm. Herschel's best reflector, and considered it as his master piece. It was a simple achromatic telescope in the observatory before it was turned by Troughton into a transit. The Colonel (at present Major General) Mudge was set out on a trip in the country and not expected back before a fortnight. I left your letter with a servant in his house and delivered the rest of the messages for him to Dr. Gregory, who promised to mention them to the governour on his return. Dr. Gregory, to whom I have delivered the Dissertations of Gauss, wishes to know whether you have received the letter and books he has send you. Mr. Pond bid me tell you that he has regularly observed the stars in question when circumstances would permit.

Thinking that it might have some interest for you, I give you here a however imperfect scetch of the intended new zenith sector of between 30 and 40 feet at Greenwhich, from a description which Mr. Pond has given me thereof. The lower part as far as the pillars d reach, is to be in a cellar; a is a trunc of a cone which supports the telescope c, through which you view the object by reflection at e. b is a horizontal azi-

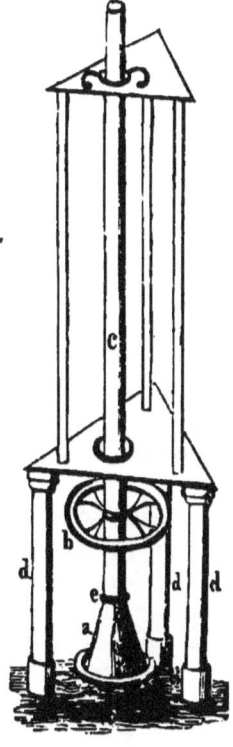

muth circle. The telescope is only to have a rotatory motion about its axes and is only intended for one star (γ Cygni *) if I recollect right) who passes within a few minutes of the zenith. The instrument is only expected to preserve the same inclination to the vertical in 24 hours.

Your most obedient and very truly servant
Ch^s. Rumker.

NB.
I beg you will excuse my bad writing &c. &c., as I am but just arrived — and in great hury, wishing, however, to give you information as soon as possible.

Mrs. Pond begs to be remembered to you.

N° 96.   **Gauss an Schumacher.**   [35

Ihr letzter Brief, werthester Freund, ist so reich an Inhalt, dass ich nicht gleich habe zu seiner Beantwortung kommen können, und dass ich dieselbe gleichsam capitelweise vornehmen muss.

Was die befürchtete Verstellung der Alhidade an Ihrem 18z. Kreise betrifft, so ist dies allerdings ein Umstand, der alle Aufmerksamkeit verdient. An sich, möchte ich eine beträchtliche Verstellung für nicht wahrscheinlich halten, da der Haken

---

*) γ Draconis.

des Balancir-Hebels nicht unmittelbar, sondern vermittelst Frictionsrollen die Axe unterstützt, besonders wenn die Rollen leicht und ohne alle Klemmung gehen, und deshalb an ihren Zapfen immer gehörig geschmiert sind. Dass die Prüfung: ob eine merkliche Verstellung stattfinde, durch Ablesen an den Verniers nicht sicher erkannt werden kann, darüber bin ich sehr mit Ihnen einverstanden: auch die besten Reichenbach'schen Verniers geben lange nicht die Feinheit und Zuverlässigkeit im Ablesen, welche mit doppelten Mikroskopen zu erreichen ist, wie dies auch die Vergleichung von Repsold's und Reichenbach's Meridiankreisen zeigt; bei jenem bin ich nie 0″5, bei diesem oft 1″5 bis 2″ ungewiss. Da nun Ihr Kreis nur halb so gross ist, so mag leicht besonders bei unbequemer Stellung, eine erhebliche Ungewissheit beim Ablesen zurückbleiben. Ich weiss nicht genau, wie Ihr 18zolliger Kreis sonst eingerichtet ist. Wäre er meinem 12zolligen ähnlich, d. i. mit zwei Fernröhren versehen, so würde, deucht mir, eine brauchbare Prüfung die seyn, beide Fernröhre auf Einen Punct zu richten, dann den ganzen Kreis einmal (oder mehremale) in seiner verticalen Ebne in einem Sinn herumzudrehen, bis das 1ste Fernrohr wieder auf jenen Punct zurückgekommen ist, und nachzusehen, ob auch das zweite wieder übereinstimmt. Allein wenn ich mich recht erinnere, sagten Sie mir, dass der Kreis, den Sie erwarteten, mit fester Säule, also Einem Fernrohr sei. An diese Art Instrumente wollte ja Reichenbach noch ein Niveau anbringen, wie sie die Borda'schen haben. Ist dies bei dem Ihrigen, so gilt auch die vorige Prüfung, wenn man nur die Stellung der Libelle notirt, indem das Fernrohr auf ein Object gerichtet ist, und dann wenn man letzteres nach der Umdrehung wieder auf die Gesichtslinie gebracht hat, nachsieht, ob die Blase wieder auf Ihren vorigen Stand kommt. Noch besser dürfte es wohl seyn, und wenigstens auf alle Fälle ausführbar, zwei Reihen Beobachtungen für die Z. D. eines Objects zu machen, indem man zwischen der 2ten u. 3ten; 4. u. 5. &c. Beobachtung den Kreis so drehet, dass das Fernrohr durch das Zenith geführt wird, und dann eine zweite Reihe wobei man das Fernrohr immer durch' das Nadir führt. Es fragt sich nur, wenn hieraus würklich eine entschiedene Differenz in Einem Sinn hervorgeht, ob man zwischen beiden Resultaten blos das einfache arithmetische Mittel nehmen, oder pro rata nach der Grösse des Winkels eine Vertheilung machen soll. Ich würde eher für das erste stimmen, besonders wenn (wie, glaube ich, auch Zach einmal gerathen hat) die Klemme inwendig absichtlich rauh gehalten ist. Man könnte auch zur bessern Prüfung dieser meiner Ansicht eine dritte Reihe machen, wo man das Fernrohr durch das Zenith und dann noch einmal ganz herum führte.

Mit den Spinnenfäden habe ich auch vielfältig meine Noth gehabt. Im Passagen-Instrument waren sie mir fast alle ganz schlaff geworden, und ich war genöthigt, neue einzuziehen, womit ich mich eine ganze Woche gequält habe. Wenn ich auch glaubte, sie gehörig straff aufgespannt zu haben und (nach Reichenbach's Rath) nach dem Anhauchen, durch's Mikroskop nichts Schlaffes an ihnen im Zimmer erkennen konnte, so waren die Fäden, nachdem sie eine Nacht in der Sternwarte im Fernrohr gesessen, wenn sie mit dem stärksten Ocular betrachtet wurden, immer doch zum Theil wieder schrumpflich. Dies ist eine wahre Gedultsprobe.

Auch in Repsold's Fernrohr habe ich neue Faden eingezogen. Die Feinheit der vorigen, obgleich bei allen Tag-Beobachtungen sehr angenehm, war doch etwas zu gross, so dass man bei Nacht immer viel stärker beleuchten musste, als kleine Sterne vertrugen. Auch habe ich statt der vorigen 5 Verticalfäden jetzt auch 7 (mit kleinern Intervallen) eingezogen, indem ich mich beim Passagen-Instrument an diese kleinen Intervalle schon ganz gewöhnt habe. Aber auch hier hat es erst viel Mühe gemacht, bis ich die zwei horizontalen Fäden gehörig straff und ad sensum parallel bekommen habe. Uebrigens scheint mir fast, als ob die Reichenbach'sche Befestigungsart mit Wachs weniger dauerhaft ist, indem ich sonst nicht recht begreife, wie die Fäden im M. Fernrohr haben schlaff werden können, ob sie gleich früher, bei oft viel feuchterer Luft, immer gespannt waren. Ich habe daher die neuen Fäden immer mit Lack-Firniss befestigt, wobei man aber, um sicher zu seyn, immer erst ziemlich lange auf's Trocknen warten muss.

Meines Reichenbach'schen Meridiankreises entbehre ich jetzt. Die auf der Münchner Sternwarte gemachten Erfahrungen bewiesen eine Federung in den Speichen der beiden Kreise, welcher abzuhelfen Reichenbach neue Hemmungen macht, bei welchen die Peripherien der Kreise immer frei bleiben. Zu diesem Behuf habe ich aber beide Stell-Schrauben nach München zurückschicken müssen, und kann so lange bis die neue Hemmung ankommt, das Instrument nicht brauchen. Inzwischen hoffe ich diese Sachen Ende dieses Monats zurückzuerhalten, und dann wird nur Ein Tag nöthig seyn, um das Instrument wieder in beobachtungsfertigen Stand zu setzen. Vertrüge die Ablesung ganz dieselbe Feinheit wie bei Repsold's Kreise, so wäre durchaus nichts bei diesem Instrument zu wünschen übrig. Das Fernrohr, obgleich es an Grösse und Oeffnung dem Passage-Instrument nicht ganz gleichkommt, scheint doch an Lichtstärke ihm nicht merklich nachzustehen, und an Præcision vielleicht es noch zu übertreffen. So habe ich dabei auch eine ganz vortreffliche Beleuchtung, der (in der Einen Lage des Instruments) mit grösster Bequemlichkeit jeder Grad von Stärke gegeben werden kann.

Indem Sie diesen Winter mit Ihrem Zenith-Sector in Copenhagen beobachten, werden Sie wol von den in Lauenburg beobachteten Sternen wenige oder keine beibehalten, da diese jetzt meistens bei Tage culminiren, wo sie ihrer Kleinheit wegen unsichtbar bleiben. Ich ersuche daher, mir diejenigen Sterne anzuzeigen, die Sie im künftigen Monat zu beobachten denken, wo ich dieselben mit dem Reichenbach'schen Kreise meiner Seits auch beobachten werde. Auch die bisher von Ihnen beobachteten, insofern sie sich noch im künftigen Monat observiren lassen, bitte ich mir zu nennen. Aus meinen Beobachtungen Ihrer Sterne am Repsold'schen Kreise ist im vorigen Herbst noch nicht viel herausgekommen. Das Instrument war, da in dem Zimmer noch mehreres zu bauen war, sechs Wochen abgenommen gewesen, und nachher wurde das Wetter so ungünstig, dass ich nur an 3 oder 4 Tagen, und zwar nur in Einer Lage des Instruments Beobachtungen erhalten habe. Ueberhaupt ist das Wetter seit dem October ausserordentlich schlecht gewesen; Sonnenbeobachtungen für das Solstitium habe ich nicht eine einzige erhalten. Bei der starken Kälte in diesem Monat (Morgens den 10. Jan. – 20° 3; den 15. Jan. Morgens – 21° 8; jedoch an einem Thermometer, was etwa 0° 5 zu tief gibt; heute den 18. haben wir + 3°) waren einige heitere Abende, allein obgleich ich durch längeres Oeffnen der Fenster die innere Temperatur auf − 15° gebracht hatte, zitterten die Sterne doch so stark, dass die Beobachtungen wenig werth waren.

Was die schiefe Stellung des Horizontalfadens betrifft, so bemerke ich zuvörderst, dass es nicht unerheblich ist, auf die jedesmalige Abweichung der Fläche des Instruments von der Ebne des Meridians dabei Rücksicht zu nehmen. Es scheint mir diese an mehreren Tagen ziemlich beträchtlich gewesen zu seyn, sei es dass nicht immer auf das genaueste der Azimuthalkreis eingestellt war, oder dass dieser selbst einige Wandelbarkeit hatte. Den Beweis dieser Behauptung liefert die Vergleichung der Antritte der einzelnen Sterne an den mittelsten.

Ich habe verschiedne dieser Sterne am Repsold'schen Kreise beobachtet, woraus sich ihre Rectascensionen mit vieler Genauigkeit werden ableiten lassen. Diese Reductionen sind zwar noch nicht gemacht; allein da dieselben nur sehr klein seyn können, so ergibt sich aus meinen Beobachtungen auch so schon, dass der Sector öfters bedeutend abwich. So ist der Rectascensionsunterschied von ω' Cygni und 222 Bode Cephei nach meiner Beobachtung vom

17. Oct. 6' 50"68 } ohne Reduction
20. Oct. 50, 98

und Ihre Antritte am 29. Julius geben einen Unterschied von 6' 55"8, welches eine Abweichung der Ebne des Instruments vom Meridian andeutet, die mehrere (Bogen) Minuten betragen muss. Diese Abweichung vom Meridian werden Sie an jedem Tage so genau wie möglich aus dem Ensemble der Beobachtungen ableiten müssen, wozu freilich die Kenntniss der genauen Rectascensionen der Sterne nöthig ist. Ich bin gern erbötig, diese Rectascensionen künftig mit aller Genauigkeit zu bestimmen: bei den wenigen obenerwähnten Beobachtungen hatte ich sie nur als Nebensache betrachtet. Jetzt müssen wir also freilich warten, bis die Sterne erst wieder bei Nacht culminiren.

Es sei nun T die Zeit, wo ein Stern (Decl. = δ) am mittelsten Faden gewesen;

15 n die Neigung der Gesichtslinie gegen die Fläche des Instruments (positiv, wenn der Faden zu weit westlich); diese Grösse ändert also das Zeichen, wenn der Sector umgewandt wird, folglich:

T + n sec δ Zeit wenn der Stern in der Ebne des Instruments war;

T + n sec δ + t Beobachtungszeit;

15 i Abweichung der Fläche von der Vertical-Ebne (oder vielmehr der Axe von der Horizontallage, positiv wenn der westliche Arm der Axe zu hoch)

15 a Azimuth der Fläche positiv, wenn sie im Süden nach Westen abweicht;

φ Polhöhe.

Unter diesen Voraussetzungen ist, wenn man i cos φ – a sin φ = l, i sin φ + a cos φ = m setzt, die wahre Culminationszeit des Sterns

$$= T + l + m \tan \delta + n \sec \delta$$

Aus Vergleichung der beobachteten T für mehrere Sterne, für die δ möglichst verschieden ist, mit ihren wahren Rectascensionen werden Sie (insofern n als schon bekannt angenommen wird) m mit hinreichender Genauigkeit ableiten.

Wenn Sie jetzt jede ausser dem Meridian gemessene Zenithdistanz, südlich als positiv betrachtet, mit

$$- 15 \, m \cdot \frac{15\,t}{206265} + \tfrac{1}{2} \cdot \sin 2\delta \left(\frac{15\,t}{206265}\right)^2 \cdot 206265$$

d. i. mit

$$- \frac{1}{917} \cdot t\,(m - \tfrac{1}{2} t \sin 2\delta) \qquad \text{(wo t in Zeitsecunden ausgedrückt ist)}$$

corrigiren, so müsste, wenn der Faden richtig wäre, (d. i. senkrecht zur Fläche des Instruments) aus jeder Beobachtung dasselbe folgen; die Unterschiede zeigen Ihnen die Abweichungen der einzelnen Stellen des Fadens von der richtigen Lage. Sie sehen, dass wenn an einem Tage m = 15″ wäre, diese Abweichung des Instruments bei zwei Werthen von t, die um drei Zeitminuten von einander abliegen, einen Unterschied von 3 Bogensecunden hervorbringt. Ist der Faden gerade, und der Winkel, den er mit der richtigen Lage macht, = θ, so ist jene Abweichung auch = 15 t · cos δ · tang θ, woraus sich θ wird bestimmen lassen (die Seite, nach welcher er gedreht werden muss, zu bestimmen, übergehe ich, um nicht zu weitläuftig zu werden).

Wäre aber der Faden nicht gerade, so würde auch wol nicht vorausgesetzt werden können, dass seine Gestalt einen Tag wie den andern wäre, und die Beobachtungen würden immer zweifelhaft bleiben.

Nach dem von den arbeitenden Astronomen allgemein beobachteten Sprachgebrauche ist Sterntag die Zwischenzeit zwischen zwei Durchgängen des wahren = scheinbaren (im Gegensatz des mittlern) Aequinoctialpuncts durch den Meridian; diese ist von der Rotationszeit theils wegen der Præcession, theils wegen der Nutation verschieden und aus letzterm Grunde eigentlich kein wahres gleichförmiges Zeitmaass. Einige Compendienschreiber unterscheiden Sternzeit von Zeit der ersten Bewegung, indem sie gerade das oben definirte Tag der ersten Bewegung, und die Zwischenzeit zwischen zwei Culminationen eines Sterns einen Sterntag nennen. Allein dies heisst nur die Begriffe verwirren, denn so würde Sterntag eigentlich gar nichts bestimmtes seyn, sondern verschieden, je nachdem man diesen oder jenen Stern wählte. Auch werden die Benennungen auf diese Weise von niemand gebraucht. Die Definition wäre vielleicht noch zierlicher, wenn man an die Stelle des Aequinoctialpuncts den Pol der Ekliptik setzte. So hat man wenigstens eine völlig klare und einfache Vorstellung von der Sache.

So sehr ich im vorigen Sommer in Lauenburg von der Hitze gelitten habe, so war dieser Fall doch zu ausserordentlich, als dass man Ursache hätte, einen ähnlichen so bald wieder zu fürchten. Grosse Freude würde es mir daher machen, wenn es möglich zu machen wäre, dass ich in diesem Jahre nochmals einige Wochen in Ihrer Gesellschaft und bei Ihren Arbeiten zubringen könnte. Allein theils würde es dabei auf die Zeit ankommen, wann Sie sich wieder in jenen Gegenden befinden werden, theils gestehe ich, dass ich das Gefühl einer Besorgniss habe, mich lästig zu machen, wenn ich zum dritten male in H. auf eine Reise antrage, die nur in einiger Verbindung mit einer möglichen, aber vielleicht noch weit entfernten Operation in unserm Königreiche zu stehen scheinen muss. Graf M. hat mir übrigens auf meinen Brief, noch vor seiner Reise nach Wien, sehr artig geantwortet.

Mit dem grössten Vergnügen werde ich in die G. G. A. einen Artikel über Gradmessung und die königliche Art, wie Ihr

Monarch dieselbe unterstützt, einrücken. Nur, theuerster Freund, erlauben Sie mir eine Bemerkung. Ihr trefflicher König ist viel zu feinfühlend, als dass ihm eine Huldigung gefallen könnte, der man es ansähe, dass dies die Hauptsache seyn sollte. Der Artikel muss daher zunächst die Tendenz haben, dem Publicum (d. i. dem sachverständigen) Mittheilungen zu machen, die die Operation betreffen. Die Lauenburger Beobachtungen, insofern noch keine (wenn auch nur provisorische) Resultate daraus gezogen sind, scheinen nun hierzu keinen hinreichenden Stoff darzubieten; und dann, eine allgemeine Uebersicht über Ihre Gradmessung zu geben, scheue ich mich aus dem Grunde etwas, weil ich nicht vollständig genug von allem unterrichtet bin. So z. B. sagen Sie in Ihrem Briefe, dass Sie im nächsten Sommer mit dem Troughton'schen Sector in Lauenburg observiren wollen, dies ist mir nun ganz etwas neues, und ich erinnere mich nicht, dass Sie mir früher etwas von einem solchen gesagt hätten. Nichts wäre aber ärgerlicher als eine Nachricht à la Woltmann. Erlauben Sie mir daher folgenden unmassgeblichen Vorschlag. Theilen Sie mir gefälligst die (wenn auch nur erst provisorischen) Resultate der Sector-Beobachtungen mit, die Sie im Januar und Februar d. J. in Copenhagen machen, und zwar hauptsächlich von solchen, zu denen ich hier noch correspondirende machen kann, entweder mit dem Reichenbach'schen Kreise, oder wenn sich die Ankunft der neuen Hemmungsarme noch bis in den Februar hinein, wider Erwarten, verzögern sollte, vorerst mit dem Repsold'schen. Ich werde dann diese' Resultate in unsern G. A. bekannt machen, und dabei Gelegenheit nehmen, eine Nachricht von Ihrer Gradmessung überhaupt, in dem Sinn wie es sich gebührt, zu geben, wozu ich aber aus dem obigen Grunde Sie ersuchen muss, mir eine concentrirte Andeutung der Hauptmomente zu schicken, um so mehr, da es auch seyn könnte, dass Sie dieses oder jenes Umstandes für jetzt noch nicht erwähnt wünschten. Auf ein paar Wochen früher oder später wird es ja wohl nicht dabei ankommen. Dass das ganze auf eine möglichst ungesuchte Art hervortrete, ist auch mir deshalb wichtig, weil ich um Alles nicht den Schein haben möchte, als wollte ich dadurch verblümter Weise unserm Gouvernement die Sache wieder in Erinnerung bringen. Denn so sehr ich bereitwillig bin, die Fortsetzung der $\triangle\triangle$ bis Göttingen &c. auszuführen, wenn dazu die nöthigen Mittel auf eine angemessene Art gegeben werden, so ist dies doch durchaus nicht mein eignes, sondern nur das wissenschaftliche Interesse. Persönlich sehe ich es vielmehr als ein Opfer an, was ich jedoch unter obiger Voraussetzung recht gern bringe.

Leben Sie wohl, theuerster Freund, und erfreuen Sie bald wieder mit einigen Zeilen

Ihren ganz ergebensten
C. F. Gauss.

Göttingen, den 18. Januar 1820.

N° 97. Schumacher an Gauss. [62

Vorläufig, mein verehrtester Freund! nur ein paar Worte auf Ihren lieben Brief.

Der König hat gestern an seinen Gesandten in London Ordre geschickt, sich von der Hannöverschen Regierung Ihre Gegenwart bei der Basismessung auszubitten.

In Lauenburg denke ich zu derselben Zeit ohngefähr in diesem Jahre mit den Reichenbach'schen Kreisen und einem Zenithsector von Troughton, den ich erhalten habe, zu messen, als im vergangenen Jahre. Nachher in der Gegend von Hamburg die Basis zu messen. Aber mit ein paar Wochen, mein vielverehrter Freund und Lehrer, kommen Sie nicht ab. Ich wünschte weiter Ihre Gegenwart auch bei den Instrumenten in Lauenburg.

Leider kann der Reichenbach'sche Kreis seiner Construction nach nicht durch das Nadir geführt werden, wodurch also Ihre Berichtigungsmethoden wegfallen.

Ich lasse in diesem Augenblicke hier ein kleines astronomisches Hülfsbuch, wie Sie wissen, drucken. Es enthält:

1) Burkhardt's Reductionstabellen der Sternzeit aus der Connaissance des Temps.

2) Zach's scharf berechnete Tafeln der Mittagsverbesserung.

3) Den Polarstern für jeden Tag dieses Jahrs aus Bessel's neuen Tafeln (obere und untere C.).

4) Aberration, Præcession und beide Nutationen für jeden

10ten Tag dieser Jahre in AR und δ für die 36 Maskelyn'schen Sterne.

Haben Sie etwas zuzufügen, so bitte ich mir es sobald als möglich aus. Wenn Sie sich ein kritisches Verzeichniss der Längen und Breiten der vorzüglichsten Sternwarten gesammelt hätten, so würde ich darum bitten.

Darf ich die mir handschriftlich mitgetheilten Aberrations- und Nutations-Tafeln um Gruppen von Sternen zu reduciren, abdrucken lassen?

Ich würde auch um die mittlern AR und δ für Anfang 1820 bitten, die Sie bei dem jetzigen Zustande der Astronomie für die wahrscheinlichsten halten.

Da indessen der Druck schon angefangen ist, so bitte ich bald um Ihre gütigen Beiträge.

Viele Empfehlungen an Ihre Frau Gemahlin. Ich hoffe, Sie wird es diesen Sommer machen wie meine Frau es den vorigen machte, und Ihren Mann auf der Station nicht verlassen.

Ganz Ihr

Schumacher.

Copenhagen, den 5. Februar 1820.

N? 98.   Gauss an Schumacher.   [36

Ihr letzter Brief, hochgeschätztester Freund, ist etwas länger als gewöhnlich unterwegs gewesen. Vor allen Dingen muss ich Ihnen zu erkennen geben, wie sehr ich mich dadurch geehrt fühle, dass Ihr vortrefflicher König meine Gegenwart bei Ihrer bevorstehenden Standlinien-Messung verlangt, und sogar geruhet hat, mir den Urlaub dazu zu erwirken. Wenn ich, wie nicht zu bezweifeln ist, diesen erhalte, wird es mir die angenehmste Pflicht seyn, Sr. Majestät Befehlen nachzukommen.

Die astronomischen Hülfstafeln, deren Sie in Ihrem Briefe erwähnen, müssen allen Beobachtern erwünscht seyn, und es ist nur das zu bedauern, dass sie nicht gleich im Anfang dieses Jahrs allen praktischen Astronomen haben zu Händen kommen können. Ich kann Ihnen diesmal der Eile wegen keinen Beitrag dazu geben, indem manches der Art, was ich zu meinem Privatgebrauch eingerichtet habe, nicht ganz vollendet ist. Dies gilt im Grunde auch von meinen Aberrations- &c. Tafeln, von der Sie zwar jeden beliebigen Gebrauch machen können, wozu Sie aber wol erst die Nutationstafel completiren, oder completiren lassen müssten. Die Polhöhe meiner Sternwarte nehme ich $51^\circ\ 31'\ 50''$ an; die Länge von Paris setze ich bis jetzt $30'\ 25''5$. Für die Längenunterschiede mit mehrern Sternwarten sind mit Nicolai, Soldner und Enke correspondirende Mondsbeobachtungen verabredet, auch bereits seit 5 Monaten im Gange. Vom ersten Viertel bis zum Vollmond wird der erste Mondsrand in jeder Lunation mit 3 verabredeten nahen Sternen, und nahe auf dem Parallel des Mondes verglichen. In den Sommermonaten werden wir auch einige Nächte nach dem Vollmond hinzunehmen. Meines Wissens war dies Verfahren früher noch nicht im Ernst angewandt; es gibt eine Genauigkeit, grösser als man hätte erwarten sollen. Zwar ist die Bestimmung von einem Abend etwas grösserer Ungewissheit ausgesetzt als die aus Einer guten Sternbedeckung, dagegen aber kann man 1) die Bestimmung durch Mondsrectascensionen in kurzer Zeit viel mehr vervielfältigen; 2) werden auch die Sternbedeckungen, mögen sie noch so gut beobachtet seyn, immer etwas ungewiss, theils wegen der Rundgebirge des Mondes, die an vielen Stellen 1—2" vorspringen, und 3) kommen bei der Reduction der Mondsrectascensionen gar keine zweifelhafte Rechnungselemente in's Spiel, was nicht so bei Sternbedeckungen ist. Die Erndte in den Wintermonaten ist etwas dürftig ausgefallen; hier als Probe die Resultate für den Längenunterschied von Göttingen und Mannheim (mehrere Beobachtungen vom November und December sind noch nicht berechnet).

1819	Sept.	28	5' 52"5
	Oct.	1	57,1
	Oct.	2	54,0
1820	Jan.	22	55,6
	Jan.	23	48,1
	Jan.	24	53,5
	Jan.	25	50,7

Mittel mit Rücksicht auf den ungleichen Werth der einzelnen Bestimmmungen

= 5' 53"1

Für den Unterschied zwischen Gotha und Göttingen gaben zwei Bestimmungen:

| 1819 Dec. 27 | 3' 7"0 | Mittel 3' 8"2 |
| 1820 Jan. 24 | 3' 9,4 | |

Da Sie auch ein schönes Reichenbach'sches Mittagsfernrohr besitzen, so werden Sie vielleicht künftig, wenn Sie wieder auf längere Zeit zu Hause sind, auch gern an diesen Beobachtungen Theil nehmen. Auch Struve und Bessel werde ich zur Theilnahme einladen.

Wenn ich nicht irre, hat Bessel Ihnen eine Abschrift seiner Fortsetzung der Tafel für die scheinbaren Rectascensionen mitgetheilt, welche auf seine eignen Bestimmungen gegründet ist. Es ist dabei zweierlei zu unterscheiden: theils die relativen Stellungen gegen α Aquilae, theils die absolute Rectascension dieses Sterns durch Vergleichungen mit der Sonne. In Rücksicht der letztern hat Bessel eine Vermehrung der Maskelyne'schen Angabe von ein Paar Bogensecunden gefunden, und ich glaube dass vorerst diese anzunehmen ist, da die Bestimmung durch unmittelbare neuere Beobachtungen mehr Zuverlässigkeit gibt als die Uebertragung vom Jahr 1805 auf die jetzige Zeit. Allein was die Correction der relativen Stellungen betrifft, so lässt sich diese mit Pond's Resultaten (Nautical Almanac 1821) vergleichen, und da zeigt sich, dass Bessel und Pond die Maskelyne'schen Angaben, wie sie von Bessel redigirt sind (im 1. Band der Königsberger Beobachtungen) bei der halben Anzahl im entgegengesetzten Sinn corrigiren. Es scheint daher dieser Gegenstand noch bei weiten nicht erschöpft zu seyn. Bessel's Beobachtungen sind zwar sehr zahlreich, und seine Behandlung lässt nichts zu wünschen übrig, allein seine bisherigen Instrumente waren doch sehr mittelmässig, die Aufstellung äusserst wandelbar und die Uhr in ihrem Gange ziemlich unregelmässig.

Die neuen Hemmungen meines Meridiankreises sind nunmehro angekommen, und ich bin bereit: damit in Ordnung. Ich wiederhohle daher meine Bitte, mir diejenigen Zenithalsterne, die Sie in Copenhagen in diesem Winter beobachtet haben und in Skagen zu beobachten denken, anzuzeigen, damit ich diejenigen, die bei Nacht culminiren, sowie diejenigen, die hell genug sind, um bei Tage beobachtet werden zu können, mit diesem Meridiankreise observiren kann. Bei sehr günstiger Luft sind selbst Sterne vierter Grösse bei Tage zu erkennen.

Für den kleinen Cometen des vorigen Jahrs, welchen Pons entdeckte, hat Enke eine Umlaufszeit zwischen 5 und 6 Jahren gefunden, indem er die Mailänder Beobachtungen mit zuzog.

Dass unser Freund Olbers abermals ein grosses Unglück erlitten hat, den Verlust seiner Frau, wissen Sie vielleicht schon.

Stets und ganz

der Ihrige

C. F. Gauss.

N° 99. Schumacher an Gauss. [68

Copenhagen, d. 15. April 1820.

Mein vielverehrter Freund!

Verzeihen Sie mein langes Stillschweigen, ich bin so glücklicherweise mit Beobachtungen, und unglücklicherweise mit ganz heterogenen Nebengeschäften überhäuft gewesen, dass ich noch immer keine Zeit zu einem ausführlichen Briefe fand, wie ich ihn zu schreiben wünschte. In diesem Blatte will ich Ihnen nur die Sterne senden, die in Lysabbel und hier ausser den Ihnen bekannten Lauenburger beobachtet sind.

			Die AR für die mittelste Columne sind:
ε Cassiopeæ	γ Persei	θ Ursae ma.	9h 21'
10¹ Cassiop.	α Persei	29 Ursae ma.	9 38
18 Androm.	122 Camelop.	229 Ursae ma.	— 52 35"
τ Cassiop.	164 Camelop.	36 Ursae ma.	10 19
237 Cassiop.	217 Camelop.	37 Ursae ma.	— 23
6 Cassiop.	244 Camelop.	39 Ursae ma.	— 32
β Cassiop.	28 Camelop.	42 Ursae ma.	— 40
12 Cassiop.	85 Camelop.	α Ursae ma.	10 52 32
λ Cassiop.	146 Camelop.	19 Ursae ma.	11 6
α Cassiop.	203 Camelop.	59 Ursae ma.	— 16
η Cassiop.	δ Aurigae	δ Ursae ma.	12 6
γ Cassiop.		5 Can. ven.	12 15
δ Cassiop.		7 Cau. ven.	— 22
β Ursae ma.		ε Ursae ma.	12 46
γ Ursae ma.		8 Ursae ma.	13 2
		ζ Ursae ma.	13 16
		Alcor.	13 18

2h 52'
3 11
4 26
— 39
— 43
— 47
— 47
5 8
— 17
— 27
— 35
— 45

Vor meiner Abreise nach Skagen in der ersten Woche des Mais werde ich noch ausführlicher schreiben. Ich denke Anfangs Julius wieder in Lauenburg mit den Kreisen zu seyn. Ist es nicht möglich, dass Sie Ende Julius wenigstens schon dahin kommen, und nachher mit zur Grundlinie reisen?

Ihr

Schumacher.

N=. 100.   Gauss an Schumacher.   [37

Mein theuerster Freund!

In Ihrem letzten Briefe hatten Sie die Güte, mir vor Ihrer Abreise nach Skagen, die in der ersten Hälfte des May Statt finden sollte, noch eine ausführlichere Nachricht zu versprechen. Da ich diese bisher noch nicht erhalten habe, so vermuthe ich, dass Ihre Abreise entweder noch verzögert ist, oder dass Ihre Geschäfte vorher zu gehäuft gewesen sind. In dieser Ungewissheit addressire ich diesen Brief nach Copenhagen und wünsche sehnlich, dass er Sie treffen und bald treffen möge: er soll Ihnen nemlich die Nachricht anzeigen, dass in Folge eines Schreibens vom Grafen von Münster aus London, als Antwort meines vor einem Jahre von Ihnen gefälligst besorgten Briefes,

„der König die Fortsetzung der Gradmessung durch
„das Königreich Hannover genehmigt hat."

Das Weitere werde ich nun erst erwarten müssen. Willkommen wäre es mir gewesen, unter diesen Umständen von Ihrer grössern Geschäfts- und Welt-Erfahrung manchen Rath zu erhalten, und alles was Sie mir in dieser Hinsicht mittheilen, werde ich sehr dankbar annehmen.

Höchst wichtig scheint es mir nun aber auf alle Fälle zu seyn, dass wir, Sie in Skagen und ich hier, einige Sterne gleichzeitig beobachten, und ich bitte, mir daher die Sterne, die Sie für Skagen auswählen, sofort anzuzeigen. Zwar besitze ich nun schon mehrere Listen von Lauenburger, Alsener, Copenhagener Sternen, allein die Anzahl ist viel zu gross, als dass ich sie jetzt alle oder auch nur grösstentheils beobachten könnte, und so würde ich ohne Ihre Anzeige am Ende riskiren, keinen einzigen jetzt mit Ihnen gleichzeitig zu beobachten, wenn ich nur auf gut Glück daraus auswählte.

Sehr verpflichten würden Sie mich auch, wenn Sie mir von den Resultaten, die Sie schon aus Ihren Beobachtungen gezogen haben, einiges mittheilten, um daraus den Grad der Uebereinstimmung, welchen die Beobachtungen am Zenithsector geben, beurtheilen und mit derjenigen vergleichen zu können, welche mein Reichenbach'scher Meridiankreis gibt. Dieser hat meine

Erwartung übertroffen. Bei einer Reihe Beobachtungen geht die Abweichung vom Mittel **sehr selten** auf oder gar über 1"5. Die Vortrefflichkeit der Theilung werden Sie aber am besten beurtheilen können, wenn ich Ihnen die verschiedenen Bestimmungen des Platzes des Pols in der 1sten Periode vom 21. Febr. bis 19. März hieher schreibe.

Sterne.	M. Decl. 1820	Ort des Pols.	Anz. d. Beob. oben	Anz. d. Beob. unten	Grösse
Nordstern	88° 20' 54"35	321° 29' 32"87	4	1	2
1 Drac. Hev.	82 6 24,20	32,00	2	2	5
γ Cephei	76 37 42,94	31,54	1	1	3
11 Cephei	70 29 2,18	32,08	2	2	4
ε Cephei	69 46 19,09	32,11	3	8	3
δ Draconis	67 20 42,09	31,67	3	3	3
ι Cephei	65 15 20,27	31,52	1	1	4
α Ursæ mai.	62 43 13,34	31,62	1	1	2
α Cephei	61 49 32,39	31,56	1	6	3
η Cephei	61 8 31,92	·31,82	2	3	3. 4
δ Cephei	57 29 46,90	31,12	1	1	3
3 Lacertæ	51 19 47,52	32,32	1	1	4

Ich gebe Ihnen noch anheim, ob Sie nicht in Rücksicht auf die Wichtigkeit des Umstandes die Amplitude des Bogens von Skagen bis Göttingen durch gleichzeitige Beobachtungen zu bestimmen, selbst eventualiter die Dauer Ihres Aufenthalts daselbst noch etwas länger ausdehnen wollen, als Sie sonst wol gethan hätten, damit wir um so mehr auf einen erwünschten Erfolg rechnen können. Es scheint dies um so wichtiger, da das hiesige zur Vergleichung dienende Instrument **hier bleibt** und also in Zukunft als terme de comparaison für alle übrigen bei weiterer Fortsetzung nach Süden wird dienen können.

Ganz der Ihrige

C. F. Gauss.

Göttingen, den 20. May 1820.

Sehr eilig.

No 101.   **Schumacher an Gauss.**   [64

Mein vielverehrter Freund!

Sie werden aus Hamburg wohl sehr bald ein Exemplar auf Velin meiner Tafeln für sich, und zwei gewöhnliche, 1 für die Gesellschaft der W., — 1 für Harding erhalten. Es ist der erste Versuch der Art, und der Jahrgang 1821 soll besser werden.

Meinen herzlichsten Glückwunsch zu der Resolution des Königs. Sollte ich Ihnen in einigen Geschäftssachen nützlich seyn können, so haben wir wahrscheinlich Zeit, wenn wir uns im August sehen, alles näher zu verabreden; vor der Zeit wird gewiss nichts gemacht, wenn ich sonst nach dem, was Sie mir früher mittheilten, den Geschäftsgang bei Ihnen kenne.

Ich halte es für wichtig, dass Sie sich augenblicklich den Sector ausbitten, wenn ich ihn im nächsten Frühjahre abliefere. Es ist auf alle Fälle doch interessant, dass dies Instrument in Göttingen zur Seite Ihres Reichenbach'schen Meridiankreises beobachtet werde, und wie gerne ich es Ihnen überliefere, wissen Sie gewiss, wenn ich auch es nicht sonst den Franzosen abgeben sollte. Wenn Ihr Ministerium jetzt nur den geringsten Schritt thut, so haben Sie ihn gewiss und vielleicht für immer. Er gehört dem Board of Ordnance und steht unter Wellington als Great Master of the Ordnance, und mittelbar unter Cpt. Colby (Tower-Map Office), der nach Mudge's Tod wohl als Director der Karten succedirt.

Reichenbach hat mir jetzt geschrieben, dass er auch nach Hamburg und Lauenburg kommen will.

Ich bin hier durch allerhand Maass- und Kartensuchen bis jetzt aufgehalten und werde erst in 14 Tagen nach Skagen reisen. Der Sector steht dort seit dem 1. Junius, und Caroc und Zahrtmann beobachten fleissig, namentlich alle Lauenburger Sterne und was von den andern möglich ist. Wenn Sie also nur keine zu kleine Sterne nehmen (6., 7. Grösse) so sind Sie sehr sicher, dass Sie nicht vergebens beobachten. Wir wollen die Station, darauf können Sie sich verlassen, complet beobachten. Gegen Ende des Julius bin ich gewiss in Hamburg.

Es wäre mir angenehm, wenn Sie an unsern König schrieben, dass bei der jetzigen Fortsetzung der Gradmessung durch das Hannöversche es interessant sey, alle Instrumente mit Ihrem Meridiankreis zu vergleichen und Sie daher wünschten, dass ich im Winter, wenn sonst keine Arbeiten der Gradmessung wären, mit einem Gehülfen und den Reichenbach'schen Kreisen zu Ihnen nach Göttingen käme, um dort gleichzeitig und auf demselben Orte dieselben Sterne zu beobachten. Ich habe so manches noch mit Ihnen zu verabreden und in so manchem mich noch zu belehren, dass ich diesen Aufenthalt als eines der wünschenswerthesten Dinge ansehe.

Viele Grüsse von uns allen an Sie und Ihre Frau Gemahlin. Mein zweiter Sohn wird gleichfalls dick und gross.

Ganz Ihr

Schumacher.

Kopenhagen, den 5. Juni 1820.

N? **102.** **Gauss an Schumacher.** [38

Theuerster Freund.

Ich bin die letzten Wochen hindurch unpässlich gewesen, und auch jetzt noch nicht ganz wieder in Ordnung: entschuldigen Sie damit gefälligst meine um mehrere Posttage verzögerte Antwort.

Die Aussicht und der Wunsch, Sie hier zu sehen, ist mir zu erfreulich, als dass ich mich, Ihrem Verlangen gemäss, nicht hätte beeifern sollen, das Bewusste an Ihren trefflichen König zu schreiben, wenn ich gleich vermuthe, dass es, bei Ihrem eignen glücklichen Verhältniss, dessen nicht bedurft hätte. Haben Sie die Güte, dieses Schreiben auf dem geigneten Wege zu Sr. Majestät Händen zu befördern.

In diesseitiger Beziehung ist noch nichts weiter vorgekommen. Münster's Brief enthielt buchstäblich nur, „er habe das „Vergnügen, mir anzuzeigen, dass Se. Majestät die Kosten der „Fortsetzung der Triangulationen durch das Königreich Hannover „bewilligt habe, und dass er deshalb an das Ministerium schrei„ben werde". Sie sehen, dass hierin noch **kein Auftrag an**

mich liegt, und ich habe mich unter diesen Umständen darauf beschränken müssen, ihm für seine Verwendung zu danken, indem ich seinen nähern Befehlen entgegensehen würde. Dies natürlich nur unter uns. Uebrigens kann auch vorerst noch nichts geschehen, und ich werde vor allen Dingen erst hören müssen, in wie fern ich von Reichenbach einen kräftigern Winkelmesser als ich bisher besitze, zu bekommen hoffen darf.

Für Ihre mir durch Hrn. Rümker zugekommenen Tafeln danke ich verbindlichst. Wünschen Sie, dass dieselben in unsern gel. Anzeigen angezeigt werden? In Beziehung auf die letzte Tafel bitte ich mir gefälligst anzuzeigen, auf welchen Augenblick die Angaben sich beziehen. Bei der heutigen Feinheit der Beobachtungen darf man, wenn man consequent seyn will, nicht für alle Stunden Eines Datum einerlei Reduction brauchen. Ich vermuthete anfangs, dass für den Mayländer wahren Mittag gerechnet wäre, indem dafür die nöthigen Sonnenlängen unmittelbar zur Hand waren. Allein ein Paar Versuche machen mich geneigt zu glauben, dass jene Vermuthung unrichtig war, und dass vielmehr für die Culminationszeit einer bestimmten Europäischen Sternwarte gerechnet ist. Für den Rechner war dies viel beschwerlicher, aber für den, der die Tafeln gebraucht, bequemer. Ich finde nicht, dass in der Einleitung hierüber Aufschluss gegeben wäre, und ersuche Sie daher, mir anzuzeigen, wie es damit gehalten ist, und ob der gewählte Grundsatz überall strenge befolgt ist. Uebrigens scheint Hr. Nissen seine Revision nicht sehr strenge genommen zu haben. Ich finde z. B. die Tafeln für die Declinations-Reduction bei α Orionis und bei α Serpentis ganz unrichtig. Bei α Orionis ist der Fehler freilich leicht zu redressiren, indem daselbst nur die $\mathbb{C}$ Nutation das falsche Zeichen hat; aber bei α Serpentis ist die ganze Aberrationscolumne unrichtig (indem wie es scheint A' mit A verwechselt ist) und muss ganz neu gerechnet werden. — Vorzüglich angenehm waren mir die halbtägigen Positionen des Nordsterns, und noch angenehmer Ihre Versicherung, dass Sie künftig alljährlich mit Herausgabe ähnlicher und erweiterter Tafeln fortfahren werden. Hoffentlich werden Sie dabei sich nicht gar zu ängstlich auf dasjenige beschränken, was in Zach's Sinn nützlich ist, sondern auch manches aufnehmen, was den Astronomen interessant ist, auch wenn es nicht für Zeit- und Breiten-

Bestimmung gebraucht wird. Ich habe z. B. durch einen meiner Zuhörer eine Tafel für die Mercurs-Coordinaten berechnen lassen, die für die Beobachtungen dieses Planeten sehr erleichternd ist. Denn man findet vermittelst derselben die AR und Decl. des Planeten sehr bequem auf ½ Bogenminute, und ich weiss, dass er sehr häufig nur deswegen verfehlt wird, weil man seinen Ort nicht genau genug vorausweiss. Eine ähnliche Tafel berechnet er jetzt für den Mars, den ich auch aus ähnlicher Ursache mehreremale bei Tage verfehlt habe (ich bediene mich immer der stärksten 175^m Vergrösserung, wobei das Feld sehr klein ist).

Seit einem Monat ist das Wetter hier unerhört schlecht gewesen, und ich habe auch zu den Zeiten, wo mein Befinden mir das Beobachten nicht verwehrte, nur sehr wenig vom Himmel zu sehen bekommen, von Ihren Lauenburger Sternen eigentlich noch gar nichts, wenn ich nicht einige einseitige Beobachtungen von ε, ζ, η Ursæ maioris mitzählen will. Geht es so fort, und ist es bei Ihnen eben so, so fürchte ich, kommen Sie dies Jahr gar nicht zur Basismessung.

Stets der Ihrige
C. F. Gauss.

Göttingen, den 2. Julius 1820.

P. S. Ich habe diesen Brief noch einmal wieder geöffnet, indem ich eben, da ich ihn absenden will, einen Brief von Regierungsrath Hoppenstedt erhalten (dieser ist Referent im Ministerium für die Universitätssachen). Er schreibt, ich werde mit der nemlichen Post die Benachrichtigung erhalten, dass der König die bewusste Fortsetzung beschlossen habe (NB. diese Benachrichtigung ist heute nicht mitgekommen); ich werde dabei aufgefordert, meine Meinung über die Art der Ausführung zu eröffnen, sowie besonders darüber, inwiefern bald Geldausgaben vorkommen würden &c. Uebrigens aber werde darin für den Augenblick doch nichts geschehen können, weil der Minister so eben in's Bad gereiset sei, er selbst auch nächstens verreisen werde, wobei er über Göttingen kommen und mit mir die Sache besprechen werde u. s. w. Sie sehen, dass die Sache nun in Gang kommt, und ich werde wohl die Einreichung eines ausführlichen Operationsplanes nun auch wol so lange verschieben können (da ohnehin in diesem Jahre nichts geschehen kann) bis ich mit Ihnen über manches mündlich Rücksprache genommen habe.

Sehr eilig, um die Post nicht zu verfehlen.

N⁰ 103. Schumacher an Gauss. [65

Mein vielverehrter Freund!

Ich habe so lange geschwiegen, um Ihnen etwas Bestimmtes über die Basismessung sagen zu können. Das Auffinden hat uns sehr gequält, endlich ist aber das Terrain gefunden, und Ihre Gegenwart ist jeden Augenblick nöthig, sowohl um zwischen 2 auf einmal gefundenen zu entscheiden als auch um wegen des Apparats zu berathen.

Ich vermuthe, dass Sie die ☉ Finsterniss in Göttingen beobachten wollen, ich bitte aber herzlich, so bald wie Sie nachher nur können, kommen Sie. Mein Logis hier steht für Sie offen (Karolinenstrasse, Madame Klick), da ich, sobald Sie kommen, in ein benachbartes Haus ziehe; Sie finden 2 Stuben und die schönste Elbaussicht. Ihre Frau Gemahlin, die Sie diesmal doch hoffentlich begleiten wird, soll was nur in meiner Macht steht, an Bequemlichkeit finden, und was fehlt bitte ich mit dem guten Willen und der Aussicht zu compensiren.

Geben Sie mir gütigst umgehend Nachricht. Erst wenn Sie hier sind und wenn wir beide die Basismessung soweit gebracht haben, dass ich sie dem Herrn Caroc überlassen kann, denke ich in Ihrer Gesellschaft mit den Reichenbach'schen Kreisen nach Lauenburg zu gehen.

Die Antwort des Königs werden Sie wohl haben. Ich komme im Februar nach Göttingen.

Die Anzeige meiner Tafeln für dies Jahr wünsche ich nicht, vorzüglich wegen Zahrtmann's Rechenfehler.

Die Correctionen sind für die Culmination in Mailand gerechnet.

Alles, was Sie mir für den Jahrgang 1821 geben, werde ich mit vielem Danke aufnehmen.

Ihr
Schumacher.

Altona, d. 29. August 1820.

N° **104.**   Gauss an Schumacher.   [39

Ihren vorgestern eingelaufenen Brief, theuerster Freund, eile ich heute nur mit einigen Zeilen zu beantworten. Ich habe sogleich alle noch übrigen Vorkehrungen zu meiner Abreise eingeleitet, es sind aber leider mehrere Umstände, die noch etwas unerwartete Verzögerung einlegen. Doch rechne ich mit Bestimmtheit darauf, nächsten Dienstag, wird seyn der 12. hujus von hier abzureisen, und werde dann mit dem Dampfschiff am 15. d. i. Freitags über die Elbe kommen.

Die Herren Struve und Wahlbeck sind heute hier von München wieder angekommen, und werden, wenn ich sie recht verstanden habe, einige Tage früher von hier ab und direct nach Altona gehen. Durch diese werde ich Ihnen also vielleicht erst noch ein Paar Zeilen Näheres zusenden können.

Das Wetter ist sehr veränderlich, und für die morgende Finsterniss wenig Hoffnung. Ich habe heute noch vielerlei Vorbereitungen am Heliometer zu machen und muss daher eiligst schliessen.

Ihre Zenithalsterne, 20 an der Zahl, habe ich ziemlich vollständig, jeden wenigstens 6 mal, beobachtet, und die Beobachtung auch bereits auf's schärfste reducirt. Ich werde sie mitbringen und bin sehr begierig auf die Resultate der Vergleichung mit dem Zenithsector. Ich reise ganz allein, und bedarf daher eigentlich nur Eines Zimmers.

Ganz der Ihrige
C. F. Gauss.

Göttingen, den 6. September 1820.

Höchst eilig.

N° 105.   Gauss an Schumacher.   [40

Göttingen, 1. November 1820.

Nachdem ich endlich hier wieder zu einiger Ruhe gekommen bin, benutze ich die ersten freien Stunden, um Ihnen, mein theuerster Freund, nochmals meinen herzlichen Dank für Ihre freundliche Aufnahme zu wiederhohlen. Ich habe meine Rückreise ohne allen Unfall, nur etwas von der Kälte beim Nachtfahren incommodirt, zurückgelegt, und kam am 25. Oct. Mittags hier wieder an. In Soltau erfuhr ich nach angestellter Erkundigung, dass der andere Weg nach Hannover (Soltau, Hadenstorf, Mellendorf, Hannover) um 2 Meilen kürzer ist als der gewöhnliche über Celle; auch sagte mir der Wagenmeister im Vertrauen, jener Weg sey sehr gut, man führe ihn aber nicht gern, weil er viel seltner befahren werde, und also viel seltner Gelegenheit zum Wechseln auf halbem Wege vorkomme, daher er mich auch bat, nicht merken zu lassen, dass er mir diese Nachricht gegeben. Ich würde auch jenen Weg genommen haben, auf dem ich ohne Mühe in Einem Tage nach Hannover konnte, wenn ich nicht meine Frau einen Brief poste restante nach Schillerslage hätte addressiren lassen, auf welchem Wege ich nur mit grosser Anstrengung und sehr spät in Einem Tage bis Hannover kam. Künftig werde ich aber immer den andern Weg vorziehen. In Hannover fuhr ich erst bei dem mir von Cptn. Müller empfohlenen Gasthofe bei Droste vor; das Haus schien mir aber von aussen ein so mesquines Ansehn zu haben, dass ich doch gleich wieder nach Bötcher's Schenke (Hôtel de Strelitz) fuhr, wo ich auch ziemlich gut zufrieden gewesen bin.

Der Minister v. Arnswaldt sagte mir, dass Graf Münster geantwortet habe, er wolle wegen des Sectors mit dem Herzog von Wellington das nöthige verabreden; da dieser täglich sechs Stunden im Parlament sitzen muss, so werden Angelegenheiten von jener Art vielleicht etwas später an die Reihe kommen.

Hier habe ich damit zu thun gehabt, neue Spinnefäden am Meridiankreise einzuziehen und das Objectiv zu zerlegen und zu reinigen: sollten Sie einmal ein ähnliches Bedürfniss haben, so kann ich einige Vorsichtsregeln dazu nachweisen.

Gegenwärtig bin ich darüber aus, meinen Meridian frei zu

machen: ich habe doch Hofnung, dass ich auf der Nordseite die Schwierigkeiten um Ende überwinden und mir die Aussicht auf den Hügel jenseits Weende verschaffen kann, der etwa 5000 Meter entfernt ist und ein sehr schönes Terrain zu einem Meridianzeichen darbieten wird; es wird sich gegen den Himmel projiciren, und etwa 0^0 42' Höhe haben: schade dass α Lyrae bei der untern Culmination noch mehrere Minuten tiefer durchgehen wird; nach etwa 150 Jahren, wenn dann hier noch observirt wird, muss der Stern aber heraustauchen. Es werden aber bis ich jenen Zweck erreiche, erst noch verdriesslich harte Nüsse aufzubeissen seyn, da ich leider alles bis auf die kleinsten Details selbst durchfechten muss.

Mit Ihrer Basismessung werden Sie inzwischen wol stark vorgerückt seyn: unterrichten Sie mich doch ja über den Fortgang derselben bis in's Einzelne. Unsern herrlichen Repsold bitte ich unter vielen herzlichen Grüssen zu erinnern, dass er nicht vergisst, mir eine Lampe nebst Zubehör zu schicken. Es thut mir leid, dass ich vergessen habe, mir von Ihnen einige Portionen whitefire auszubitten und mitzunehmen; sie würden mir besonders zur Entscheidung der Frage, ob eine im Ulrichschen Garten liegende Kegelbahn das Terrain hinter Weende verdeckt oder nicht (ehe die vielen zwischen der Kegelbahn und der Sternwarte liegenden Bäume weggenommen sind, die jetzt sogar die Kegelbahn zu sehen hindern), sehr nützlich gewesen seyn. Könnten Sie mir nicht wenigstens das Recept zur Fabrication jener white-fires mittheilen?

Von meinem Wein aus Altona habe ich bis heute noch keine Nachricht.

Woher ist wol Ihre Formel für die Berechnung der relativen Höhen, die Zach aus einem Briefe von Rümker (December p. 590) anführt? So wie sie da abgedruckt ist, kann sie nicht richtig seyn. Ich bin aber ungewiss, ob nicht mehr als ein Druck- oder Schreibfehler darin ist. Sollten Sie von Zach über die bewusste Sache eine Antwort erhalten haben, so bitte ich mir etwas davon mitzutheilen. Hier ist das Januarheft noch jetzt nicht angekommen.

Nicolai war hier, mehrere Tage vor meiner Rückkehr, schon durch nach Mannheim gereist; er hatte seine Reise deswegen beschleunigt, weil Brasseur auf den Tod krank liege. Von Reichenbach ist leider noch immer keine Zeile da.

Den Apparat zur Prüfung der Flexion der Fernröhre denke ich in kurzem durch Rumpf anfertigen zu lassen. Ich muss Ihnen aber offenherzig gestehen, dass ich noch nicht einsehe, wie dies Verfahren auf den Stutzschwanz angewandt werden könne?

Ich habe die oben erwähnte Formel jetzt selbst gefunden in Delambre's Base T. 2 p. 767, wo aber die 6 Reihen zur Ableitung ein wahrer Augiasstall sind.

Stets und ganz der Ihrige
C. F. Gauss.

N? 106.   Gauss an Schumacher.   [4]

Göttingen, 14. Dec. 1820.

Vergebens, theuerster Freund, habe ich bisher auf die von Ihnen versprochene Nachricht über den Fortgang Ihrer Operationen gehofft. Ein allgemeines Misgeschick scheint über meiner Correspondenz zu walten. Von Reichenbach noch immer keine Zeile Antwort; obgleich ich auch deswegen noch vor 4 Wochen auch an Soldner geschrieben habe. Von Laplace eben so wenig, den ich vor 5 Wochen dringend um die Epailly'schen Dreiecke gebeten habe. Eben so auch von Repsold nichts, der mir versprochen hatte, gleich nach seiner Zurückkunft mir eine Reverbere-Lampe zu schicken, und den an sein Versprechen nochmals zu erinnern, ich Sie in meinem Briefe gebeten hatte. Sollten Sie diesen Brief nicht bekommen haben, oder sollte Repsold noch nicht nach Hamburg zurückgekehrt seyn?

Bei allen diesen Widerwärtigkeiten, die mich in Rücksicht auf meine im Frühjahr anzufangenden Operationen ganz unmuthig machen, habe ich nur die einzige Satisfaction, dass ich meinen einen Meridian Durchschnitt im Norden frei gemacht habe und nun in ein paar Tagen mein Interimszeichen setzen werde.

In der Ungewissheit, wo Sie sich jetzt aufhalten, lasse ich einen Abdruck des Dreiecksnetzes von Müffling noch nach Altona laufen, den dieser mir für Sie zugeschickt hat.

Stets der Ihrige
C. F. Gauss.

N°. 107. **Schumacher an Gauss.** [66

Diese Zeilen sollen Sie nur bitten, mein vielverehrter Freund, den Abdruck Ihrer Beobachtungen der Sectorsterne zu erlauben. Ich werde Ihr Stillschweigen als Einwilligung ansehen.

Ich fange jezt ein Set neuer Beobachtungen dieser Sterne an. Darf ich mir von Ihnen die Sterne ausbitten, die mit dem Monde verglichen werden?

Thune hat mir gesagt, dass Ursin's Dissertation, in der er Ihre Methoden vorträgt, viele Fehler habe. Eine Folge dieser Fehler ist es, dass er sich im Anfange der Finsterniss um 1' geirrt hat. Es wird nun wohl niemandem einfallen, Sätze wie folgenden, dass Winkel deren Centrum keiner Bedingung unterworfen ist, die aber auf demselben Bogen stehen, gleich sind, Ihnen zuzuschreiben. Auf jeden Fall ist es aber unangenehm, dass Mäusedreck zwischen den Pfeffer gekommen ist.

Unser Programm der Gesellschaft d. W. sende ich Ihnen nächstens. Vergessen Sie uns nicht.

Ganz der Ihrige
Schumacher.

Copenhagen, d. 16. Dec. 1820.

Innerhalb 14 Tage einen ausführlichen Brief. Ich darf nur bemerken, dass wir zuletzt es bei der Basis so weit gebracht haben, dass im Durchschnitte eine Stange nur $4\frac{1}{2}$ Minuten fordert, dass man also 100 täglich recht gut machen kann.

No 108. **Schumacher an Gauss.** [67

Das Programm unserer Gesellschaft, mein vielverehrter Freund, ist vor ein paar Tagen heraus gekommen, und enthält Ihre Aufgabe so gefasst (p. 20):

> Almindelig at afbilde en given Flade saaledes paa en anden given Flade, at Billedet blives i de mindste Dele ligedannet med Originalen.
>
> Generaliter superficiem datam in alia superficie ita exprimere, ut partes etiam minimæ imaginis archetypo fiant similes.

Die lateinische Uebersetzung ist von Oersted, der um die Periode zu runden, etiam hineingebracht hat, welches er aber auf meine Erinnerung in allen Exemplaren mit der Feder ausstreicht.

Unsere Hoffnung ist jezt auf Sie gerichtet, mein vielverehrter Freund! Der Termin ist bis Ende dieses Jahrs, der Preis eine Medaille von 50 Ducaten Werth.

An meinen Hülfstafeln wird jezt scharf gedruckt. Den ersten halben Bogen, der die unmittelbar aus den Carlini'schen Tafeln berechnete Sonnen-Ephemeride (für einen Meridian, der 30' 30'' in Zeit östlich von Paris bis auf ein paar Secunden bei Ihrer Sternwarte vorbeygeht) enthält, sende ich Ihnen hiebey oder vielmehr nur die Monate Januar, Februar, denn vor deren Ausgang haben Sie die ganze Sammlung. Bessel hat mir Tafeln zur Reduction der ☉ Beobachtungen an Meridianinstrumenten gesandt, die sehr vollständig sind.

Was soll ich bei den Distanzen der Planeten in diesem Jahre drucken lassen, die geocentrischen Längen und Breiten, oder die AR und Declinationen? Soll ich auch die Abstände von der Erde beifügen?

Ich habe, seitdem ich zurück bin, fast immer gekränkelt, hoffe aber doch Ende Februars oder Anfang März mit dem Stutzschwanz in Göttingen seyn zu können. Wir wollen ihn dann genau untersuchen, und können Sie von Reichenbach weder Ihren noch meinen Theodoliten bekommen, so steht er Ihnen gerne zu Ihren Dreyecken zu Befehl; falls Sie ihn Ihrem

Kreise vorziehen. Die Bengalischen Lichter wird Repsold doch jezt gesandt haben?

Ganz der Ihrige
J. H. Schumacher.

Copenhagen, d. 11. Januar 1821.

N<u>o</u> 109.   **Gauss an Schumacher.**   [42

Zuvörderst, mein theuerster Freund, die Nachricht von dem neuen Cometen. Nicolet entdeckte ihn

1821. Jan. 21. 8^h 20' 15'' M. Pariser Zeit 0^0 36' 29'' + 16^0 59' 30''

Ich fand ihn, nachdem ich diese Nachricht erhalten hatte, sofort

Jan. 30. 7^h 34' 32'' M. Götting. Zeit 359^0 27' 7'' + 16^0 4' 36''

und beobachtete ihn nochmals

Febr. 3. 7^h 3' 56'' M. Götting. Zeit 359^0 3' 54'' + 15^0 46' 3''

Er ist im Cometensucher gut zu sehen, und zeigt darin einen Schweif von $1\frac{1}{2}$—2^0 Länge.

Die für den Januar ausgewählten φ Sterne erhielt ich zu spät, um Sie Ihnen noch zeitig genug mittheilen zu können; es ist aber auch gar nichts verloren, wenigstens hat hier das schlechte Wetter auch nicht eine einzige Beobachtung erlaubt. Die für den Februar sind folgende:

Febr.	8	2^h 23'	μ Arietis	6	2^h 32' 17''	+ 19^0 15'
			40 Arietis	6	38 31	17 32
			ϱ^2	6	45 46	17 36
	9	3 21	64 Arietis	5.6	3 18 45	24 5
			P. III. 115	7.8	31 45	22 13
			d Plejad.	5	35 43	23 23
	10	4 21	φ Tauri	6	4 9 22	26 55
			Anonyma	8.9	12 38	27 16
			Anonyma	7.8	17 14	27 23

Febr. 11	5ʰ 23'	197 Mayer	7.8	5ʰ 9' 45''	+ 27° 46'
		ε Tauri	2	14 59	28 27
		P. 5. 99	7.8	18 19	29 2
12	6 24	P. 6. 43	7	6 7 8	27 16
		Anonyma	8	12 20	27 11
		P. 6. 114	7.8	19 4	28 19
13	7 23	A Gemin.	6	7 12 33	25 23
		Anonyma	8	16 58	25 35
		L Gemin.	6	33 11	26 12
14	8 19	λ Cancri	6	8 9 53	24 35
		349 Mayer	8	25 27	20 23
		P. 8. 121	8	29 24	20 43
15	9 11	71 Cancri	7.8	8 55 42	18 6
		78 Cancri	7	58 59	18 11
		80 Cancri	7.8	9 1 53	18 46
16	9 59	23 Leonis	7.8	9 41 20	13 54
		ν Leonis	5.6	48 35	13 18
		429 Mayer	7	54 33	12 29
17	10 45	P. 10. 116	8	10 26 43	7 58
		Anonyma	8.9	30 7	8 21
		37 Sext.	6	36 46	7 19

Ich bitte, mir gefälligst anzuzeigen, unter welchen Sprachen man bei den Aufgaben Ihrer Societät die Wahl hat. Es steht zwar sehr dahin, ob ich Zeit haben werde, die Auflösung auszuarbeiten, die mit den völlig gebrauchfertigen Anwendungen auf die höhere Geodesie eine weitschichtige Untersuchung gibt — allein die Möglichkeit würde noch geringer seyn, wenn eine fremde Sprache gefordert wird, wo die Aufmerksamkeit auf die Diction, so dass ich selbst mit Rundung und Natürlichkeit ganz zufrieden bin, mir immer wenigstens eben so viel Zeit kostet, wie die Sache selbst.

Lieb würde es mir seyn, wenn Sie mir die sämmtlichen (schon centrirten) Winkel Ihrer Hauptdreiecke, so weit Sie sie bisher gemessen haben, mittheilen wollten, damit ich meine

Methoden darauf anwenden könnte. Ich habe dies bereits mit den Müffling'schen gethan.

Wenn ich nicht irre, hat Hr. von Caroc 1818 (oder Sie) auf dem Michaelisthurm von Lüneburg die Winkel zu den andern Stadtthürmen gemessen, und früher auf dem Hamburger Michaelisthurm die Winkel zwischen den verschiedenen Stadtthürmen von Lüneburg. Ich würde Ihnen für die Mittheilung sehr verbunden seyn, weil ich nur dadurch die relative Lage des Johannisthurms gegen den Michaelisthurm in Lüneburg finden kann, wodurch ich erst die Lage von Wilsede erhalten kann (aus dem mir von Reinke mitgetheilten Epailly'schen Dreiecke.)

Ich bitte recht dringend, Ihre Anherokunft so sehr wie möglich zu beschleunigen und mir vorher Nachricht zu geben, da ich Sie gern noch um einige Besorgungen in Hamburg bitten möchte (wie die Maasstäbe bei Mac Gregor). Ihr gütiges Anerbieten mit dem Stutzschwanz ist mir sehr willkommen, und vermindert etwas die peinliche Verlegenheit, worin ich durch die Schreibfaulheit und das Zögern der meisten Personen, deren Hülfe ich bedarf, versetzt werde.

Repsold hat mir keine white-lires geschickt, und ich habe auch erst aus Ihrem Briefe erfahren, dass ich von ihm welche erhalten soll. Sie werden mir übrigens demnächst sehr willkommen seyn. Eben so wenig hat er mir den versprochenen Reverbere geschickt, noch auf alle meine Briefe geantwortet. Uebrigens sollte ich kaum glauben, dass der Umstand „ich wünschte vorerst **Einen** Reverbere, um Versuche damit anzustellen" etwa zu einem Misverständniss Anlass gegeben haben sollte. Denn dies war natürlich so nicht gemeint, dass, falls die Versuche nicht so ausfielen, dass ich mich zum Gebrauch von Reverberes entschliessen sollte, ich dann den einen Reverbere auch nicht behalten wollte. Es verstand sich vielmehr von selbst, dass ich dann diesen auf alle Fälle als gekauft betrachtete.

Müffling räth mir sehr dringend, keine andere als nächtliche Beobachtungen, mit Reverberes zu machen. Allerdings glaube ich, dass in einigen Fällen der Gebrauch der Signal-Thürme sehr grosse Inconvenienzen hat, nemlich wenn die Objecte tiefer liegen als der Standpunct, und sich gegen die Erde projiciren, wie es vermuthlich bei den meisten Winkeln der Fall

seyn wird, die ich vom Brocken aus zu beobachten haben
werde. Aber nicht minder grosse Inconvenienzen scheinen mir
die nächtlichen Beobachtungen zu haben, wo die Stationen auf
steilen, schwer zugänglichen und von dem Quartier weit ent-
legenen Bergen sind.

Auf den neuen Jahrgang Ihrer Hülfstafeln freue ich mich
in voraus. Den Astronomen wird es ohne Zweifel gelegener
seyn, wenn Sie ihnen Rectascensionen und Declinationen, als
wenn Sie Längen und Breiten geben, da von letztern wenig
Gebrauch gemacht werden kann. Noch mehr aber scheint mir
daran zu liegen, dass Sie auch die Abstände von der Erde mit
ansetzen, ohne welche man keine gemachte Beobachtungen definitiv reduciren kann, und bei deren Kenntniss auch heliometri-
sche Messungen der Durchmesser mit mehr Vergnügen gemacht
werden.

Stets der Ihrige

C. F. Gauss.

Göttingen, den 4. Februar 1821.

N° 110. **Gauss an Schumacher.** [43

Göttingen, den 19. Februar 1821.

Es ist mir jetzt, mein theuerster Freund, von unserm Ministerium die officielle Anzeige gemacht, dass das englische Gouvernement meinen Antrag wegen des Zenithsectors bewilligt
habe, und zugleich ist mir aufgegeben, mich mit Ihnen wegen
Ablieferung dieses Instruments und sonstigen dem Board of
Ordnance gehörigen Ihnen überlassen gewesenen Apparats zu
benehmen. Es versteht sich übrigens von selbst, dass bei mir
im Mindesten nicht die Rede davon ist, Sie zu treiben, sondern
ich wünsche nur, um demnächst berichten zu können, Ihren
Plan und Wunsch deshalb baldigst zu erfahren.

Den Kometen habe ich seit dem 11. Februar nicht beobachten können. Meine letzte Beobachtung war:

Febr. 11. 7^h 12′ 0″   358° 28′ 27″   15° 14′ 26″

(sehr gute Beobachtung.)

Sollten Sie den Kometen auch beobachtet haben, so bitte
ich um gefällige Mittheilung. ☾ Beobachtungen habe ich nur
3 erhalten.

Mit Verlangen sehe ich der Nachricht von Ihrer baldigen
Anherokunft entgegen.

Ganz der Ihrige

Gauss.

N⁰ 111.   *Schumacher an Gauss.*   [68

Ihr Brief, mein vielverehrter Freund! ist leider einen Posttag zu spät gekommen. Ich erhielt ihn den 12ten, und da war Aldebaran der lezte Stern, den wir vor Wolken beobachten konnten. Alle Tage vorher war das schönste Wetter, und wir haben auch den Mond beobachtet, aber natürlich nicht die Sterne. Ich bitte recht bald um neue. Seit dem 11ten ist kein heller Abend gewesen. Ich habe fast alle Sternbedeckungen, die in der Mailänder Ephemeride für Februar angezeigt sind, sehr scharf beobachtet, und würde mich freuen, wenn dazu bei Ihnen correspondirende Beobachtungen wären.

Zach hat an Lövenörn einen Brief geschickt, der zu merkwürdig ist, als dass ich nicht für Sie hätte eine Abschrift machen lassen. Nissen's Venusdistanzen sind freilich falsch, aber nicht, wie er hofft, aus irgend einem Rechenfehler, sondern weil ein sehr bedeutender Druckfehler in Lindenau's Tafeln ist. Das Aphelium ist nemlich von 1820 an, um 8^0 falsch, die ganze Seite herunter, ein Fehler, den Nissen, eben weil er wiederhohlt ist, nicht bemerken konnte, und den ich nirgends angezeigt finde. Die Folge ist, dass sie neu berechnet werden müssen.

Sehen Sie im Briefe die Freude über den Rechnungsfehler bei mir, wie er hofft. Aber wenn Sie einen Blick auf Inghirami's oder Zach's Schema der Rechnung werfen wollen, so werden Sie sehen, dass um die Commutation zu finden, er den ☉ Ort aus der C. d. T. nimmt, und ihn blos von Aberration befreit. So ist die Länge des Planeten vom mittlern, die der Erde vom wahren Aequinoctium gerechnet, und die Commutation um die Nutation falsch. Ich habe ausser diesen mehrere von Inghirami's Distanzen nachgerechnet und nachrechnen lassen, und sie haben alle denselben Fehler.

Ausserdem hat er bei dem Aphel das Jahr verwechselt. Was sind das aber für Tafeln, die er Lindenau's nennt, und nach denen sein Schema gerechnet ist. Die gedruckten von Lindenau sind es nicht, denn die haben alle Störungen positiv?

Wollen Sie mir nicht alle Ihnen bekannte Druckfehler in den Venus- und Marstafeln gütigst mittheilen? Ebenso welche von den Bouvard'schen Saturns- und Jupiters-Tafeln die richtigere Ausgabe ist, denn ich habe zwei in Händen. Sobald wie möglich wünschte ich hierüber Belehrung, da es mit den Rechnungen Eile hat.

Möchten Sie nicht, wenn Sie Caroc noch wünschen, recht sehr bald deswegen an den König schreiben, denn ich muss alles darnach einrichten. Am gelegensten wäre es mir, wenn er im Mai und Junius bei Ihnen wäre.

Vor einem Monate à dato werde ich wohl nicht das Vergnügen haben können, nach Göttingen zu kommen.

Wenn Sie uns mit Ihrer Abhandlung beehren wollen, so können Sie in welcher Sprache Sie wollen, schreiben.

Meine Winkel nächstens. Die Lüneburger Thürme sind in Lüneburg, Hamburg, Lauenburg gemessen, und es soll Ihnen alles gesendet werden.

Mit dem Reverbère ist es wohl nur Nachlässigkeit von Repsold, und kein Missverständniss.

Die Planeten sollen gerechnet werden, wie Sie es wünschen.

Anbei was von den Ephemeriden fertig ist. Die Sonnen-Ephemeride ist sehr scharf für 30' 30'' von Paris, also beinahe ganz für Ihren Meridian berechnet. Wir haben nach der schärfsten Durchsicht in beifolgenden Bogen weder Druck- noch Rechenfehler gefunden.

Die Tafeln zur Reduction der ☉ Beobachtungen sind von Bessel.

Mit den besten Empfehlungen an Sie und Ihre Frau Gemahlin
von Ihrem ganz eignen

Schumacher.

Copenhagen, 20. Februar 1821.

* * *

Monsieur l'Amiral.

Avant tout, et même avant de vous témoigner ma vive joïe, et ma plus vive reconnaissance pour l'obligeante et la gracieuse lettre, dont vous avez bien voulu m'honnorer le 24. Août de l'année passée accompagnée du précieux cadeau des éphémérides planétaires publiées sous vos auspices, je dois vous faire, non pas mes excuses, ni vous demander des pardons, car je suis innocent, j'ai la conscience nette; et je parais pas comme un criminel, mais comme un homme bien malheureux devant vous. Je ne ferai donc pas autre chose, Monsieur l'Amiral, que de vous raconter mon malheur, qui consiste en ce que votre précieux paquet ne m'a été remis par le Consul de votre nation, que depuis peu de jours, quoique il porte la date du 24. Août de l'année passée. Je ne sais à quoi attribuer ce retard, mais peut-être ce paquet au Consul est arrivé par voïe de mer, et en ce cas il aura fait le tour de l'Europe, et aura touché à tous les ports de la Baltique, de l'Atlantique et de la Méditerranée, avant d'arriver dans celui de Gènes. Quoiqu'il en soit, ce qui m'importe le plus dans ce moment, c'est de vous faire connaitre cette longue circum-navigation de votre lettre, afin que vous ne m'attribuez pas, Monsieur l'Amiral, le retard de ma réponse, et de mes très humbles remercimens pour les deux exemplaires des Ephémérides planétaires dont j'ai déjà fait passer l'un à Florence à mon ami le P. Inghirami. Mais la joïe que j'eus en voyant votre beau projet enfin réalisé, par celui même qui avait donné le premier exemple de ce genre d'observation pour trouver la longitude en mer, m'a été un peu gatée par une lettre que je viens le recevoir du P. Inghirami, et par laquelle j'apprends avec une peine infinie, que la plupart des distances de planètes à la lune, dans les éphémérides de Coppenhague sont fausses, ou mal calculées, et que les erreurs de celles de la lune à la planète Venus vont à 4 et jusqu'à 5 minutes. Pour le prouver, le P. Inghirami m'a envoyé tout le type d'un calcul de cette distance pour le midi du 15. Avril 1822, que j'ai l'honneur de vous communiquer ci-contre, et par lequel vous verrez que l'erreur de cette distance dans les éphémérides danoises est effectivement de 4′ 9″. Une telle faute est d'autant plus facheuse en ce qu'elle se manifeste au premier début de ces éphémérides, lesquelles sont assez froidement reçus, surtout par les francais, parce que la première idée ne vient pas d'eux. Cette méprise est encore facheuse, en ce que ces éphémérides sont publiées, et entre les mains de tous les navigateurs dont quelqu'uns ne tarderont pas à s'appercevoir, qu'ils ont été induits en erreur. Cette affaire est encore très facheuse pour moi, en ce que je ne voudrais pas être celui, d'annoncer le premier au Public dans ma Correspondance astronomique, la faute qui avait été commise à Coppenhague dans le calcul de ces Ephémérides; cependant le P. Inghirami exige que je le fasse, puisseque sans cette déclaration la faute tomberait sur lui. L'alternative est bien embarrassante, car l'un de deux, ou les éphémérides de Coppenhague sont fausses, ou celles de Florence le sont; la justice exige qu'on dise la vérité, et le P. Inghirami ne se soucie pas qu'on lui attribue des torts qu'il n'a pas. Le mal est que ces Ephémérides de Florence sont déjà imprimées dans le cahier de ma Correspondance astronomique sous presse, le bonheur est que ce cahier n'est pas publié encore, j'en ai par conséquent arrêté la distribution, et j'ai proposé au P. Inghirami de supprimer ses éphémérides totalement; je ferai volontiers le sacrifice de cette petite depense, de faire mettre au pilou les éphémérides de Florence, et de substituer par des cartons, quelque autre matière. En ce cas je pourrai passer sous silence les erreurs des éphémérides de Coppenhague, et faire semblant de les ignorer, quoique je ne vois pas trop, comment on pourra les pallier, et les cacher tout-à-fait, en attendant j'aurai toujours gagné cela, que ce ne sera pas moi, qui sera le premier qui donnera cette publicité, et qui mettra dès leur première apparition, les éphémérides danoises en mauvais credit. Mais jusqu'à present le P. Inghirami n'a pas voulu accéder à ma proposition de supprimer ses éphémérides, parce que cela d'écouragerait beaucoup ses collaborateurs, qui auraient fait un si pénible et un si bon travail en pure perte, et qui serait condamné parce que d'autres ont fait un mauvais. Malgré cela je n'ai point abandonné le parti, et je suis revenu à la charge auprès du P. Inghirami, et j'espère le persuader d'abandonner ses éphémérides, pour ne pas les exposer dans le public en collision avec les votres. Je l'ai prié de m'écrire une lettre ostensible, et que j'imprimerai dans ma C. A. et dans laquelle il declarera,

qu'il n'a pas continué ses éphémérides pour l'an 1822, puisque celles de Coppenhague plus à portée des marins qui en feront usage, les rendaient inutiles. Je n'ai point de réponse encore sur cette proposition, mais en tout cas que le P. Inghirami persiste à vouloir publier ses Ephémérides, je serai bien obligé de le faire, mais je ne dirai rien sur les différences qui regnent entre ces deux éphémérides, mais qu'on ne tardera pas de découvrir en Angleterre, puisqu'on y réimprime celles de Florence que je publie dans la C. A. Entre nous sois dit, je crois que le P. Inghirami, et plus encore ses collaborateurs, ont été un peu faché et mortifié de ce que dans l'introduction des Ephémérides de Coppenhague page IV, on n'a nullement fait mention d'eux, et on n'a pas même nommé la ville dans la quelle leurs éphémérides ont été calculées, et on n'en fait mention que pour les critiquer. J'espère faire ensorte que le P. Inghirami n'usera pas de repressailles, mais je remarque bien dans les lettres du P. Inghirami, que les Astronomes de Florence ne sont pas très contents de la manière de laquelle on les a traité. Je ne vous communiquerai pas d'autres réflexions que les Astronomes de Florence ont fait sur vos éphémérides, il me suffit pour le moment de vous donner Avis de l'erreur principal et le plus important, en remettant à votre sagesse et à votre prudance à y remédier avec le moindre scandale possible, et pour ne point faire du tort à la bonne cause, et ralentir par là le zèle et la protection que votre Roi, et votre gouvernement accordent aux sciences avec autant de libéralité et générosité. Quant à moi ayant toujours pris le plus grand intérêt à tout ce qui vous regarde, Monsieur l'Amiral, directement ou indirectement, j'ai cru de mon devoir de vous avertir de ce qui a lieu relativement à vos éphémérides, en cas que vous n'en voyez pas averti par quelque autre Correspond'
— — — — Monsieur l'Amiral

Votre etc.
Le Baron de Z

N° 112.   Schumacher an Gauss.

Sie erhalten schon wieder einen Brief von mi
verehrter Freund! und ich bitte diesen und den v
sobald es Ihnen möglich ist, in allen Puncten z

Die Englische Regierung hat Ihnen, wie ich es so eifrig wünschte, den Sector bestimmt, und es ist schon deswegen vom Board of Ordnance an unsere Regierung geschrieben, und sie beauftragt, den Sector der Hannöverschen Regierung auszuliefern.

Jetzt fragt es sich, wann brauchen Sie ihn? Er steht Ihnen hier natürlich jeden Augenblick zu Befehl, aber theils habe ich noch etwas damit zu arbeiten, was gleich folgen soll, und theils würden Sie auch, wenn Sie bis Ende July warten wollen, die Bequemlichkeit haben, ihn in Hamburg empfangen zu können. Meine Arbeiten damit sind:

1) Folgende Sterne, die jeden hellen Abend observirt werden, und deren Beobachtung in Göttingen uns auch sehr wünschenswerth wäre:

β Cassiopeæ, α Cassiopeæ, α Persei.

12 Camelop.	4^h 3'
83 & 84 Camel.	4 18
122 Camelop.	4 26
164 Camelop.	4 33
217 Camelop.	4 43
244 Camelop.	4 47
28 Camelop.	5 8
85 Camelop.	5 17
146 Camelop.	5 27
203 Camelop.	5 35
δ Aurigæ	5 45

Mit heute Abend fangen an:

θ Ursæ ma.	9^h 21'
29 ν Ursæ ma.	— 38
229 Ursæ ma.	— 52
80 Ursæ ma.	10 19
101 Ursæ ma.	— 23
133 Ursæ ma.	— 32
161 Ursæ ma.	— 40
β Ursæ ma.	— 50
α Ursæ ma.	— 53
19 Ursæ ma.	11 6

59 Ursæ ma.	11^h 16!
γ Ursæ ma.	— 44
δ Ursæ ma.	12 6
71 Can. veu.	— 15
106 Can. ven.	— 22
ε Ursæ ma.	— 46
8 Ursæ ma.	13 2
ζ Ursæ ma.	— 16
Alcor.	— 18

2) sind die Lauenburger Sterne von 18^h 39 bis 21^h 5, die Sie auch in Göttingen beobachtet haben, noch hier nicht in Copenhagen beobachtet, da ich nie zu einer Zeit hier gewesen bin, wo die Beobachtungen sich aussuchen lassen. Diese wollte ich nun noch gern zu guter lezt im Junius nach Beendigung der Basis beobachten.

3) Wollte ich dann in Hamburg die Theilungsfehler des Sectors mit Repsold's Apparat prüfen und ihn Ihnen darauf, um ihn mit Gesundheit zu verbrauchen, überliefern.

Können Sie dies so einrichten, so werde ich Ihnen dankbar seyn, und bitte dann nur an Arnswald zu schreiben, „wir würden ihn im Julius nach Hamburg bringen, und Sie brauchten ihn nicht eher, und könnten ihn dort empfangen." Das Zelt hat aber so durch Alter gelitten, dass wenig brauchbares mehr daran seyn wird, und dass Sie wohlthun werden, es nicht mitzuempfangen, sondern sich ein neues in Hamburg machen zu lassen, oder wenn Sie den Sector nur an zwei Stellen brauchen wollen, so würde ich rathen, an jeder Stelle lieber eine hölzerne Hütte errichten zu lassen, die Ihnen dann auch bei Azimuthen und terresrischen Winkeln, für die Station dieselben Dienste leistet.

Soviel für heute mit Bitte um recht baldige Antwort und mit den herzlichsten Grüssen

ganz Ihr

Schumacher.

Copenhagen, den 24. Februar 1821.

Die Bedeckung der Plejaden habe ich nicht beobachtet. Ein Zufall hatte mir die Erleichterung verschafft, dass eine meiner Vorlesungen auf ein Paar Wochen unterbrochen wurde. Ich benutzte sie, um die theoretische Untersuchung, die Anwendung der Wahrscheinlichkeitsrechnung betreffend (wovon Sie in Altona den Anfang gesehen haben) einmal wieder vorzunehmen, die ich so oft angefangen und wieder weggelegt hatte: in einer zerstückelten Zeit, zumal unter manchen andern beschwerlichen Verhältnissen, geht es nun einmal mit Ausarbeitung solcher theoretischen Untersuchungen nicht. Ich habe daher in jener Zeit absichtlich fast alles Beobachten unterlassen. — —

Da Sie mir versprochen hatten, mir Zach's Antwort auf Ihren in Altona geschriebenen Brief zu communiciren, und derselben nicht weiter erwähnen, so vermuthe ich, dass er gar nicht geantwortet hat, und dass der Brief an Lövenörn eine Art indirecter Antwort ist, dergleichen vielleicht noch mehrere zu erwarten sind. Sie können sich damit beruhigen, dass Sie sich bei jener Angelegenheit nichts vorzuwerfen haben, als vielleicht etwas zu viel Vertrauen in die Discretion eines Mannes, der früher schon oft Proben des Gegentheils gegeben hatte. Was die Tafeln betrifft, so hat ein Franzose, dessen Name mir aber nicht mehr gegenwärtig ist, eine neue Ausgabe von Lindenau's Venustafeln, oder vielmehr etwas in der Form abgeänderte Tafeln nach Lindenau's Elementen, herausgegeben, welches wahrscheinlich diejenigen sind, nach denen Inghirami gerechnet hat. Mir selbst sind aber jene Tafeln nicht zu Gesicht gekommen. — Von Bouvard's ♃ und ♄ Tafeln kenne ich nur eine Ausgabe von 1808. Es hat sich zwar nachher eine kleine Unrichtigkeit in den Pert. Formeln entdeckt, um deren Willen eine neue Ausgabe veranstaltet werden sollte. Ich weiss aber nicht, ob diese schon erschienen und vielleicht mit der 2ten, deren Sie erwähnen, einerlei ist. Auf alle Fälle aber stimmten jene unverbesserten Tafeln in den vorigen Jahren für ♃ und ♄ recht gut mit dem Himmel überein; eben das gilt von Lindenau's Marstafeln, womit Hr. v. Staudt eine beträchtliche Anzahl von mir in diesem Jahre gemachter Beobachtungen verglichen hat (G. G. A. 1820, p. 912). Etwanige Fehler in den Epochen späterer Jahre werden also leicht durch Vergleichung mit den frühern entdeckt werden können. Ich selbst habe nach allen diesen Tafeln wenig gerechnet und niemals Druckfehler angezeichnet. Um noch grössere Sicherheit zu erhalten, ist es vielleicht gut, für jeden Planeten Einen Ort aus der Mitte des Jahrs ohne die Tafeln bloss mit Hülfe der Elemente und Störungsformeln zu berechnen, wodurch ein fortgehend wirkender Fehler entdeckt werden mag; andere isolirte Fehler lassen sich dann leicht durch den Gang der Differenzen bemerken.

Was das Vorbild aller Gehülfen, den Hrn. von Caroc betrifft, so bin ich wirklich in einer Verlegenheit, darüber jetzt einen Entschluss zu fassen. Es war früher meine Absicht, von Hamburg anzufangen, und so von Norden nach Süden zu messen, allein da ich leider so sehr durch die Schreibfaulheit und Unzuverlässigkeit aller Künstler, mit denen ich zu thun habe, hingehalten werde, und bis jetzt noch gar nichts von den nöthigen Hülfsmitteln in Händen habe, so würden die daraus erwachsenden Verlegenheiten noch viel grösser seyn, wenn ich jenen Plan befolgte. Dieser und noch verschiedene andere wichtige Gründe nöthigen und bewegen mich zu dem umgekehrten Plan, von Süden nach Norden zu messen. Die schwierige Aussuchung der Stationen in der Lüneburger Heide wird daher noch bis 1822 verschoben bleiben müssen, und gerade dafür (so wie freilich auch zur praktischen Belehrung der Gehülfen bei Errichtung der Signale) wäre mir Hrn. v. Caroc's Hülfe am nöthigsten. Insofern es also von meiner Seite gar zu unbescheiden seyn würde, diese Hülfe 2mal zu verlangen, und Ihnen diesen unersetzlichen Gehülfen in zwei verschiedenen Jahren auf ein Paar Monat zu entziehen, möchte ich lieber die versprochene Hülfe mir auf die Zeit und den Theil des Geschäfts ausbitten, wo sie am nöthigsten seyn wird, indem wenigstens das Aussuchen der Stationen im südlichen Theil viel weniger Schwierigkeiten hat, weil ich alle Epailly'schen Puncte kenne (im Lüneburgischen hingegen lassen die Epailly'schen △ △ eine grosse Lücke, wovon mehr nachher). Doch bitte ich mir noch etwa auf 8 Tage rem integram zu erhalten, da ich bis dahin von Hannover Nachricht wegen eines 2ten Gehilfen bekommen werde (Müller, denke ich, soll der 1ste und Hr. von Staudt der 3te seyn). Ist dieser brauchbar, so hoffe ich, besonders wenn Sie mir bei Ihrem Hierseyn aus der Fülle Ihrer Erfahrung noch einige praktische Belehrungen wegen der Erbauung der Signale geben, d. i. besonders von den unvorhergesehenen Hindernissen, die Sie zuweilen dabei gefunden haben mögen, den Fehlern, die vielleicht anfangs dabei gemacht sind, die Art, wie nach Ihrer Erfahrung am besten die Handwerker dabei zu instruiren und zu surveilliren und m. dgl. — mit diesem Theile der Arbeit fertig zu werden, und wenn ich Ihren 2ten Brief recht auslege, dem zufolge Sie im Mai und Junius die Basis vollenden wollen, so scheint mir fast, dass ich Ihnen einen sehr grossen Dienst leiste, wenn ich um Ihren Gehülfen lieber 1822 als während jener Zeit, wo Sie selbst ihn so nothwendig brauchen, bitte.

Leid thut mir, dass Sie Ihre Anherokunft noch einmal weiter hinausgesetzt haben. Aber einen Monat a dato Ihres vorletzten Briefes darf ich doch um so bestimmter darauf hoffen?

Ich danke Ihnen für die gefällige Mittheilung der die Lüneburger Thürme betreffenden Winkel. Leider kann der Eine davon, und zwar der, auf welchen es am meisten ankäme, unmöglich richtig seyn, nemlich der von Ihnen auf Mich. in Lüneburg gemessene Winkel

Lauenburg Signal — Lüneburg Johannis 125° 18′ 28″

welcher statt dessen ungefähr 78°. seyn sollte. Vielleicht haben Sie Johannis mit Lamberti verwechselt, obwohl auch dieser nicht passt, indem wenn die Winkel in Hamburg und Hohenhorn richtig sind, jener etwa 4° grösser seyn sollte. Ich habe inzwischen den Johannisthurm aus den Winkeln in Hamburg und Hohenhorn so gut es gehen wollte, bestimmt, auch unsere Messung vor dem Thor von Lüneburg zu einiger Controlle gebraucht.

Hieraus habe ich zu letzt die Seite

Hohenhorn - Lüneburg Johannis = 25696 Meter

gefunden, welche man mir aus Paris

= 27390,86 Meter

mitgetheilt hatte. Ist also nicht bei Hohenhorn ein etwa ¼ Stunde

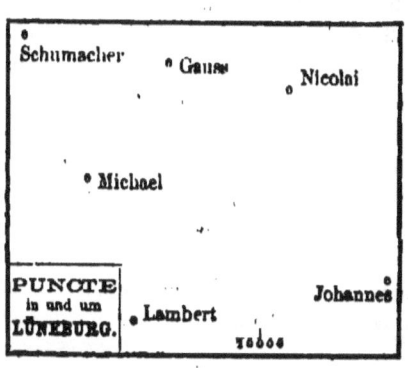

Weges vom Thurm entferntes Signal gebraucht (in welchem Fall es aber doch unpassend gewesen wäre, mir gerade diese Seite mitzutheilen, die jetzt von keinem Gebrauch mehr seyn kann) so müssen entweder in die Epailly'sche Messung oder in deren Berechnung grobe Fehler eingeschlichen seyn. Die Winkel selbst hat man mir, unter uns gesagt, unter seltsamen Vorwänden verweigert, und bloss eine Uebersichtskarte und einige einzelne Resultate, wovon das obige eine Probe ist, mitgetheilt. Die Verbindung zwischen dem südlichen Theile von Hannover mit Hamburg geht hier in einem grossen Umwege über Bremen, die Weser hinunter bis Neuwerk und dann wieder die Elbe hinauf. Sollte es mir noch gelingen, die Winkel zu erhalten, so bin ich gern erbötig, sie Ihnen alle zu communiciren, da viele auch Sie besonders interessiren; dagegen bitte ich um Reciproca, wenn Sie vielleicht Gelegenheit haben sollten, eine vollständige Abschrift der Winkel der 94 Dreiecke zu erhalten.

Von Repsold habe ich gar nichts wieder gehört.

Für die Aushängebogen Ihrer neuen Hülfstafeln bin ich sehr verpflichtet. Die Tafel von Bessel ist ein nützliches Geschenk für die beobachtenden Astronomen.

So viel als Antwort auf Ihren ersten Brief.

Noch bemerke ich, dass auch der von Ihnen vor dem Thor gemessene Winkel zwischen meinem Theodolithen und Rathhaus 4^0 57′ 32″ zu der sonst bekannten Lage des Rathhauses nicht passt; vielleicht sollte jener 14^0 57′ 32″ seyn?

Was den Zenithsector betrifft, so habe ich Ihnen schon in meinem vorigen Briefe angezeigt, dass ich die Zeit der Ablieferung Ihnen anheim gestellt habe, und also Ihre Proposition, ihn Ende July in Hamburg zu übergeben, annehme. Die Art übrigens, wie Sie sich darüber ausdrücken, scheint mir fast ein Missverständniss anzudeuten. Sie sagen, „die Englische Regierung habe mir, wie Sie so eifrig wünschten, den Zenith-Sector bewilligt", Sie scheinen also fast zu glauben, dass er der hiesigen Sternwarte geschenkt sey. Allein in der mir von Hannover aus gemachten officiellen Anzeige ist blos von dem Ueberlassen zu dem Gebrauch die Rede, wozu Sie ihn gehabt haben, und dass man nicht abschlagen würde, ihn auch hieher dazu zu leihen, liess sich doch wol von Anfang an gar nicht bezweifeln.

Von den mir angezeigten Sternen werde ich, wenn es das Wetter erlaubt, Beobachtungen anfangen.

Es ist jetzt die Stelle bei der Navigationsschule in Emden erledigt, und ich bin beauftragt, dafür jemand vorzuschlagen. Ich weiss jedoch niemand. Können Sie mir vielleicht jemand nachweisen? Freilich trägt sie nur 500 $\mathit{\#}$ ein, allein es ist die Frage, ob man dafür ein tüchtiges Subject finden wird. Unter uns, ich wüsste niemand, für den diese Stelle besser passte, als Harding. Dort könnte er doch noch einigen Nutzen schaffen, während er hier das fünfte Rad am Wagen ist. Freilich kann ich nicht wohl diesen Vorschlag machen. Allein falls Sie derselben Meinung sind, und wenn bei Ihrer künftigen Durchreise durch Hannover bei Arnswaldt vielleicht zufällig die Rede auf jene Stelle kommen sollte, so nehmen Sie dies als einen avis au lecteur. Man könnte ja — muss vielleicht ohnehin — die Einnahme jener Stelle verhältnissmässig vorbessern.

Den Cometen habe ich zuletzt am 1. März beobachtet.

7^h 18' 7" 357^0 18' 34"5 14^0 8' 36"6

Von Staudt's Elemente scheinen schon sehr genau zu seyn. Gegen die Zeit seines Durchganges durch das Perihelium, den 21. März, wird er sehr hell werden, vielleicht an Glanz und Schweifpracht einige Tage hindurch dem von 1811 gleichkommen oder gar ihn übertreffen, ja ich halte es nicht für unwahrscheinlich, dass man ihn einige male bei Tage im Meridian wird beobachten können, besonders den 22. März. Erfreuen Sie nun recht bald mit der Nachricht Ihrer baldigen Anherokunft

Ihren ganz eignen

C. F. Gauss.

Göttingen, den 4. März 1821.

P. S. Hätten Sie wohl nicht die Güte, noch selbst von dortaus Reichenbach dringend zu bitten, Ihren Theodolithen baldmöglichst hieher zu spediren.

Mit der Liebherr'schen Uhr geht es jetzt ganz sonderbar. Sie ist gar nicht zu bändigen. Wol 5 oder 6 mal habe ich in diesem Jahr die Linse tiefer geschraubt, und immer hat nach ein paar Tagen ihr täglicher Gang wieder eine oder zwei Secunden zugenommen. Ich glaube, wenn ich gar nicht geschraubt

hätte würde sie jetzt vielleicht täglich 10″ avanciren, obgleich
ihr Gang vorher fast genau lange Zeit 0 gewesen war und die
Temperatur im Uhrkasten sich auch nicht bedeutent geändert
hat. Welch ein grosser Vortheil ist es, einer Sternwarte in
Hamburg oder München vorzustehen, wo man immer gleich einen
grossen Künstler zur Seite hat. Wie ich höre soll man am
ersteren Orte wieder ernsthaft daran denken. Ich wiederhole
Ihnen, dass ich mit Vergnügen dahin gehen würde, wenn ein
für Hamburg anständiges Einkommen damit verbunden wird.

N° 114. **Schumacher an Gauss.** [70

Hier haben Sie zuförderst mein vielverehrter Freund! alle
Mondsbeobachtungen die hier wegen des Wetters möglich waren.
Seit 14 Tagen bin ich durch Fieber und Gicht im Kopfe an das
Haus gebunden und weiss noch nicht wann ich ausgehen kann.
Ebendeswegen habe ich sie an Nehus überlassen, der sehr gut
am Passageninstrument beobachtet.

Meine Krankheit raubt mir jede Hoffnung in diesem Frühjahr nach Göttingen zu kommen. Ich müsste jetzt schon in
Göttingen seyn, da ich Ende Aprils nothwendigerweise meine
Besis aufnehmen muss. Was Sie mir sagen von meinen Erfahrungen lernen zu wollen, habe ich nicht ohne ein kleines
Lächeln lesen können. Ich komme zu Ihnen um zu lernen,
und die kleinen Umstände die ich in practischer Hinsicht Ihnen
sagen könnte, würden Sie ebenso gut bei der ersten Station
selbst finden, auf allen Fall verdient es nicht der Erwähnung.
Ich denke nun künftigen Winter, so Gott will nach Göttingen
zu kommen, und wir können dann zusammen Pendelversuche
auf Ihrer Sternwarte machen.

An Reichenbach habe ich schon vor ein paar Postagen wegen des Theodoliten geschrieben.

Können Sie den Stutzschwanz auch nun da ich nicht komme,
bis Ende Julius entbehren, wenn ich Sie zur Uebernahme des
Sector in Hamburg erwarten darf? oder wollen Sie ihn gar
nicht haben wenn Sie den Theodoliten erhalten? Sie wissen dass
er mit dem grössten Vergnügen zu Ihrer Disposition ist. Wenn

Sie ihn früher brauchen, so kann wohl einer von Ihren Gehülfen dem Sie so etwas anvertrauen mögen ihn in einer Chaise von Hamburg abholen.

Breguet's Chronometer geht noch immer wie eine Pendeluhr. Es verändert aber seinen Gang wenn es lange Reisen im Wagen macht. Ich will ein Taschenchronometer von ihm haben, das seinen Gang nicht durch Fahren verändert, aber dagegen sich im Ganzen nicht so gut hält. Er ist vollkommen bereitwillig es zurückzunehmen, und es soll von Hamburg abgeschickt werden. Sollten Sie es brauchen können, so setze ich Ihnen seinen Gang diesen Winter hindurch unter die Mondsbeobachtungen. Zerbrechlichkeit haben Sie nicht zu befürchten es ist ebenso einfach und solide wie eine Pendeluhr gebaut.

Sollten Sie Harding nicht in Emden anbringen, so wollte ich Ihnen Hansen oder Nissen vorschlagen. Beide glaube ich würden der Stelle sehr gut gewachsen seyn, und auch hingehen, auch Ursin steht zu Befehl, der wohl Harding Balance hält. Noch mehr, ich bin bereit mit Harding zu tauschen, und Ihnen Ursin zu geben. Da ich nicht durch Hannover dies Jahr komme, so habe ich einen etwas freien Schritt gewagt, und schreibe deswegen an Arnswald, wobei ich ihm auf mein Gewissen versichere und versichern kann, dass ich den Brief ohne Ihr Wissen und ohne dass Sie mich dazu veranlasst hätten, absende.. Ich kann heute vor Kopfweh nicht schreiben, aber mit der nächsten Post geht der Brief an Arnswald und die Copie an Sie. — Sollte dem ohnerachtet es nicht mit Harding gehen, so denken Sie wohl gefälligst an Hansen oder Nissen.

Mit dem lüneburger Winkel weiss ich nichts zu machen. Der Thurm den ich gemessen habe muss Lamberti seyn, obgleich es unbegreiflich ist wie ich sie habe verwechseln können. Bei einfachen Winkeln auf dem Theodoliten kann wohl ein Irrthum von 5^0 oder 10^0 passiren.

Die Entfernung Joh. — Hohenhorn der Franzosen, ist unstreitig die Entfernung Joh. — Brunstorf, ein Thurm der beinahe von Lüneburg aus in derselben Richtung liegt, und den sie mit Hohenhorn verwechselt haben. Johann — Brunstorf ist sehr nahe 14,000 Toisen. Ich kann es nicht genauer geben, weil ich nur die Entfernung Hohenhorn — Brunstorf aus den Amtscharten genommen habe, und der Winkel Lüneburg — Brunstorf nur von Caroc in Hohenhorn gemessen ist. Eben deswegen mögen wohl die Winkel in dem Dreyecke nicht gut gestimmt haben, und sind Ihnen vorenthalten.

v. Zach's Antwort ist, wie Sie richtig vermutheten, ausgeblieben. — Sie schreiben mir aber nichts über Inghiramie's Nutation?

Wir bitten um einige Mondsörter. Auch nachdem ich weg bin wird hier beobachtet.

Ihr
Schumacher.

den 24. März 1821.

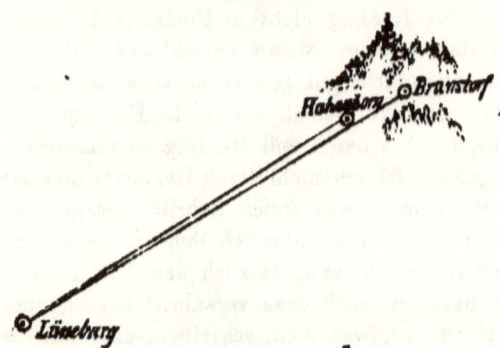

Diese Figur zeigt nur ungefähr die Lage der Thürme ohne das Verhältniss der Entfernungen auszudrücken, Brunstorf liegt aber so in Wald dass es von Hamburg aus nicht zu sehen ist.

N? 115.   **Schumacher an Gauss.**   [71

Hier mein vielverehrter Freund! Die Copie des heute an Anrswald abgesandten Briefes.

Hamburg habe ich nicht vergessen. Rümcker ist mit einem male nach New South Wales gereiset, um dort eine Sternwarte zu errichten.

Unser Finanzminister hat mich beinahe aufgefordert eine astronomische Zeitung in Altona herauszugeben, von der jede

Woche etwa ein Bogen erschiene, und die dazu diente, die lebhafteste Communication unter den Astronomen zu erhalten. — Wollen Sie mich thätig unterstützen? ohne sichere Hülfe thue ich es nicht, so nützlich die Sache auch wäre.

Ganz Ihr
Schumacher.

Kopenhagen, d. 27ten März 1821.

N? 116.   Gauss an Schumacher.   [45

Zuerst mein theuerster Freund schreibe ich Ihnen hier die von H. Encke ausgewählten Sterne für April ab.

Apr. 10.	8h 38'	Pi. 8. 42.	6.7	8h	9'	54''	+ 21°	18'
		33 η Cancri	6		22	21	21	3
		351 Mayer	8		27	31	19	53
Apr. 11.	9 29	26 Leonis	7.8		48	28	16	4
		431 Mayer	7		55	58	6	37
		33 Leonis	8	10	1	2	16	35
Apr. 12.	10 16	10 Sext.	6	9	46	57	9	47
		428 Mayer	8		54	2	10	46
		31 a Leon.	5		58	25	10	52
Apr. 13.	11 0	P. 11. 41	7.8	11	11	46	5	52
		80 Leon.	7		16	39	4	51
		P. 11. 84	8		20	25	4	46
Apr. 14.	11 44	P. 11. 50	7	11	14	9	+ 1	7
		P. 11. 82	7.8		20	16	+ 0	8
		91 ι Leon.	4.5		27	48	+ 0	10
Apr. 15.	12 27	P. 12. 63	7.8	12	13	58	− 6	18
		532 Mayer	6.7		38	19	− 5	19
		P. 12. 216	9		45	11	− 6	38
Apr. 16.	13 11	P. 13. 126	8	13	25	11	− 12	18
		P. 13. 158	7.8		31	29	− 11	52
		P. 13. 183	8.9		36	36	− 11	29

Apr. 17.	13ʰ 56'	P. 13. 93.	8	13	19	51'''	— 17°	48'
		78 Virg.	6		22	25	17	48
		89 Virg.	5.6		40	15	17	14
Apr. 18·	14 44	P. 14. 262.	7	14	55	51	22	37
		595 May.	6.7	15	6	2	21	44
		P. 15. 65.	8		15	46	20	45
Apr. 19.	15 35	P. 15. 237.	6	15	52	33	25	21
		m Scorp.	6		57	15	25	50
		640 May.	7.8	16	4	5	25	1

Ihre Beobachtungen vom März schicke ich sofort an H. Nicolai: ich sehe übrigens voraus, dass seine Antwort die Bitte enthalten wird, anstatt der rohen Beobachtungen künftig nur die Resultate, die die RAscensionaldifferenzen zwischen ☾ Rand und den Sternen, nicht nach Uhrzeit sondern nach Sternzeit zuschicken. In der That würde es für Einen Astronomen sehr zeitraubend seyn, die Reductionen von allen Beobachtungen aller Sternwarten zu machen, und jeder Astronom kann auch seine eignen Beobachtungen am besten reduciren. Nur das eine bemerke ich: Wenn der mittlere Faden (oder wie ich es gewöhnlich halte, das Mittel aller Fäden) in der Höhe wo der ☾ durchgeht nicht genau im Meridian steht, so soll genau genommen bei dem Mond ausser der allen Sternen gemeinschaftlichen Reduction noch eine 2te und 3te von der eignen Bewegung des ☾ und der Parallaxe abhängig hinzugefügt werden. Inzwischen ist die Rechnung dafür ziemlich beschwerlich und, wenn die ganze Reduction wie bei Ihnen so gering ist, auch nicht der Mühe werth. Beträge aber die Reduction ganze Zeitsecunden, so müsste allerdings auf beide Umstände Rücksicht genommen werden, wenn auch die berechnete Längendifferenz auf ein oder ein Paar Zehntel Secunde in Zeit genau werden soll. Es wird hinreichend seyn, wenn Sie nur die gewöhnliche allgemeine Reduction anwenden und zugleich deren Grösse mitbemerken.

Ich selbst habe nur am 16. März den ☾ beobachtet, also nicht mit Ihnen correspondirend; ich zweifle jedoch nicht, dass an andern Orten manche mit Ihnen correspondirende B. gemacht sind, da das Wetter ziemlich günstig war. Ich hatte selbst keine Lust viel Zeit an Beobachtungen damals zu wenden, die von genauem Uhrgange abhängen, da die Liebhersche Uhr ganz unerhört schlecht ging; binnen einen Monat hat sie ihren täglichen Gang etwa um 20″ geändert, stufenweise accelerirend. Die Shelton'sche Uhr ist nicht viel besser. Rumpf (der 5 Monate abwesend gewesen und erst vor 8 Tagen zurück gekehrt ist), hat nun den Liebherr geöffnet und eine Abänderung gemacht, ich hoffe dass dem Fehler dadurch abgeholfen seyn wird; das Wetter hat mir aber seitdem noch keine Beobachung wieder erlaubt.

Sehr schmerzhaft ist es mir, dass ich die Freude Ihres Besuchs, worauf ich so gewiss gerechnet hatte, entbehren soll. — ausser so mancher andern Ursache, auch aus der, weil mir beim Anfang meiner Operationen Ihre Erfahrung und Ihr Rath so vielfach nützlich sein könnten. Wenn Sie diese Früchte Ihrer Erfahrung geringschätzen, so mögen Sie Recht haben auf Ihrem Standpuncte; es sind an sich unbedeutende Sachen, und durch die Erfahrung reifen diese Früchte allerdings von selbst. Allein Sie würden sie weniger geringschätzen wenn Sie sich an meine Stelle versetzten. Viele Umstände sind ohnehin bei mir lange nicht so vortheilhaft wie bei Ihnen. Während Sie an Caroc einen Gehülfen haben, auf den Sie sich ganz verlassen und dem Sie alle Details überlassen können, muss ich meine Gehülfen erst selbst dressiren, und wenigstens anfangs mich in viele, mir zum Theil selbst fremde Details, einlassen. Dazu kommt die Beschaffenheit meines Terrains. Im südlichen Theile werde ich wahrscheinlich auf jeder Staton ein Signal bauen müssen, und ich werde gleich 3 oder 4 auf einmal bauen lassen müssen, weil ich nicht eher Winkelmessungen anfangen kann. Komme ich freilich erst zum Winkelmessen selbst, so wird die Erfahrung von selbst zeigen, ob die Signale zweckmässig oder nicht gebauet sind, allein gerade um nicht das Letztere zu riskiren, hatte ich Sie um Ihre Erfahrungen gebeten. Ihr Lauenburger Signal zeigte sich freilich in Lüneburg recht gut, allein dies ist meine einzige Erfahrung, und es lässt sich daraus noch nicht auf andere Fälle schliessen. Denn die Distanz Lüneburg—Lauenburg war nur sehr klein und die Umstände übrigens günstig. In Ermangelung ausführlicher Rathschläge ersuche ich Sie also nur um die Eine Nachricht, ob Sie auf allen übrigen Stationen dieselbe Form und

Bauart*) angewandt und sowohl in Rücksicht des guten Sehens, als in Rücksicht der Stabilität damit überall zufrieden zu seyn Ursache gehabt haben?

Ganz wahrscheinlich ist mir Ihre Erklärung des enormen Unterschiedes der französischen Angabe Lüneburg — Hohenhorn nicht. In dem △ Hamburg, Lüneburg, Hohenhorn sollen alle 3 Winkel beobachtet seyn; wäre in Lüneburg das falsche Object pointirt so müsste sich ein enormer Unterschied von 180° zeigen, und dann konnte man doch vernünftiger Weise nicht die Seite Lüneburg — Hohenhorn auswählen um gerade diese mir zum Terme de comparaison zu schicken. Ich möchte eher glauben, dass bei einem oder einigen der Dreiecke zwischen Cuxhaven und Hamburg, wo fast immer der 3te Winkel geschlossen ist, ein Fehler von ganzen Graden in einem Winkel begangen ist, der nicht bemerkt wurde, weil jede Controlle fehlte. Sollte es mir gelingen, noch alle Winkel zu erhalten — ich habe nochmals darum geschrieben — so wird es sich schon aufklären.

Ihr Versprechen mir eventualiter mit dem Stutzschwanz auszuhelfen ist noch mein einziger Trost, wenn Reichenbach nicht Wort halten sollte. Ich rechne also darauf, dass ich denselben von Ihnen in Hamburg erhalten kann. Nicht Ende Julius — sondern etwa von Mitte Mays an. Denn schon in den nächsten Tagen fange ich an die hier nächsten Stationen zu recognosciren, und mein Wunsch ist, sobald als möglich die Signale zu bauen. Sollte ich aber Ihren Theodoliten erhalten, so brauche ich den Stutzschwanz gar nicht, und wenn ich meinen eignen zu rechter Zeit bekomme, brauchte ich auch jenen nicht.

An die Stelle nach Emden hatte ich schon vor etwa 3 Wochen Herrn Westphal empfohlen, der seine Stelle in Danzig verlassen hat und in diesem Augenblick hier ist. Ich habe aber darauf keine Antwort. Sollte man aber Westphal zwar haben, dieser aber die Stelle nicht annehmen wollen — was noch ungewiss ist, da er auch noch wegen einer Professur in Unterhandlung steht — so werde ich wenn es auf die andere Art nicht geht, gern Hansen und Nissen vorschlagen.

---

*) Die Franzosen haben immer die vier Pfeiler unten auf der Erde durch ein Kreuz verbunden.

Inghirami hat offenbar Unrecht wenn er den heliocentrischen Ort der Erde ohne Nutation, mit dem Sonnenort incl. Nutation combinirt. — Auf der See ist freilich der daraus entspringende Fehler unbedeutend.

In der Hoffnung recht bald wieder mit einem Briefe von Ihnen erfreuet zu werden

der Ihrige
C. F. Gauss.

Göttingen, d. 1. April 1821.

N<u>o</u> 117. **Schumacher an Gauss.** [72

Auf den Theodoliten weder auf meinen noch Ihren, können Sie nicht rechnen. Ich erhalte in diesem Augenblicke mit Ihrem Briefe einen Brief von Ertel worin er mir meldet er solle nun bald neu getheilt werden. Sicher können Sie aber den Stutzschwanz Mitte Mais in Hamburg fertig finden, wo ebenso bestimmt meine Gehülfen seyn sollen.

Ob ich selbst da seyn kann weiss ich nicht, da meine Kränklichkeit beinahe täglich zunimmt, und mich zu aller Arbeit unfähig und trübe und misslaunig macht. Ich glaube nicht gegen die Zeit soweit hergestellt zu seyn, reisen zu können.

Die Basismessung ist deswegen auch bis zum September verschoben.

Ich habe unserer Gesellschaft der Wissenschaften das Compliment gemacht Sie vorzuschlagen. Es bedarf wohl keiner Erwähnung dass Sie einstimmig gewählt sind, worüber Sie bald die officielle Communication erhalten werden. Wir hoffen dass Sie uns die Ehre erzeigen es anzunehmen.

Anbei unsere Winkel und Dreiecke. Die Lüneburger können wir nicht schliessen, da Sie die Data dazu haben.

Mit Hamburg bin ich in der bewussten Sache in lebhafter Unterhandlung. Sie haben noch kein Gebot gethan auf das man entriren könne, indessen weiss ich mit Kaufleuten umzugehen. Bis jetzt ist von Hamburgs Seite 3000 ℔ und freie Wohnung proponirt, aber von mir für den bewussten Freund (with disdain) rejicirt. Ich habe erklärt die Grundlagen zur Unterhandlung seien freie Wohnung und wenigstens 6000 ℔ eher würde ich nichts proponiren. Man hat mir geantwortet das sei nur der Anfang, es solle sehr bald verbessert werden. Ich habe darauf erklärt. Hier von Anfang sprechen zu wollen verrathe wenig Kenntniss, hier müsse Anfang und Ende gleich das heisst sehr gut seyn. — So stehen die Sachen indem ich jetzt schreibe. Sie meinen es gar nicht übel aber das Handeln liegt so in ihrer Natur, dass man sie gewähren lassen muss; und je wünschenswerther das ist was sie sich verschaffen wollen, um desto mehr streben sie, es für die geringste Geldausgabe zu besitzen, und so zu seinen andern vortrefflichen Eigenschaften, auch die der Wohlfeilheit zu fügen, die in ihren Augen nicht gering ist.

Antworten Sie nur gütigst bald wegen der astronomischen Zeitung, ob ich auf Ihre thätige Unterstützung rechnen kann. Jeder wird glauben die Idee sei von mir, sie ist aber würklich von unserm Finanzminister, und ihm nicht eingegeben.

Dr. Young hat mir schon wieder wegen Wollastons bestellten Harding'schen Karten und den andern Exemplaren geschrieben. Wollen Sie nicht Harding fragen lassen, ob er sie senden will oder nicht? sonst kaufe ich sie bei Perthes.

Bei mehreren Signälen haben wir andere Bauart gebraucht als die Lauenburger. Ich denke aber keines wieder anders zu bauen, da ich mich bei den andern Formen nicht gut gestanden habe.

Wir haben kein Kreuz am Fusse. Es kann aber nur die Stellung fester machen, und ist deswegen anzurathen.

Ich will aber nun Reverbèren versuchen und keine Signale bauen, sondern nur steinerne Postamente, auf denen die Reverbéren stehen.

Von Hamburg aus werden Sie durch Zahrtmann meine Hülfstafeln erhalten, und die Steinplatten über den Basisapparat. Sie erhalten 1 Exemplar auf Velinpapier für sich, 1 für die Societät und 1 für Harding.

Viele und herzliche Grüsse von Ihrem

ganz eignen
Schumacher.

d. 10. April 1821, Copenhagen.

N. S. Die Gegenwart Caroc's wäre Ihnen jetzt vielleicht erwünscht. Er hindert nicht bei der Basismessung, und ich verspreche Ihnen er soll gleich kommen, wenn Sie nur so schnell wie möglich ein Wort an den König schreiben.

No. 118.   **Gauss an Schumacher.**   [46

Göttingen, den 6. May 1821.

Recht sehr beklage ich, theuerster Freund, Ihre Unpässlichkeit, die Ihre Pläne so sehr derangirt. Auch mir geht es nicht viel besser. Seit 14 Tagen bin ich unwohl, und selbst einige Zeit bettlägerig gewesen. Das ungewöhnlich früh eintretende schwüle Wetter mit fast ununterbrochenen Gewittern mag bei mir auch Antheil daran haben.

Vorher habe ich in der Umgegend von Göttingen mehrere kleine Recognitionsreisen gemacht, die zum Theil recht guten Erfolg gehabt haben. Ich hoffe einen schönen und leichten Anschluss an die Mümflingischen $\triangle\triangle$ und ein sehr einfaches schönes Dreieckssystem bis Hannover zu erhalten. Müller hat auch bereits angefangen in der Gegend von Hannover zu recognosciren; er nimmt sich der Sache recht gut an. Da ich in diesem Jahre doch schwerlich über Hannover hinaus komme, so hoffe ich mein Arrangement der $\triangle\triangle$ in kurzer Zeit festgestellt zu haben. Ihrem gütigen Versprechen zufolge, rechne ich auf Ihr Universalinstrument als auf einen Nothanker, den ich in diesem Falle etwa Anfang Juni in Hamburg abholen lassen werde. Doch gebe ich die Hoffnung noch nicht ganz auf, im Laufe des May Ihren Theodoliten aus München zu bekommen, in welchem Falle ich das Universalinstrument gar nicht nöthig haben würde.

Unter den obwaltenden Umständen brauche ich Ihnen nun für die leichten Arbeiten dieses Jahrs Ihren trefflichen Caroc nicht zu entziehen.

Ihren bewussten Brief sehe ich als einen grossen Freundschaftsbeweis an, und hoffe dass dessen Ursprung nicht gemissdeutet werden wird. Ueber Westphal's Anstellung in Emden

ist noch nichts entschieden. Ein Stein des Anstosses ist, dass
die holländische Sprache und Bekanntschaft mit den Gewässern
gefordert wird. Es wird schwer seyn, beides mit guten theoretischen Einsichten vereint zu finden.

Repsold hat mir mündlich sagen lassen, dass der Reflector
für mich fertig sey. Möchte er ihn nur bald herschicken. Ich
erwarte noch zwei andere von Körner in Weimar.

Durch die Ehre welche Ihre Societät mir, Ihrem Briefe zufolge erwiesen hat, fühle ich mir sehr geschmeichelt. Bei unserer Societät geht es in solcher Beziehung immer ganz unconstitutionell und willkürlich zu: daher ich schon seit vielen Jahren es für anständiger gehalten habe mich nie darein zu mischen. Sonst, können Sie leicht denken, hätte ich längst Ihren Namen in der Liste gewünscht, ich weiss aber auch nicht ob Sie einen Werth darauf gelegt hätten. In der westphälischen Zeit hat man eine Menge unwürdige Leute aufgenommen, obwohl, Alix ausgenommen, keine in der mathematischen Classe. Man fühlte dies nachher auch selbst und wollte nun lieber lange Zeit gar keine neue Mitglieder annehmen. Bessel hatte ich schon vor etwa sechs Iahren auf die Kandidaten-Liste zu setzen, den Secretair ersucht, wo er noch steht. —

Ihre schätzbaren Hülfstafeln für 1821, wofür ich verbindlichst danke, sind angekommen, aber nicht die Abbildungen des Basis-Apparats. Harding sagte, dass er die bestellten Karten nächstens an Repsold absenden wolle.

Bald wieder auf einige Zeilen von Ihnen hoffend

Ihr ganz eigner

C. F. Gauss.

Nº 119.   Gauss an Schumacher.   [47

Ich eile, Sie mein theuerster Freund, zu benachrichtigen,
dass ich heute Ihren Theodolithen, so viel sich erkennen lässt,
durchaus wohlbehalten empfangen habe. Des Stutzschwanzes
werde ich daher nunmehro nicht bedürfen.

Müller ist heute hier angekommen. Die bisherigen Recognoscirungen haben die Ausführbarkeit des umstehenden Dreiecksprojects bewiesen, und wahrscheinlich ist der Beinberg der einzig mögliche Punct, der die 4 umliegenden zugleich zu sehen gestattet. Aber ich fürchte, dass die Messungen schwerlich anders als bei Nacht werden gemacht werden können. Eine auf dem Beinberg errichtete 50 Fuss lange Stange, oben mit 2 Köpfen von 3×4 und 4×6 Fuss Fläche versehen, konnte ich heute obgleich die Luft günstig war, nur mit äusserster Mühe durch einen $3\frac{1}{2}$f. Dollond erkennen. Ein dem Theodolithen sichtbares Signal würde daher grosse Dimensionen haben müssen.

Von Repsold habe ich einen Reverbère erhalten. Zwei kleinere von Körner, die längst von Jena abgeschickt sind, erwarte ich jede Stunde. Es wird nun darauf ankommen, ob jener allein, und resp. diese 2 verbunden in Distanzen wie die des Beinberges vom Hohenhagen 70000 Metres sichtbar sind. Für die Distanz Brocken-Inselsberg werden noch viel kräftigere Mittel erfordert werden.

Zum Anschluss von Göttingen ist noch ein Punct erforderlich, den vielleicht der Hils liefern kann. Lieut. Hartmann recognoscirt denselben jetzt; es ist mir aber nicht wahrscheinlich, dass von dort aus Braunschweig sichtbar ist, vielleicht auch Hannover nicht. Sollte dies aber doch der Fall und der Berg nicht bewaldet seyn, so würde dieser Punkt sehr vortheilhaft seyn, und den Beinberg ganz entbehrlich machen.

Wenn Ihre astronomische Wochenschrift zu Stande kommt, werde ich sie gern nach Vermögen unterstützen. Aber freilich können Sie nie von mir Beiträge erwarten, die viel Raum füllen. Dazu wäre Delambre viel nützlicher. Ich sehe aber auch nicht recht, wie Sie es möglich machen können, sie fortwährend im regen Gange zu erhalten, wenn Sie nicht selbst Altona zum bleibenden Aufenthalte wählen.

Stets der Ihrige

C. F. Gauss.

Göttingen, 30. May.

* * *

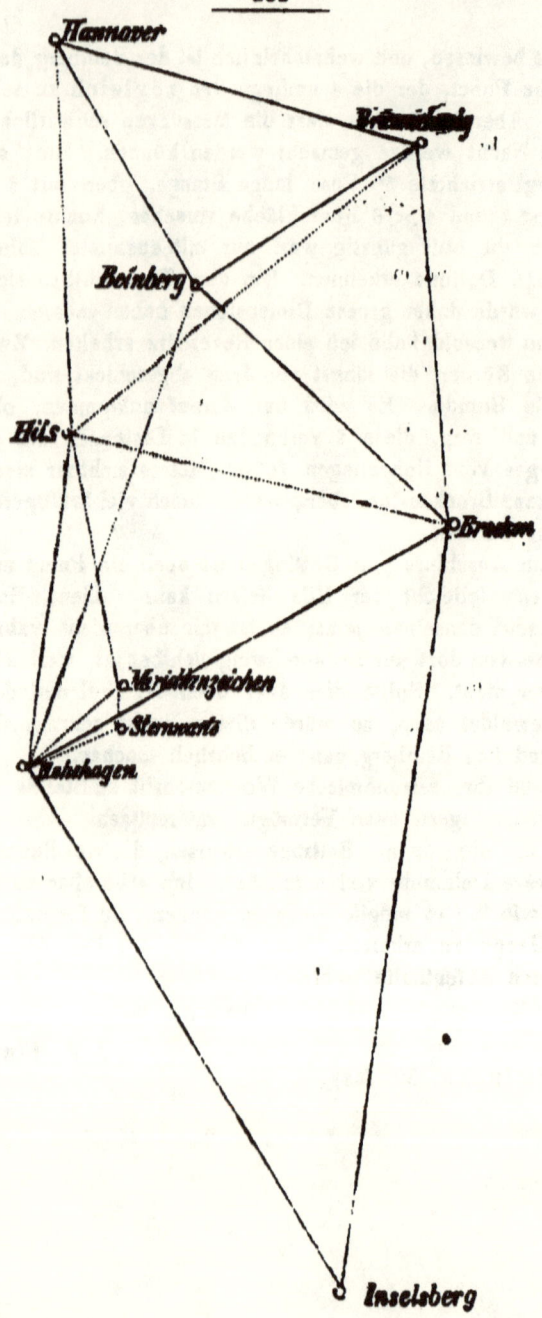

№ 120. **Schumacher an Gauss.** [73

(Circular.)

Durch höhere Unterstützung bin ich in den Stand gesetzt, den Astronomen und Mathematikern einen Weg zur schnellen Verbreitung wissenschaftlicher Arbeiten und Nachrichten anzubieten. Es wird unter dem Titel

Astronomische Nachrichten

im September dieses Jahrs, eine astronomische Zeitung erscheinen, die Beobachtungen, Nachrichten, Anzeigen von Büchern, und sonstige kürzere Mittheilungen meiner astronomischen Freunde aufnimmt, und von der, ohne sich an feste Perioden zu binden, sobald nur Stoff vorhanden ist, ein Blatt versendet wird. Grössere Aufsätze aus dem Gebiete der Astronomie und Geodesie werden in Form eines Journals, unter dem Titel

Astronomische Abhandlungen

gedruckt. In beiden Blättern werden ausser den Aufsätzen in deutscher Sprache, auch die in englischer, französicher und lateinischer Sprache geschriebenen aufgenommen.

Ich bin so frey, Sie um Ihre thätige Mitwirkung gehorsamst zu ersuchen und dabey zu bitten, in Ihren Briefen das was Sie für den Druck bestimmen, scharf von dem Theile des Briefes zu trennen, der nicht gedruckt werden soll.

Haben Sie die Güte, mir den Weg anzuzeigen, auf dem Sie die astronomischen Nachrichten zu erhalten wünschen, von denen, so wie von den Abhandlungen, ich mir die Erlaubniss ausbitte, Ihnen Frei-Exemplare senden zu dürfen.

Gehorsamst

H. C. Schumacher.

Altona, im Junius 1821.

Addresse — Altona, abzugeben bei Herrn Conrad Hinrich Donner.

(Nachschrift von Schumacher an Gauss.)

Mit herzlichem Grusse von uns allen! Sie kommen doch im August zur Uebernahme des Sectors? Ich muss nach Wellington's Verlangen von Ihnen einen Empfangschein produciren, mit einer species facti, in welchem Zustande Sie ihn übernehmen.

Es freut mich herzlich, wenn mein Theodolit Ihnen Dienste thut, fast glaube ich aber, werden Sie Ihren jezt schon haben.

Ihr

Schumacher.

N? 121.   Schumacher an Gauss.   [74

Mein vielverehrter Freund!

Die Sache mit den Hamburgern steht nun so, dass sie sich auch in 2000 Thaler hiesiges Courant (circa 2400 Thaler Conventionsgeld) und freie Wohnung im Gebäude der zu errichtenden Sternwarte finden werden, nur verlangt Hr. v. Hess jezt meine ernstliche Erklärung, ob unser Freund auf diese Bedingungen entriren wird? Wollten Sie wohl Erkundigung einziehen? Ich glaube, so genau wie ich das Terrain kenne, dass sie würklich nicht mehr bieten können, da der Magistrat nicht allein es durchsetzen kann, sondern die Sache durch Bürger-Collegien gehen muss. Wäre mehr möglich, so wissen Sie wohl, mit welcher Dankbarkeit, Verehrung und Liebe ich an unserm Freunde hänge, und dass ich mich nicht dabei beruhigen würde. Ich werde Ihre Antwort, so wie Sie Erkundigungen eingezogen haben, Herrn v. Hess im Original mittheilen.

Ich habe vom Könige, so lange die Karten-Arbeiten dauern, Urlaub erhalten, hier in Altona zu wohnen. Es ist auch für mich schon ein freundliches Haus gekauft. Nur muss ich jedes Jahr auf 1 oder 1½ Monat nach Kopenhagen kommen, um Bericht zu erstatten, Rechenschaft abzulegen u. s. w. Am 1sten September ziehe ich in mein neues Haus, ich kann also dies Jahr Ihnen nur Ihre vorjährigen Stuben bei Madame Klick anbieten.

Reinke wird in 14 Tagen von hier reisen und in Göttingen und auf dem Harze 3 Wochen bleiben. Er wünscht sehr,

mit Ihnen die Rückreise nach Hamburg zu machen. Von den Angelegenheiten der Hamburger Sternwarte weiss er nichts und darf auch nichts wissen.
Von ganzem Herzen

Ihr

H. C. Schumacher.

Altona, d. 28. Junius 1821.

N? 122. Gauss an Schumacher. [48

Ihr letzter Brief, theurer Freund, ist hier eingelaufen, während ich abwesend war, und also erst später in meine Hände gekommen. Ich kann heute auf denselben und den vorhergehenden nur sehr eilig einiges erwiedern.

Ich wünsche Ihnen Glück, dass Sie nun fortwährend Ihren Aufenthalt in Altona haben werden, wo das Klima Ihrer Gesundheit besser zuschlagen wird als das rauhere in Kopenhagen.

Zu Ihrer neuen Zeitschrift werde ich, so weit es die Umstände verstatten, gern beitragen. Vielleicht könnte eine Nachricht über mein neues Instrument, dem ich den Namen Heliotrop beilegen möchte, die Eröffnung machen: ich hoffe, dass diese Manier zu beobachten für die höhere Geodäsie von der grössten Wichtigkeit werden kann. Auf kurze Distanzen (bis 2 Meilen) können Sie sich keinen schönern Zielpunkt denken als reflectirtes Licht von einer hellen Wolke; reflectirtes Sonnenlicht, hoffe ich, soll in den allergrössten Entfernungen das schönste Ziel darbieten. Uebrigens lassen Sie doch, damit die erste Nachricht in Ihre Zeitung kommen kann, vorerst auswärts noch nichts davon transpiriren.

Mit meinen Arbeiten ist es bisher herzlich schlecht gegangen. Die Recognoscirungen bis Braunschweig hin sind ganz vollendet, die Puncte ausgewählt und zwei Signale gebauet, wovon das zweite erst jetzt geschwärzt wird. Messen habe ich also bisher noch gar nichts können, ausser dem einen Winkel in der hiesigen Sternwarte, den ich 100mal habe. Erst Ende dieser Woche wird das steinerne Postament am 2ten Standpunkt fertig (auf welches ich künftig auch mein Meridianzeichen setzen lasse). Wie Sie Ihre Signale so wohlfeil bauen können, ist mir ganz unbegreiflich; das eine auf dem Hohenhagen kostet gegen 250 ℳ. Ich besorge, dass die enorme Verschiedenheit zwischen den präsumirten und wirklichen Kosten meiner Operationen mir diese Geschäfte noch oft sehr verbittern werden. Zu den Verzögerungen der Vorbereitungen ist nun auch noch das bisher immer ganz abscheuliche Wetter gekommen. Sie können hieraus von selbst leicht schliessen, dass es mir ganz unmöglich wird, im August des Zenithsectors wegen nach Hamburg zu kommen, denn gerade im August und September muss von meinen Messungen das Beste geschehen. Falls es daher nicht anginge, dass bloss einer meiner Gehülfen den Sector von Hamburg abholt, so würde ich ihn erst im October abhohlen können. Gebrauchen kann ich ihn ohnehin früher gar nicht.

Was nun endlich die Hamburger Angelegenheit anbetrifft, so erkenne ich dabei ganz Ihre freundschaftliche Bemühung. Der Freund quæst. würde allerdings auf die erklärten Bedingungen **ernstlich** eingehen, um so mehr, da auch die Nähe Ihres Aufenthalts dabei schwer mit in die Schale kommt. Wenn indessen der Freund wegen der grossen Theuerung in Hamburg in pecuniärer Rücksicht eigentlich sich wol nicht merklich verbessern würde, so ist einleuchtend, dass, indem er wirklich ernstlich in die Sache zu entriren denkt, der Grund, dass er bei einer Veränderung frei von lästigen Nebenverhältnissen werden würde, der bei weitem wichtigere ist, und dass daher über das Dienstverhältniss und die Obliegenheiten bei der Stelle in H. vor allen Dingen eine genauere Erklärung würde gegeben werden müssen. Es ist mir heute bei dem Drängen anderer Geschäfte wirklich ganz unmöglich, mich über diese Sache umständlicher auszulassen und Ihnen einen ostensibeln Brief darüber zu schreiben, und eben damit werden Sie eine kleine Verzögerung leicht entschuldigen können.

Ihr Theodolith hatte doppelte Fäden, die aber viel zu weit (etwas über 2′) von einander abstanden. Ich habe mir die Freiheit genommen, andere dafür einzuziehen, die nur 30″ ablagen; allein da diese Fäden (Coconfäden) zu stark waren, so fand ich diese Weite auf blosse terrestrische Gegenstände doch zu enge. Ich nahm sie abermals heraus und setzte wieder neue ein, deren Distanz = 83″ geworden war, und die selbst etwas dünner waren, als die vorhergehenden. Allein, obgleich aus Einem Cocon, sind sie doch an Dicke etwas ungleich, daher ich mich auch damit nicht begnügen mochte. Ich habe daher noch ein Paar eingezogen, die vortrefflich gerathen sind; Distanz 42″, und dabei sind auch die vorigen conservirt, so dass man den Umständen nach bald dieses, bald jenes Paar brauchen kann. Alle sind schön parallel gerathen. Sind Sie selbst mit dieser Einrichtung nicht zufrieden, so können Sie leicht durch Repsold andere einsetzen lassen. Meine hundert Beobachtungen des Winkels in der Sternwarte geben eine gute Uebereinstimmung. 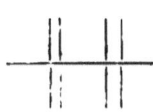 Auf der Theilung habe ich einen kleinen Fleck gefunden, der aber doch das Ablesen nicht weiter stört. Sonst habe ich alles in gutem Stande gefunden. Nur die Libelle sitzt so, dass der kleine nicht getheilte Zwischenraum nicht in der Mitte sitzt, vielleicht (denn geöffnet habe ich sie nicht und weiss es also nicht) ist sie zu kurz auf einer Seite gewesen. Ich habe, um Confusion zu vermeiden, Zahlen mit rother Farbe aufgetragen. Von meinem eigenen Theodolithen habe ich noch gar nichts weiter gehört.

Mein Heliotrop habe ich erst in diesen Tagen ganz fertig bekommen. Versuche sind bisher erst bis zum Hohenhagen hin gemacht, die das oben angedeutete Resultat gegeben haben.

In diesem Augenblick kommt Enke hier an, mit dem ich wegen der Verbindung des Inselsbergs Abrede nehmen will. Ich muss daher eiligst schliessen.

Ewig der Ihrige
C. F. Gauss.

Göttingen, den 11. Juli 1821.

N° 123. **Gauss an Schumacher.** [49

Theuerster Freund.

Die Versuche mit dem Heliotrop sind hier zu einer, wenn gleich sehr mangelhaften Kenntniss von so manchen Personen gekommen, von denen ich Grund habe zu erwarten, dass sie eine ganz ungewaschene Nachricht davon in's Publicum bringen möchten. Um dem zuvorzukommen, habe ich mich gezwungen gesehen, selbst eine kurze Nachricht davon schon jetzt zu geben, von welcher ich Ihnen einen besondern Abdruck hieneben zu übersenden das Vergnügen habe.

Ich bin seit mehr als 4 Wochen selten länger als einige Stunden hierher zurückgekommen, und bitte damit um Entschuldigung, dass ich wegen der bewussten Angelegenheit noch nicht wieder geschrieben habe. Dass Ihr Freund dieselbe sehr ernstlich nimmt, und auf das Angezeigte als Basis zu entriren geneigt ist, habe ich Ihnen bereits gemeldet. Ehe nun aber in dieser Sache etwas weiter geschehen könnte, würde es nothwendig seyn, dass er von dem ganzen Dienstverhältniss erst vollständiger unterrichtet würde. Er setzt voraus, dass die liberalen Gründer des Etablissements dasselbe bloss für die Wissenschaft bestimmen, dass es zwar mit wenigen aber vortrefflichen Hülfsmitteln ausgerüstet werden soll, dass der künftige Vorsteher desselben eine anständige, für eine Familie hinreichende Wohnung dabei erhalten wird. Ueber den Plan des Baues, ob er schon angefangen ist oder wann er angefangen werden soll, wann man ungefähr ihn vollenden zu können glaubt, ob der Antritt des künftigen Vorstehers bald, und wie bald ungefähr, gewünscht wird &c. Ueber alle diese Fragen ist Ihr Freund noch gar nicht unterrichtet, mehrerer anderer Nebenfragen, die die liberalen Gründer der Anstalt doch auch wol zur wirklichen Zufriedenheit des künftigen Vorstehers zu erledigen geneigt seyn würden, jetzt nicht zu gedenken.

Von dem Theil Ihrer eignen Gradmessung, welchen Sie bisher in diesem Sommer vorgenommen haben, so wie von Ihrem Plan für die nächstkommende Zeit, möchte ich gern bald einmal durch einige Zeilen Ihrer Hand unterrichtet werden.

Stets und ganz der Ihrige
C. F. Gauss.

Göttingen, den 5. August 1821.

N? 124.   **Schumacher an Gauss.**   [75

Die Sache hier, mein vielverehrter Freund! ist so weit, dass alles nur mögliche in Bewegung gesetzt ist. Ein Dr. Sillem, Bruder des Rathsherrn, behauptet mit Ihnen auf dem Carolinum gewesen zu seyn, und Ihr Schulfreund aus früherer Zeit zu seyn.

Der Bau einer Sternwarte ist vor etwa 14 Tagen förmlich vom Rathe decretirt. Ueber Einrichtung, Instrumente (die nur vorläufig angegeben sind) u. s. w. ist es beinahe nothwendig, dass Sie selbst im October herkommen, um den Sector zu empfangen.

Das erste Stück der astronomischen Nachrichten ist fertig und wird versandt. Dürfte ich Sie nicht um eine Nachricht wegen Ihrer Heliotropen zum zweiten bitten?

Ihr ganz eigner

Schumacher.

Ahrensburg, 24. Sept. 1821.

In Eile.

Major Kater bittet sehr um Mittheilung Ihrer Formeln für achromatische Objective. Vielleicht setzten Sie ein paar Worte darüber für die Nachrichten auf, nisi majora sunt quae Te sibi vindicant.

N? 125.   **Gauss an Schumacher.**   [50

Brockenhaus, 29. Sept. 1821.

Seit ewig langer Zeit habe ich von Ihnen, theuerster Schumacher, keine Nachrichten: mein letzter Brief an Sie war, soviel ich mich erinnere, vom 5. August.

Ich habe seitdem die Hils- und Brocken-Station absolvirt; letztre freilich bei dem unerhört schlechten Wetter nicht vollkommen; das meiste, was ich hier gethan habe, ist in der ersten Woche geschehen; in der zweiten waren nur ein Paar Stunden zu gebrauchen, und in den beiden letzten Wochen bin ich unaufhörlich in Nebel und Regen gehüllt gewesen, eine einzige Viertelstunde ausgenommen, wo ich einige kümmerliche Winkel zum Inselsberg-Heliotrop erhalten habe. Der Anschluss an die preussischen Dreiecke ist daher noch unvollkommen, und wenn derselbe ganz vollkommen werden soll, wird im nächsten Jahre noch eine Rückkehr zum Brocken erforderlich sein; was mein eignes Triangelsystem unmittelbar angeht, ist doch in den ersten beiden Wochen hinlänglich abgemacht.

Hauptmann Müller hat Ordre, übermorgen Mittag vom Inselsberg mit dem Heliotrop abzugehen, und ich habe die Hoffnung ganz aufgegeben, dass sich das Wetter bis dahin noch bessert! ich selbst denke spätestens am 3ten in Göttingen zurück zu seyn, wo der König, nach meinen letzten, freilich schon 8 Tage alten Nachrichten am 4ten eintreffen sollte. Sie selbst werden bei Empfang dieses Briefes ohne Zweifel aus öffentlichen Nachrichten schon etwas bestimmteres wissen.

Ich ersuche Sie nun, wo möglich mit umgehender Post mir wegen des Zenith-Sectors die nöthigen Nachrichten nach Göttingen zu schicken, ob er jetzt in Altona, ob er im Zustande ist, gleich übergeben zu werden, ob Sie jetzt dort sind, wie er zu transportiren etc. Denn wenn es nothwendig ist, dass ich selbst nach Altona komme, wird es mir diesmal unmöglich seyn, länger als **sehr** kurze Zeit auf die ganze Reise zu wenden. Mir selbst würde es am besten passen, insofern es Ihnen convenirt, dass dieselbe sogleich nach der Durchreise des Königs durch Göttingen oder eventualiter sobald man bestimmt weiss, dass er gar nicht kommt — ich weiss nicht, ob der Fall jetzt vielleicht als möglich betrachtet werden muss — unternommen werden könnte.

Gegenwärtig ist der Ihnen vielleicht bekannte Benzenberg hier oben, der mich belehrt hat, dass bei Dreiecken der ersten Ordnung die Genauigkeit nicht über $\frac{1}{5000}$ gehen soll, und so herunter bis zu den Baueräckern, bei denen als letzten und höchsten Zweck aller Vermessungen dieselbe nicht über $\frac{1}{100}$ gehen darf.

Mündlich vielleicht mehr.

Stets Ihr ganz eigner
C. F. Gauss.

№ 126. **Schumacher an Gauss.** [76

Herr v. Hess, mein vielverehrter Freund! war in diesem Augenblicke hier, und stattete mir Bericht von seinen Bemühungen ab, und wie die Sache steht. Die Hauptschwierigkeit ist die, dass wir um unsern Freund nicht zu compromittiren, nicht sagen dürfen, dass er selbst wohl herkommen möchte, sondern uns begnügen müssen zu sagen, wir wünschten ihn her. Dadurch erhält die Sache so etwas vages und unsicheres, dass wenige ernstlich auf Mittel denken, um einen Zweck zu erreichen, den sie für nichts als ein pium desiderium halten. Es ist wohl keinem Zweifel unterworfen, dass die Sache ein ganz anderes Ansehen gewinnen würde, wenn wir ganz gradezu gehen dürften, indessen ist es doch so wie wir es machen, sicherer für ihn. Sie haben einen sehr alten Professor der Logik, der Crt.$ 2400 hat, und dessen Tod bevorsteht, so hat man Herrn v. Hess proponirt, bis auf dessen Tod zu warten und dann unserm Freunde den Antrag zu machen, dazu kämen dann die ursprünglichen Crt.$ 3000, so dass 1800 Thlr. Cour. herauskämen. Bei dieser Professur ist aber keineswegs die Nothwendigkeit, zu lesen. — Aehnliche unpassende Vorschläge sind mehr gemacht, so dass ich mehr wie je wünsche, Sie bald hier zu sehen, um den Sector abzuholen, indem dadurch, wie ich hoffe, der Sache ein anderer Schwung gegeben wird, und es doch auch auf jeden Fall räthlich ist, selbst das Instrument hier zu übernehmen. Unser neues Haus ist noch nicht ganz fertig, aber da ich hoffe, dass Sie sich mit uns behelfen werden, so bitte ich sehr dringend, gradezu bei uns abzusteigen.

Anbei das erste Stück der Astronomischen Nachrichten. Ich hoffe sehr auf einen kleinen Beitrag von Ihnen.

Ihr ganz eigner

Schumacher.

Altona, d. 3. October 1821.

№ 127.   Schumacher an Gauss.   [77

Sie haben hoffentlich, mein vielverehrter Freund! in Göttingen zwei Briefe von mir vorgefunden, ich füge nur hinzu, dass es mir nach allen Umständen unmöglich scheint, Ihre Reise hierher in sehr kurzer Zeit zu beendigen.

Der microscopische Apparat zur Untersuchung der Theilungen ist noch nicht ganz fertig, er wird es aber hoffentlich in einer Woche. Wir müssen dann doch zusammen damit die Theilungen hier durchgehen, so dass auch in anderen Rücksichten Sie unmöglich, wenn Sie meinen Bitten und unmaassgeblichem Rath Gehör geben wollen, unter 5 bis 6 Tagen Aufenthalt hier wegkommen.

Am besten bringen Sie wohl den Capitain Müller mit, dem Zahrtmann das Instrument zerlegen kann, und der es dann selbst nach Göttingen begleiten muss. Es ist ein Federwagen dazu da, der etwa 2—3 Pferde Vorspann erfordert. Ausserdem muss der Apparat auf einen Beiwagen geladen werden, wozu ich immer Postwagen gebraucht habe. Das Zelt kann mit Frachtgelegenheit abgehen.

Mein Haus ist in der Palmaille No. 441, das Eckhaus von der Palmaille und van der Smissen's Allee. Bitte aber sehr, vorlieb zu nehmen.

Sollte es Ihnen in diesem Augenblicke ganz unmöglich seyn, längere Zeit auf die Reise zu wenden, so würde ich vorhlagen, im December gegen Weihnachten zu kommen, wenn sonst dann längerer Aufenthalt möglich ist, und vor allem andern, wenn Ihre Gesundheit so späte Reisen erlaubt.

Ihr ganz eigner
Schumacher.

1821, October 5.

№ 128.   Gauss an Schumacher.   [51

Theuerster Freund!

Bei meiner Zurückkunft vom Brocken habe ich Ihre beiden ersten Briefe hier vorgefunden nnd den dritten bald nachher erhalten; ich danke bestens für das erste Blatt Ihrer astronomischen Zeitung.

Die erwartete und zu viel wiederholten Malen immer wieder etwas weiter hinausgesetzte Herkunft des Königs hat leider meine Reise nach Altona bisher unmöglich gemacht; hätte diese Verzögerung sich vorauswissen lassen, so hätte ich vielleicht die Brockenstation vollständig und vielleicht noch eine dazu nebst der gedachten Reise abthun können. Nach der neuesten Bestimmung erwartet man nun die Ankunft des Königs auf nächsten Montag. Unter so bewandten Umständen fange ich nachgerade an, etwas zweifelhaft zu werden, ob die Abholung des Sectors in diesem Herbste noch möglich seyn wird; geht es irgend an, so reise ich gleich nach der Abreise des Königs und seiner Brüder — die nachher noch mehrere Tage hier verweilen wollen, ab, doch schreibe ich dann auf alle Fälle noch einmal das genauere; auch kann ich, wie es scheint, erst noch von Ihnen eine Antwort auf gegenwärtigen Brief erhalten, wenn Sie die Güte haben, umgehend zu schreiben. Die bewusste Angelegenheit mit ...*) scheint nach Ihren letzten Briefen noch nicht so reif zu seyn, als ich gedacht hatte.

Wie weit Sie mit Ihren eignen Messungen, der Basismessung u. s. w. sind, möchte ich gern näher wissen. Den Zustand meiner Triangulation habe ich das Vergnügen, auf beiliegendem Kärtchen Ihnen mitzutheilen.**) Die starken Linien sind die, wo die Richtungen auf schon gemachte Messungen gegründet sind, die schwachen projectirte. Ich habe leider Grund zu fürchten, dass der Brelingerberg weder vom Wolenberg noch vom Lichtenberge sichtbar ist (an allen 3 Orten bin ich selbst noch nicht gewesen). Ueberhaupt wird die Gewinnung grosser Dreiecke in der Lüneburger Heide grosse Schwierigkeiten haben.

Brelingerberg, Deister, Lichtenberg, Inselsberg sind durch Heliotropenlicht sichtbar gemacht; auf der Brockenstation auch Hohenhagen und Hils, da die dort gebauten Signale nur selten

---

*) Wird sich auf die Verhandlungen durch v. Hess beziehen.
**) S. Astronomische Nachrichten Band I No. 7.   P.

(letzteres nur wenige Minuten) ich will nicht sagen zu beobachten, sondern nur zu sehen gewesen sind. Mit dem Heliotrop fällt alle Schwierigkeit weg. Ich lasse jetzt noch 2 andere machen (nach der neuen Einrichtung), wovon das eine bald vollendet sein wird. Dass man meine telegraphischen mit dem Sextanten-Heliotrop auf dem Brocken gegebenen Zeichen auf dem Hohenhagen (Distanz 70000 Meter = 9½ geogr. Meilen) mit blossen Augen gesehen, habe ich wie ich glaube Ihnen bereits in meinem letzten Briefe gemeldet. Den bisherigen Heliotrop kann mein ältester Sohn Joseph schon recht gut einrichten und lenken; mit dem neuen wird es eher noch etwas leichter gehen.

Die Richtung vom Hils nach Hannover ist zwar auch auf's schärfste gemessen, jedoch wird Hannover vermuthlich kein Hauptdreieckspunkt werden, da man von da nach N. O. nur eine sehr begrenzte Aussicht hat, und namentlich den Wolenberg dort nicht sehen kann. Auch müssten auf dem dortigen Thurme erst grosse Abänderungen gemacht werden, wenn ein Theodolith dort aufgestellt werden sollte. Der Deister wird nach allen Richtungen noch eine ausgedehnte Aussicht commandiren, und vielleicht wird selbst der Falkenberg da noch gesehen werden können.

Ende's astronomische Längenbestimmung scheint viel zu klein zu seyn, wenn anders Müller's Schnitte des Celler Schlossthurms auf dem Brelinger und Wolenberg richtig gewesen sind. Die Breite des Brockens aus Göttingen abgeleitet, fällt 9″ kleiner aus, als Zach's Beobachtungen sie gegeben haben, vielleicht zum Theil Folge der Anziehung der Harzgebirge, wovon fast alles südlich und wenig nördlich vom Brocken liegt.

Eilig empfehle ich mich Ihnen bestens.

Ganz der Ihrige
C. F. Gauss.

Göttingen, den 24. October 1821.

Rücksichtlich des Sectors muss ich noch bemerken, dass es mir selbst eigentlich eben nicht darauf ankommt, ihn jetzt gleich zu haben. Denn da ich ihn hier schwerlich anders als in der Sternwarte placiren kann, so verbauet er mir, so lange er darin aufgestellt ist, die Aussicht auf das N. Meridianzeichen, an dessen genauer Orientirung durch das M. Fernrohr also so lange nicht gearbeitet werden kann. Es müsste denn seyn, dass jener sich im Zimmer des Repsold'schen Kreises aufstellen liesse. In dieser Beziehung wäre es mir wichtig, vorher genaue Kenntniss von der Seite des Quadrats zu haben, die das Fussgestell macht.

N? 129. **Schumacher an Gauss.** [78

So eben, mein vielverehrter Freund! komme ich auf einen halben Tag nach Altona und finde Ihren Brief vor.

Darf ich in die Nachrichten (Sie sind überzeugt, dass es mit Discretion geschieht) Auszüge aus Ihren Briefen einrücken?

Ich bin jezt so kurz hier, dass ich nicht erfahren kann, wie es mit der Hamburger Sache steht. So viel glaube ich deutlich zu erkennen, dass ein etwas längerer Aufenthalt hier sehr wichtig wäre. Ist der nun diesen Herbst unmöglich, so verlegen Sie die Abhohlung des Sectors auf das Frühjahr. Er kann bei Repsold's Kreise stehen, möchten Sie aber ihn H.'s Händen anvertrauen?

Mit den herzlichsten Grüssen

Ihr ganz eigner

Schumacher.

Altona, d. 4. November 1821.

N? 130. **Gauss an Schumacher.** [52

Göttingen, den 8. November 1821.

Sie wissen theuerster Freund dass die Durchreise des Königs erst am 30. statt gehabt hat. Gleich nachher erhielt ich vom Hauptmann Müller die Anzeige, dass da nunmehro der Unterricht bei der Militair Schule in Hannover wieder angefangen habe, er sowohl als der Lieutenant Hartmann jezt nicht wohl Urlaub zur Geleitung des Sectors würden erhalten können, wenn nicht etwa dieses Geschäft in die Woche zwischen Weihnachten und Neujahr verlegt werden könne. Da nun überdies mein Befinden damals nicht das beste war, so glaubte ich ehe ich einen weitern Entschluss fasste, erst noch ein Paar Posttage abwarten zu müssen ob Sie mir vielleicht rücksichtlich der bewussten Angelegenheit noch etwas schreiben würden, was einen Ausschlag geben könnte. Sie haben aber das Schreiben vermuthlich deswegen nachher unterlassen, weil Sie mich möglicherweise schon auf der Reise voraussetzen..

Ich habe nun seit dem mit Herrn Rumpf gesprochen, welcher eventualiter statt Müllers die Escortirung übernehmen könnte. Dort muss er erst noch eine Arbeit für die Münze in Hannover vollenden, womit er in 8 oder 10 Tagen fertig zu seyn meint. Doch scheinen die Gründe gegen das jetzige Abholen überwiegend, wenn Sie nicht vielleicht noch wichtigere dafür haben. Jene sind

1) dass ich doch im Laufe des Winters nicht wohl einen Gebrauch vom Sector machen könnte, wogegen Sie vielleicht während dieser Zeit noch dort damit, und ich hier correspondirend mit dem M. Kreise beobachten könnte.

2) Die Jahreszeit, die eine so weite Reise, besonders die Ueberfahrt über die Elbe, da das Dampfboot nicht mehr gehen wird, sowohl für mich als für den Transport des Sectors sehr beschwerlich machen würde.

3) Dass wenn ich etwa Ende März nach Altona käme, dabei dann noch mehrere Zwecke erreicht werden könnten. Müller könnte bei seiner Hinreise die Gegend von Celle bis Lüneburg und Wilsede recognosciren, auch vom letztern Punct her, Heliotroplicht nach Hamburg schicken, so dass wir dann gemeinschaftlich auf dem Michaelisthurm unsere Winkel beobachten könnten.

Ich werde nun auf alle Fälle erst eine Antwort von Ihnen abwarten. Haben Sie dringendere Gründe, dass ich jetzt nach Altona komme, sind die Schwierigkeiten der Reise besonders über die Elbe vielleicht nicht so schlimm wie ich mir vorstelle, verbietet mein Befinden es nicht, und ist Rumpf dann wirklich so weit vorgerückt, dass ich auf sein baldiges Nachkommen sicher rechnen kann, — so bequeme ich mich noch gern zu der Reise, und es wird mir ein grosser Genuss seyn, mich mit Ihnen über so mancherlei aussprechen und die lieben Ihrigen wiedersehen zu können. Sollten Sie aber selbst mein späteres Hinkommen nicht für nachtheiliger halten, so würde die Reise, da sie um Weihnachten doch wol noch beschwerlicher seyn dürfte als in der letzten Hälfte des Novembers wol am besten bis Ende März ausgesetzt bleiben.

In diesem letztern Fall wäre es mir lieb, wenn Sie mich mit dem Preise des Troughton'schen Theodolithen bekannt machten, auch bei unsern Repsold sich wegen des Preises des Reverbère gefälligst erkundigten, indem ich aus ökonomischen Gründen gern meine Rechnung für dies Jahr aufmachen möchte. Der Troughton'sche Theodolith ist in diesem Jahre nur wenig gebraucht, da Müller ehe er hieher kam (im Junius) erst im Hildesheimischen Recognoscirungen machen musste, so hatte er einen ähnlichen 5zölligen Theodolithen aus Hannover mitgenommen, welcher dem Obristl. Prott gehört, und da er sich an diesen gewöhnt und Prott es erlaubt hatte, behielt er diesen auch auf den spätern Reisen bei sich. Dagegen hat Ihr Reichenbach'scher Theodolith mir schöne Dienste gethan, da mein eigner erst im August ankam, und ich erst noch später statt der zerbrochenen Libelle eine neue erhielt.

Ihren Reichenbach'schen Theodolithen kann ich Ihnen nun sobald Sie es wünschen zuspediren. Komme ich noch nach Hamburg, so hat Repsold verlangt, dass ich ihm seine Uhr mitbringe (die auch schon eingepackt ist), widrigenfalls könnte ich den Theodolithen allenfalls selbst mitbringen. Mit den Uhren bin ich auf meiner Sternwarte übel daran, vielleicht schenkt der König eine englische her: welchen englischen Künstler halten Sie jetzt in diesem Departement für den ersten?

Den Artikel über den Heliotrop in den G. Gel. Anz. hat Zach in seinem Journal übersetzt; es sind aber in der Uebersetzung mehrere Unrichtigkeiten. Von den beiden neuen Heliotropen ist der eine jetzt fertig; er thut eine prachtvolle Wirkung, nur macht es uns grosse Schwierigkeit gute Spiegel zu bekommen; die bisherigen sind äusserst schlecht, was zwar der Wirkung an sich wenig oder gar keinen Eintrag thut, aber die Berichtigung sehr erschwert. Gestern machte ich einen Versuch mit Mondlicht; in einer freilich nur kleinen Entfernung von etwa 250 Meter machte es einen überaus schönen Effect, das Licht dem der Venus (bei Nacht wenn sie hoch steht) zwar ähnlich aber vielfach brillanter. Das Telegraphiren habe ich ziemlich ausgebildet, ich kann allenfalls einige Tausend verschiedene Zeichen geben.

Der König hat sich hier nur ein Paar Stunden aufgehalten, und ausser der Reitbahn kein Institut gesehen. Mehr in Zukunft mündlich.

Ewig Ihr ganz eigner
C. F. Gauss.

N? 131.   Schumacher an Gauss.   [79

Mein vielverehrter theurer Freund!

Nach Erwägung aller Ihrer Gründe, und da durchaus ein längerer Aufenthalt zu dem was mein sehnlichster Wunsch ist, erfordert wird, glaube ich es ist besser wenn Sie Ihre Reise bis zum März aufschieben.

Ich habe demzufolge schon den Sector in meinem Garten aufgestellt und werde diesen Winter hindurch unsere bekannten Sterne beobachten, wobei ich um Ihre gütige Mitwirkung bitte. Ich will auch neue doppelte Spinnefäden einziehen.

Der Troughton'sche Theodolith kostet 40 Guineen oder

	£	42	—	0	—	0
Einpackung		0	—	6	—	9
Assecuranz etc.		2	—	0	—	2
	£	44	—	6	—	9

Ausserdem an Fracht Bco. $7., 4 β. Es ist am besten wenn Sie mir einen Wechsel auf den Belauf von £ 44 — 6 — 9 senden, da ich doch das englische Geld wieder zu dem meinen brauche. Wegen des Reflectors will ich Repsold fragen.

Ich mögte falls Sie ihn nicht mehr brauchen sobald als möglich um meinen Theodoliten von Reichenbach bitten, da ich ihn an Hansteen in Norwegen überlassen habe, der mit Ungeduld darauf wartet. Haben Sie die Güte ihn von Rumpf so sicher packen zu lassen, dass er den Fahrtransport (mit Frachtwagen) von Göttingen hieher verträgen kann.

Bei der Alignirung und Verbindung meiner Basis habe ich kleine Heliotropen mit dem grössten Vortheil gebraucht.

Mit den besten Grüssen von uns allen an Sie und Ihre Frau Gemahlin.

Ihr ganz eigner Freund und Verehrer

Schumacher.

Altona, 1821. Nov. 16.

N° 132.   **Gauss an Schumacher.**   [53

Da Sie mein hochgeschätztester Freund mir in Ihrem Billet vom 4. Nov. (hier abgegeben am 11. Nov.) die Versicherung geben, dass der Sector in dem Saal, wo jetzt der Repsold'sche Kreis steht, hinreichend Platz finden würde, so fällt der Hauptgrund, weshalb ich dessen Empfang noch bis zum Frühjahr verschieben wollte, weg, und würde ihm daselbst auch schon die nöthige Sicherheit gegeben werden können. Gern hätte ich also noch die Reise nach Altona angetreten, Inzwischen war es aus mehreren Ursachen nöthig, erst noch auf die Antwort auf meinen Brief vom 8. November zu warten, die bisher nicht erfolgt ist, da mich auch Ihr erwähntes Biliet in völliger Ungewissheit über Ihren dermaligen Aufenthalt lässt. So wie ich nun auf der Einen Seite bei meiner beschränkten Zeit die Reise nach Altona nicht antreten kann, ohne die Gewissheit zu haben, Sie dort sogleich zu treffen, und die Uebernahme des Sectors statt haben zu lassen, so möchte ich auf der andern Seite auch durchaus nicht, dass Sie dadurch in Ihren vorhabenden Geschäften derangirt würden; und so bleibt mir also nichts übrig, als erst bestimmte Nachricht von Ihnen zu erwarten. Recht gern würde ich es auch wo möglich so einzurichten suchen, dass ich noch einige Tage länger verweilen könnte, als die Empfangnahme des Sectors erfordert, falls dies in andrer Beziehung nöthig seyn sollte.

Von dem wissenschaftlichen Inhalt meiner Briefe können Sie allen Gebrauch machen, welchen Ihre Discretion gut findet.

Ganz der Ihrige
C. F. Gauss.

Göttingen, 18. Novemb. 1821.

N° 133.   Gauss an Schumacher.   [54

Schon in meinem letzten Briefe vom 18. d. hatte ich Ihnen, mein theuerster Freund, erklärt, dass Ihre Versicherung, der Zenithsector könne im Zimmer des Repsold'schen Kreises aufgestellt werden, den Hauptgrund gegen die jetzige Abholung desselben zu einem Grunde dafür gemacht hatte. Ich würde damals sofort die Reise nach Altona angetreten haben, wenn mich nicht die Besorgniss Sie nicht daselbst zu finden, oder Sie bei andern Geschäften zu derangiren, abgehalten hätte. Da ich nun aber aus Ihrem letzten Briefe vom 16. November schliessen muss, dass Sie Ihre Geschäfte bei der Basis vollendet haben und vorerst Altona nicht zu verlassen gesonnen sind, so habe ich mich entschlossen, diese Reise übermorgen früh anzutreten und denke dann Dienstag Nachmittag den 27. November bei Ihnen zu seyn. Die Beschwerde, bei Haarburg insofern das Dampfschiff nicht mehr geht, über die Elbe zu kommen, wird mich bestimmen, den Weg über Zollenspiker zu nehmen.

Ich setze voraus, dass die Beobachtungen, die Sie in Altona diesen Winter gemacht haben würden, von Ihnen nur als ganz untergeordnet betrachtet werden, und dass Sie dann nur das Instrument nicht hätten müssig stehen lassen wollen. Sollten Sie aber auch künftig noch in Altona Beobachtungen zu machen wünschen, so wird es ja keine Schwierigkeit haben, dass Sie das Instrument noch einmal wieder erhalten. In den Wintermonaten lassen sich ohnehin die meisten Lauenburger Sterne entweder gar nicht, oder nur in sehr ungünstigen Stunden beobachten. Ich aber gewinne jetzt den sehr grossen Vortheil, dass das Instrument jetzt aufgestellt werden und ich mich vollkommen damit familiarisiren kann, so dass, wenn auch die Beobachtungen im Winter selbst, unmittelbar noch wenig zur Bestimmung der

Amplituden dienen können, ich doch im Stande bin, jede Woche des künftigen Sommers, wo ich nach Göttingen kommen kann, dazu zu benutzen. Würde dagegen der Sector erst im Frühjahr abgeholt, so würde er, da doch der künftige Sommer nothwendig fast ganz zum Trianguliren verwandt werden muss, doch vor dem Herbst 1822 nicht aufgestellt werden können.

Uebrigens denke ich, dass ich wol 8—10 Tage dort werde verweilen können. Ich sollte meinen, dass dies in jeder Beziehung zureichen wird, zumal wenn alle fremdartigen Zeitdilapidationen vermieden werden. Auf alle Fälle aber führt mich ja doch auch die Triangulirung künftig wieder dort hin, wo dann mein Aufenthalt auch wieder beinahe von derselben Dauer wird seyn müssen, als er im Anfang April seyn würde, wenn die Abhohlung des Sectors bis dahin verschoben geblieben wäre. — Endlich scheint es mir auch in mehr als einer Rücksicht viel zweckmässiger, dass Rumpf den Transport besorgt, als wenn es im Frühjahr der Capt. Müller thäte. Rumpf wird erst etwas später als ich dorthin kommen. Er hat hier Ihren Theodolithen eingepackt und wird für dessen Absendung sorgen.

In der Uebersetzung, die Zach in seinem Journal von dem Aufsatze in den Göttinger Gelehrten Anzeigen über den Heliotrop gegeben hat, sind mehrere Stellen ganz misverstanden, wie Sie ohne Zweifel schon selbst bemerkt haben werden.

Tausend herzliche Grüsse, liebster Schumacher, an die lieben Ihrigen

von Ihrem ganz eignen
C. F. Gauss.

Göttingen, 21. November 1821.

N.º 134. Schumacher an Gauss. [80

Mein vielverehrter Freund!

Einen freundlichen Gruss zuvor, und meinen Glückwunsch zu der will's Gott glücklichen Zurückkunft in Ihre Bequemlichkeiten und in Ihr Zimmer! Verzeihen Sie Alles, was hier nicht so war, wie ich es gerne gegeben hätte.

Hierbei genaue Coordinaten und Winkel, auf Holken's Bastion (dem neuen Observatorium) in Kopenhagen gemessen. Sie würden mich verbinden, wenn Sie die als Beispiel bei Ihrer Methode anwenden wollten. Alles ist von Caroc gemessen (mit dem 8zolligen Theodoliten). Ehe Sie fest sich wegen B. bestimmen, geben Sie mir doch frühzeitig genug ein paar Worte Nachricht, und erlauben Sie mir die mit jeder möglichen Discretion hier zu benutzen.

Viele Grüsse von uns an Sie und Ihre Frau Gemahlin.

Ihr ganz eigner

Schumacher.

Altona, d. 18. Dec. 1821.

Die Station des Sectors in Holken's Bastion war

südlicher 2836,3 paris. Fuss } als das Observatorium
westlicher 445,3 " "

falls Sie diese vorläufigen Werthe bei einer Figur benutzen wollen.

Das Postament, wo die Winkel gemessen sind, liegt sehr nahe dabei. Ich kann nicht jetzt genau die paar Fuss angeben. Es ist keine 15 Fuss entfernt, so viel ich mich erinnere.

N? 135. **Gauss an Schumacher.** [55

Noch einmal wiederhohle ich Ihnen, theuerster Freund, und den lieben Ihrigen meinen wärmsten Dank für die so sehr freundliche Aufnahme, die ich bei Ihnen genossen habe. Meine Rückreise ist ohne allen nennenswerthen Unfall gewesen. Die schöne warme Nacht lud mich zum Weiterfahren ein, und schon am folgenden Abend um 8 Uhr sass ich in Hannover in Bötcher's Schenke. Freitag Nachmittag bin ich hier zurückgekommen. Der Sector ist vorige Woche angelangt und bereits der Fussboden aufgerissen. Nächstens werde ich das Inventarium durchgehen. Nur bloss den Schlüssel zu dem Chronometerkasten vermisse ich, vermuthlich ist er in Altona liegen geblieben.

Ihrem Wunsch zufolge schicke ich Ihnen hier den kleinen Aufsatz,*) obgleich ich nicht leugnen kann, dass ich bei dem Niederschreiben so trivialer Sachen dasselbe unangenehme Gefühl gehabt habe, was mich, wie ich Ihnen erzählt habe, bei dem Collegienlesen oft begleitet hat. Da er schnell und ohne wiederholtes Durchlesen geschrieben, werden Sie ihm eine etwas aufmerksamere Correctur schenken müssen. Die Generosität des Herrn ***, der Ihnen für seine viel wichtigern Aufsätze alles Honorar erlässt, darf ich aber nicht nachahmen. Sondern ich muss Sie bitten, wenn Sie es für einen so gehaltarmen Artikel nicht gar zu hoch finden, mir dafür eine Zeichnung Ihres Zeltchens zum Schutz der Beobachtungs-Postamente gegen den Wind, gefälligst zu übersenden.

Nach B. habe ich die Bedingungen gemeldet und muss nun das weitere erst erwarten. Geht man sie ein, so ist mir das, was Sie für das Wahrscheinlichere halten, es mir auch.

Dem Hrn. Gehbauer habe ich (natürlich ohne Sie zu nennen) seine von ihm selbst gleich eingestandene alberne Klatscherei ernstlich verwiesen und ihm aufgegeben, dem Hrn. Reincke zu melden, dass er ihm die Unwahrheit geschrieben.

Unter herzlichen Grüssen an die lieben Ihrigen

Ihr ganz eigner

C. F. Gauss.

Göttingen, 26. December 1821.

N? 136.   Gauss an Schumacher.   [56

Göttingen, 23. Januar 1822.

Der Sector, mein theuerster Freund, ist jetzt aufgestellt und wird nächstens im beobachtungsfertigen Stande seyn. Eine kleine Hülse an dem Theile, woran der Faden aufgehängt wird, hat sich, nachdem dieser Theil abgenommen war, abgebrochen gefunden und wird jetzt von Rumpf neu gemacht. Den Befundschein schicke ich hieneben zurück. Der Schlüssel zum hölzernen Kasten des Chronometers ist nicht mit hergekommen und muss

---

*) Astron. Nachrichten, Bd. 1, Nro. 6.

also dort geblieben seyn, ich bitte wenn Sie ihn gefunden haben, mir ihn gelegentlich in einem Briefe zu schicken.

Der Stand von Pennington war

1821 Dec. 14	4^h 25'	Aldebaran	— 4' 28"81
16	4 25	,,	— 4 30,48
17	4 25	,,	— 4 29,77
1822 Jan. 22	22 56	α Pegasi	— 4 23,82

d. i. zurück gegen Sternzeit.

Er hat also seinen Gang merklich geändert. Bei dem Blatt über den Stand in Altona (welches ich in diesem Augenblick nicht zur Hand habe) bin ich wegen des Datum ungewiss geblieben, da die Beobachtung in eine Vormittagsstunde fällt, und ich nicht weiss, ob Sie das Datum astronomisch oder bürgerlich verstanden haben.

Von den ☾ Sternen habe ich nur an 2 Abenden Beobachtungen machen können:

1822 Jan. 2	Piazzi 1. 248	— 12' 35"13	7 Fäden
	78 Mayer	— 8 32,26	6 ,,
	Piazzi 2. 12	— 3 30,69	7 ,,
	Mond		7 ,,
Jan. 3	ε Arietis	— 18 4,28	7 ,,
	52 Arietis	— 12 5,90	4 ,,
	ζ Arietis	— 2 26,01	7 ,,
	Mond		5 ,,

Meinen letzten Brief und kleinen Aufsatz über die geodätische Aufgabe werden Sie doch erhalten haben? Ich wiederhohle in dieser Ungewissheit meine Bitte wegen Zeichnung Ihres Schutz-Zeltchens.

An einer perspectivischen Zeichnung des Heliotrops wird jetzt gearbeitet.

Unter herzlichen Grüssen an die lieben Ihrigen

stets Ihr ganz eigner

C. F. Gauss.

N: 137.   **Schumacher an Gauss.**   [81

Ich eile, mein theuerster Freund und Gönner, Ihre beiden gütigen Briefe zu beantworten. Der Schlüssel ist unstreitig hier geblieben, ich habe aber eine solche Menge, dass ich ihn nicht aussuchen kann und Sie bitten muss, auf meine Kosten einen neuen machen zu lassen.

Dass Pennington seinen Gang plötzlich ändere, habe ich Ihnen vorhergesagt. Meine Datum's sind alle astronomisch.

Seit etwa 3 Wochen bin ich unpässlich, ohne krank zu seyn. Sonst wäre ich jezt schon in Copenhagen.

Unglücklicherweise habe ich keine Zeichnung von meinem Hause, und es steht zerlegt auf dem Boden des Gasthofes in Ahrensburg. Roh mit der Feder gezeichnet sieht es so aus:

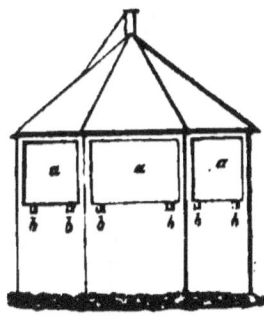

a, a, a etc. sind Luken, die bei b Scharniere haben, um niedergeklappt zu werden. Mit seinem Kasten ganz fertig kostet es 250 M$. Courant (14 $ = 1 Louisd'or oder Friedrichsd'or). Soll ich Ihnen eines machen lassen, oder befehlen Sie, dass ich einen Officier nach Ahrensburg sende? Wegen des dazu gehörigen Segeltuchs glaube ich nicht, dass Sie es dort für einen so geringen Preis erhalten können. 18 Friedrichsd'or ist nicht viel für die Bequemlichkeit, die es gewährt.

Dieser Brief enthält Ihre Dreyecke zum 7ten Stück.*) Sie sind aber schlecht gestochen, und Ihre Heliotropen sollen besser werden. Ich bitte bald darum.

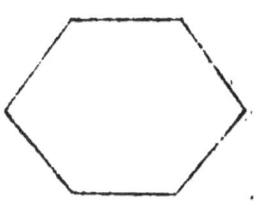

Eine Seitenfläche ist die Thür; über der Thür ist oben eine Klappe für den Nordstern.

Aus dem 7ten Stücke werden Sie sehen, wenn Sie es nicht schon sonst wissen, dass Pond's Kreis ohne dass

---

*) S. Astronomische Nachrichten Band 1 Nr. 7.

er es bemerkt hat, seit dem Herbst 1819 Fehler giebt, die bis 9″ bei Procyon in Polardistanz gehen, und die er dem Nachlassen einiger Schrauben zuschreibt, die das Fernrohr an den Kreis befestigen.

Von 6 sende ich Ihnen, da der Druck erst in ein paar Tagen beendigt ist, vorläufig die erste Correctur. Sie werden sich schon daraus finden.

Die Singes astronomiques*) sind für Arago zuviel gewesen. Der Krieg bricht los zwischen Zach und ihm. Ich sende Ihnen hier den ersten Bogen von dem, was Delambre mir darüber schreibt, den ich mir gefälligst ohne ihn sonst jemand zu zeigen, zurückerbitte. Ich kann Ihnen nemlich nicht den zweiten Bogen senden, weil darauf eine Herzensergiessung über die Commission des poids et mesures steht, die er mir auflegt, niemandem mitzutheilen. Die Articles urgens an Arago waren: dass Fortin's und Lenoir's Toise nicht stimmten, dass keine mit einem Certificat vom Observatorio versehen sey, und dass ich, wenn ich das nicht erhielte, keinen Grund hätte, einen Künstler dem andern vorzuziehen, und also meine Messstangen gar nicht mit französischem, sondern mit englischem Maasse vergleichen würde. Der zweite Bogen ist am 15. Januar fortgesetzt und Arago's Certificat für Fortin's Toise liegt dabei. Am Ende des Bogens werden Sie finden, dass Delambre selbst nicht von Arago geschont ist: ,,j'ignore si dans le grand nombre de formules utiles et élégantes u. s. w." Arago sagte mir: ,,Il dit que Delambre vole des formules, pourquoi le ferait il? Dieu sait qu'il n'en a que trop."

Arago's Manuscript geht so fort — lui, qui a souffert sans se plaindre, qu'un astronome allemand de Gotha, à qui le Manuscrit de ses tables avait été communiqué, donnait ces mêmes tables comme son propre ouvrage (voyez les tables du soleil publiées à Gotha en 1804 par Mr. le Baron de Zach) u. s. w.

Sehr, sehr begierig bin ich auf B. Wenn Sie ihn auch aufgegeben haben, ich gebe noch meinen Wunsch für H. nicht auf.

Ihr ganz eigner Verehrer

Schumacher.

Altona, 26. Januar 1822.

---

*) Corr. astr. Vol. V, p. 283.

№ 138. **Gauss an Schumacher.** [57

Ihre mir gütigst mitgetheilte Delambre'sche Abschrift des Artikels aus den Annales de Physique, die ich heute erhalten habe, schicke ich Ihnen mit vielem Dank beigehend zurück, da ich eilen wollte, Sie auf ein Paar Stichfehler in der Skizze meiner Dreiecke aufmerksam zu machen, die Sie vielleicht auf der Platte, ehe die Abzüge gemacht werden, noch verbessern lassen können:

1) Der eine Punkt Heister sollte sein Deister.
2) Hils und Meridianzeichen sollten durch eine Linie verbunden seyn.

Die Zeichnung des ersten Heliotrops wird jetzt fertig seyn, und ich kann Sie Ihnen schicken, sobald ich dazu kommen kann, eine Beschreibung und Nachricht dazu aufzusetzen. Ich bin aber jetzt sehr beengt.

Unter herzlichen Grüssen
       der Ihrige
         C. F. Gauss.

Göttingen, d. 1. Februar 1822.

Sehr eilig.

№ 139. **Gauss an Schumacher.** [58

Aus der vorigen Lunation kann ich Ihnen, mein theuerster Freund, folgende Mondsbeobachtungen mittheilen:

März 1	Mond 1 R.	—	7	Fäden
	P. 5,287	+ 9' 54''73	7	,,
	5,303	+12 55,11	7	,,
	5,319	+15 23,77	7	,,
,, 3	309 Mayer	− 2 46,94	7	,,
	Mond	—	7	,,
	μ Cancri	+ 9 55,94	6	,,
,, 4	351 Mayer	−15 25,29	7	,,
	44 Cancri	− 9 58,83	7	,,
	δ Cancri	− 3 25,67	7	,,
	371 Mayer	− 2 24,57	7	,,
	Mond	—	7	,,

Bei dem Abdruck des Kärtchens meiner Triangulation bei Ihren Astr. Nachr. finde ich zwar den unrichtigen Namen des Deisters verbessert, nicht aber die fehlende Verbindungslinie vom Meridianzeichen zum Hils ergänzt.

Vermuthlich mache ich im nächsten Monat eine Recognoscirungsreise in's Lüneburgische. Es würde mir dabei von grossem Werth seyn, die Lage der Endpunkte Ihrer Basis gegen **zwei** Ihrer Hauptdreieckspunkte so genau wie es angeht, zu kennen. Wenn Sie auch die Winkelmessungen dazu noch nicht definitiv vollendet haben, so besitzen Sie doch das dazu noch fehlende so genau, wie es zu meinem Zweck nöthig ist, schon hinlänglich durch Caroc's vorläufige Winkelmessungen, da derselbe, wie ich mich erinnere, den Werth der Länge der Basis schon ehe sie gemessen war, vorausberechnet hatte. Ich bitte Sie daher recht angelegentlich um die baldige Mittheilung.

Ganz der Ihrige

C. F. Gauss.

Göttingen, 13. März 1822.

N? 140.   Schumacher an Gauss.   [82

Mein theuerster und vielverehrter Freund!

Sie werden sich gewiss mein langes Stillschweigen aus einer genügenden Ursache erklärt haben, und die ist denn auch da gewesen, indem ich seit Monaten keinen gesunden Tag habe und noch jetzt immerfort in einem Zustande von schleichenden Fiebern lebe. Alle Freude und Lust an wissenschaftlichen und sonst guten Dingen geht dabei verloren, und wenn das nicht bald anders wird, so währt es nicht lange überhaupt. Gott gebe Ihnen bessere Gesundheit!

Dürfte ich wohl bald, mein vielverehrter Freund! um Ihre mir gütigst versprochenen Refractionstafeln bitten? und um das Heliotrop? Die Hülfstafeln für 1822 werden jezt in 8 Tagen endlich ausgegeben, und die für 1823 sind schon über die Hälfte fertig. Jupiters, Saturns und Uranus Ephemeride wird darin nach den eben erschienenen Bouvard'schen Tafeln gerechnet.

Wie bekomme ich wohl Ephemeriden der neuen Planeten für 1823? Haben Sie jemand, der sie rechnet, wenn auch nur für Opposition, oder wollen Sie mir gütigst die Elemente und Ihre Pallastafeln zur Rechnung mittheilen. Sie brauchen nicht zu befürchten, dass es Ihnen wie Delambre mit Zach geht.

Sehr bin ich begierig auf das Resultat der Anträge aus B.

Ueber das Zelt zu Beobachtungen habe ich noch nicht Ihre Befehle.

Leben Sie wohl, mein vielverehrter Freund, und vergessen Sie nicht

Ihren ganz eignen

H. C. Schumacher.

Altona, d. 12. März 1822.

Es ist hier in Altona die vortrefliche Einrichtung, dass man frankirte Briefe nach Hamburg schicken muss. Nun ist dazu keine Gelegenheit mehr, und ich bitte also, auch Ihren Brief nicht zu frankiren.

Ich will zu meinem Meridiankreise ein kleines Haus im Garten bauen lassen. Möchten Sie nicht die Güte haben, mir sobald Sie können, nur einen rohen Riss von der Grösse und Entfernung der Pfeiler, und dem durchaus nothwendigen innern Raume des Häuschens senden, damit Platz zum Umlegen da ist.

N? 141. **Gauss an Schumacher.** [59

Die Nachricht von Ihrer Unpässlichkeit, theuerster Freund, hat mich sehr betrübt. Weit entfernt, diese zu vermuthen, glaubte ich nach Ihrem langen Stillschweigen, und da Sie schon vor einiger Zeit Lt. Nehus beauftragt hatten, mir einen Aushängebogen Ihrer Astr. N. zu schicken, dass Sie in Kopenhagen wären. Möchte die jetzt eintretende wärmere Jahreszeit recht wohlthätig auf Ihre Gesundheit wirken.

Auch bei mir sind drei meiner Kinder drei Monate durch Krankheit auf das Zimmer beschränkt gewesen. Auch mit meinem eignen Befinden ist es sehr abwechselnd, und ich gestehe meine Scheu vor den bevorstehenden Fatiguen der Triangulirung um so mehr, da noch so ungewiss ist, in wie fern es mir gelingen wird, durch die Lüneburger Heide ein gutes Dreiecksnetz zu führen, was Epailly (der gar keine schonende Rücksichten zu nehmen hatte, welche mich in vielfacher Beziehung hemmen) für unmöglich erklärt hatte. Und doch ist das Gelingen der Arbeiten das Einzige Belohnende und angenehme, was diese Geschäfte haben.

Ich wusste nicht, dass Sie auch einen Meridiankreis bekommen haben, und wünsche Ihnen Glück dazu. Meine Pfeiler stehen $0^m,894$ im Lichten von einander, ihre Form ist ziemlich willkürlich. Die der meinigen habe ich für Sie aufgenommen und in $\frac{1}{20}$ der natürlichen Grösse beiliegend gezeichnet; verzeihen Sie, dass die Zeichnung in der grossen Eile so schlecht gemacht ist.*) Von den Heliotropen ist erst der eine gezeichnet, ich wünsche aber, dass beide zugleich gestochen werden. Ich habe noch zwei andere Spiegel auf andere Manier eingerichtet, was besonders behufs des Telegraphirens nützlich seyn kann. Wenn Sie mir die in meinem letzten Briefe gewünschten Bestimmungsstücke der Endpunkte Ihrer Basis schicken, so engagire ich mich jetzt, Ihnen von Wilsede oder Lüneburg aus (insofern die Richtung nur offen ist) ⊙ Licht hinzuschaffen. Das nähere dieser Einrichtung künftig.

Was die Pallastafeln betrifft und die letzten Elemente, so sind alle darauf Bezug habenden Papiere so vereinzelt, dass es mir jetzt platterdings unmöglich ist, mich gleich wieder so hineinzustudiren, dass ich zur zuverlässigen Berechnung Anleitung geben könnte. Falls nicht noch etwas dazwischen kommt, was dieses Jahr die Fortsetzung meiner Messungen suspendirt oder verhindert, so müssen die Astronomen sich diesmal helfen so gut sie können.

Was Ihr gütiges Anerbieten wegen des Zeltes betrifft, so habe ich mich bisher vor den beträchtlichen Kosten gefürchtet, und habe erst sehen wollen, wie dieses und jenes das Geschäft betreffende ausfällt. Hätten Sie wol die Güte, in Ihrer Antwort mir zu melden, in wie langer Zeit nach der Bestellung ein solches Zelt mit Bestimmtheit gefertigt werden kann. Ein mehreres in Zukunft!

---

*) Die Zeichnung fehlt.

Unter innigen Wünschen für Ihr Wohlbefinden und herzlichen Empfehlungen an den lieben Ihrigen

Ganz Ihr
C. F. Gauss

Göttingen, den 17. März 1822.

Höchst eilig.

P. S. Ihrem Verlangen zu folge, schicke ich Ihnen hieneben auch die Abschrift der Tafeln für die Refraction, die ich schon vor mehreren Jahren zu meinem eigenen Gebrauch aus den Bessel'schen construirt habe. Bei einer so äusserst häufig wiederkehrenden Rechnung ist jede, auch an sich noch so kleine Erleichterung von Werth; ich habe daher denjenigen Theil der Bessel'schen Tafel, der in der Ausübung bei Weitem am meisten gebraucht wird, nemlich bis zu 79° Zenithdistanz herab, so eingerichtet, wie es mir am bequemsten ist. Die Bestimmung für meinen eigenen Gebrauch, ist die Ursache weswegen ich die Tafel in Rücksicht des Barometerstandes nicht weiter ausgedehnt habe: für eine viel höher liegende Sternwarte wird am Anfange, für eine tiefer, am Ende noch etwas beigefügt werden müssen.

N⁰ 142.   Schumacher an Gauss.   [83

Ich eile Ihren Wunsch mein vielverehrter Freund! so gut ich kann zu befriedigen. Aus dem nördlichen Endpuncte der Basis habe ich gemessen die Winkel von der linken Hand zur rechten gerechnet

Sieck — südl. Endpunct	51°	18'	19",83	3 Beobacht.
				abgeb. wegen Undeutlichkeit.
	—	—	21,95	10 ,,
	—	—	21,67	6 ,,
Sieck — Michaelis	138	27	17,08	10 ,,
Südl. Endpunct — Michael.	87	8	55,40	5 ,,
Hoisbüttel — Sieck	121	24	19,83	

Es folgt aus diesen Winkeln die Lage des Endpuncts. Die letzte Reihe, wo ich bei jeder Beobachtung alle 4 Nonien ablas, läuft so:

				Einzeln *)
1)	121° 24'	16,50		16"50
2)	—	—	18,50	20,50
3)	—	—	17,92	16,75
4)	—	—	19,00	22,25
5)	—	—	18,90	18,50
6)	—	—	19,33	21,50

Der Logarithmus der Entfernung in Toisen von Michaelis und Hoisbüttel ist 4,0169523, das Azimuth von Hoisbüttel von Michaelis aus, und vom Südpuncte westlich gerechnet, ist 220° 0' 48".

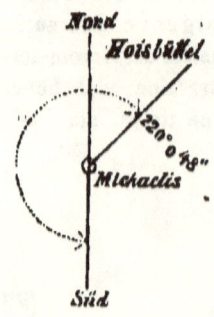

Die Beobachtungen, die vorläufig am andern Endpunct gemacht sind, hat Caroc in Copenhagen, an den ich schreibe, sie Ihnen unverzüglich zu senden.

So weit hatte ich diesen Brief gerade geschrieben vor meiner Abreise und gerade damals erhielt ich Ihren lieben Brief vom 17. huj. Ich eile auf der Reise selbst ein paar Worte zuzusetzen.

Meine besten Wünsche für Ihre baldige gänzliche Wiederherstellung. Mit mir geht es noch sehr mässig, der Unterleib ist jetzt mein Feind. Herzlichen Dank für Ihre Refractionstafeln. Ich sehe noch nicht wie ich sie fortsetzen soll. Doch dies wird sich wohl bei Vergleichung mit Bessel's Tafeln finden. Ist aber um die Tafel für a fortzusetzen ein besonderer Kunstgriff nöthig, so theilen Sie mir den wohl gütigst mit. Das Zelt wird etwa 14 Tage zu machen erfordern.

Zahrtmann hat den Auftrag, da es mit Caroc's Absenden seiner Beobachtungen zu lange dauern würde, sich nach dem Südlichen Endpuncte mit dem 8 zolligen Theodoliten zu begeben,

---

*) Von Gauss hinzugefügt. — F.

und von dort die Winkel zwischen allen sichtbaren Gegenständen
zu messen, und Ihnen sogleich zuzusenden.

Mit tausend Grüssen

Ihr

H. C. Schumacher.

Adressiren Sie gütigst Ihre Briefe nach wie vor nach Altona.
Ich weiss nicht genau wie lange ich weg bleibe, und sie
werden mir von da sicher nachgeschickt.

Apenrade, 25. März 1822.

Gauss hat diesem Briefe folgende Bemerkung hinzugefügt:
Die Azimuthe in Beziehung auf den Göttinger Meridian, am
Nördlichen Ende der Basis sind:

Hamburg	56	14	33,8	4,27061
Hoisbüttel	277	47	16,7	
Syk	156	22	57,4	
Südl. Ende der Basis	329	5	38,4	

Die Länge der Basis zu 6000 Meter angenommen sind die
berechneten Azimuthe am Südl. Ende:

Wilsede	23	57	55	4,71667	52080 M.
Hamburg	74	19	43	4,28559	19301 ,,
Hohenhorn	331	27	10	4,17678	15024 ,,
Lüneburg	345	56	12	4,59726	39560 ,,

Caroc's Beobachtungen am Südl. Endpunkte unter sich zu
vereinigen müsste man dessen Coordinaten setzen: — 230041,9,
— 20206,9. Dann wären daselbst die Azimuthe:

Hamburg	73	48	34
Basis Nörd. Ende	148	47	37
Syk	212	29	10
Hohenhorn	330	55	22

Allein das Azimuth des Nördl. Endes der Basis, aus den-
jenigen Coordinaten desselben berechnet, welche Schumacher's
Beobachtungen geben, wird dann $150°21'35''$, und Länge der
Basis 5787^m1.

№ 143. **Schumacher an Gauss.** [84

Ein Fieber, das mich gleich hier wieder befiel, hat mich aus aller Correspondenz gesetzt. Rechnen Sie es dem zu, mein Hochverehrter Freund, wenn ich bis jetzt schwieg. Unser König ist Gottlob ausser Gefahr und das ist bei weitem das Wichtigste.

Einliegend erhalten Sie das Recept der Magentropfen, die Sie 1819 so gut fanden. Ich hoffe sie werden auch jezt gute Dienste thun.

An Ihren Refractionstafeln, für die ich herzlich danke, wird jezt gedruckt. Es war aber ein Schreibfehler darin, der durch mehr als die halbe Tafel des Barometerfactors ging, und den ich mir die Freiheit genommen habe zu verbessern.

Ist mein Barometer bei Ihrem Mechanicus fertig? Sollte es der Fall seyn so bitte ich es zu sich zu nehmen, und entweder bei sich stehen zu lassen, oder wenn Sie nach Lüneburg reisen, mitzubringen.

Aus einem Briefe des Dr. Young kann ich mich nicht enthalten Ihnen eine Stelle abzuschreiben, die würklich glauben macht es gehe Ponden mit dem gesunden Menschenverstande wie mit der Trigonometrie. Young schreibt erst Troughton schöbe die Schuld auf den Observator, Pond auf Troughton — doch es ist besser Sie lesen es im Original.

> I can tell you very little about the error of the mural circle except that the Astronomer blames the artist, and the artist blames the assistant observer (Ob vielleicht Pond selbst gar nicht beobachtet?) but a committee of the R.S. is appointed to examine the state of the instrument, and to make a report on its errors, which are now completely corrected by the reestablishment of two screws; one of them had been lost, the other was loose: both is seems were in great measure out of sight. Though the circle at Greenwich is now completely corrected, yet Mr. Pond suspects that is was not so much in fault as was supposed, and there is still some mysterious change in the stars.

Bode hat mir geschrieben er feyre sein Jubiläum in diesem Jahre. Mir scheint der alte Mann würde sich durch eine Ehrenbezeugung sehr glücklich fühlen, und gewiss hat doch das Alter an und für sich etwas ehrwürdiges. Ich habe in den Ast. Nachr. den Astronomen vorgeschlagen ihn persönlich in Berlin, im November dieses Jahres, wo doch nicht viel zu beobachten ist, den Glückwunsch abzustatten. Eine solche Zusammenkunft wäre auch in anderen Rücksichten interessant, und wenn viele kommen sollten, gewiss belustigend.

Wenn Sie und Olbers erklären kommen zu wollen, so werden fast alle folgen und ich am ersten.

Denken Sie daran, mein Hochverehrter Freund, und ist es irgend möglich so machen Sie dem alten Manne die Freude, und erlauben mir es anzuzeigen. Ziehen Sie nicht seine Schwachheiten sondern sein Alter in Betracht.

Ihr ewig dankbarer
Schumacher.

Copenhagen, 4. Mai 1822.

N° 144.   Gauss an Schumacher.   [60

Bergen, 10. May 1822.

Mein theuerster Freund.

Die nächste Absicht dieses Briefes ist, hauptsächlich zu erfahren ob Sie jetzt wieder in Altona zurück sind; ich selbst bin seit 12 Tagen von G. abwesend, und seitdem ohne alle Nachrichten.

Meine bisherigen Bemühungen führen zu einem schönen Dreieckssystem bis zum Falkenberge, aber von hieraus scheint nun alles weitere verschlossen. Dieser Berg ist wol der höchste in der Heide und hat nach Süden eine unvergleichliche Aussicht, aber von N. W. durch N. bis S. O. ist überall fast nichts als ein Waldhorizont über dem andern, und selbst die fernsten noch nicht sehr bedeutend entfernt. Im Westen ist es fast eben so schlimm, Gott weiss wie sich hier durchkommen lassen wird. Drei oder vier andere Berge, wovon keiner das Gute des Falkenberges hat, haben alle das Schlimme in noch höherm Grade. Ueberall Wald im Horizont; nirgends ein einziger ausgezeichneter

Punkt, Thurmspitze oder dergleichen. Thürme sind überall nur wenige da, die wenigen niedrig und nicht so hoch wie die verwünschten überall und überall stehenden Bäume. Möchte doch Ihre bewährte Erfahrung mir einen Rath geben können. Im Becklinger Walde, der in Norden die Aussicht des Falkenberges begrenzt, und auf dessen Nordseite es wieder ein wenig freier seyn soll, lasse ich einen der höchsten Bäume durch einen 2ten, von circa 40 Fuss erhöhen, und Müller soll dann versuchen, ob er so von Wilsede aus zu erkennen ist.

Falkenberg ist übrigens mit Worbsloh identisch, das französische Signal, welches Sie einst nachgesehen haben, ist aber schon seit drei Jahren ganz zerstört; nur das halbverfaulte Kreuz liegt noch.

Ich gehe morgen nach Lüneburg, wo ich auf alle Fälle 7 Tage bleibe. Trifft dieser Brief Sie in Altona, so addressiren Sie gefälligst Ihre Antwort nach Lüneburg, poste restante, oder noch besser kommen Sie selbst hin, wo Sie mich in der Stadt Hamburg bei Banse finden. In den Nachmittagsstunden kann ich Ihnen, wenn Sie es wünschen, Heliotrop-Licht in Ihr Dachfenster schicken, wenn Sie mir nur gefälligst anzeigen, wie viel Meter± Sie etwa östlich oder südlich von Ottensen sind. Trifft aber dieser Brief Sie erst in Copenhagen, so versteht sich freilich, dass Ihre Antwort mich nicht mehr in Lüneburg finden und ich Ihnen keine andere Addresse als Göttingen aufgeben kann.

Unter herzlichen Grüssen

stets und ganz der Ihrige

C. F. Gauss.

N? 145.   Schumacher an Gauss.   [85

Mein theuerster Freund!

Eine Nervenkrankheit meines Bruders, die sich auf den Geist warf, und im Anfange Wahnsinn befürchten liess, hat mich so angegriffen, dass ich zu jeder Arbeit in dieser Zeit untauglich war. Jezt ist Hoffnung einer baldigen Genesung und so hoffe ich selbst auch wiederum zur Ruhe zu kommen. Alle meine Geschäfte sind dadurch so verspätet, dass ich erst in 14 Tagen von hier reisen kann.

Die Preisaufgabe unserer Gesellschaft über die Abbildung einer Fläche auf der andern, ist bis zu Ende dieses Jahrs prorogirt, und die Aufgabe über Interpolation von neuem aufgegeben. Herzlich bitte ich Sie, mein vielverehrter Freund! uns durch eine Ihrer Arbeiten zu beehren, wenn Sie es nicht thun bin ich beinahe compromittirt.

Gegen Ende Junius komme ich wieder nach Altona, lassen Sie mich doch dann wissen wo Sie sind und wie es Ihnen mit Ihren Dreyecken und B. geht.

Ewig Ihr dankbarer
Schumacher.

Copenhagen, 4. Junius 1822.

No. 148. **Gauss an Schumacher.** [61

Göttingen, 10. Junius 1822.

Theurer Freund!

Ihren Brief vom 4. Jius habe ich heute erhalten, und eile ich sofort darauf zu antworten.

Auf meiner Recognoscirungsreise habe ich Ihnen von Bergen aus geschrieben; ich weiss aber nicht ob dieser Brief in Ihre Hände gekommen ist. Ich bin seit dem 1sten dieses von jener Reise zurück, auf welcher ich zwar lange nicht so viel ausgerichtet habe als ich wünschte, aber doch fast mehr als ich hoffte. Denn in der That die ganze Beschaffenheit der Lüneburger Heide, so wie der Umstand, dass Epailly alle Versuche durchzudringen, misslungen waren, schienen mir das Schicksal anzukündigen, dass ich die ganze Unternehmung aufgeben musse. Inzwischen ist es mir nach unendlich beschwerlichen persönlichen Untersuchungen geglückt 2 Dreiecke im Herzen der Heide festzulegen, zu deren rechtlicher Verknüpfung mit meinen südlichen Dreiecken ich freilich noch gar keine, so wie zur Verknüpfung mit

den nördlichen Punkten, noch keine solche Möglichkeit sehe, bei der ich mich beruhigen möchte. Die 2 Dreiecke liegen so: *)
Der Punkt Wulfsode bietet aber gar keine Fortsetzung nach Norden weiter dar; inzwischen lässt sich an die Seite Lutterlohberg—Wilsede, ein anderer $\frac{1}{4}$ Stunde von Wulfsode entfernter (aber nicht damit zu verbindender) Punkt bei Bockum verbinden, von dem aus Winsen an der Luhe und Steinbeck sichtbar sind. Leider ist nun Winsen an der Luhe von Wilsede aus unsichtbar, vermuthlich aber doch Steinbeck sichtbar. Allenfalls könnte also eine Verbindung so möglich gemacht werden.

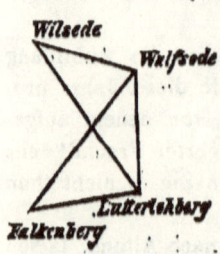

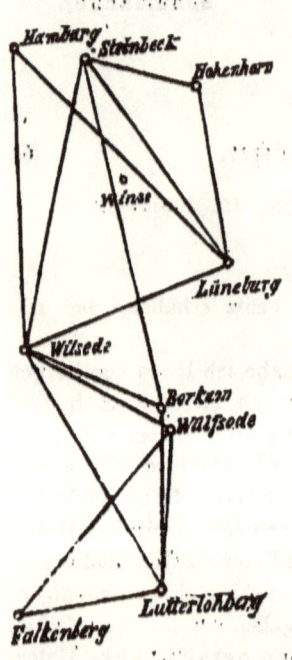

Dem Falkenberg ist in der Richtung von Wilsede und Bockum durch das Becklinger Holz ganz die Aussicht versperrt. In der ersten Richtung würde ein Durchhau vermuthlich $\frac{1}{4}$ Meile lang sein müssen und doch bleibt noch ungewiss ob er zum Ziele führt, da das Holz selbst auf hohem Terrain liegt. In der 2ten Richtung schien mir ein Durchhau leichter möglich, allein nachdem ein vorliegendes Tannenholz etwas gelichtet war, traf die Richtung weiter auf einen Buchenwald, und der Schaden, den ein Durchhau anrichten würde, wurde von dem Förster auf 1200 $\mathscr{S}$ taxirt, daher damit inne gehalten wurde.— Lüneburg in Süden liegt der undurchdringliche Lüsing.— Steinbeck scheint mir übrigens, wenn der Thurm sonst Aufstellung von Instru-

*) Ich brauche wol nicht erst zu bemerken, dass unter Wulfsode nur ein Acker nahe bei diesem Dorfe zu verstehen ist. Thürme giebt es in der Heide gar nicht, Berge auch nicht, kaum Hügel, und fast alle etwas höheren Plateaus sind mit Wald bedeckt. — G.

menten erlaubt, auch für die Verbindung mit Ihrer Basis, eine vortheilhaftere Lage zu haben als Hamburg (wenn anders Stein- an beiden Enden Ihrer Basis sichtbar ist.

Von Hrn. Caroc habe ich hier einen Brief vorgefunden, der einige Winkelmessungen am südl. Ende Ihrer Basis enthält. Inzwischen ist dieses nicht zu meinem Zweck hinreichend, sodern, eine genauere Kenntniss *) der relativen Lage dieses Süd- punktes gegen Hamburg, Hohenhorn und Syk muss mir noth- wendig erst bekannt werden, ehe ich aus jenen etwas entschei- dendes schliessen kann. So wie die Sache jetzt steht, bleibt noch ungewiss, ob Wilsede mit diesem Punkte zu verbinden ist oder nicht (denn es kommt hierbei auf eine Grösse von wenigen Minuten an). Der Thurm, welchen Hr. Capt. Caroc unter 69°13' mit Hohenhorn gesehen, ist übrigens Ochsenwerder, und der unter 79°54' liegende, Harburg gewesen.

Es liegt mir nun sehr daran zu wissen, welches der Plan Ihrer Arbeiten für diesen Sommer ist, und ob ich auf Ihre Mit- wirkung, für die Zeit wo meine Messungen sich der Elbe nähern, rechnen kann. Ich hoffe Sie übernehmen die Winkelmessungen in Hamburg und eventualiter in Steinbeck und dem südl. End- punkte Ihrer Basis ganz selbst, wogegen ich mich engagire, von Wilsede, und, eventualiter von Bockum das nöthige Heliotroplicht Ihnen zuzusenden. Wie bald ich übrigens in jene Gegend komme, kann ich jetzt noch nicht bestimmen. Mit meiner Gesundheit geht es bei der Hitze jetzt herzlich schlecht. Sobald es sich etwas bessert, werde ich die Station Lichtenberg anfangen, und dann der Reihe nach, Deister, Garssen (bei Celle) und Falkenberg folgen lassen. Ueber das Weitere kann ich jetzt noch nichts bestimmen. In den ersten Wochen addressiren Sie lieber nach Göttingen, da ich keine Addresse jetzt sonst angeben kann **). Später werden wir einen sicherern und schnelleren Briefwechsel verabreden können.

*) Ich besitze nemlich nur Winkel am nördlichen Ende, Direction der Basis, und einige Winkel, die Herr Caroc in der Gegend des südl. Endes gemessen, und diese Data lassen sich unter einander nicht ganz vereinigen.

**) Doch würde ich auch über Göttingen Ihre Briefe vorerst nur sehr spät erhalten können, da nach Lichtenberg und dem Deister keine Postverbindung stattfindet. Ich werde Ihnen aber sobald ich kann wieder schreiben und bestimmtere Addresse geben.

Es thut mir leid die Wiederholung Ihrer Preisfrage erst jetzt zu erfahren. Im vorigen Winter hätte ich vielleicht einige Zeit dazu gefunden, aber so lange die praktischen Messungsarbeiten dieses Jahres dauern, kann ich natürlich an eine subtile theoretische Ausarbeitung gar nicht denken.

Ich werde diesen Sommer meinen Sohn Joseph mit als Gehülfen zuziehen.

Von Ihren Astronomischen Nachrichten habe ich seit langer Zeit nichts gesehen. Von Lüneburg aus habe ich noch einen Thurm geschnitten, welcher Kreuzen seyn muss, zwischen Lauenburg und Hohenhorn. Aber sehr weit geht die Aussicht nach N. W. Ich habe ein grosses Gebäude geschnitten, welches noch unter Blankenese, vermuthlich in der Gegend von Wedel liegen muss. Ganz Altona, vom Rathhaus bis Ottensen liegt deutlich da. Schade dass die Aussicht nach Süden nicht eben so ist; das Trianguliren würde dann eben so leicht und angenehm seyn, als es jetzt schwierig und lästig ist. —

Von den obigen Mittheilungen, wenigstens so weit sie die Durchhaue betreffen, bitte ich keinen öffentlichen Gebrauch zu machen.

Stets Ihr ganz eigner
C. F. Gauss.

No. 147. Schumacher an Gauss. [86

Theuerster Freund,

Ich habe Ihren Brief noch hier, und zwar recht krank erhalten. Das ist auch der Grund warum ich noch nicht nach Altona zurück bin. So Gott will komme ich Mitte Julius zurück. Ich habe dann den August hindurch Geschäfte für die Karte, aber von Anfang September stehe ich zu Befehl. Ich denke Sie setzen auf jeden Fall auch Ihre Beobachtungen bis da hinaus. Dann ist das schönste Wetter.

Wie steht es mit meinem Barometer?

Wenn Sie es verlangen, so soll die Preisfrage über die Abbildung von Fläche auf Fläche, noch ein Jahr weiter hinaus gesetzt werden, d. h. wenn Sie am Ende von 1823 fertig sein können.

Wir haben wiederum die Preisfrage über Theorie der Interpolation mit doppeltem Preise gewählt, der Termin ist Ende 1823. Betrachten Sie es als wenn Sie unsere Gesellschaft durch Communication einer Abhandlung ehren wollten, an Urtheil ist gar nicht zu denken, und Ihre Arbeit ist ja bis auf Kleinigkeiten fertig.

Wie weit haben Sie meine Astronomischen Nachrichten? es ist soeben No. 15 heraus. Mir scheint es aber die Astronomen interessiren sich nicht besonders für ein so nützliches Verbindungsmittel, was mir viel Zeit und Mühe, und der Regierung nicht unbedeutende Summen kostet. Sein Nutzen konnte mich allein bewegen Mösting's Idee zu realisiren, da ich wenigstens nicht einsehe dass Ruhm daraus zu ziehen sey, wie Herr v. Zach glaubt. Ein Journalruhm ist immer sehr unbedeutend, die Mühe ist aber bedeutend, ist also kein Nutzen da, so ist es am besten die Sache wird aufgegeben.

Ueber Ihre Beobachtungen und deren Zeit bitte ich mich bald zu unterrichten.

Ewig Ihr

dankbarer

Schumacher.

Copenhagen, 22. Juni 1822.

Meine Addresse ist immer unverändert Altona.

N<u>o</u> 148.   Gauss an Schumacher.   [62

Steinkrug am Deister, 10. Julius 1822.

Mein theuerster Freund.

Meinen zu Anfang des vorigen Monates an Sie geschriebenen Brief werden Sie hoffentlich zu seiner Zeit erhalten haben. Ich habe am 16. Junius Göttingen verlassen, die erste Station Lichtenberg zu meiner Zufriedenheit absolvirt, und bin nun seit 5 Tagen auf dem Deister, von wo ich, wenn das Wetter günstig ist, in etwa 8 Tagen nach Celle gehen werde. Schicken Sie nun doch baldmöglichst die von mir gewünschten Notizen, die Nachricht über Ihren Aufenthalt, Ihren diesjährigen Operationsplan und Ihre Mitwirkung zu der Verbindung, wenn meine Arbeiten bis zu Ihrem Bereich vorrücken, poste restante nach Celle; sollte aber wider Erwarten ein Hinderniss Ihre Antwort länger als etwa den 22sten oder 23sten dieses verzögern, so addressiren Sie lieber poste restante nach Bergen.

Ich habe dieses Jahr 3 wirkliche Heliotrope und noch einen andern Heliotropapparat in Thätigkeit, zwei von jenen spielen immer in der Ferne. Es ist eine Pracht (a luxury) in schönen Abendstunden, Winkel zwischen zwei Heliotroplichtern zu messen, und die Harmonie der Resultate ist dann oft ganz zu bewundern. So mass ich heute den Winkel zwischen Falkenberg und Lichtenberg.

$$\left.\begin{array}{rr} 6 & 89°51'51''208 \\ 6 & 51,250 \\ 2 & 50,000 \\ 4 & 51312 \\ 4 & 50,125 \\ 6 & 49,958 \\ 6 & 51,458 \\ 4 & 50,812 \end{array}\right\} \text{Mittel aus 38} \ldots \ldots 89°51'50''849$$

Uebermorgen reiset mein Sohn, der bisher von Lichtenberg das Licht hiergeschickt, in gleicher Absicht nach dem Garssenberge.

Unter herzlichen Grüssen an die lieben Ihrigen

Ihr ganz eigner

C. F. Gauss.

20]

N? 149. Schumacher an Gauss. [87

Mein theuerster und vielverehrter Freund!

Sie werden hoffentlich jetzt schon meinen Brief aus Copenhagen haben; sollte dieses nicht der Fall seyn, so bemerke ich nur, dass Anfangs September nichts im Wege ist um gemeinschaftlich unsere Basisverbindung zu machen.

Meine Gesundheit ist noch sehr schwach, ich bessere mich aber täglich.

Erst seit vorgestern bin ich zurück. Bald mehr und ausführlicher.

Ihr

H. C. Schumacher.

Altona, 19 Julius 1822.

N? 150.   Gauss an Schumacher.   [63

Bergen, den 6. August 1822.

Aus Ihrem in Celle erhaltenen Briefe, mein theuerster Freund, habe ich nur gesehen, dass Sie von Copenhagen aus geschrieben haben und nächstens ausführlich schreiben wollten. Allein weder der Copenhagener noch der ausführliche Brief ist bisher in meine Hände gekommen — ersterer auch nicht nach Göttingen — und ich bin daher über die Art, wie Sie zur Verknüpfung unserer Messungen mitwirken wollen, über den gegenwärtigen Stand Ihrer Operationen und über den wahren Platz des südlichen Endpunkts Ihrer Basis noch ganz im Dunkeln.

Erst vorgestern bin ich hier angekommen, da die Arbeiten bei Garssen durch das ungünstige Wetter und andere Umstände verzögert worden sind. Der Durchhau durch das grosse Becklinger Holz vom Falkenberg nach Wilsede ist glücklich vollendet, und der bei Wilsede im May aufgepflanzte Signalbaum zeigt sich mitten in der gemachten schmalen Oeffnung. Dieser glückliche Erfolg gereicht um so mehr zu meiner Satisfaction, da die Bestimmung der Richtung, nach welcher ich durchhauen liess, auf eine künstliche Combination verschiedenartiger und unvollkommener Beobachtungen gegründet war. Vorläufig sind nun schon die Ueberelbischen Messungen mit den diesseitigen verknüpft. Die Altonaer Armenkirche liegt danach genau im Meridian der Göttinger Sternwarte. Die Ungewissheit kann schwerlich noch so viel wie die Ausdehnung dieser beiden Gebäude betragen. — Wahrscheinlich schicke ich binnen etwa 8 oder 10 Tagen einen Gehülfen von hier nach Wilsede. Dieser könnte, wenn ich wüsste, dass Sie zur Beobachtung mit Ihrem grossen Theodolithen auf dem Michaelisthurm in Hamburg bereit seyn wollten, in einigen Tagesstunden, am liebsten Vormittags, Heliotroplicht dahinschicken; Sie könnten dann die Winkel mit Lüneburg Michaelis, Steinbeck und andern Punkten, die Sie interessiren, messen. Es bedarf übrigens keines langen Suchens; bei günstiger Luft und Incidenz können Sie das Licht mit blossen Augen sehen; zur Erleichterung bemerke ich jedoch, dass der Winkel zwischen Lüneburg Michael und Wilsede 31^0 52' betragen wird.

Auf der Ostseite werde ich noch mit manchen Schwierigkeiten zu kämpfen haben, die sich aber überwinden lassen werden.

Ganz der Ihrige.

P. S. Unter 18 oder 20 Tagen werde ich schwerlich von hier wegkommen.

N? 151. Gauss an Schumacher. [64

Bergen, 23. August 1822.

Ich verfehle nicht, mein theuerster Freund, Sie zu benachrichtigen, dass seit gestern der Lt. Hartmann mir schon vom Wilseder Berg Heliotroplicht zuschickt. Er wird von übermorgen den 25. August inclusive an alle Vormittage Licht nach dem Michaelisthurm in Hamburg schicken, welches Sie, wie ich hoffe, nun, bei günstiger Luft zur Messung von horizontalen Winkeln, bei weniger günstiger aber, wenigstens zur Messung der Zenith-Distanzen bestens benutzen werden. Hoffentlich werden Sie auch während der Zeit, wo ich Sie hier zu sehen die Freude haben werde, diese Operationen nicht ruhen, sondern durch einen qualificirten Gehülfen fortsetzen lassen.

Am Dienstag Vormittag den 27. August soll dagegen das Licht, so gut es bei der unbekannten Lage gehen will, nach dem südlichen Ende dieser Basis gerichtet werden, oder falls diesen Tag das Wetter zu schlecht, am folgenden Tage. Auch wird Lt. Hartmann zuweilen versuchen, Ihnen Morgens zwischen 8 und 9 Uhr Licht in Ihr Haus nach Altona zu senden.

Mit dem südlichen Ende Ihrer Basis geht es mir recht schlimm; ich bin noch immer auf 300 oder 500 Meter ungewiss, wo es liegt; denn nach den gegenseitigen Positionen von Hamburg, Hohenhorn Syk und Hoisbüttel, die ich bei mir habe (die Originalnachrichten sind in Göttingen), lassen sich die mir zugeschickten Winkel gar nicht vereinigen. Ohne Zweifel wird nun in jenen Positionen ein Fehler (vermuthlich Schreibfehler) seyn, und zwar entweder bei Syk oder bei Hoisbüttel, denn Hamburg und Hohenhorn haben in Lüneburg mit meinen Messungen vollkommen harmonirt. Da es wahrscheinlicher ist, dass die unrichtige Angabe bei Hoisbüttel Statt findet, so werde ich mich vorerst, bis ich mehrere Data erhalte, an das Resultat halten, welches bloss auf Hamburg, Hohenhorn und Syk beruht. Hienach muss Wilsede dort 129^0 $15'$ links von Hamburg erscheinen.

Wann ich von hier weggehen kann, bleibt noch ganz ungewiss. Noch ist gar kein Definitiv-Plan zu machen, wovon gewiss wäre, dass die dabei vorkommenden Schwierigkeiten sich überwinden lassen, wenigstens kein solcher, zu welchem ich mich jetzt schon entschliessen könnte. Möchte doch das ganze Geschäft erst zu Ende seyn! Müller habe ich gegenwärtig in die Gegend zwischen Ebsdorf und Wilsede geschickt, um alle bei meinen Planen dort vorliegenden Schwierigkeiten zu untersuchen, und ob und wie sie wegzuräumen sind.

Höchst eilig.

Ihr ganz eigner

C. F. Gauss.

N? 152.   Schumacher an Gauss.*)   [88

Ihrem Wunsche gemäss, mein vielverehrter Freund! bin ich heute bis gegen 1 Uhr auf dem Michaelisthurme gewesen. Ich ging gegen $9\frac{1}{2}$ hinauf, nachdem ich von 8 bis 9 Uhr ver-

---

*) Dieser Brief ist ohne Datum. Nach der Cometenbeobachtung ist er vom 27. August 1822. P.

gebens auf das Heliotrop in meinem Hause gewartet hatte, obgleich ich Wilsede sehr deutlich von hier aus zu sehen glaube.

In der ganzen Zeit auf dem Michaelis war der Heliotrop nur etwa 3 Minuten sichtbar, gegen $11\tfrac{3}{4}$ Uhr. Es muss also entweder ein Versehen von Hartmann vorgegangen sein, oder er hat unaufhörlich, die drei Minuten ausgenommen, Licht nach der Basis geworfen. Das Heliotropenlicht war aber auch die 3 Minuten hindurch, die ich es sah, sehr schwach, so dass ich fast vermuthe, Hartmann kennt den Michaelis nicht, und wirft es nach Petri Thurm. Es sah gerade so aus, als wenn ich zufällig vom Rande des Spiegels Licht bekäme.

Zahrtmann kommt eben von der Basis zurück und hat gar nichts gesehen, aber glaubt Wilsede und die Stange (?) gesehn zu haben.

Die Kürze der Erscheinung verhinderte diesen Morgen das Messen der Zenithdistanzen, aber auch wenn ich es immer gesehen hätte, würde ich nicht haben messen können. Der Thurm schwankte reichlich 15″ von dem eben nicht gar starken Winde. Lassen Sie doch, wenn Sie die Zenithdistanzen wünschen, mir durch Hartmann ordentlich Licht hinwerfen, und auch des Morgens bis 9 Uhr versuchen, es hierher zu senden. Um 1 Uhr gehe ich hinunter, da Sie dann anfangen.

Von meinem Fenster aus sehe ich auch den Michaelisthurm in Lüneburg, und da mein Meridiankreis hier im Garten im Meridian der Göttinger Sternwarte liegt, so ist diese Verbindung doch interessant.

Ganz Ihr

Schumacher.

Sehr eilig.

Ich kann von hier aus nicht frankiren, und bitte gleiches mit gleichem zu vergelten.

Den Cometen habe ich gestern Abend in 260 AR und 45 δ gesehen und mit einem unbekannten Stern verglichen. Er ist mit blossen Augen sichtbar.

Nº 153.   **Gauss an Schumacher.**   [65

Bergen, 30. August 1822.

Theuerster Freund!

In Ihrem, mir durch H. Schwanenflügel am 28. ds. überbrachten Billet beziehen Sie sich auf einen „gestern" abgeschickten Brief, den ich nicht erhalten habe, auch nicht weiss, wie alt er ist, da jenes Billet kein Datum führt.

In dem letzten mir zugekommenen Briefe vom 15. oder 16. August *) theilen Sie mir gütigst einige auf dem Michaelisthurm in Hamburg gemessene Winkel mit, von denen ich aber keinen Gebrauch machen kann, so lange mir die Richtungen von Moorburg, Buxtehude und Nienstädten selbst unbekannt sind. Auch kenne ich die Bedeutung Ihres y nicht. Ohne Zweifel verstehen Sie darunter etweder den Winkel vom Centrum zum Object, oder vom Object zum Centrum, allein welches von beiden als links und welches als rechts betrachtet ist, haben Sie nicht bemerkt. Inzwischen wäre hieran für den Augenblick nichts gelegen, wenn ich nur vorerst die obigen drei Richtungen aus dem Centrum kennte.

Den Platz des südlichen Endpunkts der Basis glaube ich nun ziemlich genau zu kennen. Allein bei Hoisbüttel muss entweder statt 299° gelesen werden 300°, oder die Lage dieses Punkts ist in meinem Verzeichnisse ganz unrichtig. Wenn ich die Lage von Kirchsteinbeck, die in diesem Verzeichnisse stand, und die zum Theil auf Reinke'sche Beobachtungen gegründet war, so corrigire, dass ich die Richtung gegen Hamburg beibehalte, die Entfernung aber so abändere, wie es meine in Lüneburg im Mai c. gemachten Beobachtungen erfordern, so harmoniren die Winkel zwischen Hamburg, Syk, Hohenhorn und Steinbeck ganz gut, und nur Hoisbüttel weicht, wie gesagt, Einen Grad ab.

Der Winkel zwischen Hamburg und Wilsede, am südlichen Ende der Basis ist, so gut ich ihn bisher angeben kann,

50° 6′

---

*) Dieser Brief ist nicht vorhanden.

Hat in meinem vorigen Briefe 129° gestanden, so ist dies das Complement zu 180° gewesen, und ein etwaniger Unterschied in den Minuten kommt von der jetzigen, hoffentlich richtigern, Bestimmung des Platzes des Basis-Endes selbst.

Ich habe hier von einem Tage zum andern auf Ihren Besuch gehofft und hoffe noch darauf, da ich unter 8 Tagen nicht von hier weg kann; es werden noch zwei Richtungen festgelegt werden müssen, die nach Wulfsode, wo H. Müller jetzt ist, und die nach Kalbsloh, wohin er von da in einigen Tagen abgehen wird. Letztere ist deswegen nothwendig, weil die Möglichkeit des Durchhaus von Hauselberg nach Scharnhorst noch sehr problematisch ist, indem vielleicht das Terrain des Hassels selbst noch zu hoch ist. Von Kalbsloh aus ist diese Möglichkeit viel wahrscheinlicher, allein ich substituire doch ungern Kalbsloh für Hauselberg, da man am ersten Platze Wulfsode nicht sehen kann.

Dagegen hoffe ich nun auf dem nördlichsten Theile ohne Steinbeck durchzukommen. Beigehende genaue Zeichnung ($\frac{1}{500000}$) stellt den Zustand des nördlichen Theils meiner Messung vor; die starken vollen Linien das vollendete, die schwachen vollen das gewiss ausführbare, die punktirten das problematische. Die Richtungen von Timpenberg nach Lüneburg und von Scharnhorst nach Hauselberg oder Kalbsloh können, wenn überhaupt, nur vermittelst Durchhaue durch die Waldungen geöffnet werden.

Wohin ich von hier gehe, ist noch ungewiss; ich hätte mich daher erst gern noch hier mit Ihnen besprochen.

Nach meiner vorläufigen Rechnung liegt Wilsede 12,3 Meter über dem Fussboden der Göttinger Sternwarte. Haben Sie die Zenithdistanzen auf Michaelis gemessen, so können Sie nun schon vorläufig alles auf die Meeresfläche beziehen. Die Distanz Wilsede von Hamburg wird 42454 Meter ± seyn.

Ganz der Ihrige
C. F. Gauss.

* * *

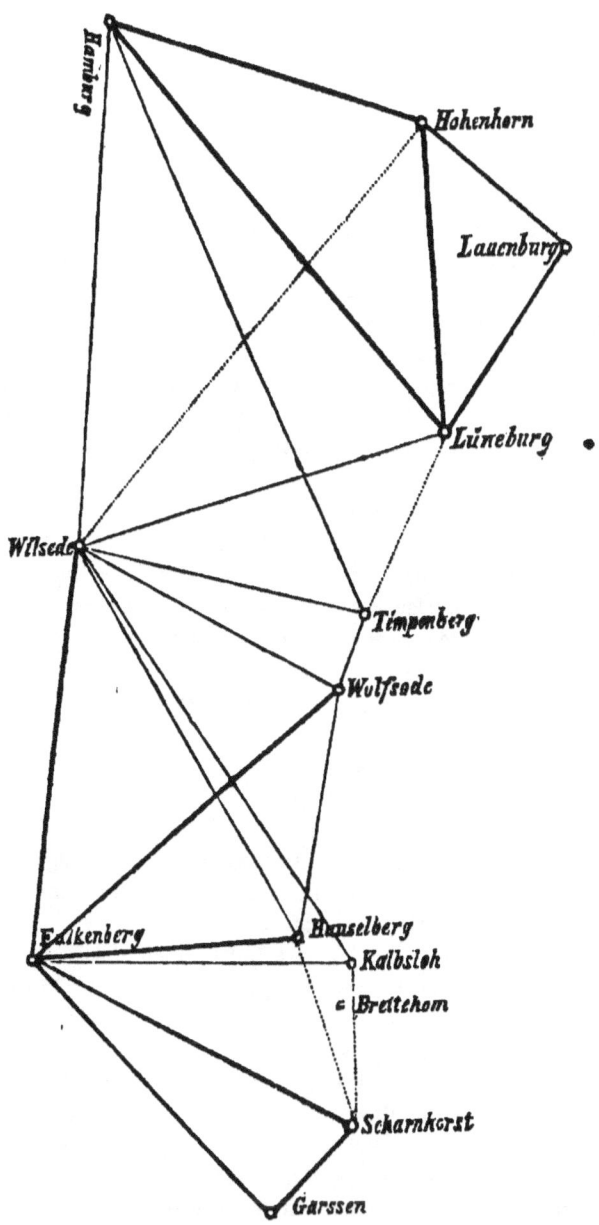

N° 154.   **Gauss an Schumacher.**   [66

Bergen, 6. Sept. 1822.

Erst vorgestern, theuerster Freund, ist Müller zum Kalbsloh gekommen, und ich habe, da seitdem nur äusserst wenig Sonnenschein gewesen ist, nur erst die Zenithdistanzen messen können. Da ich alle Horizontalhauptwinkel gern wenigstens an 2 verschiedenen Tagen messe, so werde ich vor dem 8ten von hier nicht wegkommen, und wenn das Wetter ungünstig ist, noch später. Inzwischen lässt es sich heute Vormittag noch ziemlich leidlich an.

Da wir manche schöne Vormittage gehabt haben, so vermuthe ich, dass Sie bereits hinlänglich Licht von Wilsede erhalten haben, und Hartmann hat daher Ordre, sobald ich auf dem Hauselberge bin, mir auch Vormittags Licht dahin zu schicken. Wünschen Sie noch fortwährend alle Vormittage Licht nach Hamburg, so dürfen Sie dies nur dem Lieut. Hartmann in Wilsede mit der Bemerkung schreiben, dass ich zufolge eines Briefes vom 6. September, also neuer als der letzte an ihn geschickte, mit Ihrem Verlangen einverstanden sey. Sonst wird also vermuthlich vorerst am 8. oder 9. Sept. das letzte Vormittagslicht nach Hamburg kommen.

Inzwischen sehe ich diese ganze Lichtsendung noch nicht als die Hauptsache an: wenn ich erst selbst in Wilsede bin, so wird wenigstens eine Zeitlang, Vormittags und Nachmittags Licht nach Hamburg, und falls Hohenhorn bestimmt sichtbar ist (was Hartmann's Bericht noch unentschieden lässt; Epailly hat zwar diese Linie, observirte aber in der Luft), auch dahin gesandt werden können, ebenso wie vom Timpenberg und vielleicht selbst von Lüneburg aus. Allein da ich in Rücksicht auf jene Operationen in diesem Augenblicke noch keinen bestimmten Plan machen kann, so wird das Weitere erst noch verabredet werden müssen, und zwar würde dies wol am besten mündlich geschehen können, zumal da von jetzt an alle Correspondenz mit mir, wegen der Entfernung von der Poststrasse, sehr misslich wird. So wie jetzt Ihre Briefe schon oft 6 Tage alt sind, wenn ich sie erhalte (vermuthlich weil sie ohne Rücksicht auf den correspondirenden Abgang von Harburg nach Bergen (☾ u. ♃) aufgeliefer waren) so ist künftig immer noch sehr viel längere Verzögerung zu erwarten. Auf dem Hauselberge kann ich gar keine Briefe bekommen. Ich gehe von da nach Wulfsode, von wo aus ich ein oder ein paar mal einen Boten nach dem 2 Meilen entfernten Ebsdorf schicken werde, um nach poste restante Briefen unter der Addresse Ebsdorf nachfragen zu lassen. Was nachher vorgenommen wird, lässt sich jetzt noch gar nicht bestimmen. Allein Wulfsode ist von der Altonaer Armenkirche nur 56741 Meter entfernt, also in gerader Linie nur eine halbe Tagereise, in gebrochener (am besten wol über Harburg und Pattensen) doch nur eine sehr kleine Tagereise. Gegen die Mitte d. M. muss ich nach meiner Rechnung da seyn, sehr lange wird aber mein dortiger Aufenthalt vermuthlich nicht dauern, wenn die Witterung günstig ist, da so gar viel dort nicht zu messen und alles jetzt vorbereitet ist.

Ich kann nicht begreifen, wie alles mit Wilsede so widerwärtig geht. Mein vorausberechneter Winkel in Michaelis in Hamburg zwischen Lüneburg Michaelis und Wilsede Signalstange war 43° 50' 37", und da Hartmann den Heliotropplatz circa 12 Meter von der Signalstange westlich gewählt hat, so beträgt der Winkel deshalb noch ungefähr Eine Minute mehr, also sehr nahe wie sie ihn gemessen haben. Wie es zugegangen ist, dass ich Ihnen den Winkel 12° zu klein abgeschrieben habe, weiss ich nicht. Ihren gemessenen Winkel kann ich leider nicht centriren, da mir die Bedeutung Ihres y unbekannt ist.

Das Durchgehen des Heliotroplichts durch das Fernrohr, welches H. observirt hat, erinnert mich an Schröter's Beobachtungen, der auch zuweilen bei Tage helle Sternchen in ein paar Secunden durch das Fernrohr fliegen sah, und an die Art, wie Münchhausen auf der Jagd zuweilen seine Flinte abbrannte, indem er mit der Faust gegen das Auge schlug; so wie an Harding's Observation einer Spiegelung des Jacobithurms in der Luft.

Auf dem Hauselberge messe ich übrigens jetzt nur die Winkel zwischen Falkenberg Wilsede und Wulfsode und das, was zur Beurtheilung der Möglichkeit des Durchhaus nach Eschede erforderlich ist. Das übrige erst auf der Rückreise; eben dahin bleibt Kalbsloh, falls es überhaupt genommen werden muss, verspart.

Das Daseyn eines Cometen erfuhr ich erst aus Ihrem Briefe, so wie aus einem Briefe von Olbers, dass Delambre gestorben seyn soll. Ich bin hier von allen Nachrichten wie abgeschnitten und bekomme in der Regel nicht einmal Zeitungen zu sehen.

Stets Ihr ganz eigner
C. F. Gauss.

Eilig schliessend, da ich gestört werde und der Brief noch vor meinem Wegfahren auf den Berg in's Comtoir gereicht werden muss.

(Einschiebsel vom 6ten, Abends 8 Uhr.)
Ich habe heute die nöthigen Messungen vollendet und gehe morgen schon nach dem Hauselberg ab. Sollte noch ein Brief von Ihnen an mich jetzt unterwegs seyn, so setzen Sie voraus, dass dessen Inhalt vorerst noch nicht zu meiner Kenntniss gelangen kann, bis ich einmal wieder einen Boten in diese Gegend zu schicken Veranlassung habe.

N? 155.   **Gauss an Schumacher.**   [67

Wulfsode, 18. Sept. 1822.

Theuerster Freund!

Nur mit ein Paar Zeilen kann ich Ihnen heute meine Ankunft hier anzeigen, die durch meinen verlängerten Aufenthalt auf dem Hauselberg und Breitehorn verspätet ist. Gleich bei meiner Ankunft auf ersterem überzeugte ich mich, dass ein Durchhau von da nach Eschede noch keine Verbindung möglich mache, da das vorliegende Terrain um eine Minute weniger Depression hatte, als es hätte haben müssen. Die Aufnahme von Breitehorn (in meinen frühern Briefen vielleicht Kalbsloh genannt, aber weniger passend) wurde also nothwendig. Es waren zwei Durchhaue nöthig, einer durch den Wichel, um Breitehorn mit Hauselberg, und einer durch den Hassel und ein anderes Holz, um Breitehorn mit Eschede zu verbinden. Beide Durchhaue hat der Hauptmann Müller nach der ihm vorgeschrie-

benen Richtung mit so viel. Präcision ausgeführt, dass, so wie
der letzte Baum fiel, die respectiven schon aufgemauerten Postamente in der Mitte der schmalen Spalte erschienen und unmittelbar darauf mit den schon bereit stehenden Theodolithen die
Beobachtungen anfangen konnten. Durch angestrengte Thätigkeit sind diese schwierigen Operationen und sämmtliche auf
beiden Punkten nöthige Messungen in 10 Tagen complet absolvirt.

Soviel eine vorläufige Inspection des Terrains urtheilen
lässt, würde es nicht unmöglich seyn, die ganze Linie von
Breitehorn bis Eschede (11220 Meter lang) unmittelbar zu messen.
Welch eine herrliche Basis wäre dies!

Ich hatte gehofft, Sie selbst hier zu finden (mein Sohn ist
seit 10 Tagen hier gewesen und hätte mir gleich einen Boten
nach Oberohe, 3 Meilen von hier, meinem letzten Aufenthaltsort,
schicken können), oder doch einen Brief in Ebsdorf. Vor ein
Paar Tagen, wo mein Sohn selbst in Ebsdorf gewesen und
andere dort für mich befindliche Briefe in Empfang genommen
hat, war noch keiner von Ihnen da gewesen; vielleicht bringt
der Bote, welcher diesen hinbringt, einen von Ihnen zurück.
Aber am besten wäre es, wenn wir uns mündlich sprechen
könnten. Unter sechs Tagen komme ich von hier nicht weg,
und vermuthlich gehe ich von hier nach Wilsede, aber freilich
kann ich nur sagen: vermuthlich, denn in dieser späten
Jahreszeit werden alle Plane so leicht gestört, da es täglich
kaum mehr als Eine gute Arbeitsstunde gibt.

Wenn dieser Brief heute noch von Ebsdorf weiter gehen
soll, so ist keine Minute mehr zu verlieren. Also eilig schliessend

Ihr ganz eigner

C. F. Gauss.

No 156.   Gauss an Schumacher.   [68

Wulfsode, 24. Sept. 1822.

Heute, theuerster Freund, habe ich meine Messungen auf
hiesigem Standpunkte beendigt und werde morgen nach der

Wilseder Station abgehen. Meinen Aufenthalt werde ich einstweilen im Barlkruge zwischen Welle und Soltau nehmen. Vielleicht erfreuen Sie mich, der seit langer Zeit keine Nachrichten von Ihnen gehabt hat, dort mit einem Besuch, obwohl der dortige Aufenthalt keiner der besten seyn wird, auf alle Fälle aber doch wohl mit einem Briefe. Da ich einen Tag auf dem Timpenberg bereits den Winkel zwischen Wilsede und Hamburg gemessen habe, und auf Wilsede, Hamburg und Lüneburg sogleich beobachten werde, so werden dann unsere Dreiecke, bis auf die Messung der dritten Winkel bereits vorläufig verknüpft seyn, sobald Sie mir den auf Michaelis in Hamburg zwischen Lüneburg und Wilsede gemessenen Winkel mit hinlänglichen Reductions-Elementen (und Buchstaben-Erklärung) mittheilen, und ich kann darauf die für den Versuch eines Durchhaus wesentlich nothwendige Richtung Timpenberg-Lüneburg berechnen.

Es wird günstiges Wetter erfordern, wenn ich die Wilseder und ausserdem noch die Scharnhorster Station in diesem Jahre soll absolviren können, und meine physischen Kräfte dürften auch nicht lange mehr gewachsen bleiben.

Ganz der Ihrige
C. F. Gauss.

N°. 157.   Gauss an Schumacher.   [69

Barlhof, 29. Sept. 1822, Abends 8^h

Ihr Brief vom 2. ds. *) theuerster Freund, der bis jetzt in Bergen gelegen hatte, ist mir so eben durch einen Reisenden aus Hamburg eingehändigt, der auch die Gefälligkeit haben will, meine Antwort zu besorgen, die sonst erst drei Tage später abgehen könnte. Ich schicke Ihnen die verlangte Karte zurück, und werde, da heute die Zeit zu kurz ist, sie selbst zu copiren, mit Vergnügen Ihr gütiges Anerbieten, mir gelegentlich eine Copie zu schicken, annehmen.

---

*) Auch dieser Brief fehlt.

Meine drei letzten Briefe, einen vom 6ten aus Bergen, die beiden andern aus Wulfsode, werden Sie hoffentlich erhalten haben. Von Ihnen ist jener Brief vom 2ten das neueste, was mir zugekommen ist. Ich habe dies um so mehr bedauert, da bei meinem hiesigen Aufenthalt manches zum gemeinschaftlichen Zweck dienliche vielleicht hätte concertirt werden können. Jetzt dürfte es wohl zu spät seyn, denn wenn das Wetter günstig ist, kann ich in 4 oder 5 Tagen hier fertig werden. Auf gut Glück will ich jedoch Mittwoch den 2. October Nachmittags von 2 Uhr an falls die Sonne scheint, eine Stunde hindurch grosses Licht zum Michaelisthurm schicken, und falls während dieser Zeit Heliotroplicht von dort wieder kommt, dies als Zeichen betrachten, dass Sie es noch länger wünschen. Das Centrum des Spiegels soll genau im Allignement des Steins stehen. Altona und die Endpunkte Ihrer Basis sind hier unsichtbar. Dagegen habe ich aber die angenehme Entdeckung gemacht, dass ausser Hohenhorn (wovon die äusserste Spitze zu sehen ist, vermuthlich zu hoch für die Rückvisirung) auch der ganze Kirchthurm von Syk sichtbar ist. Auch dorthin könnte ich also Licht schicken, wenn ich wüsste, dass ein Theodolith es oben nützte.

Ich habe heute bei sehr schöner Luft ohne $\odot$ gemessen:

50	Hohenhorn-Hamburg	$-36°$	0'	32"745
30	Syk-Hamburg	-20	59	33,575
20	Hohenhorn-Syk	-15	0	59,912
50	Hamburg-Lüneburg	$+69$	51	3,615

Nur zweimal, so lange ich observire, habe ich an Einem Tage ebensoviel oder mehr, gemessen. Die einzelnen Reihen des letzten Winkels zur Probe:

10	69	51	4,275
10			3,725
10			3,225
20			3,425

Nach meiner vorläufigen Rechnung liegt nunmehro Hamburg 224761^{m}1 nördlich, 2369^{m}6 östlich von Göttingen.

Vor meiner Expedition im May dieses Jahres hatte ich, nach blos astronomischen Datis angenommen

$$224710^m\,0 \qquad\qquad 1841^m\,0$$

Nach derselben ausweise vorläufiger sehr kümmerlicher Messungen

$$224733^m\,2 \qquad\qquad 2370^m\,2$$

Das absolute dabei gründet sich noch auf die Seeberger Basis.

Die Länge meiner Sternwarte habe ich bisher zu 30′ 25″0 von Paris angenommen.

Ganz so schlecht wie ich gefürchtet hatte ist der Aufenthalt hier doch nicht, ohne Vergleich besser, wie in Ober Ohe von wo aus ich den Hauselberg und Breithorn bestritt. Dort lebt eine Familie, deren Haupt „Peter Hinrich von der Ohe zur Ohe" sich schreibt (falls er schreiben kann), dessen Eigenthum vielleicht 1 ☐Meile gross ist, dessen Kinder aber die Schweine hüten. Manche Bequemlichkeiten kennt man dort gar nicht, z. B. einen Spiegel, einen A — t und dergleichen. Gott sei Dank, dass ich den 10 tägigen Aufenthalt daselbst überstanden habe, und bei der kühlen, meinem Körper zusagenden Witterung, recht gut überstanden habe.

Von hier denke ich noch die Station Eschede vorzunehmen und dann nach Göttingen zurückzukehren.

Unter herzlichen Grüssen

Ihr ganz eigner

C. F. Gauss.

N? 158. **Gauss an Schumacher.** [70

Bergen, den 8. October 1822.

Gestern, theuerster Freund, habe ich meine Messungen auf dem Wilseder Berge beendigt, und habe heute Barl verlassen. Morgen gehe ich nach Eschede ab, welches ich heute nicht mehr erreichen konnte. Mein Aufenthalt daselbst wird, wenn das

Wetter einigermaassen günstig ist, nur von kurzer Dauer seyn, da ich bei der weit vorgerückten Jahreszeit doch nicht hoffen darf, Deister und Lichtenberg noch mit diesem Punkte verknüpfen zu können. Ich kehre dann sogleich nach Göttingen zurück, wohin ich also Ihren nächsten Brief zu addressiren bitte.

Nachdem eine schmale Oeffnung in der Richtung von Timpenberg nach Lüneburg durch den Wald, bis auf beinahe 2000 Schritt Länge gemacht war, fand sich schon der Boden etwas zu wenig deprimirt; die weitere Fortsetzung des Durchhau's wurde daher sogleich eingestellt. Will ich daher die Verbindung mit Hamburg nicht einzig auf das in Hamburg etwas spitze Dreieck Wilsede— Timpenberg — Hamburg stützen, so ist unerlässlich noch einen Punkt zuzuziehen. Um dies vorzubereiten, habe ich noch die Richtung von Wilsede an einem kleinem Hügel bei Drögen Niendorf, etwa 3000 Meter N. N. O. von Timpenberg, festgelegt, von wo Wilsede, Hamburg, Lüneburg, Lauenburg sichtbar sind. Die Richtung von da, vom Timpenberg, geht zwar auch noch ganz durch Wald, allein die Möglichkeit dieser Verbindung, vermittelst eines Durchhaues, scheint keinem Zweifel zu unterliegen. Vielleicht ist auch Hohenhorn von dort sichtbar.

Ihr Meridianzeichen ist auf dem Wilseder Berge bestimmt unsichtbar.

Da ich vom Wilseder Berge die kleinen Fenster der Kuppel des Hamburger Michaelisthurms niemals sehen konnte, so beziehen sich meine Zenith Distanzen, theils auf den Knopf, theils auf den Fussboden der Laterne, auch diese beiden Zielpunkte waren schlecht zu beobachten. Haben Sie doch die Gefälligkeit mir deren relative Höhen, gegen die Mitte jener Fenster, baldmöglichst mitzutheilen.

Ihre Karte von dem Holsteinischen Triangelnetz habe ich, sobald ich erfuhr, dass dieselbe noch einen Werth für Sie habe, sogleich von Barl aus an Sie zurückgeschickt.

Recht angelegentlich bitte ich, mir nun die wahre Länge Ihrer Basis, und die Triangel, welche dieselbe mit den andern Hauptdreieckspunkten verbinden, baldmöglichst mitzutheilen.

Am 2ten habe ich wol $1\frac{1}{2}$ Stunden lang grosses Heliotropenlicht zum Michaelisthurm geschickt, ohne etwas zurück zu erhalten. Hauptmann Müller hatte den Auftrag, gleichzeitig vom Timpenberge Heliotroplicht dahin zu schicken, er hat aber keine Sonne gehabt.

Die Zahl der mit dem Theodolithen auf dem Wilseder Berge gemachten Schnitte, beträgt 671; auf dem Falkenberg war sie 1080.

Erfreuen Sie recht bald mit einem Briefe

Ihren ganz eignen

C. F. Gauss.

N<u>o</u> 159. **Gauss an Schumacher.** [71]

Da Sie, mein theuerster Freund, im 7 Stück der Astronom. Nachr., eine Anzeige über den Stand meiner Triangulirung am Schluss des Jahres 1821 gegeben haben, so verfehle ich nicht, Ihnen einen kurzen Bericht über den gegenwärtigen Stand der Operationen zu schicken.

Im vorigen Jahre waren die fünf Stationen, Göttingen, Meridianzeichen, Hohenhagen, Hils und Brocken absolvirt, und vier Punkte für die weitere Fortsetzung der Operationen ausgezeichnet, nemlich Lichtenberg, Deister, Wolenberg und Brelingerberg. Ich fing die Arbeiten des laufenden Jahres mit einer Recognoscirungsreise in der Lüneburgerheide an, welche ich um so mehr für nothwendig hielt, da ich die ausserordentlichen Schwierigkeiten in diesem flachen Lande, welches ohne alle erheblichen Anhöhen und überall Schachbrettartig mit Waldung bedeckt ist, ein Dreiecksnetz zu bilden, bereits aus den Berichten des Obersten Epailly kannte, welcher in den Jahren 1804 und 1805 diese Schwierigkeiten unübersteiglich gefunden, und daher die Verbindung zwischen Hamburg und dem südlichen Theile von Hannover, vermittelst einer Reihe von Dreiecken längs der Weser bis zu ihrer Mündung und hernach wieder die Elbe herauf, effectuirt hatte.

Ich fand den Brelingerberg, welcher 1821 von Hils aus geschnitten war, unbrauchbar, da er sich mit Lichtenberg und dem Wolenberg nicht verbinden liess, aber auch eben so wie den Wolenberg, überflüssig, da sowol der Platz bei Garssen, als der Falkenberg sich unmittelbar mit dem Lichtenberg verbinden liesse. Ich schweige von den ausserordentlichen Schwierigkeiten, mit welchen ich zu kämpfen gehabt habe, um die Dreiecke von Garssen und Falkenberg weiter fortzuführen, diese Schwierigkeiten sind jetzt überwunden, und das Netz bietet durch seinen Gliederbau vielfache, zu meiner grössten Zufriedenheit ausgefallenen, Controllen dar. Ich bemerke nur, dass alle meine Dreieckspunkte zu ebener Erde liegen; ein etwa $3\frac{1}{2}$ — 4 Fuss hoch aufgemauertes steinernes Postament dient zur Aufstellung des Heliotropen und des Theodolithen. Mehrere Linien, namentlich die von Falkenberg nach Wilsede, von Hauselberg nach Breithorn, von Breithorn nach Scharnhorst, und von Scharnhorst erforderten beträchtliche Durchhaue durch Waldungen, und die genaue Vorausbestimmung der Richtungen dieser Durchhaue künstliche Vorbereitungen.

Ich habe im Laufe des Sommers die Stationen Lichtenberg, Deister, Garssen, Falkenberg, Hauselberg, Breithorn, Wulfsode, Wilsede, und Scharnhorst vollständig abgemacht, auch auf Timpenberg die betreffenden Winkel vorläufig gemessen. Dadurch ist also Hamburg schon vorläufig angeschlossen; auch Lüneburg, da Sie den Winkel zwischen Wilsede und Lüneburg auf dem Michaelisthurm in Hamburg vorläufig gemessen haben. Hier einige vorläufige Resultate, wobei sich das Absolute vorläufig auf die von Zach'sche Basis bei Gotha gründet, an die ich mich vermittelst der Seite von Inselsberg — Brocken angeschlossen habe.

	Breite	Länge v. Götting.
Hamburg Michaelisthurm	53° 33′ 1″8	0° 2′ 3″0 östl.
Lüneburg Michaelisthurm	53 15 5,5	0 27 29,5 ,,
Celle südl. Schlossthurm	52 37 31,4	0 8 4,9 ,,
Göttingen Sternwarte, Platz des Reichenbach'schen M. Kreises	51 31 48,7	0

Die Orientirung meines Dreieckssystems ist von meinem Meridianzeichen entlehnt, und auf Hamburg übertragen, weicht sie von den Azimuthen, welche Sie mir mitgetheilt haben, nur 1″4 ab. Um das Absolute der Linien schärfer zu bestimmen, erwarte ich nun die Mittheilung der Länge Ihrer Basis, und der Dreiecke, welche sie mit Ihren Hauptpunkten verbinden. Meine eine Dreiecksseite, von Breithorn — Scharnhorst, würde sich wie es scheint, ohne unübersteigliche Schwierigkeiten unmittelbar messen lassen.

Um eine recht zweckmässige Verbindung meiner Dreiecke mit den Ihrigen zu erhalten, hatte ich gewünscht und gehofft, Timpenberg und Lüneburg unmittelbar verbinden zu können. Ein Durchhau wurde versucht, allein, nachdem er eine bedeutende Strecke hindurch fortgeführt war, fand sich schon das zwischenliegende Terrain nicht deprimirt genug, und musste daher diese unmittelbare Verbindung aufgegeben werden. Es ist jedoch von Wilsede aus noch ein Punkt niedergelegt, der sich unmittelbar mit Hamburg, Lüneburg und Lauenburg, und höchst wahrscheinlich vermittelst eines Durchhaues, mit Timpenberg verbinden lassen wird. Das Weitere muss den Arbeiten des künftigen Jahres vorbehalten bleiben. Von den ungeheuren Schwierigkeiten, in einem solchen waldigen flachen Terrain zu operiren, hat Niemand einen Begriff, der nicht unter ähnlichen Umständen gearbeitet hat. Die beifolgende Karte,*) welche in dem Maassstabe von $\frac{1}{100000}$ gezeichnet ist, wird Ihnen von dem Geschafften eine anschaulichere Vorstellung geben. Erst nachdem die übrigen Arbeiten vollendet waren, fand sich, dass der Punkt Scharnhorst, vermittelst zweier, nicht sehr schwierigen Durchhaue, sich unmittelbar mit Lichtenberg und Deister verbinden lassen würde. Wäre es möglich gewesen, diesen Platz früher auszumitteln und seine Brauchbarkeit und Lage festzusetzen, so hätte Garssen ganz wegfallen können. Vielleicht werde ich im künftigen Jahre die Messung der Winkel des Dreiecks Scharnhorst—Deister—Lichtenberg noch nachhohlen.

Ich habe in diesem Jahre, ausser dem im Jahre 1821 gebrauchten Heliotrop, noch zwei andere von der neuen Einrichtung in Thätigkeit gehabt, und daneben noch einen andern Heliotrop-Apparat, welchen ich immer bei mir führte, um meinen Gehülfen telegraphische Ordres zu geben. Für Sie ist die Bemerkung überflüssig, dass die von Hrn. Schuback im Astronom. Jahrbuch von 1825 gegebene Nachricht, über die Einrichtung der Heliotrope ganz auf einem Irrthum beruht und mit meinem Heliotropen gar nichts gemein hat. Hr. Rumpf hat bereits sieben Heliotrope verfertigt, wovon zwei für die preussische und zwei für

---

*) Astronom. Nachr. Band 1 No. 24, Beilage 1.

die hessische Triangulirung bestimmt sind. Von beiden Einrichtungen stehen Ihnen auf Verlangen Zeichnungen zu Diensten.

Gauss.

N°. 160.   **Gauss an Schumacher.**   [72

Göttingen, den 10. November 1822.

Beiliegendes Blatt, theuerster Schumacher, hatte ich eben zur Absendung an Sie fertig gemacht, als ich Ihren Brief und die traurige Nachricht erhielt. Wie sehr ich Ihren Verlust fühlte und Ihren gerechten Schmerz erkenne, brauche ich Ihnen nicht zu sagen; ich kannte ja Ihre treffliche Mutter und weiss wie viel Sie Ihnen war. Ich unternehme nicht Sie zu trösten, es giebt bei solchen Ereignissen keinen Trost, keinen, als die verstärkte Ueberzeugung, dass wir hier in Ultima sitzen, und dereinst der Reihe nach zu einer höhern Schule befördert werden. Aber Ihre Kinder bedürfen der väterlichen leitenden Hand; ihnen müssen Sie noch lange seyn, was die Verklärte einst Ihnen war; Ihre Familie, Ihre Freunde, und was unser Erdenwallen ziert und verschönert: die Wissenschaften, machen laut die Forderung an Sie, auch im tiefsten Schmerz sich zu ermannen. Glauben Sie dass eine Ortsveränderung Ihren Schmerz vorerst zerstreuen und mildern kann so kommen Sie in die Arme

Ihres ganz eignen
C. F. Gauss.

N°. 161.   **Gauss an Schumacher.**   [73

Mich verlangt sehr, theuerster Schumacher, über Ihr Befinden recht bald eine beruhigende Nachricht zu erhalten. Ich weiss nicht, ob meine beiden letzten Briefe in Ihre Hände gekommen sind.

Bei meinem letzten Briefe habe ich Ihnen eine ziemlich ausführliche Geschichtserzählung über meine Gradmessungsarbeiten in diesem Jahre geschickt. Bei der beeilten Absendung des Briefes habe ich sie gar nicht wieder durchlesen können. Da ich ungerne etwas Ungefeiltes von mir dem Druck übergeben sehe, so sähe ich am liebsten wenn Sie diesen Aufsatz ganz unterdrückten. *) Dem Publicum kann es ohnehin sehr gleichgültig seyn mit welchen Schwierigkeiten ich in der Lüneburger Heide zu kämpfen gehabt habe. Allen Lohn und Dank für grössere Aufopferungen muss man ja auch bloss in sich selbst finden. Sollte aber vielleicht der Aufsatz bereits im Druck begriffen seyn, so erzeigen Sie mir die Gefälligkeit alle Ausdrücke, die sich auf jene Schwierigkeiten beziehen, zu moderiren und nirgends ein anderes Epitheton für dieselben als grosse stehen zu lassen.

Ich glaube ich habe einige vorläufig berechnete Breiten und Längen mitgeschickt. Sie können statt derselben folgendes, etwas vermehrte Verzeichniss setzen

Sternwarte Seeberg	50° 56′ 6″7	+0° 47′ 19″2
*Sternwarte Göttingen, Reichenbach's Meridiankreis	51 31 48,7	0
Brockenhausthurm	51 48 2,7	+0 40 22,9
Braunschweig Martinsthurm	52 15 51,5	+0 34 24,6
— Catharinenth.	52 16 9,3	+0 34 57,9
— Andreasth.	52 16 10,8	+0 34 37,8
Hannover Aegydiusthurm	52 22 16,4	−0 12 13,8
— Neustädterthurm	52 22 22,6	−0 12 52,8
— Marktthurm	52 22 24,8	−0 12 28,4
— Kreuzthurm	52 22 30,7	−0 12 37,8
Neustadt am Rübenberge	52 30 21,8	−0 28 53,7
*Celle südl. Schlossthurm	52 37 31,4	+0 8 4,9
*Lüneburg Michaelisthurm	53 15 5,5	+0 27 59,5
*Hamburg Michaelisthurm	53 33 18	+0 2 3,0

Von anderen weniger bedeutenden Orten kann ich leicht noch an hundert liefern.

---

*) Dieser Brief (No. 159 der gegenwärtigen Sammlung) ist in der ersten Beilage zu No. 24 der Astronomischen Nachrichten, mit kleinen Veränderungen abgedruckt. — P.

Ich habe in diesen Tagen die Berechnung der Punkte, die mit Ihrer Basis in Verbindung stehen gemacht, und finde jetzt alles in guter Uebereinstimmung. Eine unrichtige Zahl bei der ersten Angabe für Hoisbüttel hatte in alle diese Rechnungen viele Verwirrung gebracht. Ich finde levi calamo die Länge Ihrer Basis 3014' ,9 wenn ich mein System nach von Zach's Busis berechne. Nach den mir früher von Ihnen mitgetheilten absoluten Angaben würde es nur 3013' ,8 seyn. Ich verlange nun sehr, wie ich schon in meinem vorletzten Briefe geschrieben habe, das zu erfahren, was Ihre wirkliche Messung gegeben hat. Eben so dringend bitte ich um die gefällige Mittheilung Ihrer Dreiecke von Lysabbel bis Skagen, welche ich noch nicht besitze. Ebenso fehlen mir auch noch die Dreiecke Hamburg, Eschede, Segeberg; Eschede, Segeberg, Lübeck. Nach meinem Princip sind solche Doppelverbindungen sehr wichtig und müssen nicht bloss zur Controlle dienen, sondern pro rata mit benutzt werden.

Ich habe vor kurzem mein Universal Instrument erhalten, es ist aber noch nicht ganz im Beobachtungsfertigen Zustande.

Ueber die zu meiner Gradmessung im nächsten Jahre vorzunehmenden Arbeiten, möchte ich gerne mit Ihnen einen ordentlichen Plan verabreden, und wünschte daher über Ihre eigenen vorhabenden Plane bald ausführlich und authentisch unterrichtet zu werden.

Nun noch ein Paar Worte über einen andern Gegenstand.

Ich habe erst spät erfahren, dass die Copenhagener Societät die Preisfrage, wegen der Darstellung der Flächen wiederholt hat. Ein Freund der Mathematik, der sich Ihnen nicht nennen darf, hat die Hauptsachen der Auflösung jetzt geordnet und wünscht, ehe er die bei seiner sehr beschränkten Zeit ungerne zwecklos aufzuwendende Arbeit des vollständigen Ausarbeitens unternimmt, von Ihnen Antwort auf folgende Fragen:

1) ob der Aufsatz deutsch abgefasst werden kann,
2) ob es demselben nicht zum praejudiz gereicht, wenn er weniger
    Volumen hat als sonst gewöhnlich Preisschriften haben, d. i.
    schwerlich volle 2 Bogen, versteht sich in sofern die Frage
    selbst erschöpfend beantwortet ist,
3) Etwa eine Woche nach Ankunft Ihrer Antwort würde der
    Aufsatz vollendet seyn und abgesandt werden können; fragt
    sich ob dies noch früh genug ist?

Bei Ihrer Belesenheit in Classicis würde sich dieser Freund auch gerne von Ihnen ein passendes Symbolum vorschlagen lassen, wenn Ihnen eins einfällt.

Aus dem so eben erhaltenen Stück 23 Ihrer Astronom. Nachr. p. 367, sehe ich dass Bessel eine besondere Reduction der H. C. vorgeschlagen hat, und dass die Herren Nissen und Hansen danach rechnen. Mir ist dieser Vorschlag unbekannt. Ist er bloss brieflich geschehen, oder öffentlich? haben Sie die Güte mir darüber etwas Nachricht zu geben, um diesen, wie ich vermuthen muss, sehr wichtigen Vorschlag mit den Hülfszahlen, die ich vor beinahe 20 Jahren für viele Beobachtungstage in meinem Exemplar der H. C. beigeschrieben habe, vergleichen zu können.

Bei dieser Gelegenheit erlaube ich mir noch eine Bitte in Betreff Ihrer Astronom. Nachr., nemlich dass Sie bei den Auszügen aus Briefen die Sie geben, jedesmahl das Datum des Briefes beifügten, was bisher, wie es scheint, nur ausnahmsweise zu geschehen pflegt. Es kann dies manchmal für den Briefsteller wie für den Leser wichtiger seyn, als sich beim ersten Anblick vermuthen lässt.

Den von Hrn. Prof. Encke geäusserten Wunsch, Logarithmentafeln mit 6 Ziffern betreffend, habe auch ich schon öfters gehegt und Sie werden Sich gewiss vielfältigen Dank erwerben, wenn Sie solche veranlassten. Alles was Hr. Encke über das Aeussere und Innere sagt, unterschreibe ich als meine eigene Meinung: nur die Proportionaltheile scheinen mir überflüssig und alles Ueberflüssige schadet dem leichten übersichtlichen Gebrauch. Bei solchen Dingen hängt freilich manches von individueller Gewöhnung ab; indessen wenn einige, die Gebrauch von Tafeln machen anders gewöhnt sind als ich, so sind doch auch wol andere eben so gewöhnt und daher berühre ich noch einen Umstand, nemlich die Abänderung der 4ten Ziffer bei den Logarithmentafeln. Sie kennen die Einrichtung, die in dieser Beziehung in Callet's Tafel gemacht ist, und einige haben dies als eine Verbesserung betrachtet. Ich gestehe, dass ich der entgegengesetzten Meinung bin und die regelmässige Abtheilung von 5 zu 5 Zeilen durch horizontale Striche, wie Sie in Sherwins und andern Tafeln ist, für etwas, bei stündlichem Gebrauch viel wesentlicheres und bequemeres halte, daher ich mich der Callet'schen Logarithmen auch niemals bedienen mag. Bei meiner vieljährigen Praxis weiss ich auch nicht einen einzigen Fall, wo der Gebrauch der Sherwin'schen Tafeln mich bei der 4ten Ziffer zu einem Rechnungsfehler verleitet hätte, daher ich auch auf die Striche bei Vegas und andern Tafeln gar keinen Werth lege, und des bessern Papiers und der schönern Ziffern wegen mich immer lieber an die Sherwin'schen halte. Wer auf solche Warnungszeichen einen Werth setzt, kann sich leicht in Einer Stunde durch sein Exemplar an den betreffenden Stellen rothe oder grüne dots machen, die meinem Auge bequemer sein würden als die vielen, mir überflüssigen Sterne.

Erfreuen Sie bald, recht bald, mit einem langen Brief

Ihren treuen Freund

C. F. Gauss.

Göttingen, d. 25. November 1822.

N° 162. **Schumacher an Gauss.** [89

Meinen herzlichsten Dank für Ihre gütige Einladung bin ich Ihnen schon lange schuldig. Ich kann jetzt nicht kommen, so sehr ich fühle dass es mir wohl wäre. Wegen meines Bruders muss ich noch in diesem Jahre nach Kopenhagen. Seine Geisteszerrüttung hat nicht abgenommen, und ich muss seine Sachen in Ordnung bringen. Ich fürchte es stürmt mehr auf mich ein als ich auf die Länge tragen kann.

Innerhalb 8 Tagen hoffe ich die Verbindung meiner Basis vollendet zu haben. Ich beobachte jetzt an dem nördl. Endpuncte. Ich habe aber nicht allein Sick verbunden, sondern noch eine neue Station, die besser als der Thurm ist und in einem auf einem Berge eingemauerten Steinpfeiler besteht. Sie heisst Bornbeck und ihren Zusammenhang mit der Basis zeigt nebenstehende Figur. Es ist das höchste Terrain in der Gegend, und ich bin vollkommen überzeugt, dass man Wilsede sehen kann. Ich habe vorzüglich mich dazu entschlossen, um die Kirchthürme verlassen zu können, wo Centrirung und Schwanken die gemessenen Winkel entstellen. Einen zweiten Stein will ich auf dem Süllberge bei Blankenese (etwa $\frac{1}{4}$ Meile hinter Nienstädten) diesen Winter einmauern lassen, um dann die Basis an diese beiden sichern Puncte zu knüpfen, wobei freilich vorausgesetzt wird, dass der Michaelisthurm sich diesen Winter hindurch nicht ändert. Ich brauche eine Station dazu im Hannöverschen, die in der Nähe bei Harburg zu finden seyn wird.

Gestern Abend erhielt ich Ihren lezten Brief, mein hochverehrter Freund! und ich eile ihn sogleich zu beantworten. Ihr Aufsatz ist wahrscheinlich schon abgedruckt, was möglich ist, soll darin geändert werden, worüber ich soeben an Hansen schreibe.

Da ich in diesen Tagen das Etalon aus Paris erwarte (die officielle Copie der Maasstange No. 1), so habe ich die Berechnung der Basis noch aufgeschoben; auch die Ausdehnung ist noch nicht so scharf, wie ich es wünsche, bestimmt. Aus Reinke's Basis auf der Wilhelmsburger Brücke (die doch wohl nicht über einige Zoll ungewiss ist) folgt die Länge meiner Basis = $3013^T,436$. Ich möchte darauf wetten, dass dies der Wahrheit sehr nahe seyn wird.

Das Dreieck mit Eschede sollen Sie erhalten. Die Dreiecke von Lysabbel bis Skagen sind noch nicht gemessen.

Ist es mir irgend möglich, so will ich im Frühjahr auf einige Zeit nach Göttingen kommen, um unsere Verbindung zu verabreden, und mit Ihnen zurück reisen. In Bezug auf die Schrift über Darstellung der Flächen bemerke ich:

1) dass sie sehr gern deutsch abgefasst seyn kann;
2) die Ausdehnung hängt von dem Verfasser ab.
3) Er muss vor Ende des Jahres in Kopenhagen seyn. Er kann an mich nach Altona addressirt werden, oder direct an Professor Thune in Kopenhagen (Nye Vestergade).
4) Ueber das Motto kann ich würklich Ihrem Freunde keinen passenden Vorschlag machen, da ich zu wenig vom Aufsatz weiss.

Bessels Reductionsmethode der Histoire Céleste ist in den Astr. Nachr. im 2ten Stück pag. 22 abgedruckt. Hansen's und

Nissen's Arbeit ist bedeutend vorgerückt und wird alle Reductionszahlen zur Histoire Céleste in einen mässigen Octavband bringen, an dem schon gedruckt wird.
Dies in Eile, da der Bote nach Altona geht.

Ihr ewig dankbarer
Schumacher.
Ahrensburg, 30. Nov. 1822.

N° 163.   Gauss an Schumacher.   [74

Der Drang der Zeit erlaubt mir, theuerster Freund, meiner Bitte, den beiliegenden Aufsatz und versiegeltes Billet der K. Kop. Societät zu überreichen, nur meine herzlichen Wünsche für Ihr Wohlbefinden und für die Wiederherstellung Ihres Herrn Bruders beizufügen und Ihnen die gewisse Erfüllung Ihres Versprechens, mich gegen das Frühjahr zu besuchen, aufs allerdringendste ans Herz zu legen; nicht bloss als Freund bitte ich darum, das Gelingen der Operationen, die nächstes Frühjahr zu machen sind, hängt auch von einer planmässigen Concertirung unserer Maassregeln ab.

Totus Tuus
C. F. Gauss.
Göttingen, den 11. December 1822.

Kann der Einsender auf jeden Fall hoffen, die Handschrift, demnächst das Manuscript zurückzuerhalten? Es ist gar keine Copie davon vorhanden.

N° 164.   Schumacher an Gauss.   [90

Sie müssen, mein theuerster Freund! mit mir jezt etwas Geduld haben, ich bin zu niedergedrückt. Am 2. Januar starb mein Bruder.

Ihres Freundes Abhandlung ist richtig in Copenhagen angekommen. Der Vorsicht wegen hat Nehus, ehe ich sie absendete, eine Abschrift gemacht, die ich sorgfältig aufbewahre.

Die fehlenden Stücke sollen baldigst nachgesandt werden. Gott erhalte Ihnen Ihre Frau Gemahlin und bewahre Sie, theuerster Freund, vor dem, was ich in der lezten Zeit gelitten habe.

Ganz der Ihrige

Schumacher.

Altona, 1. Februar 1823.

N? 165.   Gauss an Schumacher.   [75

Göttingen, 9. Februar 1823.

Innig betrübt hat mich die traurige Nachricht, die Sie, mein theuerster Freund, mir in Ihrem Briefe vom 1. Februar anzeigen. Dunkel sind die Wege, die eine höhere Hand uns hier gehen lässt: es ist ein unvollkommner Trost, dass die Auflösung Ihres verewigten Bruders besser war, als die Fortdauer seines beklagenswerthen Zustandes; halten wir fest an dem Glauben, dass eine schönere erhabnere Lösung der Räthsel des Erdenlebens da seyn und uns einst zu Theil werden wird.

Nach so harten Schlägen des Schicksals, die Sie getroffen haben, würde eine zerstreuende Reise Ihnen gewiss wohlthätig seyn. Ich hoffe nun um so zuverlässiger auf die Erfüllung Ihres Verprechens, dass Sie, wo nicht früher, doch gegen den Anfang der Jahrszeit, wo die Natur sich wieder verjüngt, zu Ihrem Freunde kommen und bei ihm bleiben werden, bis er Sie zurückbegleitet. Ich werde früher gar keinen Plan zu den Arbeiten des bevorstehenden Jahres machen.

Das 1., 2., 3. Supplement zu Nro. 24 Ihrer A. N. erhielt ich bald nach Absendung Ihres letzten Briefes; das noch fehlende 24. Stück selbst und das Supplement zu Nro. 22 habe ich nun gestern (nebst den erstgenannten Supplementen noch einmal) auch erhalten. Ich habe mithin, das Titelblatt &c. abgerechnet, den Jahrgang jetzt complet.

Bei der Zeichnung meiner Dreiecke fehlt die Verbindung zwischen Falkenberg und Wulfsode; S. 442 Z. 5 fehlen nach Scharnhorst die Worte nach Garssen.

Beigehend übersende ich Ihnen einen gestern erhaltenen
Brief von Herrn ..., den Sie nach Gefallen ganz für Ihre
A. N. benutzen können.

Ewig und ganz
der Ihrige
C. F. Gauss.

N° 166.   Gauss an Schumacher.   [76

Hochgeschätztester Freund!

Aus Ihrem Briefe vom 1. Februar habe ich ersehen, dass
die Ihnen überschickte Abhandlung über die Umformung der
Flächen zu ihrer Zeit richtig in Kopenhagen angekommen ist.
Im 35. Stück der Leipziger Literatur-Zeitung vom 8. Februar
steht nun zu lesen, dass die Königl. Societät in Kopenhagen
auf ihre Preisfrage zwei Abhandlungen erhalten, und keine des
Preises würdig gefunden habe. Ich ersuche Sie daher, jene
Abhandlung unverzüglich von der Societät Namens des Verfassers zurückzufordern, und mir solche im Original zu remittiren.

Bei dem Ihnen neulich übersandten Briefe des Hrn. ...
habe ich vergessen zu bemerken, dass ich wünschte, Sie möchten den Artikel, wo Hr. ... meint, die Richtung der Schwere
könne vielleicht von der Ebne des Meridians abweichen und
daraus bemerkte Unterschiede der Rectascensionen erklären will
— unterdrücken, da ich nicht gern möchte, dass Hr. ...
durch den Abdruck eines an mich geschriebenen Briefes compromittirt würde.

Der Ihrige
Gauss.

Göttingen, 18. Februar 1823.

N° 167.   Schumacher an Gauss.   [91

Mein theuerster und vielverehrter Freund!

Ich eile, Sie aus einem Missverständnisse zu reissen, das
für unsere Gesellschaft der Wissenschaften sehr kränkend ist.

Haben Sie würklich uns zugetraut, dass wir ein Meisterwerk wie Ihr Freund einsandte, verkennen könnten?

Aus einliegendem Briefe von Thune werden Sie sehen, wie man es in Copenhagen aufgenommen hat. Wenn Sie das Datum des Briefes (den 28sten Januar) mit dem Datum der L. L. Z. (Februar 8.) vergleichen und bemerken wollen, dass damals die Abhandlung noch in Circulation war, und noch bei 2 Mitgliedern (Thune und Jürgensen) circuliren sollte, und dass unter 8 Tage niemand eine Abhandlung (wäre es auch nur honoris caussa) abgiebt, so bedarf es keiner weitern Worte, um zu zeigen, dass die L. L. Z. nicht von dieser Abhandlung reden kann, und die Ehre unserer armen Societät ist gerettet.

Um aber auch den Grund des Missverständnisses zu sehen, liess ich mir das Blatt der L. L. Z. hohlen, und bemerkte gleich, dass Sie ein wichtiges s übersehen haben. Es steht nemlich nicht da — auf ihre Preisfrage, sondern auf ihre Preisfragen. Die Gesellschaft giebt aber jährlich wenigstens 7 auf, aus verschiedenen Fächern.

Der ganze Artikel ist Erzählung desjenigen, was in einer Sitzung, die im Junius 1822 gehalten wurde, und bei der ich zugegen war, beschlossen ward. Das vorige Jahr bezieht sich also auf 1821. Auf die mathematische Aufgabe war gar keine, auf die historische (wie ich glaube) 2 Abhandlungen eingekommen, die von der Classe des Preises nicht würdig erklärt wurden. Dies ist die einfache Thatsache. Da die Abhandlungen vor Ausgang des Decembers eingesandt werden müssen, also bis zum 1. Januar Zeit haben, so können Sie auch schon daraus sehen, dass nicht in dem Artikel von diesjähriger Prüfung der beiden Abhandlungen die Rede seyn konnte, da es unmöglich ist, in einem Monate über die Abhandlungen zu urtheilen, und schon das Resultat nach Leipzig zu senden, so dass es dort am 8. Februar gedruckt werden kann. Der Preis wird gewöhnlich im Mai oder Junius zuerkannt.

Doch ich habe Ihre Geduld schon mit Widerlegung eines Missverständnisses ermüdet, das Sie bei den ersten Zeilen dieses Briefes errathen haben.

Ueber Herrn ...'s Brief seyn Sie ganz unbesorgt, er hatte mir dieselbe Theorie zur Erklärung der Differenzen in der AR schon in dem Briefe geschrieben, den ich abgedruckt habe, ich habe sie aber, sowohl wie seine Art, aus mehreren Chronometern das wahrscheinlichste Resultat zu erhalten, zu seiner Ehre ausgelassen. Bei der lezten Methode begeht er so viele Kreisschlüsse, als er Chronometer hat.

Da vielleicht Ihrem Freunde jezt Anträge aus Berlin gemacht werden könnten, so bitte ich Sie, ihm mitzutheilen, was der Geheimrath B., der vorigen Herbst hier war, mir über die ungeheure Theuerung da sagte, die er mir so beschrieb, dass dagegen in Hamburg sehr wohlfeiles Leben sey. Er sprach eben so ungünstig über alle gesellschaftlichen Verhältnisse u. s. w. dd. Wenn auch wohl Hypochondrie dabei war, so verdient die Wichtigkeit der Sache doch wohl, ehe ein Entschluss gefasst wird, eine Reise nach Berlin, um nach eigner Ansicht urtheilen zu können.

Im Mai, mein theuerster Freund!, komme ich, wenn Gott mir Gesundheit erhält, zu Ihnen.

Ihr ewig dankbarer

Schumacher.

1823, 25. Februar."

N? 168. **Schumacher an Gauss.** [92

Schon oft habe ich Sie, mein theuerster Freund, wegen eines jungen Mannes fragen wollen, der sich hier aufhält, Ferdinand von Sommer nennt, und
- 1) Ihr Verwandter zu seyn behauptet;
- 2) Ihr vertrauter Freund, und namentlich mit Ihnen in fortgesetztem Briefwechsel zu stehen.
- 3) Sie sollen ihm vor nicht gar langer Zeit einen Brief geschrieben haben, worin Sie erklären, dass Sie jezt viel von der combinatorischen Analysis hielten.

Er hält hier in Hamburg Vorlesungen über Astronomie und hat auch gesagt, dass er mich kenne, obgleich ich ihn nie gesehen habe. Dies sowohl als manches unwahrscheinliche in seinen Sie betreffenden Angaben machen mich misstrauisch. Wenn er so vertraut mit Ihnen wäre, hätten Sie ihm wohl ein Zettelchen an mich mitgegeben.

Haben Sie die Güte, mich in ein paar Zeilen von der Wahrheit zu unterrichten. Ich werde oft seinetwegen gefragt und weiss nicht, was ich antworten soll.

Ihr ewig dankbarer

Schumacher.

Altona, d. 4. März 1823.

N? 169.   Gauss an Schumacher.   [77

Theuerster Freund!

Was ich von Hrn. F. v. Sommer weiss, besteht in Folgendem. Er hat hier vor mehrern Jahren studirt, ich habe ihn aber nur Einmal gesehen, da er mir ein Empfehlungsschreiben von seinem Vater mitbrachte. Nachher hat er sich nie wieder bei mir sehen lassen, und ich habe auch nur Einmal wieder indirect von ihm gehört, da er bei dem Universitätsgericht Schulden halber in Untersuchung gewesen war, und vorgegeben hatte, ich würde Bürgschaft für ihn leisten, worauf ich mich natürlich nicht eingelassen haben würde.

Meine ganze Correspondenz mit ihm hat von meiner Seite in 2 Briefen bestanden. Im Junius 1822 schickte er mir einen Aufsatz mit einer Formel, die angeblich die allgemeine Auflösung der Gleichungen vom 5ten Grade enthalten sollte; er schrieb zugleich, dass er die allgemeine Auflösung der Gleichungen gefunden habe, ein Werk darüber herausgeben wolle, was er mir vorher zuschicken wolle, und wozu er eine Vorrede von mir wünsche. Ich erhielt diesen Brief einen Tag vor meiner Abreise nach Lichtenberg, und konnte ihm erst von Celle aus antworten, dass ich im Laufe des Sommers bei meinen Arbeiten zur Durchlesung seines Werks und zur Correspondenz mit ihm keine Zeit habe, dass seine ohne Beweis gegebene Formel mir innere Symptome ihrer Unrichtigkeit zu haben schiene, dass ich aber, wenn er seine Formel auf einen Fall in concreto anwenden (wozu ich ihm auf gut Glück eine numerische Gleichung des 5ten Grades schickte) und die Rechnung der Wurzeln mir schicken wolle, ich daraus allein schon über den Werth der

Formel urtheilen zu können glaube, und dazu erbötig sei. Im August erhielt ich in Bergen abermals einen Brief, worin er behauptete, seine Formel habe die Wurzeln der vorgegebenen Gleichung ich glaube bis auf die 7te Decimale sogleich richtig gegeben, und von neuem in mich drang, mich für seine wichtigen Entdeckungen zu interessiren. Hierauf habe ich Anfang October von Eschede aus ihm wieder geantwortet, dass ich mich nicht anheischig machen könne, sogleich sein Manuscript durchzulesen, aber mein Anerbieten wiederholte, wenn er mir die Berechnung der Wurzeln der Gleichung quæst. in extenso schicke, diese sogleich zu prüfen und wenn ich sie richtig fände, ihm zu beweisen, wie warm ich mich für jede wahre Bereicherung der Wissenschaft interessire. Nach meiner Zurückkunft erhielt ich endlich seine Schrift gedruckt selbst, mit einem Briefe, worin er erklärte, die Anwendung seiner allgemeinen Theorie auf das specielle sei unter ihm. Damit ist denn unsere Correspondenz zu Ende; beim Lesen der Schrift selbst (die ich in diesem Augenblicke nicht zur Hand habe) war mir ungefähr zu Muthe, als ob ich mich in einem Irrenhause befinde. Verwandt ist er mit mir nicht mehr als mit Ihnen. Ueber combinatorische Analytik habe ich ihm kein Wort geschrieben. Nach allen Præmissen scheint er mir ein Wronsky II. zu seyn.

Für die Berichtigung des Irrthums mit der Copenhagener Preisfrage danke ich Ihnen sehr. Der Ausdruck in der L. L. Z., die Aufgaben des vorigen Jahres, war so bestimmt, dass ich diese Auslegung nicht ahnden konnte. Auch die Kürze der Zwischenzeit schien nicht unbedingt unmöglich. Bei der hiesigen Societät ist der Termin immer ult. September, und Anfangs November werden die Urtheile promulgirt; und in solchen Fällen, wo keine preiswürdige Schrift erhalten ist, würde gewöhnlich die Promulgation noch viel schneller geschehen können.

Meine Abhandlung über die Wahrscheinlichkeitsrechnung ist jetzt beinahe fertig gedruckt. Die Inhaltsanzeige des zweiten Theils werden Sie unlängst in den hiesigen gel. Anzeigen gefunden haben.

Für welchen Augenblick gelten eigentlich die Positionen der Fundamentalsterne in Ihren Hülfstafeln? Da Sie diese Stellungen so genau berechnen lassen, dass wenn man jenes bestimmt weiss, andere Astronomen der Rechnung überhoben werden können, so verdiente dies wol ausdrücklich und bestimmt angezeigt zu werden. Mittag ist für die Anwendung nicht recht bequem; die Culminationszeit für einen beliebigen Meridian ist es bei weitem mehr. Allein dann ist bekanntlich Ein Sonnen-Tag im Jahre für jeden Stern, wo er zweimal culminirt; also Ein Intervall von 11 Culminationen. Dies müsste dann wol etwa durch einen Queerstrich bemerklich gemacht werden, falls Sie nicht vorziehen, immer von 10 zu 10 Sterntagen die Positionen anzusetzen, wo dann aber einmal das Datum nur 9 Tage wachsen wird, welches dann auch wol bemerkt werden müsste.

Ist es denn gar nicht möglich, dass Sie, liebster Schumacher, mich schon im April und am liebsten schon in der ersten Hälfte besuchen? Ich muss meine Messungen früh wieder anfangen. Auch wegen der B. Angelegenheit, die vielleicht à la veille ihrer Entscheidung ist, möchte ich mich so gern bald mündlich mit Ihnen besprechen. Ueber das gesellschaftliche Leben in B. habe ich andere Urtheile gehört, die dem des G.-R. B. ganz entgegengesetzt sind. Auf alle Fälle aber würde Ihr Freund in dieser Beziehung nur gewinnen können.

Unter herzlichen Wünschen für Ihr Wohlbefinden

Ganz der Ihrige

C. F. Gauss.

Göttingen, 9. März 1823.

N° 170.   Schumacher an Gauss.   [93

Mein theuerster und vielverehrter Freund!

In Sommer scheine ich mich nicht geirrt zu haben, ich habe wohl vermuthet, dass es so mit Ihrem Urtheil ausfallen würde. Er hat hier auch eine Probe von populär-astronomischen Vorlesungen in die Zeitungen rücken lassen, von der ich nur ein paar Linien verstehe, und das was ich verstehe, scheint nach dem gemeinen Sprachgebrauche nicht wahr zu seyn. Es ist nemlich der Satz: „die Fixsterne sind absolut feste Puncte." Wenn ich aber mich erinnere, eine wie wichtige Rolle das Absolute zwischen Wronsky und Arson spielte, so wage ich kein absolutes Urtheil.

Da meine Fundamentalsterne, wie in allen Jahrgängen angeführt ist, aus den Bessel'schen Tafeln gerechnet sind, die für den Augenblick der Culmination gelten, so habe ich darüber jede weitere Nachricht für unnöthig gehalten. Es steht dennoch ausdrücklich in den Hülfstafeln 1821. Ich hätte freilich auch in den späteren Jahrgängen anführen sollen, dass sie für Copenhagen gerechnet sind, das macht aber so wenig, dass selbst wenn man Paris dafür nehmen wollte, der Fehler unbeträchtlich wäre. Bei den Sternen für 1824 sollen die Tage mit 2 Culminationen bemerkt werden. Ich habe aus dieser Stelle Ihres Briefes, mein theuerster Freund! geschlossen, dass Sie sie nicht brauchen, und obgleich ich ausser Ihnen keinen Astronomen weiss, der sie nicht gebraucht, so betrübt mich dies doch, denn Sie wissen wohl, dass Sie mir unus instar multorum sind, und es macht wenig Freude zu sehen, dass man Arbeit vergebens macht, vorzüglich wo man so kostbare Zeit dadurch sparen könnte, wie bei Ihnen.

Darf ich Sie nicht um die Güte bitten, von allen G. A. die etwas von Ihnen enthalten, 1 Exemplar mir unfrankirt mit der Post zu senden? Ich kriege sie hier nicht zu sehen, da ich in keinen Klubb komme, und eine Journalgesellschaft, in die ich getreten bin, sie leider nicht hat.

Die wiederhohlten harten Schläge, die mich getroffen haben, haben mich so in meinen Arbeiten zurückgesetzt, dass ich nicht im April schon aus Copenhagen zurück seyn kann. Sie wissen, wie gerne ich Ihnen sonst gehorche. Wenn Sie nicht warten können, sollen wir uns dann nicht in Hannover oder Lüneburg treffen, und begleiten Sie mich nicht dann hieher?

Wollen Sie nicht auch die Güte haben, mir eines von Ihren Heliotropen zu besorgen? Es warten viele auf die von Ihnen versprochene Beschreibung und Zeichnung.

Bouvard hat mir alle seine Mondstern-Beobachtungen gesandt, die in No. 29 jezt gedruckt werden. Darf ich nicht auch um Ihre bitten? Herr Hansen soll alle andern mit den Parisern unmittelbar vergleichen.

Ganz der Ihrige
Schumacher.

1823, März 25.

Ich habe jezt selbst die Besorgung der Frei-Exemplare der
A. N. übernommen. Wie soll ich Ihnen Ihres senden?

N? 171.   Gauss an Schumacher.   [78

Göttingen, 30. März 1823.

Ich eile, theuerster Freund, Ihren so eben erhaltenen Brief
sogleich zu beantworten.

Ich danke Ihnen für die Belehrung, Ihre Hülfstafeln betreffend, sehr. Sie haben Unrecht, mir den Vorwurf zu machen,
dass ich allein sie nicht brauchte. Das Wahre ist, dass ich in
diesem ganzen Winter bei dem fast immer sehr ungünstigen
Wetter nur sehr wenig beobachtet habe. Eine zusammenhan-
gende Reihe von Beobachtungen für einen bestimmten Zweck
vorzunehmen, war dabei ganz unthunlich, und für die Lange-
weile beobachte ich nicht gern. Dazu kam, dass meine Uhren
sehr schlecht gingen, die Liebherr'sche während der strengen
Kälte sogar ganz stehen blieb und, auch von neuem angeregt,
immer nur wenige Minuten gehen wollte. Unter diesen Umständen ist also wenig Veranlassung gewesen, überhaupt Sternpositionen zu berechnen, und wo es geschehen ist, habe ich
bloss Ihre Tafeln gebraucht. Wäre ich in den Fall gekommen, oft Sternpositionen genau berechnen zu müssen, so würde
ich das Prinzip wonach sie gerechnet sind, aus ihnen selbst auszumitteln gesucht haben. Immer aber scheint mir, bei der Genauigkeit, womit Ihre Tafeln berechnet sind, der Umstand der
Tage mit zwei Culminationen des Anmerkens nicht unwerth,
und wenn es sonst Ihnen einleuchtet, an solchen Stellen das
Wachsthum des Datums um 9 Tage, also ohne Ausnahme im
Fortschreiten von 10 zu 10 Culminationen sowohl für den Be-
rechner als für den, der die Tafeln gebraucht, am einfachsten.

Ich schicke Ihnen hiebei ein Exemplar meiner Abhandlung
Theoria Combinationis Observationum und zugleich einen Abdruck
des darauf Bezug habenden Blattes der G. G. A., mit der
Bitte, diese Schrift mit gewohnter freundschaftlicher Güte auf-
zunehmen.

Länger als Ende April werde ich den Wiederanfang meiner Messungen schwerlich verzögern dürfen, so schmerzhaft es mir ist, dann Ihren Besuch in Göttingen zu verlieren. Einige Wochen werde ich wol auf dem Timpenberg und in Lüneburg zu thun haben, und es wird mich sehr glücklich machen, wenn Sie dann Ihrem Versprechen zufolge mich in Lüneburg besuchen. Nur, theuerster Freund, muss ich sehr bitten, mich baldmöglichst von der Zeit, wann dies geschehen kann, zu unterrichten, damit ich meine Einrichtungen danach treffe. Gern werde ich dann mit Ihnen nach Hamburg reisen, um so mehr da es für unsere beiderseitigen Operationen sehr wünschenswerth ist, dass meine Messungen in Hamburg unter Ihrer Cooperation geschehen, so wie dann auch noch so manches andere zu verabreden seyn wird. Nur bitte ich Sie zu bedenken, wie sehr meine Verhältnisse von den Ihrigen verschieden sind; in meinen Arbeiten darf ich keinen Stillstand eintreten lassen und muss daher, sobald ich die Messungen in Lüneburg vollendet habe, — so viel sich wenigstens jetzt absehen kann — sogleich die in Hamburg folgen lassen. Wie sehr würde es mich daher betrüben, wenn ich Sie dort ganz verfehlte, um so mehr da ich bei der Ungewissheit der zukünftigen Verhältnisse gar nicht weiss, wie bald ich Sie dann überhaupt einmahl wiedersehen könnte.

Sie fragen, ob ich nicht Ihnen **eine** von meinen Heliotropen besorgen wolle? Soll ich dies so verstehen, dass ich Ihnen einen Heliotrop, einem der meinigen ähnlich, bei Herrn Rumpf bestellen soll, oder ist durch Versehen nach dem etwas undeutlich geschriebenen Worte „eine" das Wort Zeichnung ausgelassen? Im erstern Fall bin ich augenblicklich dazu bereit und bemerke, dass Hr. Rumpf wol früher mir gesagt hat, einen Heliotrop circa 4 Wochen nach erhaltener Bestellung liefern zu können (was jedoch wol nicht so ganz buchstäblich zu verstehen seyn dürfte). Auch müssten Sie sich erklären, ob Sie einen von der ersten oder von der zweiten Construction wünschen? Ich ziehe die letztern vor, da ihr Gebrauch bequemer, die Berichtigung etwas einfacher ist und die grössere Spiegelfläche (die leicht nöthigenfalls durch Bedeckung gemässigt wird) in manchen Fällen angenehm ist; auch ist der zweite etwas wohlfeiler. Ich habe resp. 140 und 120 ℳ Conv. M. bezahlt, Gerling 5 ℳ mehr, vielleicht zum Theil mit wegen des besondern Packkastens.

Die erste Construction hat H. Rumpf gezeichnet, und ich
bin sehr gern bereit, Ihnen die Zeichnung, wenn Sie sie stechen
lassen wollen, mit einer kurzen Beschreibung zu schicken, auch
Hrn. R. zu einer Zeichnung des zweiten Heliotrops zu veran-
lassen.

Ganz der Ihrige
C. F. Gauss.

P. S. Die seit Nro. 25 herausgekommenen Stücke Ihrer
Astronomischen Nachrichten bitte ich mir zusammen mit der
Abhandlung von Struve über die Doppelsterne durch die Post
unfrankirt zuzuschicken. Für die Folge in diesem Sommer wird
es bei meiner bevorstehenden Abwesenheit von hier hinreichen,
wenn Sie immer erst mehrere Stücke sich sammeln lassen
wollen.

Hoffentlich erfreuen Sie mich mit einer baldigen Antwort.

No 172.   **Schumacher an Gauss.**   [94

Meinen herzlichsten Dank, mein theuerster Freund! für Ihr
schönes Geschenk.

Gegen Ende Mai's bin ich sicher aus Copenhagen zurück,
und dann werden Sie, wie ich vermuthe, in Lüneburg seyn,
wohin ich sogleich kommen werde; sind Sie wider Erwarten
schon da fertig, so sehe ich Sie sicher hier, und wir messen
wenigstens hier zusammen. Dass Sie nirgends anders als bei
mir abtreten, versteht sich von selbst. Ich erwähne es nur, weil
Sie in Ihrem Briefe nichts darauf antworten.

Ich sende Zahrtmann in Commissionen nach Paris, er reiset
Dienstag den 8ten von hier mit der Diligence, und kommt
durch Göttingen und wird Ihnen seinen Besuch machen. Gerne
wird er auch Commissionen für Sie besorgen.

Ich bitte um ein Instrument der 2ten Construction und
will augenblicklich die Zeichnungen beider stechen lassen, wenn
Sie sie mir mittheilen wollen und die Güte haben, Beschreibung
zuzufügen.

Ganz der Ihrige
Schumacher.

1823, April 4.

№ 173. **Gauss an Schumacher.** [79

Göttingen, den 7. Mai 1823.

Theuerster Freund!

Ich habe die Absicht, am 12ten von hier abzureisen, um meine Messungen wieder anzufangen. Es ist mir nun sehr wichtig, baldmöglichst unterrichtet zu werden theils von Ihrer Rückkehr nach Deutschland (in so fern Sie, was ich nicht gewiss weiss, nach Copenhagen jetzt verreiset sind), theils von Ihren Messungsplanen, und namentlich in so fern Sie noch 2 neue Dreieckspunkte hinzunehmen wollen bei Blankenese und Harburg. Da wahrscheinlich diese Punkte beide so gewählt werden können, dass sie von Lüneburg aus sichtbar sind, so wird es sehr wichtig seyn, dass ich sie von Lüneburg aus mit einschneide, und wenn es daher irgend möglich ist, so wünschte ich, dass Sie sogleich veranlassten, dass diese Punkte etwa durch Herrn Hauptmann Caroc baldmöglichst ausgewählt und Steinpostamente daselbst errichtet werden, damit sofort, wenn ich die Messungen in Lüneburg anfange, mir Heliotroplicht von dorther geschickt werden könne. Ich denke gegen Ende dieses Monats nach Lüneburg zu kommen, und rechne sicher auf Ihr freundliches Versprechen, mich dort zu besuchen, so wie ich dann gern mit Ihnen nach Hamburg oder Altona zurückreisen werde.

Ihre Antwort haben Sie die Güte unter Couvert an Herrn Doctor Olbers nach Bremen zu addressiren. Höchst wahrscheinlich gehe ich auf einige Tage dahin und finde sie dort; sollte aber auch Ihr Brief erst nach meiner Abreise von Bremen dort eintreffen oder, was noch weniger wahrscheinlich ist, sollte ich gar nicht nach Bremen kommen, so wird doch Olbers bei Ankunft jenes Briefes meinen Aufenthalt bestimmt wissen und dieser so schneller und sicherer in meine Hände kommen als auf jede andere Art, indem ich Ihnen sonst in diesem Augenblick keine ganz zuverlässige Adresse aufzugeben wüsste.

Ihr Heliotrop soll, wie Rumpf meint, in circa 14 Tagen fertig seyn. Sie thun wol am besten, ihm direct vorzuschreiben, auf welche Art und wohin er ihn dann abschicken soll.

In der Ungewissheit über Ihren dermaligen Aufenthalt addressire ich diesen Brief noch nach Altona.

Recht herzlich freue ich mich darauf, Sie nach so länger
Zwischenzeit wieder zu sehen. Unter herzlichen Wünschen für
Ihr Wohlbefinden
stets und ganz
der Ihrige
C. F. Gauss

N<u>o</u> 174.   **Schumacher an Gauss.**   [95

Theuerster Freund!

Ueber die beiden neuen Dreieckspuncte wird Capitain
v. Caroc Ihnen heute das Nähere schreiben. Den bei Harburg,
der schon gewählt ist, errichten Sie wohl besser, da ich im
Hannöverschen keine Autorität habe.

Ende dieses Monats reise ich von hier und komme nach
Altona, und hoffentlich sind Sie dann noch in Lüneburg. Sollten Sie aber dann schon fertig seyn, so bitte ich gradezu nach
Altona zu mir zu reisen, wo alles in Bereitschaft steht und wo
ich sicher wenigstens zugleich mit Ihnen ankomme.

Grüssen Sie vielmahls Herrn Doctor Olbers, und sagen Sie
ihm von mir, dass ich mein Corpus juris in natura bei ihm
abhohlen würde. Will er mir den Ducaten senden, so sehe ich
es als ein Zeichen an, dass er mich nicht haben will.

Entschuldigen Sie, theuerster Gönner und Freund, die Eile
dieses Briefes mit den mannichfachen Geschäften, die ich hier
in kurzer Zeit zu beendigen habe.

Ewig Ihr dankbarer
Schumacher.

Copenhagen, 17. Mai 1823.

Schreiben von Schumacher's Frau an Gauss.

Altona, d. 30. Mai 1823.

Geehrtester Herr Hofrath.

Heute erhielte ich einen Brief von meinem Manne aus
Copenhagen, worinnen er mir den Auftrag giebt, Ew. Hoch-

wohlgeboren zu melden, dass er hoffte, am 10ten in Altona
einzutreffen. Doch bitte er, falls Sie früher in Lüneburg sollten
fertig werden, doch ja nach Altona zu kommen.

Ich vereinige meine Bitte mit der meines Mannes, und kann
Ihnen sagen, dass das Zimmer schon für Sie bereit ist.

Mit der vollkommensten Hochachtung, geehrtester Herr
Hofrath

      Ew. Hochwohlgeboren

       ergebene Dienerin

       C. Schumacher.

N? 175.   **Gauss an Schumacher.**   [80

Bäzendorf, 8. Junius 1823.

Theuerster Freund!

Am 30. May habe ich meine eigentlichen Messungen wieder
angefangen, und zwar auf dem Timpenberge; gegenwärtig
arbeite ich auf der Station Niendorf, deren Verbindung mit
Timpenberg erst vermittelst eines Durchhaues eröfnet werden
musste. Es sind hier 7 Hauptdreieckspunkte sichtbar, also viel
zu thun, und die entferntesten sind schwer zu sehen, Hamburg
hat mit Repetition erst ein Paarmal, Syk mit Repetition noch
gar nicht geschnitten werden können. Sie sehen, liebster Schumacher, dass ich, anstatt am 10. Junius, bei Ihrer Rückkehr
nach Altona, meine Arbeiten in Lüneburg vollendet zu haben,
sie dann unmöglich schon angefangen haben kann.

Von Niendorf werde ich nach Lüneburg abgehen, allein die
Zeit ist schwer zu bestimmen; es hängt sowohl vom Wetter als
von meiner Gesundheit ab, wie bald ich auf Niendorfplatz fertig
werde, letztre wird sehr dabei angegriffen, dass ich von meinem
Aufenthaltsort dahin immer zu Fusse gelangen muss. Hamburg
ist seit mehreren Tagen schwer zu sehen und gar nicht zu beobachten, Syk nicht einmal zu sehen gewesen. Wenn ich auch
die Verbindung Niendorf-Syk aufgebe, so ist doch die zwischen
Niendorf-Hamburg wesentlich nothwendig. Könnten Sie mir
Heliotroplicht von Hamburg nach Niendorf schicken, so würde

die Schwierigkeit gleich gehoben seyn; die Richtung können Sie leicht finden, sie ist 15° $40'$ rechts von Lüneburg Michael oder 18° $5'$ rechts von Hohenhorn, und wahrscheinlich im, oder hart unter dem Horizont. Sollte ich Licht von daher gewahr werden (in spätern Nachmittagsstunden, denn früher ist jetzt die Luft immer ganz abominabel), so werde ich durch retour gesandtes starkes Licht sogleich davon avertiren. Ich hätte allenfalls meinen Sohn mit seinem Heliotrop hinsenden können, allein ich fürchtete den zu grossen Zeitverlust bei den dortigen Vorkehrungen, zumal so lange Sie noch nicht selbst zurück waren; auch kann ich ihn hier nicht gut entbehren und also um so weniger auf gut Glück dahin schicken. Inzwischen hoffe ich, dass doch einmal einige günstige Tage kommen, die Distanz ist noch nicht gar zu gross, denn selbst auf dem noch entferntern Timpenberg habe ich doch Hamburg öfters ganz leidlich gut gesehen. Kommen diese günstigen Tage bald, so hoffe ich binnen acht Tagen höchstens, hier fertig zu werden.

Hr. L. Nehus hat in einem mir heute zugekommenen Briefe angefragt, ob ich noch Licht von Blankenese nöthig habe. Ich bemerke darauf, dass ich nicht zweifle, dass dieser Punkt in Lüneburg sichtbar ist (in Niendorf nicht) und dass ich, wenn ich erst dort bin, sehr gern das mir von Blankenese dahin zu schickende Heliotroplicht zu schneiden erbötig bin. Falls Sie in Hohenhorn, Syk und Lauenburg die auf Niendorf Bezug habenden Winkel mit einem 12zölligen Theodolithen messen oder messen lassen wollen, werde ich auch gern veranstalten, dass von Niendorf Heliotroplicht resp. dahin geschickt wird. Auf alle Fälle aber scheint es zur Besprechung dieser und so vieler anderer Dinge höchst rathsam, ja ich möchte sagen, nothwendig, dass Sie selbst erst einmal nach Lüneburg kommen, wie Sie ja auch früher mir versprochen haben. Sobald ich meine Abreise von hier dahin bestimmen kann, werde ich Sie davon benachrichtigen. Vom Michaelisthurm in Lüneburg ab kann ich Ihnen Licht in Ihr Fenster nach Altona schicken.

Also hoffentlich bald mündlich mehr

von Ihrem treu ergebensten

C. F. Gauss.

Briefe unter Addresse:
Lüneburg, abzugeben
bei Hrn. Banse zur Stadt Hamburg daselbst.
lasse ich wöchentlich dort ein paarmal abhohlen.

Ihrer Frau Gemahlin bitte ich mich bestens zu empfehlen und für ihren gütigen, in der Voraussetzung, dass ich längst in Lüneburg sei, geschriebenen Brief meinen verbindlichsten Dank zu sagen.

N° 176.   Gauss an Schumacher.   [81

Bätzendorf, den 10. Juni 1823.

Da ich vorgestern und gestern ziemlich vom Wetter begünstigt worden bin, so habe ich mich entschlossen, morgen von hier nach Lüneburg abzugehen. Ich hoffe also, theuerster Freund, Sie recht bald daselbst zu sehen.

Ganz der Ihrige
C. F. Gauss.

N° 177.   Gauss an Schumacher.   [82

Lüneburg, 18. Junii 1823.

Von Hrn. Caroo habe ich heute früh die Nachricht erhalten, dass ich falls die Sonne scheint, von heute Nachmittag an, von ihm aus Lauenburg Heliotroplicht zu erwarten habe; ich werde nicht verfehlen solches einzuschneiden. Zugleich meldet er mir aber, dass Sie theuerster Freund, die Puncte bei Blankenese und Harburg aufgeben. Dieser Umstand veranlasst mich zu bemerken, dass, da dadurch zwei Ihrer Heliotrope disponibel werden, es vielleicht zur frühern Beendung meiner hiesigen Messungen sehr förderlich seyn würde, wenn ein Paar Tage vom Michaelisthurm in Hamburg Licht hierher geschickt werden könnte. Leider habe ich so lange ich hier bin, Hamburg noch kein einziges mal gut gesehen, und bloss am 13ten, wo es leidlich war, habe ich es einige male schneiden können. Die Winkel stimmen aber nicht zu meiner Zufriedenheit: ich fand nemlich

(10 mal) Wilsede Hel. — Hamburg   66° 17′ 18″000
(10 mal) Humburg — Hohenhorn   34 51 9,450
Hieraus folgt nemlich
Wilsede — Hohenhorn   101 8 27,450
während derselbe unmittelbar 35 mal =   101 8 24,657
und mittelbar
Niendorf—Hohenhorn 20 mal, 140° 35′ 10″725 }
Niedorf — Wilsede 57 mal 89 26 46,039 } 101 8 24,686

gefunden ist. Das Licht Ihres Heliotrops wird bei günstiger Luft nach einem Ueberschlage hier noch sichtbar seyn, jedoch nur wenn die Luft ziemlich ruhig ist, also in den Nachmittagsstunden. In den späten Nachmittagsstunden wird wol doppelte Reflexion mit einem Hülfsspiegel unumgänglich nöthig seyn; inzwischen ist diese vielleicht auch schon früher rathsam, weil dann der Apparat allenfalls in dem obern Cabinet selbst aufgestellt werden kann, wo sofort gute Centrirungs Elemente erhalten werden können. — Vielleicht ändert sich auch das Wetter bald zum Bessern, so dass der Thurm auch unmittelbar pointirt werden kann, wie es in Niendorf zuletzt der Fall wurde. Gestern Abend, ½ Stunde vor Sonnenuntergang, wurde es über Harburg hinaus überaus schön, aber nur in mässiger Ausdehnung; Ottensen war auch sehr schön zu sehen, der Altonaerthurm nur mittelmässig und Hamburg völlig unsichtbar. Inzwischen auch unter günstigen Umständen werde ich doch unter sechs Tagen (d. i. frühestens am 23.) nicht fertig werden können. Herzlich freue ich mich darauf, Sie bald zu sehen.

Zu einer Fortsetzung nach Westen scheint einige Möglichkeit vorhanden zu seyn. Es sind zwei Punkte aufgefunden wo Bremen und Wilsede zugleich sichtbar sind.

                 Ganz der Ihrige
                     C. F. Gauss.

Haben Sie das grosse Licht, welches ich vorgestern zwischen 6 und 7 Uhr, bei sehr oft ununterbrochenem Sonnenschein, auf Ihr Haus richten liess, gesehen?

N° 178. Schumacher an Gauss. [96

Mein theuerster Freund!

Ich habe keinesweges die Puncte Harburg Blankenese aufgegeben, die mir durchaus nothwendig sind um mein Triangelsystem ganz von der unbequemen und unsichern Station Michaelis in Hamburg zu isoliren, für mich hat aber der Umstand, ob Sie sie einschneiden, kein weiteres Interesse, wenn Sie die Verbindung unserer Dreiecke schon durch die früheren Punkte für hinlänglich sicher halten. Es war nur Ihretwegen, dass ich dort Heliotropen aufstellen wollte.

Von Michaelis sollen Sie Licht erhalten. Es ist mir niemals eingefallen daran zu zweifeln, ob meine Heliotrope in Lüneburg sichtbar wären. Sie sind von Segeberg (6 — 7 Meilen) so stark gesehen, dass Sie zur genauen Messung noch zu viel strahlen. Nehus glaubt sich zu erinnern sie in dieser Entfernung mit blossen Augen gesehen zu haben.

Ich bin sehr beschäftigt mit der Einrichtung meiner Sternwarte, die vor Ankunft des Königs (am 4. Julius) fertig seyn soll. Ich werde aber demohngeachtet mein Wort halten, und Sie gegen den 23. Juni aus Lüneburg abhohlen.

Der Hohenhorner Thurm ist gewiss, wenn Ihre Winkel nicht sonst noch centrirt werden müssen, bei der Reparation sehr verrückt, und die ganze Station muss neu gemacht werden.

Wenn nicht Krankheit mich abhält, so treffe ich Sonntag den 22sten bei Herrn Banse gegen 2 oder 3 Uhr ein, und bitte gütigst mir ein Mittagsessen bei ihm zu besprechen.

Ganz Ihr

Schumacher.

Den 20. Juni 1823.

N° 179. Gauss an Schumacher. [88

Lüneburg, den 24. Junius 1823.

Heute, theuerster Freund, werde ich meine Beobachtungen hieselbst schliessen und wahrscheinlich morgen Abend bei Ihnen seyn.

Ueber das Oekonomische, rücksichtlich der mir bei der Gradmessung untergebenen Gehülfen, bemerke ich als Antwort auf Ihr vor einiger Zeit geäussertes Verlangen, dass der Kapitain Müller täglich 4 Thaler Conventionsgeld, der Lieutenant Hartmann 3 Thaler an Diäten erhält; die drei Artilleristen bekommen jeder täglich 16 Ggr. Dem ersten werden überdies alle Transportkosten, auch in vorkommenden Fällen die Auslagen für Hülfsleistungen, zum tragen der Instrumente, Wegweiser und dergl. vergütet. Die Diäten dauern jedoch bei allen nur so lange, als sie von Hannover abwesend sind; während welcher Zeit aber ihre Dienstgage immer fortläuft.

Ueber alles andere bald mündlich.

Stets und ganz der Ihrige

C. F. Gauss.

N° 180. **Gauss an Schumacher.** [84

Göttingen, 23. Julius 1822.

Nachdem ich vorgestern wieder hierher zurückgekommen bin, eile ich Ihnen, mein theuerster Freund, nochmals meinen herzlichsten Dank zu wiederhohlen, für die freundschaftliche Aufnahme, die ich und mein Sohn bei Ihnen gefunden haben. Meine Frau ist in der That höchst gefährlich krank gewesen und ist noch jetzt äusserst schwach.

Die Fortsetzung der Dreiecke nach Westen habe ich nun für dies Jahr bestimmt aufgegeben. Ob ich die Brocken Station noch einmal vornehme ist noch ungewiss. Für den Augenblick kann ich mich noch nicht wieder von hier entfernen.

Ich habe meine nördlichsten Dreiecke noch nicht definitiv, aber doch mit viel mehr Genauigkeit als bisher berechnet und mit völliger Umgehung von Hohenhorn, aus meinen Schnitten des Syker Thurms von Wilsede und Niendorf aus, verbunden mit Ihrem Schnitte von Hamburg aus, die Distanz Hamburg — Syk in meinem System, d. h. auf die Seeberger Basis gegründet, abgeleitet und bin daraus, nach den mir von Hrn. Caroc mitgetheilten Angaben auf Ihre Basis zurückgegangen, deren Länge ich so

= 3014' 628

finde, während Sie nach Reinke 3013' 42 annehmen. Ich bedaure, dass ich vergessen habe, das von H. Nissen berechnete Resultat der wirklichen Messung mitzunehmen, und bitte mir solches baldmöglichst mitzutheilen. Meine Rechnung wird noch mehr Genauigkeit erhalten, sobald Sie die Station von Hohenhorn neu gemessen haben, was Sie, wie ich hoffe und dringend bitte, nicht zu lange mehr aufschieben werden.

Da Sie mir das gütige Anerbieten gemacht haben mir einen Theil Ihres Madeira wieder abzulassen, so ersuche ich Sie mir ein Dutzend Flaschen davon zu übersenden, auch sogleich den Preis nebst sonstigen Auslagen anzuzeigen.

In Hannover bin ich abgehalten selbst in der Hahn'schen Buchhandlung vorzusprechen; ich werde ihr aber noch mit der heutigen Post schreiben, Ihnen die Müller'sche Karte sofort zuzusenden.

Hr. Hornemann hat mir officiell angezeigt, dass die Copenhagener Societät meiner Abhandlung den Preis zuerkannt habe. Sie haben wol die Güte, die Einlage beizuschliessen oder unfrankirt auf die Post geben zu lassen. Ich habe ihn ersucht, das Manuscript, in sofern die Societät nicht selbst darüber disponirt, gelegentlich an Sie zu übersenden, eben so wie die Medaille, indem Sie die Güte haben werden, solches weiter zu besorgen. Was übrigens letztere anbetrifft, so haben die Krankheit meiner Frau, die Veränderungen in meinem Hausstande, die dadurch für die Zukunft nothwendig werden, und einige bedeutende Verluste, die erlitten zu haben ich heute benachrichtigt werde, mich in meinen Finanzen so derangirt, dass ich den Luxus, eine Medaille aufzubewahren, mir nicht verstatten darf. Sollte Sie daher demnächst nach Empfang der Medaille, solche, ohne dass es Ihnen viele Mühe macht und ohne zu grossem Verlust, in klingende Münze verwandeln können, so werde ich dieses mit Dank erkennen, da dies hier nur mit sehr grossem Verlust geschehen könnte. Es versteht sich, dass die Societät davon nichts zu wissen braucht.

Auf der Rückreise habe ich diesmal den Sommerweg über Soltau, Walsrode, Hademstorf, Mellendorf nach Hannover versucht. Wenn Sie einmal im Sommer die Reise machen, empfehle ich Ihnen solchen. Er ist ¼ Meilen kürzer als der andere, und der Weg ist, eine kleine Landstrecke abgerechnet, recht sehr gut, wenn Ihr Wagen Spurgerecht ist; auch finden Sie in Walsrode ein stattliches Wirthshaus, und in den Posthäusern Hademstorf und Mellendorf sehr gute Aufnahme.

Unter herzlichsten Grüssen an Ihre Frau Gemahlin

stets der Ihrige

C. F. Gauss.

N°. 181. **Schumacher an Gauss.** [97

Bei der eben erfolgten Zurückkunft von einer kleinen Reise in Schleswig und Holstein finde ich Ihren Brief vom 23. Julius vor.

Den König habe ich auf Louisenlund gesehen und eine weitläuftige Unterredung mit ihm über unsere Messungen gehabt, bei der er eine Kenntniss des Details solcher Unternehmungen zeigte, die mich in Erstaunen setzte. Am meisten sprach er von Localanziehungen und fragte mich ob Skagen ein sicherer astronomischer Endpunkt sey, da an der einen Seite (nach Norden) nichts wie Meer, an der andern nichts wie Land liege? Ich antwortete ihm das Land sey vollkommen flach, und die See meilenweit sehr seicht, so dass, wenn nicht etwa im Innern der Erde dort grosse Ungleichheiten wären (wovor man nirgends sicher ist) ich es für eine sehr gute Station hielte. Soviel ich mich erinnern kann, habe ich ihn nie über diesen Gegenstand unterhalten, und weiss nicht zu errathen wie er darauf gekommen ist. Er fügte hinzu ihm schiene Helgoland eine vortreffliche astronomische Station zu seyn, da es ein einzelner solider Fels mitten im Meere ist, und als ich äusserte, ich wisse nicht ob es sich durch Dreiecke mit einander verbinden liesse, befahl er mir es zu untersuchen. Diese Untersuchung muss und will ich nun gerne vornehmen, aber da es englisch ist, so wäre es auf jeden

Fall am passendsten, wenn Sie die eigentlichen Messungen dort machten, vorausgesetzt dass Sie es für Ihr System passend finden. Mir scheint es, wenn Sie die Verbindung mit den Krayenhoff'schen $\Delta\Delta$ ausführen, ein sehr guter astronomischer Endpunkt zu seyn. Wie ich hier höre, ist alle Lebensbequemlichkeit dort im reichen Maasse, dass ich es also Ihnen auch in Rücksicht Ihrer Gesundheit mit Zuversicht vorschlagen darf. Es würde mich unendlich freuen, und gewiss auch den König, wenn Sie seine Idee der Ausführung werth hielten. Auf jeden Fall will ich Ihnen getreuen Rapport über die Art der Verbindung mit dem Continent abstatten.

Wahrscheinlich um Blücher's Versehen gut zu machen, liess er mich sogleich zur Galatafel am Sonntage ansagen. Er erkundigte sich bei Tafel sehr angelegentlich nach Ihnen, und ob Sie auch über irgend einen Gegenstand in Altona Unzufriedenheit geäussert hätten? — Wäre es in einer Privataudienz gewesen, so hätte ich Dahlgrüns Namen genannt.

Ueber die Basis schicke ich Ihnen die Papiere, die ich mir gütigst, sobald als möglich erbitte. Die Ergänzungsstange hatte wie sie gebraucht ward, eine Temparatur von $+ 2^{o}2$ Réaumur. Ich habe daraus die Länge meiner Basis bei 13° Réaumur

$$= 8014^{T},5799$$

gefunden, wobei die auf dem Felde gefundene Ausdehnung der Stangen von 0,0233 par. Lin. für 1° Réaumur zum Grunde liegt. Da alle etwa noch anzubringende Correctionen, wegen Nichthorizontalität der Stangen, Reduction auf den Meeresspiegel u. s. w., die Basis kleiner machen, so muss wohl alles was von der Differenz mit Ihrer Bestimmung nicht auf die Uebertragung durch $\Delta\Delta$ fällt, (wieviel das sey kann niemand besser als Sie selbst bestimmen) der Zach'schen Basis zufallen. Uebrigens ist die Differenz nur $= 0^{T},048$.

Ich bekenne freimüthig dass ich die Reinke'sche Basis nicht für so schlecht gehalten habe. Repsold würde die beiden Messer dieser Grundlinie geradezu Svinegel nennen.

Der Madeira soll besorgt werden, so wie, was Sie wegen der Medaille schreiben. Die Karte habe ich schon erhalten, und bin dafür in Ihrer Schuld.

Sobald Sie etwas über B. wissen bitte ich um Nachricht.

Ich will Hohenhorn selbst absolviren. — Wo soll denn auf Ihren Stationen Heliotrop seyn? damit ich jemand hinsende.

Ihr ganz eigner

Schumacher.

Altona, d. 8. August 1828.

No 182. **Gauss an Schumacher.** [85

Ihrem Verlangen zufolge schicke ich Ihnen, theuerster Freund, beigehend, das mir über Ihre Basis mitgetheilte zurück. Der Unterschied zwischen Ihrem Resultate und der Uebertragung der Seeberger Basis ist so gut wie 0. Aus so grosser Entfernung, wie von Wilsede und Niendorf, ist das Pointiren auf den Syker-thurm so schwierig, dass hieraus allein schon ein so grosser und grösserer Unterschied hervorgehen konnte. Dieser Theil der Verbindung wird sehr viel genauer werden, wenn Sie erst die Station Hohenhorn absolvirt haben. Es wird sehr wichtig seyn, dass Sie die Punkte Niendorf und Wilsede mit Heliotropen besetzen. Die Steine sind leicht zu finden, wenn Ihre Gehülfen resp. Quartiere in Bäzendorf und Bart nehmen, wo zugleich recht gutes Unterkommen ist. Diese Quartiere sind resp. $\frac{1}{2}$ und $\frac{3}{4}$ Stunden von der Station; näher liegen die Dörfer Niendorf und Wilsede selbst, nemlich $\frac{1}{8}$ und $\frac{1}{4}$ Stunde, wo jedoch das Unterkommen weniger gut ist. Auf den Steinen werden die eigentlichen Drei-eckspunkte noch recht gut zu erkennen seyn und zugleich die Kreise, in welche die Heliotropspitzen zu stehen kommen. Sollte dies aber nicht der Fall seyn, so ist in Wilsede das Centrum des Stein Quadrats als Dreieckspunkt anzunehmen; in Niendorf hingegen ist der Dreieckspunct $10^{mm},5$ östlich, $6^{mm},0$ südlich vom Centrum zu setzen, wenn man die Seitenflächen von N. nach S. oder von O. nach W. gehend betrachtet, (was eigent-lich nicht genau ist, da die Orientirung 20° abweicht.)

In Niendorf ist Hohenhorn sehr leicht zu sehen, 25°44' links von Lüneburg Michaelis; in Wilsede schwieriger, da kein so grosser Theil des Thurms wie in Niendorf herüberragt, 36°0' rechts von Hamburg Michaelis. In Hohenhorn selbst suchen Sie

Wilsede 45° 1' } rechts von Lüneburg.
Niendorf 13 40½ }

Die tiefe Einsicht Ihres Monarchen in die Natur der Messungsoperationen erregt in der That Bewunderung und ich wünsche Ihnen Glück, einen solchen Beförderer Ihrer Arbeiten zu haben. Was die Verbindung Helgoland's mit dem Continente betrifft, so glaube ich fast, Ihnen die Untersuchung der Möglichkeit ersparen zu können. Es lässt sich nicht nur mit Wangeroog und Neuwerk verbinden, sondern ist wirklich durch Epailly bereits verbunden, obwohl seine Messungen selbst nicht zu erhalten stehen, also so gut wie nicht vorhanden sind. Auch mit St. Peter, auf der Schleswig'schen Küste, hat er die Verbindung als möglich bezeichnet, eben so wie zwischen St. Peter und Neuwerk.

Wenn indessen gleich Helgoland ein an sich guter Punkt für astronomische Beobachtungen seyn würde, so sehe ich doch nicht recht ein, dass ein erheblicher Nutzen für die Gestalt der Erde davon gezogen werden könnte, wenigstens nicht, dass er Skagen entbehrlich macht. Denn die Polhöhe wird nur etwa 54° 12' seyn, also die Amplitude zwischen Göttingen und Helgoland 2½ Grad, viel zu gering um etwas über die Gestalt der Erde entscheiden zu können und noch weniger würde in dieser Beziehung die Vergleichung mit Lauenburg, Altona und Lysabbel zu etwas führen, nicht zu gedenken, dass er gar zu weit von den Meridianen dieser Oerter abliegt; eben so wenig aber würde er eine brauchbare Parallelengradmessung geben, weil in dieser Rücksicht der Längenunterschied wieder zu klein ist. Dass aber astronomische Beobachtungen an diesem Platze, nachdem er an die △△ geknüpft wäre, als accessorium zu den übrigen, und um über vermuthete Irregularitäten ein Erfahrungsdatum mehr zu bekommen, allerdings seinen Werth hätte, gebe ich gerne zu und würde mich eventualiter nicht weigern die dazu nöthigen Messungen auszuführen, wenn mir solche von meinem Gouvernement unter annehmlichen und anständigen Bedingungen aufgetragen würden. Wie ich höre ist übrigens in Helgoland eine noch mehr als englische Theurung.

Nach der von mir geführten Rechnung, und die Polhöhe von Göttingen = 51° 31' 48" 7 gesetzt ist, die von Altona, Brett südlich von Ihrem Hause

$$= 54° 32' 53'' 05$$

Länge westlich von Göttingen 0"86 in Bogen oder 0"06 in Zeit.

Die Expedition auf den Brocken ist noch nicht ganz gewiss. Wird sie noch unternommen, so geschieht solches wahrscheinlich Anfang künftigen Monats.

Ganz der Ihrige
C. F. Gauss.

N° 183.   **Schumacher an Gauss.**   [98

Ich kann Ihnen, mein vielverehrter Freund, gute Nachrichten geben. Stuhlmann hat mir gesagt er habe jezt alles in Richtigkeit gebracht. Ich möge nur ein Papier unterschreiben, was er mir in diesen Tagen bringen werde, und dann werde ich sogleich Ihre 3000 Species nebst 2 procent Zinsen bekommen. Seine Rechnung gab er zu verstehen sey auch sehr billig. So wie ich das Geld würklich in Händen habe, schreibe ich augenblicklich wieder.

Haben Sie die Verbindung mit Hohenhorn schon auf dem Thurme in Hamburg gemacht? und wenn, darf ich dann um den Winkel bitten? Ich bitte auch sehr um alles was Sie in Hinsicht auf Baursberg bestimmt haben.

Helgoland—Wangeroge—Neuwerk giebt ein sehr schönes und leicht practicables Dreyeck. Wangeroge und Neuwerk sind Badeorte.

Helgoland lässt sich auch von der Schleswig'schen Küste einschneiden, aber ein Dreieck ist da nicht zu bilden.

Viele Empfehlungen an Ihre Frau Gemahlin und Sie, von uns allen. Wir pränumeriren auf künftiges Jahr, dass Sie mitkomme.

Ganz Ihr
H. C. Schumacher.

Altona, d. 15. August 1823.

N<u>o</u> 184. **Gauss an Schumacher.** [86

Göttingen, d. 21. August 1823.

Ihrem Verlangen zufolge schicke ich Ihnen zuvörderst was sich auf die Richtung von Hamburg nach Hohenhorn bezieht. Ich habe den Winkel zwischen Hohenhorn und Lüneburg 23 mal repetirt und $32^0 24' 40''674$ gefunden, dazu R. auf das Centrum $= — 5'' 195$, also

im Centrum $32^h 24' 35'' 479$.

Allein aus dem Ensemble aller Messungen wird er $0''217$ kleiner und die Azimuthe ausgeglichen sind

im Centrum				
Hohenhorn	287^0	12'	47''930
Lüneburg	319	37	23,192
Niendorf	335	17	23,944
Timpenberg	337	42	12,586
Harburg	359	18	23,229
Wilsede	3	29	0,917
Blankenese St.	98	52	11,120

Eigentlich sind dies die Winkel mit der Parallele zum Göttinger Meridian; um sie auf den wahren Hamburger Meridian zu reduciren, muss $+ 1' 38'' 908$ hinzugefügt werden.

Die Entfernung des Blankeneser Steins kann vorerst $= 6581,7$ Toisen angenommen werden.

Die auf dem Blankeneser Stein gemessenen einfachen Azimuthe schon auf den Göttinger Meridian orientirt, waren:

61^0 48' 44   Horneburg angebl., spitzer Thurm
64 3 28   Horneburg angebl., noch spitzer

21*

77°	20'	3"	Spitzer Thurm
94	43	45	Oldendorf
97	11	10	Ziemlich naher grosser Thurm
100	50	4	Stade Wilhadi
101	16	45	Stade Cosmae
109	32	43	Wedel
242	6	15	Niendorf
242	11	26	Hoisbüttel
257	16	22	Syk
267	37	46	Wandsbeck
278	52	11	Hamburg Michael
279	27	6	Ziemlich entfernter Thurm, wahrscheinl. Billwärder.
279	34	2	Altona Rathhaus
279	55	46	Steinbeck
280	20	38	Altona Stadtkirche
281	29	43	Heiligen Geist
284	31	32	Hohenhorn
293	59	44	Unbekannter kleiner Thurm
294	4	14	Nienstädt
296	57	14	Ochsenwärder
300	4	46	Wilhelmsburg
301	3	46	Kleiner ferner spitzer Thurm
309	8	17	Winsen
310	18	11	Lüneburg Johannis
311	58	43	Harburg

Oldendorf ist eines der entferntesten von Hamburg aus sichtbaren Objecte; ich wünschte, dass Sie es daselbst wo es in 95° 50' Azimuth erscheint, mit Repetition einschnitten, eben so wie Apensen, welches in 62° 31' daselbst erscheint.

Die Winkel, welche in Hamburg, die Richtung nach Hohenhorn mit Ihren Punkten macht, namentlich mit Syk, werden Sie also selbst neu messen müssen; es würde mir aber sehr lieb seyn, wenn Sie bei der Gelegenheit dem Winkel zwischen Hohenhorn und Lüneburg noch einige Reihen widmen, da ich selbst ihn bei dem ungünstigen Wetter nicht so oft habe messen können als ich gewünscht hätte.

Die kleine Thurmspitze, die von Hamburg in 42° 25$\frac{1}{4}$' erscheint, eben über Wald her, ist Elstorf, welches ich auch von Tostedt aus und Müller vom Litberge geschnitten haben. Der dortige Pastor Nöldecke, welcher mich vorigen Winter hier besuchte, rühmte sich ein Freund von Repsold zu seyn.

Für die gefällige Benachrichtigung, von Seiten des Hrn. Stuhlmann, danke ich sehr; es wird mir doppelt angenehm seyn, wenn die Sache nun bald geordnet werden kann, da ich vermuthlich im nächsten Monat nochmals eine Reise zum Brocken antreten werde.

Ganz der Ihrige
C. F. Gauss.

N: 185. Schumacher an Gauss. [99

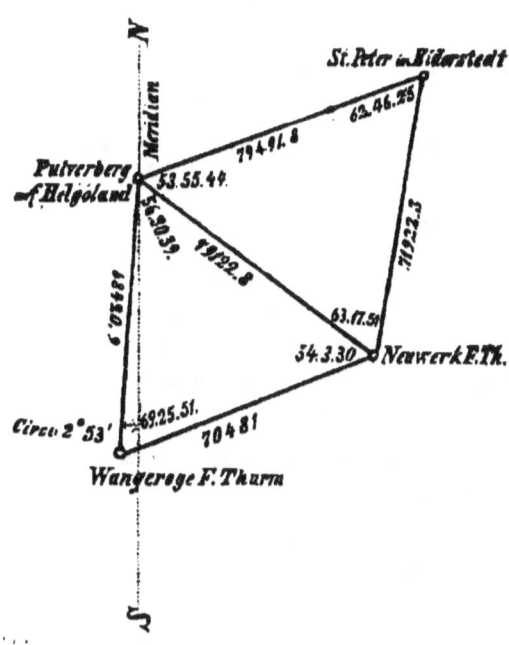

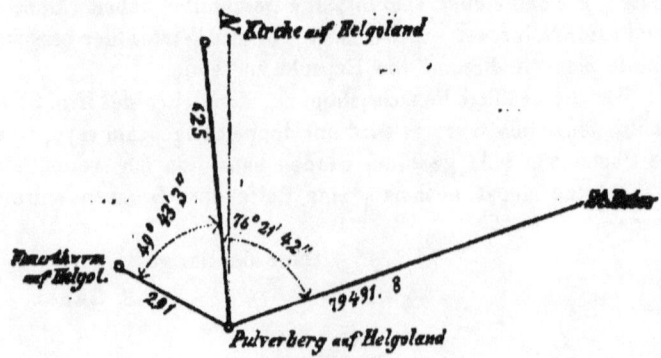

Sie erhalten hier, mein vielverehrter Freund, genaue Data über Helgoland, die ich aus Repsold's Berichten, und vorzüglich aus Wessel's Dänischen und Oldenburgischen Vermessungsjournalen gezogen habe. Die den Seiten beigesetzten Zahlen bedeuten dänische Ellen. 1 Toise = 3,1059 dän. Ellen.

1) Alle Puncte sind wechselsweise sichtbar, nur nicht Wangeroge und St. Peter.

2) Von Helgoland aus hat Wessel nicht den Winkel zwischen Neuwerk und Wangeroge Feuerthurm gemessen, sondern den Winkel zwischen Neuwerk — Wangeroge Kirchthurm = 56° 56' 44''. Vielleicht ist der Feuerthurm nicht gut bei Tage zu sehen. Die Rechnung aus den Seiten giebt den Winkel zwischen den beiden Feuerthürmen = 56° 30' 40''.

NB. Der Feuerthurm war gar noch nicht gebaut wie Wessel maass.

3) Der Pulverberg auf Helgoland ist 84 Ellen, der Feuerthurm 100 Ellen, eine Station im Kirchthurm 102 über der höchsten Fluthhöhe im Sommer.

4) Gegen den Meridian des Kopenhagener Observatoriums giebt Wessel folgende Beziehungen.

	Westlicher Abstand vom Meridian	Südlicher Abstand vom Perpendikel	Der Meridian des Ortes weicht ab v. Meridian der Kopenh. Sternwarte.	
	Ellen.	Ellen.		
Neuwerk	427201,1	300584,5	*)	*) Diese Abweichung gilt für den Feuerthurm. Die Cordinaten aber, wie bemerkt, für den Pulverberg.
Pulverberg	487858,6	249780,4	3° 50′ 48″	
St. Peter	410721,9	230574,7		
Michaelis in Hamburg	274639,6	373059,9	2 8 33,1	
Stade höchster Spitz. Thurm	327206,3	361391,2	2 33 22,2	

Die Breite der Copenhagener Sternwarte habe ich mit Reichenbach'schen astronom. Theodolithen = 55° 40′ 54″ mit dem Reichenbach'schen 18zölligen Kreise = 55 40 55 gefunden. Länge = 40′ 58″ von Paris.

Ueber die Zuverlässigkeit dieser Wessel'schen Messungen glaube ich verbürgen zu können, dass kein Fehler in den Winkeln 1 Minute erreicht. Sie sind gewiss vollkommen genau um sich zu orientiren, und die Gegenstände einstellen zu können. Wenigstens brauche ich keine Reise nach Helgoland zu machen.

Abgesehen von den astronomischen Beobachtungen, scheint mir, wir können unsere Messungen nicht schöner und sicherer verbinden, als durch die Seite Pulverberg — Neuwerk, zu der Sie durch Wangeroge — Neuwerk, und ich durch St. Peter — Neuwerk komme. Beides sind ganz vortreffliche Dreiecke. Nehmen Sie dazu unser Zusammenstossen hier, so können wohl 2 Dreieckssysteme nicht leicht fester ineinander hängen. Indessen ich unterwerfe dies Ihrer Beurtheilung.

Mit der grossen Theurung in Helgoland hat man Sie falsch berichtet, wenigstens kann es nur zur Zeit der Continentalsperre so gewesen seyn. Herr Poggendorf aus Berlin kommt gerade jezt von Helgoland, wo er nach beendigten Barometerbeobachtungen in Cuxhaven, einige Zeit zugebracht hat, und versichert mich, dass es dort sehr billig wäre.

Wegen der Aufforderung von Ihrem Gouvernement, die Sie verlangen, wenn Sie die astronomischen Beobachtungen übernehmen wollen, bin ich in einiger Verlegenheit. Die Sache scheint mir für den König von Dännemark, da sie ein abgetretenes Land betrifft, etwas delicat zu seyn, wenigstens mag ich

Ihn nicht um seine unmittelbare Intercession bei Ihrer Regierung ersuchen, so gerne Er gewiss sie in jedem andern Falle einlegen würde. Vielleicht irre ich mich, ich folge nur einem gewissen Tact, der mich selten fehl leitet. Soll ich Ihnen nicht einen Brief schreiben, der ganz getreu des Königs Wunsch erzählt, und die sonstigen Vortheile auseinandersetzt, und mit dem Wunsche schliesst, dass Ihre Regierung auch noch diese Messungen beschliessen, und dass es Ihnen Ihre Gesundheit erlauben möge, wenn die Regierung sie Ihnen auftragen sollte, einen Theil Ihrer wahrhaftig kostbaren Zeit dazu zu opfern.

Ich muss dazu aber erst wissen, ob Ihnen die von mir vorgeschlagene Verbindung unserer $\triangle\triangle$systeme gefällt.

Poggendorf erzählt, man sage in Berlin allgemein, dass Sie versprochen hätten, nach Bode's Tode die Sternwarte zu übernehmen. Er fragte mich durch Hausen darum, ich versicherte aber mit Wahrheit, dass ich von diesem Versprechen nichts wüsste.

Anbei sende ich Ihnen, auf Verlangen eines jungen Bauersohnes aus dem Schleswigschen, der ganz arm ist und Unterstützung vom Könige zur Fortsetzung des Studiums der Mathematik wünscht, eine seiner Arbeiten über Planetenbahnen. Er glaubt mit Recht, dass Ihr Zeugniss, dass er Anlagen besitze, die ihn der Unterstützung werth machen, ihm sehr viel helfen werde. Können Sie es ihm geben, so thun Sie gewiss ein gutes Werk.

Als Curiosum folgt dabei eine Zeitungsankündigung von Beutzen. Alles was darüber weiter erscheint will ich für Sie aufheben. Ich habe ein zweites Datum zugelegt. Wenn die Gesellschaft d. W. in Göttingen sich zu den 10000 Thalern entschliesst, so dürfen Sie ihm schreiben, sonst nicht. Mich soll wundern ob Herr v. Sommer dazu schweigt, der ja die allgemeine Auflösung der Gleichungen erfunden hat.

Stuhlmann hat mir wiederholt gesagt, das Gericht habe auf Anfrage einstimmung Ihnen die Zinsen zugesprochen, nemlich 4 pro Cent (die sich aber wegen des Umsatzes und des Profits den Dahlgrün machen muss, auf 2 reduciren) und er wolle mir den ersten Tag alles bringen. Noch habe ich aber nichts erhalten.

Ebensowenig habe ich noch etwas von Ihrer Medaille gehört. Ich glaube Sie schon gefragt zu haben wie ich Ihnen den Madeira senden soll?

Ich habe jezt eine ziemliche Menge Winkel auf meinem Balcon gemessen, die ich mir die Freiheit nehme Ihnen zu senden, und Sie um genaue Bestimmung seiner Lage gegen Michaelis zu ersuchen, versteht sich mit Zuziehung Ihrer Messungen.

Azimuthe.

Durch Beobachtungen mit Repsold's Passageninstrument im Vertical des Moorburger Thurms, und multiplicirte Winkel bestimmt:

309° 29' 48"79   Ochsenwerder Kirchthurm
323 17 22,53   Wilhelmsburger Kirchthurm. NB. ist
                 dieses Frühjahr neu gebaut.
344 52 55,45   Harburger Kirchthurm
359 59 58,68   Meridianphal
  1 36 54,90   Moorburg Kirchthurm
 64 36 24,08   Buxtehude Kirchthurm

Folgende Azimuthe beruhen nur auf zwei einzelnen Reihen und Ablesung eines Nonius,·

Azimuthe
273° 34' 27"   Roose's Thurm in Hamburg
277 53 57   Kirchsteinbeck
285 19 21   Hohenhorn
292 26 33   Moorfleth
307   8 48   Flaggenstange auf Dede's Balcon in Altona
309 52 15   Kleiner entfernter Thurm (Kirchwerder?)
316   0 46   Lüneburger Thurm
316 31 34   Lüneburg Johannis
317   2 42   Lüneburger Thurm
319 21 34   Winsen
341 29 32   Harburg kleiner Thurm
342 53 40   Harburg kleiner Thurm
350 57   4   Kleiner Thurm (Sinsdorf?)
354 57 46   Köhler's Thurm in Altona
 20 26 19   Altenwärder

Ich bin in Verlegenheit, ob ich Ihnen meine astronomischen Nachrichten senden soll oder nicht? Sie haben hier erklärt, dass Sie sie gar nicht läsen, und da ich nicht gerne zudringlich seyn möchte, am wenigsten wo Sie doch immer etwas an Porto oder

Trägergeld zu bezahlen haben, so bitte ich gradezu um Ihre
näheren Befehle, ob Sie
1) sie so wie sie herauskommen, gesandt,
2) oder bis auf Gelegenheit zurückgelegt,
3) oder gar nicht gesandt haben wollen?
Was Sie auch bestimmen, soll getreulich befolgt werden.

Ganz der Ihrige
Schumacher.

Altona, 29. August 1823.

N? 186.   **Gauss an Schumacher.**   [87

1823 den 1. Sept.

Bei der Beantwortung Ihres gütigen Briefes vom 29. August erlauben Sie mir von hinten anzufangen.

Ihre Behauptung, ich hätte in Altona erklärt, ich lese Ihre Astronomischen Nachrichten nicht, ist mir durchaus unbegreiflich. Es ist gradezu unmöglich, dass ich so etwas erklärt haben sollte. Sollten hier Ihre A. N. mit der Corr. Astr. verwechselt seyn? Allein selbst von dieser würde nicht unbedingt gesagt werden können, dass ich sie nicht lese. Die Wahrheit ist, dass ich von der C. A. dieses und jenes lese, und von den A. N. wol dieses und jenes noch nicht gelesen, oder nicht mit aller nöthigen Aufmerksamkeit gelesen haben kann. Das neueste Stück, welches ich erhalten habe, ist No. 37, woraus ich mit grösstem Interesse die Vortrefflichkeit der Breguet'schen und Kessels'schen Arbeiten gesehen habe. Auf welche Art Sie mir auch künftig die A. N. zugehen lassen, bleibt ganz Ihnen überlassen: ich werde sie mit immer gleichem Danke empfangen.

Den Platz von Altona in meinem Dreieckssystem habe ich vor mehreren Wochen aus den daselbst theils von mir, theils von Caroc zwischen Hohenhorn, Lüneburg Johannis und Harburg gemessenen Winkeln berechnet. In meinem Coord. Verzeichniss steht es so:

Altona Brett südl. an Hrn. Prof.
Schumacher's Hause......... $-224495^m,705$ $+15^m,853$
Hamburg Michaelis............ $-224765,467$ $-2369,968$

Nach jener Rechnung ergeben sich die Azimuthe in Beziehung auf den Göttinger Meridian:

Hohenhorn	285° 19′ 17″450	
Lüneburg	316. 31. 30,203	Die Reduction auf den Altonaer Meridian ist
Harburg	344. 53. 1,760	
Meridianpfahl	0. 0. 4,385	−0″693
Morburg	1. 36. 53,760	

Wir weichen also von einander ab:

        Harburg   +5″61
        Meridianpfahl +5,01
        Morburg   −1,83

Die Bestimmung wird übrigens sehr viel genauer und zuverlässiger werden, wenn Sie von Hohenhorn aus den Altonaer Platz durch Heliotroplicht einschneiden, denn die blosse Bestimmung aus den Winkeln in Altona zwischen Hohenhorn, Lüneburg und Harburg kann nicht dieselbe Genauigkeit geben, theils wegen der Lage dieser Punkte gegen einander, theils weil der Lüneburger Johannisthurm sehr stark überhängt und in der grossen Entfernung der Knopf schwer zu pointiren seyn möchte.

Ueber die Versendungsart des Madeira, wenn Sie mir gütigst einiges überlassen wollen, finde ich in Ihrem Briefe keine Frage. Wählen Sie diejenige, die Ihnen die wenigsten Umstände macht. Da ich voraussetze, dass er schon auf Flaschen ist, so ist vielleicht bei dem schnellern Fahren auf einem Postbeiwagen mehr Gefahr des Zerbrechens als bei langsamer Frachtfuhr. Aber vergessen Sie nicht, ausser dem Preise mir die übrigen Nebenkosten zu berechnen.

Es wird mir angenehm seyn, wenn die Dahlgrün'sche Angelegenheit noch vor meiner Abreise zum Brocken so weit in Ordnung kommt, dass ich eine Disposition über das Geld treffen kann. Ich weiss noch nicht, wann ich dahin abgehe; grösstentheils hängt es von Gerling's Bestimmung ab. In diesem Augenblick leide ich aber auch an einem Zahngeschwür und an einem inflammirten Auge.

Was ist das für eine Aufgabe, für deren Auflösung die Pariser Akademie 20000 ℔ ausgelobt und bezahlt hat? Ich zweifle, dass jemand dem Herrn Beuzen 10000 ℔ für seine angebliche Erfindung geben wird — für die wirkliche Erfindung wäre es nicht zu viel — aber Ihre bona officia, ihn zu einer dem mathematischen Studium günstigern Lage als die eines Elementar- (abc?) Lehrers zu verhelfen, könnten Sie ihm immer zusichern, falls die Erfindung probehaltig wäre. Ich habe damals für mein Theil, Hrn. Sommer geschrieben, ich werde ihm in einem solchen Falle zeigen, wie warm ich mich für wahre Erweiterung der Wissenschaft interessire, und nur die Anwendung seiner Methode auf Auflösung einer bestimmten, ihm aufgegebenen Gleichung verlangt: das fand er aber unter sich.

Von einem solchen Versprechen, wie Hr. Poggendorf Ihnen gesagt hat, weiss ich gleichfalls nichts. Unter uns, ich vermuthe, dass dies nur der modus ist, wie das Berliner Publicum sich erklärt, dass aus der Sache noch nichts weiter herausgekommen. Ich habe seit dem Briefe von Lindenau den ich in Altona erhielt und Ihnen zeigte, gar nichts weiter davon gehört.

Wegen des Anschlusses von Helgoland haben Sie recht, dass Ihrem verehrten Könige keine Intercession bei der h. Regierung zugemuthet werden darf. Lassen Sie die Sache jetzt noch etwas ruhen, bis ich meine vorhabende Messung zur Verbindung mit der hessischen absolvirt habe. Meine Triangulirung, soweit sie zur Gradmessung erforderlich, ist dann völlig beendigt, und ich werde dann mit dem Bericht darüber zugleich ein Gutachten *) — — — — — — — —

N? 187. Schumacher an Gauss. [100

Anbei, mein vielverehrter Freund, Antwort an mich und die verlangte Arbeit von Clausen. Er hat mir dabei eine Abschrift des Papiers, das Sie haben, gesandt, so dass Sie es nicht zurück zu senden brauchen. Soll ich es als Beilage zu den A. N. drucken lassen? Um den jungen Mann bekannter zu machen, möchte ich es wohl, wenn Sie erlauben, dass ich dabei Ihr imprimatur anführe.

---

*) Der Schluss des Briefes fehlt.

„Fünf Tage bin ich vergebens auf Michaelis gewesen, ohne Hohenhorn und Lüneburg auch nur erträglich sehen zu können.

Ganz Ihr
Schumacher.

* * *

Schreiben des Hrn. Thomas Clausen an Schumacher.

Mit dem grössten Vergnügen, doch nicht ohne Furcht, dass es nicht gelingen würde, habe ich dem so ehrenden Befehl des Herrn Hofrath und Professor Gauss gehorcht und die übersandte Formel auf das dritte Beispiel der Th. M. C. C. angewandt. Ich sah ein, dass ich noch 2 Glieder der Reihen (10) entwickeln musste, wobei sich zwei kleine Fehler in den Coefficienten ergaben, die freilich auf das erste Beispiel keinen Einfluss äusserten, hier aber sehr nachtheilig gewirkt hätten. Dadurch aufmerksam gemacht, habe ich die Coefficienten zweimal berechnet.

So lieb es mir ist, dass die Methode auch hier Gnüge leistet, so muss sie doch auf keine Weise mit der Gaussischen verglichen werden, diese ist viel kürzer und einfacher. Früher hätte sie vielleicht einigen Werth gehabt, aber jetzt, nachdem Gauss uns gezeigt hat, wohin wir zu sehen haben, kann jeder, auch aus andern Principien, leicht etwas ähnliches finden. Wenn meine kleine Arbeit Ihre und Professor Gauss' Aufmerksamkeit auf mich hat lenken können, so hat sie ihre Bestimmung völlig erreicht.

Ich erlaube mir deswegen, damit auch Sie, wenn ein weniger beschäftigter Augenblick es erlaubt, den Gang der Methode übersehen können, eine Abschrift derselben mit der Anwendung auf das dritte Beispiel der Th. M. C. C. vermehrt, beizulegen, und zugleich eine Abschrift der Resultate dieser Anwendung für Hrn. Prof. Gauss, dem ich, meine Verehrung und Dankbarkeit für seine theilnehmende Aufmerksamkeit zu sagen, gehorsamst bitte.

Möchte es mir gelingen, Sie theuerster Herr Professor, davon zu überzeugen, wie dankbar ich Ihre, meine dreistesten Hoffnungen übertreffende Güte erkenne, so wie von der Ergebenheit und unbeschränkten Hochachtung, mit der ich die Ehre habe zu seyn

Ew. Hochwohlgeboren
gehorsamster Diener
Thomas Clausen.

Schnabeck, 17. Sept. 1823.

N? 188. *Gauss an Schumacher.* [88

Brockenhaus, 18. September 1823.

Seit dem 13ten ds., theuerster Freund, bin ich wieder hier, und eine nach Göttingen gewesene und heute zurückgekommene Ordonnanz hat mir heute Ihren Brief vom 4ten d. *) mitgebracht. Da Hr. Clausen noch unbekannt ist, so wird es ihm nicht schaden, wenn Sie seine Auflösung abdrucken lassen. Auch die meinige, wenn Sie solche aufgehoben haben, und es der Mühe werth finden, steht Ihnen zu gleichem Zweck gern zu Dienste. **)

Was mir selbst in Göttingen, ohne einige Musse, sehr schwer seyn würde, nemlich Ihnen die Pallas-Elemente und Instruction, die Störungen zu berechnen, zusammenzusuchen, ist mir, wie Sie von selbst einsehen, hier auf dem Brocken ganz unmöglich. Seit drei Tagen sitze ich in dickem Nebel und weiss nicht, wie lange mein Aufenthalt hier noch dauern wird. Den Inselsberg-Heliotrop habe ich erst ein Paarmal kümmerlich einschneiden können; den Meissner-Heliotrop noch gar nicht; den Winkel zwischen Hohenhagen und Hils-Heliotropen hingegen habe ich schon 42 mal sehr gut unmittelbar gemessen. Der Fehler in dem Dreieck Hohehagen, Hils, Brocken, welcher aus den Messungen von 1821 auf $3''7$ stieg, kommt, wenn ich die gegenwärtigen Messungen mit denen von 1821 combinire, auf $2''6$ herunter, schlösse ich aber die hiesigen von 1821 ganz aus, (was ich jedoch nicht thun werde), so würde er noch $1''$ kleiner. Wahrscheinlich liegt ein sehr grosser Theil an den Messungen auf dem Hils, wo der Brocken fast immer schlecht zu sehen war. —

---

*) Dieser Brief fehlt.
**) Astron. Nachrichten, Bd. 2 Nro. 42.

Ich hatte vor meiner Abreise noch immer auf Nachricht von der Dahlgrün'schen Angelegenheit gehofft. Sollten die Gelder jetzt schon eingegangen seyn oder bald eingehen, so würden Sie mich sehr verpflichten, da die Briefe zum Brocken erst sehr spät vielleicht kommen würden, wenn Sie an den Hauptmann August von Wehrs in Hannover, in der Aegydien-Neustadt, schrieben, dass er sofort 4000 ℳ in Golde für meine Rechnung auf Sie trassiren und dann den Interimsschein nur nach Göttingen addressiren möchte. Ich hoffe, dass das Geld, welches Sie erheben werden, in Golde so viel wenigstens rendiren wird. Sollte es aber nicht seyn, so schiessen Sie das Fehlende gefälligst zu, welches wol durch den Erlös aus der Medaille mehr als gedeckt seyn wird. Inzwischen gilt diese Anweisung nur, insofern Sie das Geld noch im September oder spätestens in den allerersten Tagen des Oktober erheben. Sollte die Zahlung später erfolgen, so würde ich vermuthlich auf diesem Wege bedeutenden Verlust leiden, und sähe daher lieber, wenn Sie mich erst vorher durch Schreiben nach Göttingen avertirten. Von Zeit zu Zeit schicke ich eine Ordonnanz dahin.

Die Station Hohenhorn werden Sie doch noch in diesem Jahre abmachen? Erst dadurch wird meine Triangulirung eine vollendete.

Dass die Winkelmessungen des Hrn. Capitain Caroc in einem so hohen Grade ungenau sind, ist mir doch völlig unbegreiflich. So grosse Fehler begeht ja mein ungeübter Sohn nicht. Sollte dabei nicht sonst etwas zum Grunde liegen? Wenigstens in Beziehung auf Wilhelmsburg meine ich, dass Sie mir gesagt oder geschrieben haben, dass der Thurm umgebauet wäre.

Wenn ich Ihnen gesagt habe, was ich mich jedoch durchaus nicht erinnere, dass ich die Astr. Nachrichten nicht lese, so ist es mir unmöglich, solches anders zu erklären, als dass ich Ihre Frage von der Zeit der activen Gradmessungsarbeiten verstanden habe, während welcher ich sie aus dem einfachen Grunde allerdings nicht gelesen habe, weil ich sie nicht hatte. Ebenso könnte ich auch jetzt wieder sagen, dass ich sie nicht lese. Ich wollte, ich hätte sie jetzt, denn bei dem abscheulichen Wetter fehlt mir hier jetzt alle Lectüre, und ich lese jetzt bloss um meinen Sohn etwas im Englischen zu üben, den Guy Mannering zum 3ten male wieder mit.

Da ich diesen Brief einer besondern Gelegenheit anvertrauen muss, so verzeihen Sie, dass ich ihn nicht frankire.

Stets und ganz der Ihrige
C. F. Gauss.

N° 189.   Gauss an Schumacher.   [89

Meine Messungsgeschäfte habe ich am 16. dieses geschlossen. Auf dem Brocken ist mir das Wetter immer ungünstig, auf dem Hohenhagen nur ein Paar Tage günstig gewesen. Hätte ich ahnen können, dass nachher so ausgezeichnet schönes Wetter nachfolgen würde, so würde ich den Lieut. Hartmann noch nicht verabschiedet, und noch einmal eine Station auf dem Hils genommen haben. Wenn ich erst von Gerling's Resultaten Kenntniss habe, werde ich Ihnen eine Zeichnung von allen meinen bisherigen Messungen und ihren Zusammenhang mit den Hessischen, nebst einem kurzen Bericht für die A. N. schicken.

Sobald ich Musse gewinne, werde ich Ihnen einen Artikel über eine neue Art, die Fadenintervalle der Meridianinstrumente zu bestimmen, schicken, mit der ich dieser Tage einen Versuch gemacht habe, und die, wie ich mir einbilde, auch Sie mit Vergnügen anwenden werden. Sie wird ziemlich derselben Genauigkeit fähig seyn wie die Durchgänge des Nordsterns, und empfiehlt sich dadurch, dass sie nicht von günstigem Wetter abhängig ist.

Der Ihrige
C. F. Gauss.

Göttingen, 23. October 1823.

N° 190.   Schumacher an Gauss.   [101

Ich habe Ihnen, mein vielverehrter Freund! ein Resultat mitzutheilen, das Sie interessiren wird. Nemlich dass meine bisherigen Beobachtungen mit dem Reichenbach'schen Meridiankreise zeigen, dass das von Ihnen angewandte Aplatissement (ich glaube von Walbeck hergeleitet) nicht auf den Bogen zwischen Göttingen und Altona passt. Ich hätte meine Beobachtungen in Form von Zenith-Distanzen auf 1824 reducirt geben können, ich habe aber für mich selbst die Form von Polhöhen vorgezogen, und die Bessel'schen in meinen Hülfstafeln stehenden Declinationen gebraucht. Ein jeder, der Zenithdistanzen lieber hat, kann sie sich leicht daraus ableiten. Die Refraction ist Ihre in meinen constanten Hülfstafeln abgedruckte. Ich brauche nicht zu erinnern, dass ich weder die Anzahl dieser Beobachtungen hinreichend halte, ein so scharfes Resultat als das Instrument geben kann, zu erhalten, und dass ich sehr wohl weiss, dass Beobachtung durch Reflexion und Untersuchung der Theilung noch nöthig ist, um etwas abzumachen. Ich gebe dies nur als ein so weit genähertes Resultat, das keinen Zweifel über die Nichtanwendbarkeit eines Reductions-Elements, vermittelst dessen Sie die Göttinger Polhöhe hieher übertragen haben, nachlässt, und dies Reductionselement kann wohl kein anderes als die Abplattung seyn. Mein Meridiankreis steht 133 pariser Fuss südlicher als mein Brett vor dem Fenster dessen Breite nach Ihrer Uebertragung

$$= 53^0 \; 32' \; 53''05$$

ist. Dahingegen folgt aus meinem Meridiankreise

$$53^0 \; 32' \; 47''9$$

also 5"2 weniger. Schon früher hat der Lindenauische Kreis und der Stutzschwanz, in der hölzernen Sternwarte, die in meinem Garten stand, ein analoges Resultat gegeben, das ich aber nicht beachtete, weil ich zuviel Zutrauen auf Repsold's Kreis hatte, und die Zahl der Beobachtungen zu klein war.

Der Stutzschwanz gab

aus 3 Beobb.-Tagen am Polaris $53^0 \; 32' \; 42''8$
,,   1   ,, α Cassiop.   44,5
,,   3   ,,   Sonne   45,9

Lindenau's Kreis:

aus 14 Beobb.-Tagen $53^0 \; 32' \; 45''7$

an der Sonne (oben in meinem Hause auf dem Brette selbst).

Ich vermuthe nicht, dass Sie die Anziehung der Palmaille berücksichtigen werden. Hier ist das Detail meiner Beobachtungen, aus dem Sie sehen werden, dass keine bestimmte Spur von Flexion erscheint. Der Kreis ist 4 mal dabei umgelegt.

	Namen	Zenithdist.	Polhöhe	Zahl d. Beob.	Collimat. d. Kreis.
	α Cassiopeæ	2° 2′	53° 32′ 45″43	4	4″78
	γ Draconis	2 2	47,58	4	4,98
	α Cephei	8 18	47,38	1	
	α Cygni	8 53	45,22	3	4,62
oben	α Ursæ ma.	9 9	46,43	8	4,90
oben	λ Draconis	16 45	44,72	1	
	α Gemin.	21 16	45,61	1	
	β Ursæ min.	21 20	48,81	6	3,37
oben	γ Cephei	23 6	45,11	2	4,68
	β Gemin.	25 5	46,64	1	
	α Androm.	25 25	45,64	7	4,32
	α Coronae	26 13	45,79	2	5,80
oben	δ Urs. min.	33 2	47,37	6	4,67
oben	Polaris	34 49	46,77	5	4,55
*)	ε Urs. min.	36 27	47,60	7	4,42
unten	Polaris	38 4	46,89	10	5,31
	α Pegasi	39 17	45,98	5	4,57
	γ Pegasi	39 20	46,75	8	4,23
	α Leonis	40 42	46,17	3	
	α Ophi.	40 50	47,15	2	
	γ Aquil.	43 30	44,70	1	
	α Serpent.	46 32	46,16	1	
	β Aquil.	47 35	46,36	3	4,52
unten	γ Cephei	49 47	46,96	1	
	α Aquar.	54 41	45,97	4	
unten	λ Draconis	56 8	44,62	1	
unten	α Urs. ma.	63 45	45,01	4	4,73
	α² Capric.	66 35	45,24	2	5,23
			53° 32′ 46″52	103	4″60

*) ε Ursae min. ist ohne Declination oben und unten gerechnet, da keine Bessel'sche davon zu finden war.

„Wenn man alle Declinationen ausschliessen will, so kann man sich an die oben und unten beobachteten Sterne halten und hat dann:

ε Urs. ma.	53° 32′ 47″60	7 Beobb.
α Urs. ma.	45,72	12 ,,
λ Dracon.	44,67	2 ,,
γ Cephei	46,04	3 ,,
Polaris	46,83	15 ,,
	53° 32′ 46″46	39 Beobb.

also wie vorhin. β Ursae min. giebt das abweichendste Resultat, und ich hätte, da ich den Grund der Störungen kenne, diesen Stern weglassen können, habe es aber der Vollständigkeit wegen nicht gethan. Die Luft zitterte nemlich, da die Sicherungsapparate gegen die Sonne noch nicht fertig sind, und ich mich mit subsidiaria behelfen musste, die den obern Theil des Schubdaches frei lassen, so stark bei diesem Sterne wegen der Nähe bei der Sonnenculm., dass ich ihn nie einen Augenblick ruhig einstellen konnte, sondern nur das Mittel seiner Sprünge schätzen musste.

Aus diesen Beobachtungen folgt die Breite des Michaelisthurms

$$53° 32′ 56″6$$

Ueber die Differenzen, die Caroc in seinen Messungen fand, kann ich Ihnen nichts weiter sagen, als dass es Fehler sind, die er begangen hat. Der Wilhelmsburger Thurm ist freilich reparirt, aber meine Messungen vorher und nachher geben keine Differenz. Auch sind ja auf mehreren Winkeln Fehler von 10″. Die einzige Vermuthung bleibt, dass er sein Instrument nicht vorher in Hinsicht des todten Ganges der Schrauben untersucht hat. Er wird mit einem gut berichtigten Instrumente allerdings keine solche Fehler begehen, allein er ist in der Berichtigung nicht sorgfältig genug, und verlässt sich namentlich zu lange auf die Beständigkeit der Correction. Ich habe bei meinem grossen Personal doch niemand, auf dessen Winkel ich mich völlig verlassen kann, als mich selbst. Bald glaube ich auch Hansen (der nebenbei gesagt sehr um die versprochenen Azimuthe bittet, deren Ausgleichung Sie ihm als ein Problem aufgegeben haben).

In Hinsicht unserer schärferen Verbindung habe ich nicht von Hohenhorn Wilsede und Niendorf beobachten können, da ich niemand dorthin zu senden hatte, ausser Caroc. Die versprochenen Unterofficiere sollten erst den 20ten October eintreffen, wo es zu spät war. Alle anderen Officiere kommen erst gegen Weihnachten von der Kartenarbeit. Indessen ist der Hohenhorner Thurm völlig zu den Beobachtungen des nächsten Frühjahrs eingerichtet, und alle Nebenwinkel sind auch schon gemessen. Es scheint, die Spitze ist nicht über 2 Zoll durch den Bau verrückt. Indessen ist sie selbst schmal und schief, so dass Sie bei verschiedener Durchsichtigkeit der Luft, wenn Sie Hohenhorn einschneiden, verschiedene Puncte pointiren, ohne diese Verschiedenheit in Rechnung nehmen zu können. Ich glaube nicht, dass es möglich ist, etwas genaues zu machen, ohne ein Heliotrop in Hohenhorn aufzustellen, und alles bisherige zu cassiren.

Meine im September dieses Jahres in Michaelis gemessenen Stationswinkel glaube ich Ihnen schon mitgetheilt zu haben, auf alle Gefahr setze ich sie nochmals her.

		Höhenkreis	Zahl d. B.
Siek-Hohenhorn	$41° 42' 1''28$	Links	10
	1,08	R.	10
	0,88	R.	10
	1,55	L.	5
	1,25	R.	5
	1,55	R.	5
	1,60	L.	5
	$41° 42' 1''24$		50
	$- 7,61$ Centrir.		
	$41° 41' 53,63$		
Hohenhorn-Lüneburg	$32° 24' 38''56$	L.	4
	39,15	L.	10
	39,30	R.	10
	$32\ 24\ 39,11$		24
	$- 3,25$ Centrir.		
	$32° 24' 35''86$		

Caroc hat Apensen nnd Oldendorf eingeschnitten, nachdem ich ihn sehr gewarnt habe. Ich will also hoffen, dass sie gut sind.

	Höhenkreis	Zahl d. B.
Baur's Warte-Oldendorf	0° 55' 50"33 R.	3
	51,33 L.	3
	0 55 50,83	
Apensen-Baursberg	36° 21' 4"17 L.	3
	3,50 R.	3
	36° 21' 3"84	

Elemente zur Centrirung:

r = 3 Fuss 10 Zoll 11 pariser Linien.
y = Winkel zwischen Mittelpunct von Michaelis u. Baur's Warte.
 = 210° 52'

Baursberg haben Sie, wie ich glaube, schon von Michaelis eingeschnitten, da sich der dort von mir errichtete Stein gut gegen die Luft projicirt. Der Winkel Hohenhorn-Baur's Warte = 167° 40' 57"2.

Eine vortrefliche Station im Hannöverschen habe ich gefunden, nemlich Rönneburg, die zur Bestimmung der scharfen Lage meiner Sternwarte und Ihrer Verbindung mit den Hauptdreiecken nicht besser hätte seyn können. Man kann auch, wie Sie aus beifolgender Zeichnung *) sehen werden, Lauenburg von da sehen. Caroc hat 49 Kirchen von da aus eingeschnitten. Ich sandte Caroc nach Lauenburg, um zu sehen, ob nicht ein Durchhau auf Michaelis von Lauenburg aus möglich sey. Allein er hat gefunden, dass man von einem waldigten Terrain, was ohngeführ auf $\frac{1}{2}$ Distanz liegt, 17,7 Toisen abtragen müsse, um die Stationsfenster des Michaelis zu sehen, und 14 Toisen, um den äussersten Punkt des Thurmes. Dadurch scheint also Harding's Assertion, den Michaelis in seiner Jugend gesehen zu haben, auf irgend einem unerklärbaren Missverständnisse zu beruhen, denn er hat nicht allein Michaelis, sondern auch die andern Thürme Hamburgs gesehen.

---

*) Die Zeichnung fehlt.

Ich habe vorläufig in Rönneburg einen Pfahl errichtet, was zu meinen Zwecken genügt. Caroc hat vergessen, das Dreieck Hohenhorn — Rönneburg — mein Haus zu berechnen, das schon gemessen ist.

Wenn Sie das mir einmal geliehene Manuscript über Interpolation mir für Copenhagen geben wollten (vor Ende Decembers), würde ich künftiges Jahr wieder das Vergnügen haben, für Sie 50 Ducaten einzucassiren.

Ich kann diesen Brief nicht frankiren, da ich ihn nicht mehr nach Hamburg schicken kann, und auf dem hiesigen Posthause keine Francatur auf doppelte Briefe ins Ausland angenommen wird. Entschuldigen Sie also, vielverehrter Freund! ich glaubte, das Porto wäre die frühere Nachricht Ihnen vielleicht werth.

Ganz Ihr
Schumacher.

Altona, d. 7. Nov. 1823.

N°. 191.   Schumacher an Gauss.   [162

Beifolgenden Brief Wurm's und die Abhandlung von Ivory sende ich Ihnen, mein verehrter Freund! um mir Ihr Gutachten darüber zu erbitten.

Fast sollte ich an Localanziehung bei meiner Breite denken. Zahrtmann hat die Lauenburger Sectorbeobachtungen mit Bessel's Declinationen reducirt. Die geben für Michaelis $1''3$. nur $0''5$ von Ihnen verschieden. Mein Meridiankreis giebt $56''1$.

Hansen bittet sehr um die versprochenen auszugleichenden Azimuthe.

Caroc bittet:
1) um Distanzen von Apensen und Oldendorf von Michaelis zur Centrirung.
2) um die Winkel in Lüneburg zwischen Lauenburger Signal, Amtsthurm und Sector.

Die Anmaassung Pond's in seinen Aufsätzen (Phil. Trans. 1823 P. I) wird jezt so gross, und alle seine Beweise sind so unlogisch, dass ich, obgleich gewiss kein Freund von litteräschen Streitigkeiten, es wünschte, wenn ein Mann wie Sie, der Autorität über uns Alle hat, eine kurze und ernste Zurechtweisung dagegen setzte.

Sollen wir nicht jetzt schon genau über unsere Frühlingsoperationen Abrede nehmen. Später kann ich wenig mehr ändern, wenn ich einmal dem Könige den Jahresplan vorgelegt habe.

Ihr ganz eigner

Schumacher.

Ich falle von einer Kränklichkeit in die andere und habe schon seit 3 Wochen fast keinen gesunden Augenblick.

* * *

Schreiben des Hrn. Wurm an Schumacher.

Stuttgart, 25. Nov. 1823.

Ew. Wohlgeboren

habe ich die Ehre, hiebei einige Beiträge zu Längenberechnungen einzusenden. Sollten Sie es der Mühe werth achten, diesen Aufsätzen eine Stelle in Ihren Astron. Nachrichten zu gönnen, so wollte ich bitten, dass Sie die drei Aufsätze, welche gewissermaassen unter sich zusammenhängen, bald nach einander, und etwa in folgender Ordnung erscheinen lassen möchten:
1) Die Länge von Tübingen;
2) Revision der geogr. Längen süddeutscher Sternwarten;
3) Ueber die Länge von Seeberg und Göttingen.

Es ist mir unangenehm, dass mein Endresultat für die Länge der neuen Sternwarte in Göttingen (30′ 27″1) sich um 2 Secunden von der Annahme des Hrn. Hofrath Gauss (30′ 25″) entfernt. Worauf die Gaussische Länge sich gründet, ist mir nicht bekannt: indess glaubte ich um so eher, mein Resultat bekannt machen zu dürfen, da auch Hr. Oltmanns nach Astr. Nachr. No. 24 S. 492 mit mir einerlei Länge von Göttingen aus 21 Beobachtungen gefunden hat, nemlich 30′ 25″0 für die alte, demnach 30′ 26″9 für die neue Sternwarte. Ich muss es nun ganz der Entscheidung der Zukunft überlassen, ob meine

Angabe sich bestätigt oder widerlegt, so wie dem prüfenden
Urtheil der Göttinger Astronomen. Gern wünschte ich. auch
Ihre Ansicht hierüber zu vernehmen.
Mit grösster Verehrung verharre

pp.

Wurm.

N? 192.   Gauss an Schumacher.   [90

Göttingen, 20. Dec. 1823.

Ihren so eben erhaltenen Brief, theuerster Freund, beeile
ich mich, nach der Folge der Gegenstände zu beantworten.

Für die Uebersendung der Ivory'schen Abhandlung danke
ich verbindlichst; ich freue mich darauf, sie, bei mehr Musse,
zu lesen.

Den Längenunterschied der neuen G. Sternwarte von Paris
habe ich eigentlich bisher 30' 25"5 angenommen, also nur $1\frac{1}{2}$"
von Hrn. Wurm verschieden. Meine Annahme gründete sich
aber nur auf die vor mehreren Jahren gemachte Zusammen-
stellung von Resultaten aus Sternbedeckungen für die alte und
neue Sternwarte. Allein da ich keine dieser Bedeckungen selbst
berechnet habe, so werde ich gern bereit seyn, den vermuthlich
aus zahlreichern Beobachtungen gefolgerten Resultaten des Hrn.
Wurm beizutreten, in so fern ich nicht, wenn mir sein Aufsatz
selbst erst zu Gesicht gekommen seyn wird, Ursachen zu Modificationen finde. Eine solche könnte vielleicht in Beziehung
auf einige am 19. und 20. Februar 1812 beobachtete Sternbedeckungen Statt finden, welche ich in sofern mit geringerm
Gewicht concurriren lassen würde, als sie alle auf Einer gemeinschaftlichen Zeitbestimmung beruheten, die, damals noch auf
correspondirende Sonnenhöhen im Winter gegründet, vielleicht
einen allen diesen Bedeckungen gemeinschaftlichen kleinen Fehler
involvirt haben könnte.

Die Differenz Ihrer mit dem Meridiankreise gefundenen
Polhöhe ist sehr merkwürdig. Bestätigt sie sich demnächst nach
oftmaligem Umlegen, wie ich nicht zweifle, so gibt sie einen

für mich entscheidenden Beweis des unregelmässigen Fortschreitens der Richtung der Schwere, ohne dass wir dafür einen Grund in der sichtbaren Oberfläche der Erde nachweisen können. Anders aber deucht mir dürfen wir dies Phänomen nicht aussprechen, und ich kann Ihrem vorigen Briefe nicht ganz beistimmen, wenn Sie sagen, dass man die Ursache nirgends anders als in der von mir gebrauchten Abplattung suchen könne. Das Ensemble aller Beobachtungen erfordert diese oder eine wenig davon verschiedene Abplattung gebieterisch, und wenn, wie die Erfahrung zeigt, überall in mässigen Strecken andere Krümmungen sich zeigen, so beweiset dies nur, dass im Kleinen die Erde gar kein Ellipsoid ist, sondern gleichsam wellenförmig von dem die Erde im Grossen darstellenden Ellipsoid abweicht. Es ist dann, wenn man kleine Stücke durch ein individuelles Ellipsoid darstellen will, einerlei ob man eine andere Abplattung oder andere Hauptaxe annimmt, da dies immer nur eine Art von Interpolationsbehelf ist.

Sehr wichtig scheint mir nun aber unmittelbare Vergleichung unsrer Breiten zu seyn. Im nächsten Jahre (Spätsommer etwa Juli oder August?) könnten wir dies durch den Ramsden'schen Zenith-Sector thun, und ich möchte daher gern von Ihnen Gewissheit haben, ob Sie unsern früher vorläufig besprochenen Plan noch agreiren; und zeitig vorher eine kleine Hütte zur Aufnahme des Zenith-Sectors in Ihrem Garten errichten lassen wollen, damit, wenn hier etwa einen Monat oder 3 Wochen hindurch bestimmte Sterne observirt sind, sogleich die Altonaer Beobachtungen eventualiter folgen können. Dies zugleich als Antwort auf den letzten Artikel Ihres Briefes, doch mit Rücksicht auf das hier später folgende. — Inzwischen könnten wir schon vorher correspondirende Beobachtungen mit unsern Kreisen machen. Ich bin in diesem Winter, wo ich leider zwei Collegia lesen muss, und oft an Unpässlichkeit leide, etwas beschränkt, und möchte es daher rathsam halten, wenn wir den Umfang dieser Messungen nicht zu weit aussteckten, was aber auch meines Erachtens unnöthig ist. Wie wäre es, wenn wir etwa 1 Stunde Sternzeit etwa von $1\frac{1}{2}$ bis $2\frac{1}{2}$ oder von 2 bis 3^h festsetzten und darin etwa 11 Sterne auswählten, die wir jeden Abend wo es heiter wäre, unter öfterer Umlegung, observirten, so lange sie sichtbar sind. Um Biegung unschädlich zu machen,

müssten die Sterne nahe beim Zenith seyn, etwa von 51°—54°
Declination, und da kleine Sterne sich besser beobachten lassen
als helle, nicht andere als von der 6. und 7. bis 8. Grösse.
Wollen Sie solche Sterne auswählen mit circa 5—6 Min. Zeit-
unterschied, die alle Uebereilung ausschliesst, so bin ich erbötig,
gleich nach Empfang Ihrer Antwort anzufangen, so wie ich auch
gern im Voraus allen Modificationen beistimme, die Sie für
nöthig halten werden. Bei dieser Gelegenheit bemerke ich, dass
ich im allgemeinen ungern in den Frühstunden vor Tage beobachte; ich finde meine Augen dann immer viel schwächer, und
mag allenfalls lieber bis 2 Uhr aufbleiben, als um 5 oder 6 Uhr
aufstehen, daher mir Bessel's Mondsterne nicht ganz gefallen.
Dies doch unter uns. Seine Sterne in den Frühstunden bei
Tage will ich gern nach Gelegenheit mit beobachten.

Insofern Hr. Hansen bloss zu seinem Vergnügen und zur
Uebung rechnen will, schicke ich ihm hier Ein Beispiel meines
Dreiecks-Systems, was ich selbst auch schon und zwar mit 10
Decimalen ausgerechnet habe. Viereck Lichtenberg, Deister,
Garssen, Falkenberg.

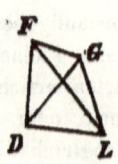

Beobachtete Richtung:
LD 104° 53' 48",477.5
LF 160 28   1,803.5
LG 170 55   4,805.5
DG 218 13 51,388
DF 195   2   0,885
FG 137 28 43,570

Will er aber eine (eigentlich etwas verschiedene) Ausgleichung, die ich selbst noch nicht gemacht habe, verrichten, so
mag er die Coordinaten von Hannover, Marktthurm berechnen
aus 5 Schnitten.

			Beobachtete Az. v. Hannover
Hils	$x = -$ 40951^m,74002	$y = +$ 7668,19974	173. 0.29.444
Lichtenberg	$-$ 66000 ,46779	$-$ 23458,10449	126.30.17.683
Deister	$-$ 78477 ,31328	$+$ 23443,85567	211. 9.56.910
Garssen	$-$ 125865 ,70832	$-$ 13888,56804	41.12.12.161
Falkenberg	$-$ 146619 ,04132	$+$ 5142,50292	9.41. 8.939

Die Rechnungen sind ganz wie in Plano zu führen.

Für Hrn. Carop Folgendes:
1) Hamburg — Apensen 14024 Toisen;
2) Hamburg — Oldendorf 25017   ,,
Die erste Distanz ist sehr genau, da ich selbst Apensen in Wilsede geschnitten habe, die andere auf einige Toisen ungewiss, da sie sich nur auf die Verbindung meiner Schnitte in Hamburg und Blankenese gründet.
3) An meinem Standpunkt in Lüneburg ist beobachtet:

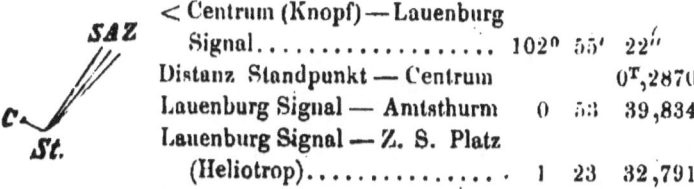

< Centrum (Knopf) — Lauenburg
Signal.................. 102° 55' 22''
Distanz Standpunkt — Centrum   0ᵀ,2870
Lauenburg Signal — Amtsthurm   0 53 39,834
Lauenburg Signal — Z. S. Platz
(Heliotrop)............... 1 23 32,791

Sind am Signal oder Sectorplatz von Caroc die Richtungen zum Amthausthurm auch gemessen, so bitte ich um deren Mittheilung.

Worin bestehen wol Pond's neue Anmaassungen? Ich habe die Philosoph. Trans. 1828 noch nicht gesehen. Ausländische Werke kommen gewöhnlich in grössern Lieferungen und daher an sich schon etwas spät: allein dann kommen sie erst in die Hände des Recensenten und dann nach Jahr und Tag in die des Buchbinders, so dass im Allgemeinen solche Schriften mir erst ein Paar Jahre nach ihrer Erscheinung zu Gesichte kommen. Der Recensent ist gewöhnlich Hr. Mayer, welchem Sie vermuthlich auch die Recension der Svenska Handlinger Ao. 1819 bis 1821 zuschreiben müssen, die ich in dem gestrigen Stück gefunden habe. Aus öffentlichen Nachrichten habe ich nur gesehen, dass die k. Societät in London Hrn. Pond ihre goldene Medaille zuerkannt habe, ich weiss aber nicht, wofür?

Ich habe die Absicht, in den nächsten Tagen meinen Bericht über die diesjährigen Messungen und das mir abgeforderte Gutachten über die Fortsetzung der Messungen nach Westen aufzusetzen, und kann dann, wenn Sie mir baldmöglichst einen ostensibeln Brief über die Verbindung von Helgoland schicken wollen, solchen bei der Einsendung an das Ministerium mit beilegen. Sie würden darin die Nützlichkeit einer solchen Verbindung und die Aeusserungen Ihres verehrten Königs besonders hervorheben, und bemerken, dass Sie dadurch zu dem Verlangen veranlasst sind, dass ich diese Plane unserm Gouvernement vorlegen möchte. Ich möchte aber auch in so weit über Ihre eignen Plane belehrt werden, ob Sie die Triangulirung das linke Elbufer hinab bis an die Schleswigsche Küste bis St. Peter auf alle Fälle, **oder** nur unter Voraussetzung eines Entgegenkommens und Cooperirens von Hannoverscher Seite ausführen werden, und wann?

Ob nun demnächst eine Fortsetzung nach Westen beschlossen werden wird oder nicht, muss ich erwarten. Sie wissen, dass unter den obwaltenden Umständen ich kein Interesse daran habe, sie sehr zu urgiren, sondern wenn ich solche auf mich nehme, damit ein in jeder Rücksicht grosses Opfer bringe. Inzwischen hat das natürlich auf meine Darstellung des Nutzens gar keinen Einfluss, die ich gewissenhaft als ob es eine mir ganz fremde Angelegenheit wäre, machen werde. Sollte es dazu kommen, so könnte dies vielleicht eine Modification der Zeit unsrer Zenith-Sector-Beobachtungen hervorbringen, wobei ich jedoch nach Möglichkeit mich nach Ihrer Convenienz einrichten würde. Sollte aber eine Erweiterung der Messungen nach Westen nicht beliebt werden, so sehe ich meine Triangulirung als beendigt an, so dass bloss noch die Astronomischen Beobachtungen übrig bleiben. Doch möchte ich gern wissen, wie viel Ihr Repsold'scher Basis-Messungsapparat gekostet hat.

Eigentlich muss ich gestehen, dass ich, in sofern gewählt werden muss, einen Anschluss an die Krayenhof'schen Dreiecke über das Osnabrücksche nach Bentheim für viel zweckmässiger halte als einen über Ostfriesland. Denn im Grunde ist ja der letzte Zweck dabei, die französischen und englischen mit den unsrigen zu verknüpfen, und diese Verknüpfung ist desto besser, je weniger Krayenhof'sche Zwischendreiecke nöthig sind. Denn unter uns, ich finde aus der Prüfung derselben, dass sie zum Theil **lange lange** nicht so genau sind, als sie beim ersten Anblick scheinen. Nach der Summe der Dreieckswinkel und der Summe der Winkel an Einem Punkte zu 180 und 360^0 resp. verglichen, müsste man den Messungen eine Genauigkeit beilegen, die die der meinigen wo nicht überträfe, doch ihr gleich käme. Allein prüft man die Ausgleichungen die K. angebracht hat um alle Polygone in vollständige Uebereinstimmung zu bringen, genauer, so findet man sehr viel grössere, ja zum Theil ungeheure Fehler, besonders in den N. W. Messungen. So sind zum Beispiel an die Winkel in Leer p. 84, wenn man sie mit den Definitiv-Tableaus vergleicht, die Aenderungen angebracht.

$-5''7921 + 2,104 - 0,760 + 0,488 - 0,099 + 3,472 - 1,872 + 2,844$
in Pilsum pag. 83
$-2,842 + 3,878 - 11,819 + 8,219$
in Onstwedden ibid. gar
$+ 0,392 - 3,499 + 2,194 - 19,127 + 22,782 - 3,680$

Bei den südlichen Punkten auf der Linie von Bentheim — Dünkirchen finde ich zwar bei den wenigen Prüfungen, die ich gemacht habe, keine so ungeheure Fehler, doch sind sie auch grösser als die, bei welchen ich mich in meinem Dreieckssystem beruhigen würde, z. B. bei Lemelerberg p. 72
$- 0,371 - 1,598 \quad 0 \quad 0 \quad + 2,885 + 2,885 + 0,621 - 2,851$

Entweder muss also Hr. Krayenhoff seine Ausgleichungen nicht gehörig gemacht haben, oder seine Winkelmessungen involviren versteckter Weise viel grössere Fehler als man nach der Prüfung durch die drei Dreiecks und die Gyruswinkel erwarten sollte, und im letzten Fall ist man berechtigt zu glauben, dass die angegebenen Beobachtungswinkel wenigstens parteiisch gewählt sind, um diese Schliessungen der einzelnen Dreiecke und Toursd'horizon zu erzwingen. Wahrlich es ist bei Geodätischen Beobachtungen noch viel nothwendiger, dass uns die Original-Messungen in Extenso vorgelegt werden, als bei Astronomischen, wo so leicht manche Bände voll Beobachtungen gedruckt werden, aus deren Spreu man nie einen Waizenkorn benutzen wird.

Das Vorige unter uns. Ich wünschte sehr, dass Sie einmal in Ihrer Zeitschrift die Wichtigkeit, die geodätischen Messungen, die in vielen Ländern angestellt sind, ausführlich gedruckt zu erhalten, in's Licht setzten. In der That, wozu alle die feinen kostbaren Messungen, wenn sie nicht zum Besten der höhern Geographie bekannt werden. Diese Data, woraus die gegenseitige Lage von vielen hundert oder tausend Punkten, über das halbe cultivirte Europa hervorgehen kann, mit einer Schärfe wie sie nur durch die heutige Kunst zu erreichen ist, wäre ein kostbares Vermächtniss für die Nachwelt, wenn sie gehörig bekannt gemacht werden. Geschieht dies aber nicht, so scheint mir der grosse Kostenaufwand eine wahre Verschwendung, denn jeder Kenner sieht leicht ein, dass wenn bloss die Darstellung auf dem Papier der letzte oder einzige Zweck wäre, eine viel, viel geringere Schärfe in den Messungen schon zugereicht haben würde. — Ich habe die Herren Eckhardt, Bohnenberger, Soldner und Littrow dringend ersucht, mir resp. die Darmstädt'schen, Würtembergischen, Bayrischen und Oestreich'schen Messungen zu communiciren oder zu verschaffen, bisher aber noch von keinem dieser Herrn eine Antwort erhalten. *) Alle diese Messungen hängen mit den unsrigen zusammen, vermittels der Gerling'schen und Müffling'schen, so dass wir jetzt schon eine zusammenhängende Kette von Lysabbel bis Wien und Mayland müssten bilden können, wenn nur an die Messungen zu kommen wäre. Solche allgemeine Andeutungen, man habe aus den Dreiecken diesen oder jenen Längenunterschied und Polhöhe gefunden, nützen eigentlich nicht viel, wenn man nicht die Messungen selbst hat. Auch Hr. v. Müffling würde sich Dank erwerben, wenn er die Tranchot'schen Messungen, welche die Kruyenhof'schen mit den Preussischen bei Nürberg verbinden, bekannt machte, um so mehr, da wir erfahren, dass einer seiner Gehülfen dabei vielfache Ausgleichungen vorgenommen hat. — Es ist wahr, so lange die in einem Lande ausgeführten Messungen isolirt stehen, haben sie fast nur für dies Land besonderes Interesse; aber je mehr die vorhandenen Messungen sich unter einander verknüpfen von Lysabbel und Schottland bis Iviza, die Lombardei, Wien und Schlesien, desto wichtiger wird es dass alle Messungen bekannt gemacht werden. Ich glaube, dass wenn dieses geschieht, in Zukunft auch noch viele Messungen realisirt werden, die sonst nicht so leicht ausgeführt werden würden. Sobald es nur darauf ankommt, eine Lücke auszufüllen, durch die grosse Messungen verbunden werden, entschliesst man sich leichter dazu, als wenn nur ein erster isolirter Grundstein gelegt werden soll. Dehnen Sie einst Ihre Messungen von Fühnen bis Copenhagen aus, so wird man in Schweden, wo wie ich sehe in Schonen schon ein Anfang gemacht ist, schon nachfolgen und das ganze baltische

---

*) Meine Briefe an Eckhardt und Littrow sind aber erst vor einigen Wochen abgegangen.

Meer wird dann mit der Zeit mit Einem Netze umsponnen seyn. Aber Publication der Messungen und ausführliche Publication ist die Hauptsache.

Obgleich die Copenhagener Societät die Preisschriften nicht druckt, so kann ich ihr doch nichts zuschicken, das ich selbst nicht gedruckt sehen möchte. In diese Categorie muss ich aber meine Abhandlung über die Interpolation setzen, wenigstens in ihrer gegenwärtigen Gestalt; sie aber umzuarbeiten fehlt mir jetzt sowohl Zeit als Aufgelegtheit.

Da Hr. Zahrtmann die Lauenburger Beobachtungen berechnet hat, so vermuthe ich dass er jetzt aus Paris zurück ist und eine Toise mitgebracht hat, so dass Sie jetzt die Definitivlänge Ihrer Basis angeben können. Ich habe jetzt alle meine Dreiecke nach Ihrer Basis, wie Sie mir solche angegeben haben, und so gut ich es nach der bisherigen Verbindung meiner Dreiecke mit den Ihrigen kann, berechnet und finde dann — da auch das grosse Dreieck Hohehagen Brocken Inselsberg jetzt gut gemessen ist —

zuletzt von Zach's Basis . . . . log in Toisen 3,4791493
die Messung, wie Hr. v. Müffling ihr Resultat mitgetheilt hat, giebt 3,4791763

Herzlich wünsche ich Ihnen baldige Besserung Ihres Befindens. Ihre Klage darüber kann ich um so lebhafter mitempfinden, da es mir selbst eben so geht.

Ganz der Ihrige
C. F. Gauss.

N° 193. Schumacher an Gauss. [103

Altona, d. 30. December 1823.

Da die Zeit sich nahet, wo ich meine Arbeitspläne für 1824 fortsetzen, und meine Gehülfen vertheilen muss, so nehme ich mir die Freiheit, Sie, mein vielverehrter Freund! an Helgoland zu erinnern, über das ich Ihnen schon vorigen Sommer den Wunsch des Königs schrieb. Abgesehen von den astronomischen Beobachtungen, die er dort, um Localanziehungen zu vermeiden, vorschlug; wäre diese Felseninsel auch ein vortrefflicher zweiter Verbindungspunct für unsere Dreieckssysteme, wie Sie aus den mitgetheilten und ihrer Ausführbarkeit nach, schon geprüften Dreiecken schon gesehen haben.

Möchten Sie nicht diesen Plan, falls er Ihren Beifall hat, Ihrem liberalen und aufgeklärtem Gouvernement vorlegen, und mir so bald als möglich Ihre Bestimmungen mittheilen? Sie können auf alle Mitwürkung von meiner Seite, die Sie wünschen möchten, vollkommen sicher sein.

Meine Dreiecke nach St. Peter hinauf werde ich freilich in allen Fällen ziehen, aber sollte die Verbindung über Helgoland nicht genehmigt werden, noch nicht sobald, da ich dann mich nächsten Sommer ausschliesslich mit den Pendelversuchen, zu denen die Royal Society mir Kater's Reversionspendel geliehen hat, beschäftigen werde.

Ganz Ihr
H. C. Schumacher.

N? 194. Schumacher an Gauss. [104

Gleich nach Empfang Ihres Briefes, mein vielverehrter Freund, will ich meine Antwort anfangen.

Die Differenz meiner mit dem Kreise gefundenen Pohlhöhe besteht unverändert, nur dass sich die Differenzen der einzelnen Resultate mehr ausgeglichen haben. Ich habe gerade eine neue Beobachtungsreihe angefangen, da nur ein Umstand, nachdem ich alles geprüft habe, übrig ist, der die Zenithdistanzen affi-ciren könnte, ohne dass ich behaupten kann dass er es gethan habe und wenn er es gethan hat, in der Richtung, die zur Erklärung des Unterschieds nöthig ist, gewürkt habe. Wie ich nemlich den Kreis aufstellte, wollte ich eine bequeme und kleine Collimation haben, und Repsold stellte auf mein Ersuchen das

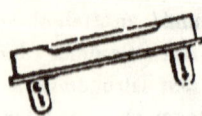

Niveau der Alhidade danach. Er musste aber um die Collimation herunterzubringen die eine Stütze so tief und die andere so hoch wie möglich stellen, so dass das Niveau, so wie hier entworfen ist, suss.

Ist aber der Alhidadenkreis von anderm Metall als die Niveaufassung, so muss bei verschiedenen Temperaturen, eine Spannung entstehen, die, da die Stützen nicht symmetrisch sind, die Zenithdistanzen afficiren könnte, indem wahrscheinlich die schwächere Niveaufassung mehr als der solide Alhidadenkreis — an den sie noch dazu in der Richtung eines ziemlich starken Druchmessers würkt — davon afficirt wird. Ich habe jetzt auf eine kleine Collimation Verzicht gethan und die Niveaustützen

gleich hoch gesetzt, auch die Schrauben, durch die sie mit der Alhidade verbunden werden, nur so stark angezogen, wie eben nöthig ist das Niveau zu befestigen, und nicht so stark, dass zu vermuthen wäre die Stützen könnten sich bei einem Temperaturwechsel nicht unter diesen Schrauben hin und herschieben. Ich will sehen was das giebt. Auf jeden Fall scheint es mir unvorsichtig, dass Reichenbach die Niveaufassung nicht von demselben Metall, das er zur Alhidade brauchte, gemacht hat. Meine Collimation ist jezt $2^0\ 9'$. Ich glaube Ihnen schon geschrieben zu haben, dass ich bei allen meinen bisherigen Beobachtungen oft umgelegt habe. Im October allein 7 mal.

In Hinsicht des Ramsden'schen Sectors müsste ich mir sobald Sie können Ihro gefällige Bestimmung ausbitten, ob Sie ihn nach gemachten Beobachtungen in Altona, unmittelbar nach England zu senden denken, ob Sie ihn nach Göttingen zurücknehmen, oder endlich ob Sie ihn hier lassen wollen? In den beiden ersten Fällen habe ich nichts zu thun als mit Ihnen zu beobachten, im letzten Falle aber müssen wir wohl zusammen erst die Bewilligung des Board of Ordnance haben, ob Sie ihn mir wieder übergeben sollen, und die Erlaubniss des Königs von Dännemark ihn wieder zu empfangen, die er freilich sehr gerne geben wird, die ich aber doch erst einhohlen muss, da das Instrument als ein fremdes Nationaleigenthum zu betrachten ist, und alle Correspondenzen darüber mit der Englischen Regierung von unserm Minister der auswärtigen Angelegenheiten geführt sind. — Zu den Beobachtungen selbst bin ich im Julius oder August gerne bereit, und ich will auch für ein hölzernes Gebäude zu seinem Empfange sorgen, ich sehe aber nicht gut, dass es hier in meinem Garten aufgestellt werden kann. Unten neben der Sternwarte wäre freilich Platz, es würde aber dadurch unmittelbar an die

Strasse kommen, und 4 meiner besten Fruchtbäume wären verloren. Der Grasplatz oben ist kaum noch hergestellt von den Beschädigungen, die er bei der früheren Aufstellung, als ich glaubte Sie wollten das Instrument den Winter hier lassen, erhielt, und damals war es nur das jetzt unbrauchbare Zelt, das sich auf 4 Pfählen leicht aufstellen liess. Jetzt soll eine förmliche Hütte errichtet werden, die den Grasplatz auf immer auflösen würde, ohne dass ein wesentlicher Vortheil dadurch erreicht würde. Es wäre nur bequemer unmittelbar aus dem Hause in die Sectorhütte zu treten. Mir scheint es aber besser zu seyn, die 3 oder 4 Wochen hindurch ein paar Schritte weiter zu gehen, und ihn zugleich fester und sicherer aufgestellt zu haben, als es in meinem Garten, wegen der im Sommer viel befahrenen Palmaille, ohne Keller und Steinfundament (wie bei dem Meridiankreise) zu erreichen möglich ist. Dies sind meine Ansichten, die ich Ihrer Beurtheilung unterwerfe.

Ich will für einen scharf verbundenen ruhigen Platz, so nahe wie nur möglich, sorgen. Mir scheint es am besten auf den Feldern, die nördlich von der Königsstrasse liegen, wo er genau im Meridian unserer beiden Sternwarten aufgestellt werden kann.

Möchten Sie eine andere Station wählen, so würde ich immer die Endpuncte der Basis vorschlagen, wo ich Ihnen in Ahrensburg eine ziemlich bequeme Station anbieten kann. Am liebsten wäre es mir aber in jeder Rücksicht wenn Sie hier beobachten, und mit Ihrer Frau Gemahlin Ihre alten Zimmer wieder beziehen wollten. Ich habe schon oft darum gebeten, aber leider immer ohne Erfolg. Den Troughton'schen Sector habe ich auch bekommen, und der kann in dem runden Thurm meiner Sternwarte stehen. Es ist aber leider ein Instrument, das gar nicht mitsprechen darf, wo Meridiankreise und der Ramsden'sche Sector gebraucht werden, und noch dazu in dem jämmerlichsten Zustande.

Ihrem Befehl zufolge habe ich folgende 11 Sterne von 1^h 29' bis 2^h 40' ausgewählt, die ich jeden hellen Abend beobachten werde. Sie sind für Altona alle südlich, für Göttingen aber an beiden Seiten des Zeniths. Ich konnte in diesen Stunden keine bequemere finden, und wollte doch lieber die Periode von 1^h 30' bis 2^h 30' als die spätere, weil ich bis 1^h 23' mit dem Polarsterne beschäftigt bin, und sich dann diese Beobachtungsreihe unmittelbar daran schliesst. (Ich habe heute die Sterne auch an Bessel gesandt.)

	Grösse	A. R.	δ
P. 1 130	6.7	1ʰ 29′ 1″	52° 58′
176	6.7	39 44	51 4
199	7.8	44 28	50 49
224	6	50 38	53 18
256	6.7	58 22	53 0
H. C. p. 390	8	4 27	51 3
—,,—	7	11 30	51 16
—,,—	7.8	16 26	52 16
P. II 100	7.8	21 18	51 31
132	8.9	28 10	52 2
184	8	39 41	51 28

Als Passageninstrument hat mein Meridiankreis in dieser Zeit eine bedeutende Verbesserung durch ein grosses Niveau von Repsold erhalten, das man ohne etwas loszuschrauben, unmittelbar anhängen kann; a ist eine messingene Röhre auf der eine Zweite, die das Niveau enthält, und 2 hölzerne Handgriffe c, c befestigt sind, die zum bequemen und sichern Anfassen dienen.

Caroc hat im Standpuncte des Sectors in Lauenburg gemessen.

Lüneburg Mich. — Lauenburg Amtsthurm = 63° 54′ 5″8

Es wird durch diesen und Ihre Winkel die frühere kleine Triangulation vollkommen bestätigt.

Zahrtmann hat Ihnen die beiden letzten Theile vom Legendre Exercices du calcul integral mitgebracht, die ich Ihnen mit dem Theile der P. T., die Pond's Memoiren enthält, übersenden werde. Ich erbitte mir den letzten, wenn Sie ihn durchgesehen, zurück. Pond's Anmaassungen in seinen Urtheilen über Astronomen, Instrumente u. s. w., werden Sie selbst am besten sehen, so wie die Gründe mit denen er seine südliche Bewegung der Fixsterne unterstützt. Pond's goldene Medaille hat er soviel ich weiss, für entdeckte südliche Bewegung der Sterne bekommen. Ein Hauptgrund ist dass, wenn die Bewegung nicht wäre, der Catalog von 1813 Fehler haben müsste, die er für unmöglich hält, und ich für sehr wahrscheinlich halte. Schlüsse wie folgende:

Bessel's Differenzen von meinen Declinationen befolgen, oder scheinen ein Gesetz zu befolgen, das von der Zenithdistanz abhängt, also sind Sie von Biegung des Instruments afficirt,

können Sie darin finden. Es scheint beinahe er wisse nicht, dass auch Refraction von Zenithdistanz abhängt.

Von Stuhlmann kann ich noch immer nicht die Rechnung bekommen, ich will, so wie sie ich endlich erhalte, alle nöthigen Abzüge machen (auch Zahrtmann, wenn Sie es verlangen) bezahlen, bitte dagegen aber mir aufzugeben wieviel Sie für die Karte von Hannover ausgegeben haben. Das übrige Geld will ich Ihnen, Ihrem Verlangen gemäss, in Louisd'or senden. Möchten Sie mir aber nicht melden, was der Louisd'or jezt in Conventionsgeld thut, damit ich beurtheilen kann, ob es für Sie vortheilhafter ist Conventionsgeld oder Gold zu empfangen? oder vielleicht Preussisch Geld? denn ich kann Ihnen alles dies hier einwechseln.

Zahrtmann hat meinen Etalon von No. 1 (der nebenbei gesagt 4530 Francs kostet) unversehrt hergebracht, und zugleich eine einfache Toise für Bessel. Die Fühlhebel und microscopischen Maasse sind schon von Repsold vollendet, und im Keller aufgestellt. Seit 6 Wochen warte ich nun aber auf die feste Vorlage auf dem andern Pfeiler, ohne dass ich bis jetzt sie habe erlangen können. Es ist nur etwa für 2 oder 3 Tage Arbeit daran, und dennoch muss das höchst nöthige Etalonniren danach warten. Ich versichere Sie, dass oft sehr sehr viele Geduld dazu gehört um mit den Künstlern auszukommen. Er hat unglücklicherweise sich eine Dampfmaschine gebaut, durch die er mit Holzraspeln Geld verdienen will. Da er nun, wie immer aus eigenen Ideen arbeitet, so muss er alles nöthige Lehrgeld durch unangenehme Erfahrungen geben. Kaum hat er einen Fehler verbessert so zeigt sich ein neuer, und dabei verliert er seine kostbare Zeit. Ebenso gerne hätte ich mich mit dem bisherigen Niveau noch beholfen, um nur erst meinen Etalonnirungsapparat in Ordnung zu haben.

Da ist aber gar nicht an zu denken, ihm die Ordnung der Arbeiten vorzuschreiben. Man muss nehmen, wie er es machen will.

Jede Stange meines Basisapparats hat ungefähr 300 Thaler (= 120 Holländ. Ducaten) gekostet. Die Böcke etc. kann ich nicht so taxiren, da Poulsen sehr viel daran gemacht hat. Auch sind die Stangen bei weitem der beträchtlichste Theil des Apparats.

Ueber Publication der geodätischen Messungen werde ich bald Ihrem Befehl gemäss einen Artikel in die A. N. einrücken, und selbst mit gutem Beispiel vorgehen.

Von Baily habe ich einen Brief bekommen, worin er mir meldet, Brinkley sei sehr aufgebracht über die Pond zuerkannte Copley'sche Medaille, indem die Royal Society dadurch — ganz gegen Ihre Statuten — in einer streitigen Sache Parthey genommen habe, und entweder Pond's Declinationen, oder seine südliche Bewegung der Fixsterne als richtig anerkenne. Jeder in England glaubt Jvory's Memoir über Refraction hätte eher die Medaille verdient. Von Zahrtmann's Reductionen der Lauenburger Sterne, habe ich Capella nachgerechnet, und ein ganz anderes mit meinem Kreise stimmendes Resultat erhalten, dasselbe ist mit 49c Draconis der Fall. Ich habe jetzt Hansen die Revisionen aller Sterne aufgetragen, und werde Ihnen sobald sie vollendet ist das Nähere melden.

Schliesslich, bei dem Ueberlesen des Briefes, halte ich es noch für gut hinzuzufügen, dass ich Ihnen über die Aufstellung des Sectors in meinem Garten, in dem Vertrauen und mit der Offenheit, die ein Freund dem andern schuldig ist, meine Meinung gesagt habe. Halten Sie aber nach Erwägung der Umstände die Aufstellung darin mit wesentlichen Vortheilen verbunden, oder wünschen Sie sie nur, indem vielleicht gerade die Nähe Ihrer Gesundheit, und bei Beobachtungen nöthigen heitern Stimmung zusagt, so ist wohl ganz überflüssig zu bemerken, dass ich gerne 10 Grasplätze, wenn ich sie hätte, dazu hergebe. Es ist dies, mein theuerster Freund! jetzt ganz Ihre Sache, und so offen ich Ihnen meine Ansichten mitgetheilt habe, so wahr und offen füge ich hinzu, dass ich kein grösseres Vergnügen kenne, als wo ich kann, Ihre Wünsche zu erfüllen.

Der Brief über Helgoland liegt bei.

Ganz Ihr
H. C. Schumacher.

In meinem Leben habe ich nicht von einem Astronomen eine
so unverschämte Lüge gesehn als von Zach im 2 Stücke des
IX Bandes.*) Er sagt er habe bei der Seeberger Basis um von der
Stange auf den Boden zu löthen ein bleyernes Fernrohr gebraucht.
    a) mit concavem Ocular weil man so bekanntlich gleich
       gut, ganz nahe und entfernte Gegenstände sehe.
    b) Um das zu können hat er in den Brennpunct dieses
       Fernrohres Spinnfäden gespannt.

N? 195.   **Gauss an Schumacher.**   [91

Heute, liebster Schumacher, nur ein Paar Worte, 1) wegen
der geodätischen Messungen. Eckhardt hat mir die verlangten
Messungen geschickt und Soldner versichert, dass ich auch die
Bairischen $\triangle\triangle$ erhalten solle, wenn ich deshalb nur einen ostensibeln Brief schreibe. Mein Brief sei nemlich deshalb nicht ostensibel, weil ich ihn gebeten, die ihm vertraulich angezeigte Differenz unserer Polhöhe von 5, für's erste noch geheim zu halten,
weil ich nicht wisse, ob Ihnen nicht unlieb seyn würde, wenn
unzeitigerweise etwas davon verlautete. Ich frage daher bei Ihnen
an, ob Sie erlauben den frühern Brief der Behörde, von der ich
die $\triangle\triangle$ erwarten muss, vorzulegen, oder ob Sie dies wegen jener
Erwähnung ungerne sehen, da ich im letztern Fall einen neuen
Brief schreiben müsste.

2) In Betreff der ausgewählten Sterne habe ich, in sofern
Ihre Wahl von $1\frac{1}{4}$ — $2\frac{1}{2}$ Uhr ungerne gesehen, als nur noch wenig
Zeit übrig ist, wo die Sterne noch sichtbar sind, und in dieser
Jahreszeit heiterer Himmel so selten ist. Daher ich fürchte, die
Sichtbarkeit werden zu Ende gehen, ehe etwas erhebliches erhalten ist. Im jetzigen Augenblick würde ich auch zu allen
Beobachtungen unfähig seyn. Meine Frau ist sehr krank und
nur mit äusserster Anstrengung kann ich mich in die Verfassung
setzen meine Collegia zu lesen. Der Himmel rette sie

                                   Ihrem ganz eignen
                                          C. F. Gauss.

Göttingen, 5. Januar 1824.

---

*) Corr. Astron. Vol. IX, p. 184.

N° 196. Schumacher an Gauss. [105

Der Grund, mein theuerster Freund, der Sie verhindert hat unsere Zenithsterne bis jetzt zu beobachten ist sehr traurig, und meine herzlichsten Wünsche vereinigen sich mit den Ihrigen für die baldige Wiederherstellung Ihrer Frau Gemahlin. Hoffentlich trifft dieser Brief Sie schon ausser Sorge. Ohne gefährlich krank zu seyn leide ich sehr an Fieber und hypochondrischen Zufällen, die meisten meiner Bekannten sind krank, es scheint dass das Wetter sehr bösen Einfluss hat.

Die Sterne sind hier schon an 4 Abenden beobachtet, und es ist alle Aussicht dazu, dass sie, ehe sie in den Tag treten, wenigstens 12 mal jeder beobachtet seyn werden. Sie haben mir diese Zwischenzeit, nebst der andern selbst vorgeschlagen, und ich wählte diese der angeführten Bequemlichkeit halber. Auch ist hier der Januar keineswegs dunkel. Wir können sie nicht gut ändern, da ich sie damals gleich auch an Bessel gesandt habe. Ich will aber sehr gerne ausser diesen, wenn Sie in Göttingen nicht hinreichende Beobachtungen erhalten sollten, eine zweite spätere Reihe mitbeobachten, die Sie selbst wohl auszuwählen die Güte haben werden. Diese Reihe sendeten Sie dann auch wohl zu Soldner, da Bogenhausen ja mit unseren Sternwarten durch Dreiecke zusammenhängt.

Wenn in einem System von Dreiecken mehrere astronomische Puncte sind, deren astronomische Breitendifferenz nicht mit der geodätischen stimmt, welche astronomische soll gelten, vorausgesetzt dass allerwärts mit ähnlichen Instrumenten gleichviel und gleich gut beobachtet ist? Die Localanziehungen können ebenso gut in A, als in B, oder C, D, ... seyn. Sie können in allen Puncten seyn und nach verschiedenen Richtungen würken.

Ich wünsche nicht, dass jetzt noch etwas über unsere Differenz publicirt wird. Vorzüglich Bessel's wegen, denn die Halbwisser wie ..... und andere in England würden daraus ein Argument gegen die Meridiankreise hernehmen, und davon weiter auf Bessel's Declinationen schliessen.

Soldner kann aber gerne Ihren Brief brauchen und die Behörde von unserer Differenz in Kenntniss setzen, nur dabei anführen, ich wünsche nichts publicirt, und behielte es mir selbst vor darüber öffentlich zu sprechen.

Mit nochmaligen innigen Wünschen für die Besserung Ihrer Frau Gemahlin schliesse ich. Gott gebe uns beiden ein fröhliches Jahr, das besser endet wie es anfängt!

Ganz Ihr
Schumacher.

Altona, 9. Januar 1824.

P. 1. 224 ist verschrieben und soll $\delta = 53^0\ 38'$ seyn.

N?. 197.   **Gauss an Schumacher.**   [92

Göttingen, den 12. Januar 1824.

Die Zenithalsterne, liebster Schumacher, habe ich 3 Abende bisher beobachtet; am ersten Abend den 5. Januar fielen aus P. 1, 130, wo durch Versehen unrichtig gestellt war, und 1, 224 wegen unrichtiger Declination; am zweiten Abend den 6. Jan. wurden alle Sterne observirt; am dritten den 9. fiel P. 1, 256 aus, weil ich α Arietis zu beobachten wünschte. Seitdem ist's trübe gewesen. Am 10. Januar ist der Kreis umgelegt. Meine Absicht ist, in der neuen Lage 6 mal, und dann noch 3 mal in der ersten zu beobachten. In der neuen Lage ist blos der Nordstern einmal durch Wolken bisher beobachtet, wo er äusserst schwer zu sehen war.

Wenn diese Sterne nicht mehr zu beobachten sind, könnten wir eine neue Reihe etwas nördlicher anfangen, damit dem Zweifel begegnet werde, ob nicht beim Bisecciren des Intervalls ein individueller Beobachter eine Tendenz zu einem constanten Fehler habe; bei mir eliminirt sich diesmal, da ich gleich viel Sterne nördlich und südlich vom Zenith habe; bei Ihnen würde es immer in Einem Sinn wirken. Machen wir's also nachher umgekehrt. Wenn auch ein solcher Zweifel uns unwichtig scheint, so könnten doch andere ihn erheben, und wir dürfen nicht vergessen, 1) dass 1″ oder 2″ eine ausserordentlich kleine Grösse sind; 2) dass Struve und Bessel (wie mir letzterer schreibt) in Rücksicht der absoluten Zeit, d. i. wenn sie an Einer Uhr beobachten, beinahe Eine Zeitsecunde von einander differiren, was man sich auch schwerlich als möglich gedacht hätte und was ich bis diese Stunde nicht begreife.

Bestätigt sich durch die Resultate unserer Messungen die Differenz von 5", so wird dadurch die Wichtigkeit künftiger Beobachtungen an denselben Plätzen mit einem andern Instrument (dem Zenith-Sector) noch ungemein vergrössert, und müssen solche meiner Meinung nach nothwendig in Göttingen und Altona selbst gemacht werden. Sich ein Paar Hundert Schritt nördlich von Ihrem Observatorium zu entfernen, wird wol nichts zu bedeuten haben, und willige ich also gern ein, zumal wenn die Beobachtungen lieber in einem etwas spätern Monat als den der grössten Hitze fallen. Ich meine, wir haben dann zwei Fälle zu unterscheiden.

I. Gibt der Zenith-Sector reductis reducendis dasselbe wie der Meridiankreis, so hat höchstwahrscheinlich das Phänomen seinen Grund in der unregelmässigen Constitution des Erdkörpers, dessen Oberfläche gar kein Ellipsoid ist, sondern wellenförmig von einem solchen abweicht. Dann wird es höchst wichtig, noch von manchen anderen Punkten mit dem Zenith-Sector die astronomischen Breitenunterschiede zu bestimmen, und namentlich wird es dann recht löblich seyn, wenn Sie an Endpunkten der Basis &c. noch ähnliche Messungen machen (auch in Helgoland eventualiter); falls Sie es wünschen, werde ich so weit die Umstände es erlauben, dann an jenen Messungen Theil nehmen. Im Hannöverschen noch mehrere Stationen zu machen, würde viel schwieriger seyn, da Sie ja wissen, wie sehr unsere Verhältnisse verschieden sind.

II. Zeigt sich aber ein erheblicher Unterschied, so bleibt es zweifelhaft, in wie fern dies an den Instrumenten oder an der Platzveränderung liegt, und dann deucht mir würden Sie noch in Ihrem Garten selbst mit dem Zenith-Sector beobachten müssen. Die Frage würde dann sehr wichtig, ob schon eine Entfernung von ein Paar Hundert Schritten Anomalien geben kann. Finden wir dann

A) dass der Zenith-Sector im Garten eben die 5" Unterschied zwischen Göttingen gibt wie der Meridiankreis, so ist der oben berührte Umstand bejahend entschieden, und wir sind dann in Rücksicht positiver Erfahrung über die Unregelmässigkeit der Erde viel weiter.

B) stimmt aber der Zenith-Sector im Garten mit der Königsstrasse, so geben beide Instrumente ungleiche Amplituden, und Zach hat dann Recht, dass die heutige practische Astronomie noch viel zu weit zurück ist, um Anomalien der Erde zu erkennen.

C) Stimmt er weder mit dem einen noch dem andern, so gilt dasselbe Resultat.

Ich bin eher geneigt, den Fall 1 zu erwarten.

Ihre Frage, wenn mehrere Puncte eines Netzes astronomisch bestimmt sind, und Amplituden geben, die mit der Rechnung nicht harmoniren, welche dann gelten soll, da Local-Attractionen sowohl in A als B &c. möglich wären? verstehe ich nicht ganz. Für jeden Punct gilt die Polhöhe, die astronomisch gefunden ist, in so fern die Beobachtungen alle Vertrauen verdienen. Das Phänomen besteht ja bloss darin, dass die Polhöhen mit den terrestrischen Entfernungen nicht Schritt halten. Durch den Ausdruck Local-Anziehungen wird däucht mir schon alles in einen falschen Gesichtspunkt gestellet. Das gleichmässige Fortschreiten der Polhöhen setzt voraus, dass die Erde in ihrem Innern regelmässig gebildet sey, und fällt weg, wenn diese Voraussetzung unrichtig ist. Ich finde darin gar nichts auffallendes und sehe nicht, warum man blos örtliche Störungen annehmen wollte. Meinen Sie aber mit Ihrer Frage, wie man die Polhöhen anderer Punkte, d. i. solcher, wo keine astronomische Beobachtungen gemacht sind, ansetzen solle, so ist die Antwort leicht: Es fehlt uns dann durchaus an den nöthigen Datis dazu, und wir können nichts weiter thun als eine schickliche Interpolation anwenden. Eigentlich aber interessirt die genaue astronomische Polhöhe keinen Menschen als den Astronomen, der wieder an einem solchen Orte Observationen von adäquater Feinheit anstellen will oder angestellt hat. Für jeden bloss menschlichen Gebrauch, wo die grösste Genauigkeit erfordert wird, d. i. eine grössere als die Astronomischen Anomalien comportiren, soll man die geodätische wahre Lage der Oerter gegen einander anwenden.

Meinen Bericht und Gutachten habe ich vorige Woche nach Hannover geschickt und muss nun erst die Entscheidung erwarten. Bis dahin kann die Frage wegen des Zenith-Sectors noch in suspenso bleiben. Denn die Fortsetzung nach Westen ist, wenn sie verlangt wird, dringender, da alle meine Dreieckspuncte eine so precäre Existenz haben. Auf alle Fälle aber schliessen Sie aus dem obigen, dass es höchst wichtig seyn wird, dass nach den Beobachtungen in Altona der Zenith-Sector noch einige Zeit in Ihren Händen bleibt.

Verzeihen Sie mein eiliges und flüchtiges Schreiben. Noch immer ist meine Frau sehr krank, obgleich etwas besser als vor 8 Tagen. Mancherlei andere unangenehme Dinge kommen noch dazu, meine Heiterkeit zu trüben.

Den Cometen habe ich ein Paar mal des Morgens gesehen, aber selbst noch nicht beobachtet.

Was sagen Sie zu der Behandlung des Pasquich in Zach's neuestem Hefte? Ueber die Sache selbst halte ich mein Urtheil noch zurück. Aber ein solcher Modus in der Hostilität ist doch in Ewigkeit nicht zu billigen.

Ganz der Ihrige
C. F. Gauss.

Ich habe angefangen, die Darmstädtischen Messungen zu berechnen, die mit den Müffling'schen und Gerling'schen drei Puncte gemein haben, Amöneburg, Dünsberg, Feldberg. Es scheint sich ein merkwürdiges Resultat ergeben zu wollen, wovon ich aber jetzt noch nichts schreiben kann. Soldner hatte mir eine Seite (Taufstein — Orb) communicirt, die nach Gerling's Messung nahe mit dem, was aus Ihrer Basis folgt, stimmt.

N° 198.   **Schumacher an Gauss.**   [106

Hier, mein vielverehrter Freund, nur in ein paar Worten die Elemente, die Hansen aus der Pariser Beobachtung vom 1sten, und den Altonaern vom 6ten und 7ten abgeleitet hat. Sie stellen den mittlern Ort mit $+47''$ in Länge, $+2''$ in Breite dar. Die Ephemeride gilt für $17^h\ 18'$ Alton. m. Zeit. Wir werden danach den Cometen an unsern Meridiankreisen beobachten können.

Perihel 1823 Dec. 9,498 M. Z. in Altona
Länge des Perihels............274° 47′ 35″
☊........................303   6 50
Neigung.................... 76 16 55
Log q......................   9,35296
Bewegung rückläufig.

	AR		δ		Entf. v. d. Erde
Jan. 16.	239°	40′	+45°	3′	0,517
„ 18.	235	58	50	29	0,501
„ 20.	230	59	56	4	0,491
„ 22.	224	1	61	33	0,487
„ 24.	214	1	66	34	0,489
„ 26.	199	44	70	33	0,497
„ 28.	180	55	72	53	0,512
„ 30.	160	32	73	7	0,534
Febr. 1.	143	10	71	32	0,558

Zahrtmann hat jetzt die corrigirten Sectorbeobachtungen gesandt. Er hatte richtig denselben Fehler bei allen gemacht. Sie stimmen vortreflich untereinander, wenn man Bessel's Declinationen braucht. Ich will sie Ihnen nächstens in Detail schicken. Hier das Mittel, d. h. Breite des Sectors in Lauenburg:

53° 22′ 17″05
10 37,63 Reduction auf Michaelis
53 32 54,68 Breite von Michaelis

Seitdem ich das Niveau, wie ich Ihnen schrieb, befestigt habe, ist die Breite meines Meridiankreises

53 32 44, 7
10, 1 Reduction auf Michaelis
53 32 54, 8 Breite von Michaelis

Die Totalität aller vorigen Beobachtungen giebt:

46, 1
10, 1
53 32 56, 1 Breite von Michaelis

Ihren letzten gütigen Brief beantworte ich nächstens, heute habe ich so viel zu schreiben, und bin so schwach von Gesundheit, dass ich es aussetzen muss, und Sie noch dazu bitten, diese Elemente Enken mitzutheilen.

Ganz Ihr
Schumacher.

Altona, 16. Jan. 1824.

N? 199.   Schumacher an Gauss.   [107

Ich fange schon den zweiten Brief an Sie, mein vielverehrter Freund! an. Hier sind zuvörderst die Lauenburger von mir beobachteten Sterne in extenso, d. h. die daraus mit Bessel's Declinationen abgeleitete Breite des Sectors in Lauenburg.

Namen d. Sterne	Zahl d. B.	Breite
51 Draconis	15	53° 22' 16"24
$\varkappa$ Cygni	15	17,05
391 ,,	13	18,07
32 ,,	11	16,91
20 ,,	14	16,72
β Draconis	7	17,63
γ ,,	15	16,53
46 ,,	10	17,65
336 Cephei	2	16,18
102 Cygni	15	16,88
49 Draconis	14	17,74
33 Cygni	15	16,64
π ,,	2	16,77
η Ursae ma.	2	15,06
53 Draconis	13	17,62
16 c Cygni pr.	13	17,93
,, seq.	13	16,71
13 Cygni	16	16,90
21 Cephei	2	16,74
48 Draconis	12	16,59
1 ω 43 Cygni	16	16,72
Ceph. 2 Hevel.	14	17,32
47 Draconis	12	16,71
222 Cephei	15	16,52
α Aurigae	11	17,89
η Cephei	13	17,63
	300	53° 22' 17"05

Ich glaube, Sie werden mit mir einerlei Meinung seyn, dass dies mehr ist, als wir dem Instrumente zugetraut hätten.

Das Detail über den Meridiankreis ist folgendes:

	Collim.	Z. d. B.
Alle Sterne bis zum 24. Oct. 1823	53° 32′ 46″52	4″60 103
Nicht Circumpolar-Sterne vom 24. Oct. bis 18. Nov.	53 32 45,54	6,04 49

und wenn man diese ganze Periode vom Anfang bis Nov. 18. zusammen nimmt:

Circumpolarsterne	53° 32′ 46″15	74
Sterne mit Bessel's Decl.	53 32 46,06	112

(In dieser Zahl sind die Circumpolarsterne nicht mit begriffen.)

Am 21sten November musste Repsold auf mein Ersuchen die Alhidade abnehmen und das Schweineschmalz, mit dem er sie geschmiert hatte, abwischen und statt dessen Oel substituiren. Das Niveau ward zugleich durch sanftes Niederdrücken in seiner Fassung geprüft, um zu sehen, ob die unten liegenden Federn ihre Dienste thaten. Es schien alles gut.

Von da an bis December 16. beobachtete ich folgendes:

			Collimat.
γ Pegasi	53° 32′ 45″39	3	
α Cassiopeae	43,28	3	7″11
Polaris oben	44,63	4	7,36
„ unten	45,83	2	
ε Urs. oben, unt.	44,99	2	
α Virginis	44,47	1	
η Urs. ma.	45,50	1	
α Bootis	44,17	2	
α Aquilae	44,66	2	8,70
β Aquilae	44,09	2	8,90
γ Aquilae	44,15	1	
α Cygni	44,80	2	8,44
α Androm.	44,15	3	8,26
	53° 32′ 44″57	28	8″13

Am 16. December ward das Niveau ganz anders gestellt, so dass beide Stützen gleich hoch waren. Dadurch kam eine Collimation von 2" 9'. Von dieser Zeit fängt meine noch fortwährende Unpässlichkeit an, so dass Herr Hansen alle Beobachtungen allein gemacht hat. Er findet bis vorgestern Abend inclusive

$$53^0\ 32'\ 45''13\text{ aus 39 Beobachtungen}$$

die nicht ganz so gut wie meine stimmen. Die Reduction des Kreises auf Michaelis ist $=+10''09$, so dass, wenn wir das Mittel aus meinen und Hansen's letzten Beobachtungen nehmen (die freilich noch bei weitem nicht zahlreich genug sind, die ich aber doch sicherer als die ersten halte).

Die Breite von Michaelis

$$=53^0\ 32'\ 54''94$$

wird. Der Sector aus Lauenburg giebt

$$=53^0\ 32'\ 54''68$$

So steht die Sache jetzt, mein vielverehrter Freund. Unerklärlich ist mir das Zunehmen der Collimation, da sehr oft umgelegt ist. Ich will aber sobald ich nur kann, statt des Reichenbach'schen ein Repsold'sches Niveau substituiren. Sie wissen, dass Repsold mir ein Niveau gemacht hat, das ganz so, ohne etwas loszuschreiben, ohne etwas durchstecken zu müssen, wie auf einem Passageninstrument auf den Meridiankreis gehängt wird. Seit der Zeit ist beinahe alle Aenderung der Horizontalität der Axe verschwunden, woraus zu erhellen scheint, dass sie früher nicht würklich war, sondern nur in der Trägheit und Unregelmässigkeit des Niveaus lag. Dennoch wird ihm jedesmal 3 volle Minuten Zeit gelassen um in Ruhe zu kommen.

Ich bitte Sie eine zweite Reihe von Zenithalsternen zu wählen, da das Wetter so ungewöhnlich schlecht ist, dass ich nicht glaube Hansen erhält jeden 12 mal beobachtet.

Die grosse Differenz von Struve und Bessel ist nur, wie Sie jetzt wohl aus der Vorrede zum 8ten Theil gesehen haben, durch Uebertragung, wenn ich so sagen darf, vermittelst Argelander. In Königsberg haben Bessel und Struve einmal zusammen beobachtet und da war nur 0"04. Ich kann das Factum weder begreifen noch glauben. Hansen, Caroc, Nehus und ich haben durch einander an dem Passageninstrumente auf Holkens Bastion, und Hansen und ich an dem Meridiankreise beobachtet ohne eine Spur einer solchen Verschiedenheit zu haben. Wenn Sie mich diesen Sommer erfreuen, wollen wir in Betreff auf uns und Hansen und Nehus das Factum ausser Zweifel setzen. Nehus beobachtet nicht auf die gewöhnliche Art durch Schätzung des durchlaufenen Raums, sondern sein Ohr ist so fein organisirt, dass er die Zeit theilt und den Moment wo der Stern am Faden ist durch das Ohr in Zehnteln angeben kann. Er ist vielleicht der beste Beobachter unter uns hier am Passageninstrumente.

Meine Frage über Polhöhen muss ich undeutlich ausgedrückt haben. Meine Absicht war Sie zu fragen, ob Sie Möglichkeit sähen unter mehreren auf einem Meridianbogen astronomisch beobachteten Polhöhen φ, φ', φ'', φ''', ... diejenigen auszumitteln, die mit der mittleren Figur der Erde stimmen, von der an einigen Stellen, wie Sie sie nennen, wellenförmige Abweichungen sind. Dass die trigonometrische mit der astronomischen Breitendifferenz stimmt, ist offenbar nicht genug um die Polhöhen als auf einem regulairen Ellipsoid gemessen, zu erkennen. Beide Orte können auf den Abdachungen zweier Wellen so liegen, dass ihre Abweichung von der Lage, die sie auf einem regulairen Ellipsoid haben würden gleich ist. Vielleicht drücke ich mich wieder nicht klar genug aus, und so will ich lieber auf Belehrung warten, die ich mündlich von Ihnen erhalten kann.

Ich bitte Sie wiederum von Ihrer Seite um einen ostensibeln Brief, der die Nothwendigkeit der hier und an der Basis zu machenden Sectorbeobachtungen zeigt (an denen Sie aber nach Ihrem Versprechen Theil nehmen wollen), damit ich bei unserer Regierung und in England sogleich die nöthigen Schritte thun kann.

Ich werde Ihnen nächstens eine Abschrift aller Pasquich betreffenden Papiere senden. Er ist nach meiner Ueberzeugung vollkommen unschuldig. Hansen findet aus den von Kmeth publicirten Originalbeobachtungen, so nahe Pasquich's Positionen, dass verschiedene Reductionselemente alles erklären. Da er (Sc. P.) mich gewiss auffordern wird seine Unschuld zu bezeugen, wie ich es aus den Papieren kann, so würden Sie mich sehr verbinden, wenn Sie alles sorgfältig prüfen und mir Ihre Meinung darüber mit Erlaubniss sie zu publiciren, senden wollten, falls Pasquich Rechtfertigung verlangt. Gegen Ihre Autorität wir dniemand etwas einwenden, und ich will Ihr Urtheil ohne alle Persönlichkeiten, bloss als Rechtfertigung Pasquich's drucken.

Ich bitte Sie nur zu untersuchen ob die von Kmeth publicirten Originalbeobachtungen, die nach seiner Absicht beweisen sollen, dass Pasquich die Beobachtungen verfälscht hat, nicht gehörig reducirt, gerade Pasquish's Positionen geben? Es kommt freilich nur ein Stern darin vor (γ Pegasi) um die Correctionen des Aequatoreals zu untersuchen, und obgleich dadurch die absolute Lage des Aequatoreals sich nicht ganz sicher bestimmen lässt, so wird doch diese Ungewissheit wieder sehr vermindert wenn man nur die Positionen des Cometen sucht, da der sehr nahe bei dem Stern war, den man zur Rectification benutzte.

Meine besten Wünsche für die baldige Wiederherstellung Ihrer Frau Gemahlin.

Ganz Ihr
Schumacher.

Altona, 27. Januar 1824.

Hansen hat folgende Meridianbeobachtungen des Cometen am Reichenbach'schen Kreise gemacht:

	m. Z.	A. R.	δ
Jaur. 24. untere Culm.	6^h 14' 20"0	216° 34' 33"3	+65° 32' 46"1
,, 25. untere Culm.	5 46 44,1	210 38 35,3	+67 48 12,6

die letzte Declination ist etwas unsicher.

Herr Hansen bringt eben folgende verbesserte Elemente
T   1823 Dec. 9 4673 m. Z. in Altona
P   274° 32' 59"
☊ = 303   3 22
i = 76 11 28
log q = 9, 35554

N? 200.　　　*Gauss an Schumacher.*　　　[93

Gestern, mein theuerster Freund, habe ich mit genauer Noth noch 3 von unsern Zenithal Sternen beobachten können; heute schneit es und sonach ist keine Hoffnung, dass noch etwas beigefügt werden kann. Ich schicke Ihnen daher beiliegend meine sämmtlichen 84 Beobachtungen, von der Refraction bereits befreiet. Da Sie so viele geschickte Calculatoren commandiren, so haben Sie vermuthlich schon Anstalt gemacht, dass die sämmtlichen Sterne auf den Anfang dieses Jahres reducirt werden können, und dann bitte ich baldmöglichst um die Mittheilung der Resultate.

Ich habe bedauert, dass Sie die Lauenburger Sterne mit Bessel's Declinationen und nicht zugleich mit meinen Beobachtungen von 1820 verglichen haben; insofern es hier darauf ankommt die Amplitude von Göttingen bis Lauenburg astronomisch und geodätisch bestimmt zu vergleichen, kann nur auf dem letztern Wege ein reines Resultat erhalten werden, auf dem erstern würde gar zu vielerlei fremdartiges mit hereinkommen. Indem ich angenommen habe, dass Sie Bessel's Declinationen aus der 7. Abtheilung seiner Beobachtungen entlehnt haben, die bedeutend verschieden sind von denen, die er mir vor einigen Jahren in Briefen mittheilte, habe ich den Weg rückwerts zu machen versucht, und im Mittel 1^0 50' 29"98, unter schöner Uebereinstimmung der einzelnen gefunden. Um übrigens Lauenburg selbst an mein Dreieckssystem anzuschliessen, fehlen mir noch zwei Winkel, nemlich der in S (Signal) und der in Z Platz des Sectors (L = Lüneburg, A = Amtsthurm); den einen dieser Winkel erinnere ich mich von Ihnen mitgetheilt erhalten zu haben, allein alles Suchens ungeachtet, kann ich ihn nicht wiederfinden.

Ich habe zwar vor mehreren Jahren eine Verknüpfung von S nach Z durch viele Zwischendreiecke und eine gemessene Basis erhalten, aber theils ist auch diese verlegt, theils erinnere ich mich auch, dass diese Verbindung so complicirt war, dass ich jetzt doch keine Zeit gewinnen könnte sie durchzurechnen, ich bitte daher die obigen beiden Winkel mir gütigst nochmals zu schicken.

Rücksichtlich der Polhöhe von Göttingen selbst bemerke ich noch folgendes.

Ich habe bisher die Flexion des Fernrohrs nicht in Betracht gezogen;

1stens weil die Messungen im Wasserhorizont, deren Zahl aber erst sehr klein gewesen ist, nur ganz unmerkliche Biegung andeuteten.

2tens weil mit meinen Declinationen der Fundamentalsterne, die ich 1820 aus eben so zahlreichen als sorgfältigen Beobachtungen bestimmt hatte, die Bessel'schen, wie er sie mir mitgetheilt hatte, sehr schön harmonirten, ohne nach Einer Seite einen bestimmten Ausschlag zu geben. Ich bin gar nicht dazu gekommen Bessel's gedruckte Angaben mit den erwähnten brieflichen zu vergleichen, und erst vor Kurzem habe ich mit Verwunderung bemerkt, dass solche gar nicht übereinstimmten, sondern dass erstere alle südlicher sind als die letztern und folglich auch südlicher als meine eignen. Dadurch fällt also mein Argument 2^0 weg, und ich habe daher unlängst eine ziemlich ausgedehnte Rechnung ausgeführt. Setze ich die beobachtete Zenithdistanz $= z$, die wegen der Flexion verbesserte $= z + \alpha \sin Z$ *), so ist die Breite von Göttingen aus allen Circumpolarsternbeobachtungen

$$= 51\ 31\ 48{,}78 - 0{,}570\ \alpha \quad (I)$$
$$51\ 31\ 48{,}89 - 0{,}569\ \alpha \quad (II) \quad \text{oder}$$

I, wenn ich die Resultate aus jeder einzelnen Umlegungsperiode mit Rücksicht, II, wenn ich sie ohne Rücksicht auf die Anzahl der Beobachtungen in jeder Periode gebrauche.

Nehme ich Bessel's Declinationen als frei vom Biegungseinfluss an, so giebt die Vergleichung von meinen Bestimmungen, bei 33 Fundamentalsternen mit den Bessel'schen

$$\alpha = + 1''51$$

und der mittlere Fehler dieser Bestimmung $= 0''10$ (wahrscheinlich $= 0''07$).

Danach die Polhöhe von Göttingen

aus I 51 31 47,92
II   48,03

so dass man einstweilen, bis ich die Biegung aus eignen Beobachtungen abgeleitet habe $51^0\ 31'\ 48''0$ in runder Zahl annehmen kann, also $0''7$ weniger, als ich bisher angenommen habe.

Nun noch ein Paar vorläufige Worte über die Pasquich betreffenden Papiere, welche ich gestern von Olbers zugesandt erhalten habe. Nach Ihrem letzten Briefe wünschten Sie von mir eine Art Zeugniss, dass aus den von Kmeth publicirten Ori-

---

*) Ein Glied von der Form $\beta . \cos z$ kann man, ohne seine reelle Möglichkeit gerade zu läugnen zu wollen, doch ignoriren, weil sein Einfluss durch die Verbindung der Beobachtungen in beiden Lagen des Kreises so gut wie ganz verschwindet.

ginalbeobachtungen diejenigen Positionen die Pasquich in Nro. 2 der Astronomischen Nachrichten gegeben hat sich ableiten lassen. Soll ich darüber gründlich urtheilen, so muss ich entweder die Rechnung selbst machen, oder die eines andern prüfen. Sie haben dem Fascikel die Hansen'sche Rechnung nicht beigelegt sondern nur ein kleines Papier, welches den Gang seiner Rechnung über den Zustand des Instruments enthält; über die Cometenpositionen selbst aber haben Sie seine Rechnungen gar nicht gegeben, sondern bloss in Ihrem Briefe an L. kommen die letzten Endresultate vor, von denen Littrow's Resultate wie er sagt nicht unbeträchtlich differiren. Die ganze Rechnung selbst zu machen kann ich jetzt wirklich keine Zeit gewinnen. Schicken Sie mir daher gefälligst die von Hansen berechneten Refractionen für die Declinationen und Stundenwinkel des Cometen. Alles übrige will ich dann selbst rechnen.

Einen Theil dieser Rechnung habe ich bereits gemacht, denjenigen nemlich, der das Instrument betrifft. Ich muss Ihnen hier offenherzig bekennen, dass ich gleich Anfangs Hansen's Verfahren, dieselbe auf 3 Declinationen zu stützen nicht billigen konnte, sondern Littrow's Verfahren für viel angemessener hielt. Dass die Beobachtungen am Stundenkreise nicht so genau und nicht so stark von der zu bestimmenden Grösse influirt sind, will an sich nichts sagen, es kommt darauf an, ob nicht die Ungenauigkeit, welche der Gebrauch 3er Puncte, die einander so nahe liegen herbeiführt, noch viel grössern Nachtheil bringt. Ich zweifelte daran gleich Anfangs nicht, habe es aber jetzt streng untersucht und gefunden, dass wenn man die Lage der Instrumentalaxe bloss aus den Declinationen bestimmt das Gewicht dieses Resultats nur circa $\frac{1}{60}$ so gross sein würde als das aus den Stundenwinkeln mit abzuleitende, falls letztere eben so genau wären als erstere. Nur dann also könnten beide Verfahren gleich zuverlässig seyn, wenn Eine Declinationsbeobachtung 60 mal mehr Gewicht hätte als Eine Stundenwinkelbeobachtung, und das ist weit von dem was man zugeben kann. Denn in der That influiren hier nicht bloss die unmittelbaren Beobachtungsfehler, bei welchen doch auch dieses Verhältniss viel zu stark wäre, sondern ausser den Ablesungsfehlern noch das Zittern der Sterne und hauptsächlich die auch bei der solidesten Aufstellung von einem Tage zum andern zu befürchtenden kleinen

Verrückungen des Instruments selbst, welche in gleichem Maasse die Declinationen und die Stundenwinkel unzuverlässig machen. Ich habe das Gewicht der Stundenwinkelbeobachtungen $\frac{1}{4}$ so gross angenommen, wie das der Declinationen, muss aber bemerken, dass es auf das Resultat nur wenig Einfluss hat, wenn man statt dessen auch $\frac{1}{8}$ oder $\frac{1}{16}$ nehmen wollte. Denn wenn P der wahre Weltpol, A B das in Frage kommende Stück des Parallelkreises für γ Pegasi, Q den Instrumentalpol vorstellt, und die Lage von Q gegen P gleichsam durch zwei Coordinaten x, y bestimmt wird, so dass zur Axe der x der Stundenkreis genommen wird, welcher ungefähr durch die Mitte von A, B geht, so wird y fast allein durch die Declinationen, x fast allein durch die Stundenwinkel bestimmt und diese Bestimmungen sind daher beinahe von einander unabhängig. Sie werden dies auch ohne alle Rechnung bei einiger Ueberlegung leicht einsehen und zugleich fühlen wie misslich es seyn muss, auch x durch die Declinationen allein bestimmen zu wollen. Es ist ungefähr so als wollte man den Mittelpunkt eines Kreises bloss durch 3 einander nahe liegende Punkte der Peripherie bestimmen, ohne eine anderweitige, wenn auch an sich nicht so genaue Kenntniss, die man von einer andern, einen Quadranten weit abliegenden Stelle hat, benutzen zu wollen.

Mein Resultat ist nun folgendes:

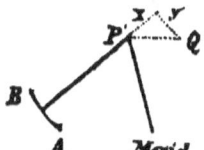

		Dieselben Grössen nach	
		Littrow	Hansen
Stundenwinkel v. Q	303°50′	326°22′	316°59′
Distanz QP	276″,4	341″	213″
Corr. Ind. Ang. hor.	−117,0	−226,5	−218
Corr. Ind. Decl.	+108,1	+331,	+ 27

Ich muss noch bemerken, dass ich die Refractionen so angenommen habe, wie Hr. Hansen sie angiebt, welcher sie schärfer berechnet zu haben scheint als Littrow. Hätte ich sie nach Littrow angenommen, so würde vermuthlich, mein auf alle Beobachtungen gehörig gegründetes Resultat, von dem Littrow'schen wenig abweichen. Zugleich aber kann ich nicht läugnen, dass die nahe Uebereinstimmung der aus den Beobachtungen von Hrn. Hansen abgeleiteten Positionen mit denen von Pasquich in den Astronomischen Nachrichten abgedruckten, für mich keine Vergrösserung der Ueberzeugung, dass Kmeth's Beschuldigung grundlos sei, hervorbringen kann. Denn wie die

Sachen liegen muss allerdings eine nahe Uebereinstimmung stattfinden, Kmeth möchte Recht oder Unrecht haben. Dass die Cometenpositionen, die abgedruckt sind, nahe die wahren sind, wussten wir schon aus den Elementen. Dass das Materielle der Beobachtungen an sich gut war, hat Kmeth gar nicht angefochten. Dann aber ist ja jene Uebereinstimmung von selbst unvermeidlich. Eine Vergrösserung meiner Ueberzeugung könnte aus jener Rechnung nur dann hervorgehen, wenn die reducirten Resultate ganz, oder so nahe mit Pasquich's Angaben harmonirten, dass die Vergleichung von jenen, mit den Elementen denselben Gang zeigte wie die Vergleichung von diesen. Am besten wäre es, Sie forderten Pasquich selbst auf, nachzuweisen wie er seine Beobachtungen reducirt hat.

Auch kommt mir vor, als ob Kmeth seine Beschuldigung bona fide gemacht, d. i. selbst daran geglaubt hat.

Er tritt auf (in Zach's Journal, denn nur auf das was gedruckt ist darf das Urtheil sich stützen) und behauptet Pasquich habe Cometenpositionen a. die er aus Elementen berechnet oder sonst gestohlen habe, eingeschwärzt für solche, die er aus gewissen Beobachtungen abgeleitet habe. Kmeth producirt diese Beobachtungen b und findet, wenn er sie so behandelt, wie Beobachtungen an einem vollkommen rectificirten Instrumente reducirt werden (doch mit Begehung des schülerhaften Fehlers die Refraction zu vernachlässigen) Positionen c, die ganz von a verschieden sind. Kmeth ist aber durchaus nicht der Meinung, dass Pasquich c anstatt a hätte abdrucken sollen, oder dass c die richtigen aus den Beobachtungen a folgenden Positionen wären, sondern er behauptet und glaubt dies aus den Resultaten aus b selbst beweisen zu können, dass gar keine brauchbare Positionen aus b abgeleitet werden können. Er selbst hat keine Idee davon, dass mit einem nichtberichtigten Instrumente gute Positionen zu erhalten sind (Zach p. 245), er kann noch weniger glauben, dass Pasquich den er (obgleich er hoch über Kmeth steht) mit sich auf einer Linie oder gar unter sich hält, dazu fähig sei. Littrow, der von Pasquich's Unfähigkeit dieselbe Meinung hat, und die Sache gar nicht gehörig untersucht hat (er theilt aus unverantwortlicher Uebereilung Kmeth's Fehler über die Refraction, Zach p. 262) bestärkt ihn darin. Was konnte als nach diesen Prämissen Kmeth anders glauben, als Pasquich habe obs. fictas eingeschwärzt.

Sobald Sie Kmeth belehren können, dass sich aus Beobachtungen an einem unberichtigten Instrument gute Positionen berechnen lassen, wird er auch zugeben, dass aus den Beobachtungen quaest. gute Positionen folgen müssen: aber seinen Glauben an Pasquich's Verfälschung wird er nicht fahren lassen, so lange er nicht glauben kann, dass Pasquich dazu fähig sey. Und das könnte auch wohl bei manchem andern Astronomischen Routinier, der Unwissenheit mit Arroganz paart, der Fall seyn, wenn er annehmen soll, Pasquich hätte etwas gekonnt, wozu er so leicht es an sich ist, sich selbst nicht fähig weiss.

Wenn ich übrigens in Rücksicht der Beweiskraft der Reductionsrechnungen (so lange Pasquich uns nicht selbst anzeigt, wie er es gemacht hat) nicht ganz Ihrer Meinung seyn kann, so habe ich doch 1) Kmeth's Angriff mit grösster Indignation gelesen, 2) natürlich darin gar nichts zum Beweise seiner Beschuldigung, sondern nur den evidenten Beweis von Kmeth's Unwissenheit und Unfähigkeit gefunden, und habe 3) für mich auch gar keinen Zweifel an Pasquich's Unschuld, theils weil ich ihn einer solchen Unredlichkeit nicht fähig halte, theils weil die Voraussetzung, Pasquich habe die Positionen aus Elementen berechnet, vernünftigerweise sich nicht damit reimen lässt, dass er gleichzeitig Ihnen so schlechte Elemente schickte und also ohne Zweifel Staudt's Elemente in den Gött. Gel. Anz. vom 17. May ihm noch unbekannt waren, endlich auch an einigen seiner Beobachtungstage von andern Astronomen, wie es scheint gar nicht beobachtet ist, also selbst die letzte unwürdige Voraussetzung, er habe fremde Beobachtungen benutzt, wegfällt.

Doch für heute muss ich schliessen.

Ganz der Ihrige
C. F. Gauss.

Den Cometen habe ich 3 oder 4 mal im Meridian beobachtet, aber kann den Messungen wenig Werth beilegen, weil seine Blässe gar keine Beleuchtung vertrug. Eine genaue Ephemeride wäre sehr wünschenswerth gewesen. Meine Beobachtungen sind noch nicht alle reducirt.

№ 201. **Schumacher an Gauss.**

Heute, mein vielverehrter Freund, ist es mir unmöglich, mehr als ein paar Worte über Pasquich's Sache zu schreiben. Da Sie auch Pasquich's eigene Reductionen verlangen, so habe ich mich heute entschlossen, an ihn zu schreiben, von welchem Briefe ich die Abschrift beilege, die Sie wohl gütigst zu den Acten fügen, wenn Sie solche an Enke schicken. Enke sendet sie, wenn er sie durchgesehen hat, an Bessel, der sie auch sehen muss, weil er jezt als Ehrenretter für Pasquich auftritt.

Mein Brief an Pasquich kann ihm vielleicht nützlich seyn, wenn Olbers' Furcht gegründet seyn sollte; ich habe in dieser Hinsicht auch eine Copie davon an Bürg gesandt.

Mir scheint in Hinsicht der Beweiskraft für P.'s Unschuld die Uebereinstimmung der Positionen, die Hansen aus den Originalbeobachtungen reducirt hat, mit P.'s entscheidend. Jeder Unwissende oder Boshafte kann einen Astronomen verläumden und behaupten, dass er seine Beobachtungen erdichtet habe. Wenn nun ein solcher Ankläger, den ich Bu nennen will (soll heissen Boshaft und unwissend) von dem Astronomen As behauptet, er habe seine Positionen erdichtet, und zum Beweise die Originalbeobachtungen beibringt, so ist die Sache ja darauf reducirt: geben die von Bu bekanntgemachten Beobachtungen die Positionen von As oder nicht? Soll, wenn gegen Bu's Erwartung sich eine vollkommene Uebereinstimmung zeigt, dies nicht hinreichend seyn, so darf ich wohl fragen, was soll denn jeden rechtlichen Mann gegen Kmeth'sche Angriffe schützen?

Wenn Sie an Kmeth's bona fides glauben, so hat er eben keine Ursache, mit dem Zutrauen sich zu brüsten, indem es auf einem nicht sehr schmeichelhaften Begriff von seinen Kenntnissen gegründet ist. Sollte er würklich so dumm seyn, dass er ein Problem, das doch eigentlich nichts anders ist, als aus Länge und Breite grade Aufsteigung und Declination zu berechnen, nicht lösen kann?

Uebrigens theile ich Olbers' Wunsch, dass etwas Entscheidendes für Pasquich geschehe, und das hängt fast nur von Ihnen ab.

Mit der innigsten Verehrung   Ihr ganz eigner
Schumacher.

Altona, d. 17. Febr. 1824.

N°. 202.   Schumacher an Gauss.   [109

Heute, mein vielverehrter Freund! Alles, was ich das vorige mal nicht mittheilen konnte.

1) Zenithsterne. Hier sind die Reductionen des Herrn Hansen. Sie sehen, dass diese Reihe noch nichts entscheidendes gegeben hat. Wir wollen aber unmittelbar eine neue anfangen. Alle sind auf den Anfang von 1824 reducirt.

No. des Sterns	Z. D. in Göttingen	Z. D. in Altona	Amplitude	Gewicht	Zahl der Beob. Göttingen O	W	Altona O	W
I	1° 26′ 29″,20 n	0° 34′ 29″,46 s	2° 0′ 58″,66	3,338	2	6	3	3
II	0 28 7,94 s	2 29 7,21 s	59,27	4,319	3	5	4	4
III	0 42 32,27 s	2 43 30,20 s	57,93	3,333	3	5	6	2
IV	2 6 7,22 n	0 5 9,67 n	57,55	4,404	3	5	8	4
V	1 28 35,40 n	0 32 24,81 s	60,21	3,556	2	4	8	4
VI	0 28 18,66 s	2 29 18,14 s	59,48	4,211	3	5	6	4
VII	0 15 17,61 s	2 16 15,52 s	37,91	3,775	3	4	7	3
VIII	0 13 20,92 n	1 16 23,60 s	sind wol verschied. Sterne		3	4	5	4
IX	0 0 16,26 s	2 1 14,94 s	58,68	4,898	5	4	6	4
X	0 32 32,83 n	1 30 26,75 s	59,58	3,692	3	4	4	4
XI	0 3 46,77 n	2 4 45,23 s	58,46	4,000	4	4	4	4
		Mittel	2° 0′ 58″,77	39,521				

Alle hiesigen Beobachtungen sind meiner Krankheit wegen von Hansen gemacht.

2) Dreyecke. Da Sie die Winkel in Lauenburg verlangen, so sende ich Ihnen das Tableau aller Winkel, die in dieser Umgegend gemessen sind, die Sie noch nicht kennen. Caroc hat die Beobachtungen selbst in Copenhagen, um sie rein zu schreiben, ich bitte also gefälligst es mir so wie Sie es benutzt haben, zurückzusenden. Ich habe die Winkel auf meinem Brette gemessen hinzugefügt, die Sie noch nicht kennen. Die meisten sind in der Absicht gemessen, um zu sehen, ob der Meridianpfahl, mit dem die ☉ Azimuthe gemessen sind, auch verrückt sey. Es scheint keine Spur davon sich zu zeigen.

3) Azimuthe. Da ich immer eine so scharfe Zeitbestimmung habe, so ersuchte ich Lieutenant Nehus, die Winterzeit zu benutzen, wo die ☉ so nahe am Südpunct auf- und untergeht, dass sie bei dem Auf- oder Untergange mit dem Meridianpfahle verglichen werden kann. Er hat folgende schöne Reihe geliefert. Die Beobachtungen sind nach Ihrer Methode berechnet und setzen die Polhöhe des Bretts $= 53^\circ\ 32'\ 45''$ voraus. U bedeutet untergehende, A aufgehende Sonne. Ich habe nichts als ein paar Beobachtungen weggelassen, die letzten Tage, wo die Sonne schon durch Baumzweige, und wegen der Dünste ohne Glas beobachtet werden musste. Diese können auf keine Weise mit den andern concurriren.

Azimuthe des Meridianpfahls mit der unter- und aufgehenden Sonne.

			Zahl d. B.	Höhenkreis
1824 Jan. 6.	U.	$359^\circ\ 59'\ 53''{,}82$	4	R.
	U.	52,04	4	R.
	A.	52,69	1	L.
Jan. 9.	U.	65,19	2	R. einz. Nonien
	U.	57,96	4	L.
Jan. 10.	U.	60,92	4	L.
Jan. 11.	A.	52,39	4	L.
	A.	54,82	2	R. einz. Nonien
Jan. 14.	A.	57,69	4	L.
	A.	52,55	4	R.
	A.	51,83	2	R.
	A.	58,75	2	L.
Jan. 15.	U.	50,11	4	L.
	U.	48,26	4	R.
	A.	56,70	4	R.

1824 Jan. 15. A.	359° 59' 54"86	4	L.
A.	54,46	4	L.
A.	58,92	4	R.
Jan. 16. U.	61,88	4	R.
U.	57,72	4	L.
U.	59,83	4	L.
U.	55,14	4	R.
Jan. 24. U.	52,67	4	L.

Alle diese Beobb. sind mit dem einfachen Faden gemacht.
(Von Gauss hinzugefügt.)

Januar 6.	9	359° 59' 52"903
9.	4	57,960
10.	4	60,920
11.	4	52,390
14.	12	55,177
15.	24	52,967
16.	16	58,517
24.	4	52,670
77		359° 59' 55"085 aus der Beobachtung
		359 59 52,660 aus der Uebertr. von Gött.
		2,425 Unterschied

4) Geld. Da ich selbst 3 mal vergeblich bei Stuhlmann gewesen bin, ohne zu rechnen, wie oft ich hingeschickt habe, ohne im Stande zu seyn, seine Rechnung zu erhalten, so habe ich Ihr bei mir liegendes Geld, nachdem ich zuvor statt der ⅔, Species hingelegt hatte, was mir gleichgültig, Ihnen aber vortheilhaft ist, bei Warburg gegen Louisd'or umgesetzt, worüber Sie beifolgende Berechnung nachsehen werden. Sie haben also bei mir 20 Stück vollwichtige Louisd'or liegen, und dagegen sind Sie mir 2 Schilling Courant schuldig, die ich zulegen musste, um diese Louisd'or einzuwechseln. Was unsere andere Abrechnung betrifft, so will ich, so bald ich weiss, was ich Ihnen für die Windm—sche Carte schuldig bin, dann den Werth des Weins und die 2 β abrechnen und den Rest zu den 20 Stück Louisd'or legen.

Da ich ganz sicher rechne, Sie hier zu sehen, so wird es von Ihnen abhängen, ob dies Geld bis dahin liegen soll, oder ob Sie das Porto daran wenden wollen.

5) **Bitte** um baldige Bestimmung wegen der Arbeiten dieses Sommers, und vorzüglich um ostensibeln Brief, dass Sie wegen der Anomalie nochmalige Sectorbeobachtungen hier wünschen, und ihn mir zu dem Zweck zurückgeben wollen.

So habe ich denn, mein theuerster Freund, Ihnen alle Nachrichten gegeben, die Sie interessiren können. Dass Bessel mir einen Artikel zusandte, in dem Littrow mit vorkam, glaube ich Ihnen geschrieben zu haben. Mir scheint es, man kann ihn ganz herauslassen, da seine Aeusserungen in dem Briefe an Zach offenbar nicht für den Druck bestimmt waren, und gegen seinen Willen gedruckt sind.

Ganz Ihr eigner

Schumacher.

Febr. 20.

№ 203.   Gauss an Schumacher.   [94

Sie haben sehr wohl daran gethan, theuerster Schumacher, sogleich an den so tief gekränkten Pasquich Ihren Brief zu schicken, der ihm einstweilen als Brandsalbe und Sauvegarde wird dienen können. Ich hätte nur fast wünschen mögen, dass Sie sich noch ein Paar Grad bestimmter und kräftiger ausgedrückt hätten. Wenigstens ich meiner Seits hätte gar nichts dagegen gehabt, wenn Sie ausdrücklich erklärt hätten, dass ich durchaus in allem, was Sie in dem Briefe sagen, vollkommen mit Ihnen übereinstimme, und ich zweifle nicht, dass Olbers, Bessel und Enke ganz eben so denken. Nach dem blossen Buchstaben Ihres Briefs haben Sie von uns vier andern bloss Unwillen über den Angriff des Kmeth angeführt.

Halten Sie mich nicht auch für einen Rabulisten, wenn ich noch einmal auf das zurückkomme, worüber unsere Ansichten, doch vermuthlich nur aus Missverständniss, verschieden sind. Ich will mich nicht in abstracto, sondern durch ein Gleichniss expliciren.

Nehmen Sie an, As schreibe Ihnen, er habe am 26. Januar 1822 in Neustadt am Rübenberg die Mittagshöhe der Sonne mit einem Sextanten beobachtet, und daraus die Polhöhe = $52° 30' 27''$

gefunden. Sie lassen diesen im Sommer 1822 geschriebenen Brief erst Ende des Jahrs abdrucken. Ein Paar Jahre nachher tritt Ubu (Sie wollen ihn lieber Bub nennen), Reisegefährter von As auf und gebärdet sich wie ein Rasender. Er behauptet, jetzt sei der Zeitpunkt gekommen, wo endlich As als **infamer Betrüger** demaskirt werde (Zach p. 251). Er, Ubu, wisse, und es sei ganz notorisch, dass As seinen Sextanten gar nicht berichtigt habe.*) As habe damals selbst einen Theil der Beobachtungen in seine (Ubu's) Schreibtafel eingetragen, und er (Ubu) das Papier nachher wieder gefunden. Wie schlecht der Sextant berichtigt gewesen sei, könne er aus diesen Papieren beweisen, die namentlich enthielten, dass der Sonnendurchmesser = 40' 88" gemessen sei (ja er selbst, Ubu, habe diese Messung mitgemacht), da doch schon Bodens Jahrbuch zeige, dass der wirkliche Sonnendurchmesser nur 32' 32"6 gewesen sei. Auch habe er in eben diesen Papieren die gemessene Höhe des obern Sonnenrandes gefunden = 19° 9' 25", aus welcher eine ganz andere Polhöhe folge, nemlich:

Höhe oberer Sonnenrand	19° 9' 25"
Halbmesser	16.16
	18.53. 9
Declination	18.47.12
Aequatorshöhe	37.40.21
Polhöhe	52.19.39

welches beinahe 11 Min. von As' Angabe abweiche und gar nicht zu verwundern sei, da mit einem so schlecht berichtigten Instrumente gar nichts gescheutes gemacht werden könne. Ganz gewiss habe also As, bloss um sich mit seinen Beobachtungen zu brüsten, — bei welchen er lächerlicherweise sogar die Refraction und Parallaxe mit in Betracht genommen zu haben, vorgebe, die ja kaum 2" betragen können und also bei so' ungeheuer groben Beobachtungen gar des Nennens nicht werth wären, — seine Angabe der Polhöhe von Neustadt aus der Hannoverschen Trigonometrischen Messung **gestohlen**, wo sie 50° 30' 21"8 gesetzt ist, etwas weniges willkürlich verändert, und verdiene sonach abgesetzt zu werden &c. &c.

---
*) Mögen Sie voraussetzen, der kleine Spiegel sei, wie bei manchen älteren englischen Sextanten, drehbar gewesen.

Der Fall ist wahrlich im Wesentlichen ganz adäquat.

Was wird man von diesem Ubu sagen? Man wird sagen, er mag die 4 Species kennen, aber von Astronomie weiss er nichts. Ein solcher Unsinn kann auf die Autenthicität der Bestimmung an und für sich durchaus keinen Schatten werfen. Nehmen Sie, es komme nun Ge (Geschickt = Hansen) und rechne so:

Wir haben die Beobachtungen, die zur Bestimmung des Collimationsfehlers dienen, nicht vollständig, und können ihn nur aus dem uns bekanntgewordenen einseitig bestimmten Sonnendurchmesser schliessen, setzen also die Corr. Ind. $= -8'\,5''4$. Eben so kennen wir keinen Barometer und Thermometerstand und nehmen also bloss mittlere Refraction: also

Höhe gemessen	19°	9'	25''
Corr. Ind.		− 8	5,4
	19	1	19,6
Refraction		− 2	45,5
Parallaxe		+	8,2
Halbmesser		− 16	16,3
	18	42	26,0
Decl. auf Neust. reducirt	18	47	2
Aeq. Höhe	37	29	28,0
Polhöhe	52	30	32,0

nur 5'' von As verschieden, welcher Unterschied füglich aus andern Elementen, wegen Refraction, Collimation und Declination erklärt werden kann.

Soweit Ge.

Finden wir nun in solcher Rechnung den Beweis, dass As von Ubus Beschuldigung frei zu sprechen sei? Ich meine nein, eben in so fern schon an für sich gar kein vernünftiger Grund vorgebracht und vorhanden war, an ein anderswoher entlehntes Resultat zu glauben. Dies Rechnungsresultat liess sich mit Gewissheit voraussehen, sobald man wusste, dass die Beobachtung materiell gut und das Instrument gut sei, musste auf alle Fälle eine Polhöhe herauskommen, die mit der wahren nahe, d. i. in Proportion der Kraft eines solchen Instrument harmonirt. Wollen Sie sich aber in diesem Fall doch so ausdrücken, dass Ge's Rechnung den Beweis gebe, dass As die Polhöhe nicht anderswoher gestohlen habe, so kann ich mir dies nicht anders erklären, als dass wir beide uns noch immer nicht verstehen. Ich denke, wird gefragt, ob diese Rechnung einen Beweis gebe, dass nicht die Supposition x sondern y die wahre sei, so müssen wir unser Beispiel so stellen, dass x an sich noch nicht absurd, sondern vielmehr wenigstens denkbar oder eher an sich nicht ganz unwahrscheinlich wäre, und das wäre etwa, wenn wir anderswoher wüssten, dass im Grunde As ein eben so erbärmlicher Schächer wäre wie Ubu; dann denke ich würde man doch nicht läugnen, dass diese Rechnung an sich nichts beweise, sondern, dass wenn As nicht die Beobachtung durch eine fremde Person habe berechnen lassen, er recht wohl die Polhöhe bloss anderswoher gestohlen haben könne.

Ich habe geglaubt, liebster Schumacher, das Vorstehende zu meiner Rechtfertigung sagen zu müssen, damit Sie nicht glauben ich sei zu strenge oder unbillig gegen Pasquich gewesen. Sind wir aber dadurch noch nicht verständigt, so lassen Sie es immer gut seyn.

Sie fragen, sollte Kmeth wirklich so dumm seyn, dass er ein Problem, welches doch eigentlich nichts anders ist, als aus Länge und Breite, gerade Aufsteigung und Declination zu berechnen nicht lösen könne?

Ich denke, Kmeth kann recht gut nach bestimmten Formeln rechnen, aber hier ist doch etwas mehr, nemlich 1) **dass** dies Problem dasselbe ist, wie das von Ihnen angeführte, das von selbst einzusehen, wird eine gewisse mathematische Beurtheilung erfordert, und ich meine, dass man eben nicht weit zu suchen braucht, um unter den lebenden sogenannten Astronomen viele zu finden, die ganz gewiss diese Beurtheilung nicht haben, 2) müssen auch erst aus den Beobachtungen die Elemente zu solcher Rechnung ausgemittelt werden. Ich denke Kmeth hat keine Beweise gegeben, ihn zu diesen beiden Dingen, so unbedeutend sie an sich sind, fähig zu halten. Was Sie übrigens von Kmeth's Unwissenheit abziehen wollen, müssten Sie ihm an Bosheit zulegen, und es wäre doch in der That eine teuflische Bosheit, Pasquich eines Betrugs zu beschuldigen, wenn er, Kmeth, selbst an den Betrug gar nicht geglaubt hätte, und am Ende doch wieder Dummheit, da er ja unmöglich zweifeln konnte, dass eine solche absichtlich falsche Anklage am Ende auf ihn selbst zurückfallen werde.

Die sorgfältige Berechnung der Beobachtungen werde ich nächstens vornehmen. Ich möchte Sie noch bitten

1) um die scheinbaren Positionen von γ Pegasi, für Febr. 20, 22, 27, nach Hansen's Reduction, da ich sie nicht gerne von Kmeth entlehnen möchte und wenigstens die Declination einigen Zeitaufwand mehr macht, der mir jetzt knapp fällt,

2) um die von Hansen berechneten Rectascensionen und Declinationen des Cometen, um sie noch mit meiner Rechnung vergleichen zu können, da ich leider versäumt habe sie mir aus den Papieren, die jetzt schon abgeschickt sind, erst zu notiren.

Durch Ihren Brief an Pasquich ist nun wenigstens das periculum morae beseitigt. Ich bin indessen gern bereit meine Stimme mit der Ihrigen und der von Olbers, Bessel und Enke öffentlich zu vereinigen. Schreiben Sie mir aber gefälligst Ihre Meinung über den Modus. Da Sie von Bessel bereits einen Aufsatz erhalten haben, so wird es darauf ankommen, ob dieser den Gegenstand bereits erschöpft, dann ist ein besonderer Aufsatz von mir unnöthig, und ich werde Ihnen dann, sobald ich ihn gelesen habe, meine Einstimmung, so weit ich sie nach der Ihnen dargelegten Ansicht geben kann, zur beliebigen Bekanntmachung schicken. Erschöpft aber Bessel's Aufsatz den Gegenstand nicht, so bin ich meinerseits auch gerne bereit, Ihnen, sobald ich die Rechnungen quaest. vollendet habe, einen besondern Artikel zu schicken. Auf welche Art dann Sie Olbers und Enke Ihre Einstimmung erklären wollen, werden Sie mir gefälligst anzeigen.

Ganz der Ihrige.

21. Februar 1824.

N°. 204. **Schumacher an Gauss.** [110

Ich habe Sie vollkommen verstanden, mein unvergleichlicher Freund! Es ist unmöglich klarer und besser sich zu erklären, wie Sie gethan haben, und ich habe nur um Verzeihung zu bitten, dass ich Sie einen Augenblick missverstehen konnte.

Bessel's Aufsatz ist kein Muster eines klaren Styls. Enke's, den ich auch erhalten habe, noch viel weniger.

Er ist vielmehr so verworren und matt geschrieben, dass er einem, der die Sache nicht sehr genau kennt unverständlich seyn muss. Olbers hat mir auch ein paar Worte gesandt, die einfach klar und kräftig sind. Alles dies will ich Ihnen, so wie ich Antwort von Pasquich habe, mit dieser zusenden. Sie haben dann alle Acten vor Augen.

Am besten scheint es mir dann, wenn Sie aus allen diesen einzelnen Stücken, mit der Ihnen eigenen — verzeihen Sie mir, dass ich es grade Ihnen schreibe — unnachahmlichen Klarheit und Consequenz, einen Aufsatz machen, der die Sache so erschöpft, dass wir nie wieder darauf zurückzukommen brauchen. Ich würde Ihnen vorschlagen auch dabei auf Littrow's, von Zach abgedruckten Brief keine Rücksicht zu nehmen. Aus den Briefen an mich erhellt, dass er nichts darüber für den Druck schreiben wollte, und so darf man wohl annehmen, dass Zach wieder wie gewöhnlich Privatbriefe gemissbraucht hat, deren Publication von unbefugter Hand als nicht geschehen zu betrachten ist. Wir können es nachher Littrow und Kmeth überlassen, sich über den Antheil an der Zurechtweisung wechselseitig zu complimentiren.

Februar 27.

Ich setze heute noch ein paar Worte hinzu. Die Aufsätze von Olbers und Enke lege ich bei und Bessel's sende ich nach, sobald ich ihn von Olbers zurück habe. Falls Sie die Güte haben wollen den Aufsatz in unsrem Namen zu machen, so lasse ich ihn mit der Namensunterschrift von uns allen abdrucken. Der andern Einwilligung weiss ich dazu, nur von Enke weiss ich es nicht aber darf es supponiren. — Hansen's Papier liegt auch bei.

Ganz Ihr

Schumacher.

Altona, 27. Februar 1824.

No. 204.   Schumacher an Gauss.   [110

So eben, mein vielverehrter Freund! erhalte ich von Olbers Bessel's Brief zurück und übersende ihn gleich.

Wenn ich nun noch Pasquich Positionen erhalte, so sind die Acten geschlossen. Vielleicht könnten Sie Pasquich's Positionen als Nachtrag zu dem Aufsatze benutzen, und also schon den Anfang fertig machen.

Ganz Ihr
Schumacher.

Altona, 2. März 1824.

No. 205.   Gauss an Schumacher.   [95

Bald nach Absendung meines letzten Briefes an Sie, mein theuerster Freund, habe ich nachdem ein, durch ein unrichtiges Zeichen in meiner frühern Rechnung über γ Pegasi entstandenes Versehen verbessert war, die Pasquich'schen Cometenbeobachtungen berechnet. Ich bemerkte sofort den' Druckfehler bei der Position vom 22. Februar und erhielt dann eine Regelmässigkeit in dem Gange der Abweichungen, die mein Urtheil über Beweiskraft der Rechnung ganz abändern musste. So viel ich mich erinnere, war diese Regelmässigkeit in Hansen's ersten Resultaten (in dem Fascikel in Ihrem Briefe an Littrow) nicht vorhanden, weil er den Druckfehler (oder Schreibfehler) nicht bemerkt hatte, und in der Voraussetzung dass unregelmässige Differenzen aus der Rechnung hervorgegangen wären, habe ich so nachdrücklich die Beweiskraft der Rechnung läugnen müssen; sollte aber mein Gedächtniss mich dabei irre geführt haben, so bin ich es, der Sie um Verzeihung bitten muss, Ihnen so beharrlich widersprochen zu haben. Ich schicke Ihnen nun einen Aufsatz darüber, Sie mögen ihn drucken lassen, wenn Sie ihn klarer finden als die andern, und dann Ihre Erklärung beifügen, dass Sie Pasquich dadurch vollkommen gerechtfertigt finden, oder Sie mögen auch sagen, dass für Sie wie für jeden Astronomen eigentlich alle Rechtfertigung unnöthig gewesen sei, da ja schon der geistreiche Herausgeber der in Genua erscheinenden Zeitschrift so treffend bemerkt hat, qu'il n'y a pas de victoire, où il n'y a pas de combat. Uebrigens wäre es wol am einfachsten, in Beziehung auf den Gesichtspunkt der Ehre, dass Sie bloss Olbers gut gesagtes Urtel bekannt machten, oder das wesentliche davon, und Ihre und der andern Freunde Beistimmung erklärten. Meine Adhäsion ist schon im Aufsatz. Nur eines möchte ich dabei wegwünschen, nemlich das Wörtchen hier unschuldigen etc., welches nach meinem Gefühl eine leise Hindeutung implicirt, dass P. in anderer Beziehung keineswegs tadelfrei ist. Es ist, däucht mir, hart, wenn Pasquich ein auch nur leiser (wenn gleich an sich verdienter) Vorwurf, der hier doch nicht nothwendig zur Sache gehört, von seinem Ehrenretter selbst gemacht wird. Doch gebe ich dies Ihrem eignen Gefühl anheim, und überlasse Ihnen, wenn Sie sonst dies nicht für eine unnöthige Bedenklichkeit halten, erst bei Olbers anzufragen, ob er die Weglassung oder Vertauschung mit hiedurch genehmigt.

In der Beziehung auf Littrow werden Sie mit meinem Aufsatze zufrieden seyn; ich habe wie die englischen Parlamentsredner gar keine Namen, weder Kmeth, noch Littrow, noch Zach genannt.

Auch überlasse ich Ihnen, ob Sie aus Ihrer Correspondenz bezeugen wollen, dass Pasquich die Cometenpositionen schon so früh, und wo er nach allen Umständen noch gar keine Kenntniss von den Elementen hatte, eingesandt habe.

Ueber meinen Operationsplan im nächsten Sommer, kann ich eigentlich in diesem Augenblick noch wenig sagen. Ich muss erst die officielle Benachrichtigung von der Genehmigung der Fortsetzung der Messungen nach Westen zu erwarten. Aus einer unlängst erhaltenen Privatnachricht weiss ich dass der König solche genehmigt hat. Die Beobachtungen mit dem Zenithsector müssen also wol entweder dies Jahr noch anstehen, oder in den Spätherbst verschoben werden. Eher könnte ich auf der Südseite der Elbe bis gegen die Unterweser vielleicht trianguliren, während Sie auf dem nördlichen Ufer müssen. Ich bin aber in der That noch unschlüssig, ob es nicht viel besser ist, die Verbindung mit den Krayenhof'schen Dreiecken weiter südlich, über das Osnabrück'sche hin, zu effectuiren, da wirklich die N. O. Krayenhof'schen Dreiecke zum Theil sehr schlecht gemessen sind. Vielleicht liesse sich beides verbinden.

Da Sie mir meine Quittungen von Ihrem Handlungsfreunde Warburg beilegen, so muss ich Ihnen auch die Quittung über die kleine Auslage für die W. Müller'schen Charten schicken. Ersparen Sie sich aber immer künftig eine solche Mühe, denn ich habe doch von allen Quitungen nichts besehen oder aufgehoben. Das übrige Geld, wenn Sie die Weinrechnung und den Preis für Legendres gütigst zu überlassende Exercitia (ich besitze aber bisher nur den ersten Theil), abgezogen haben, bewahren Sie wohl so lange, bis Sie endlich auch die Bezahlung der Rechnung des Hrn. Stuhlmann abziehen können, oder wenn Ihnen das Aufbewahren zu beschwerlich ist, so schicken Sie gefälligst, indem Sie eine nach Ihrem Ermessen mehr als hinreichende Summe zurückbehalten, den Rest durch die Post.

Doch ich muss schliessen wenn der Brief heute noch zur Post soll.

Ganz der Ihrige

C. F. Gauss.

Göttingen, den 3. März 1824.

Den Cometen beobachte ich noch immer im Meridian, wenn man Beobachten nennen will, was eigentlich nur ein zweifelhaftes Schätzen, gegen die nicht zugleich sichtbaren Fäden ist.

Genau ist noch keine Beobachtung reducirt. Ungefähr war gestern Abend

März 2 6^h 36' 2"6 + 40° 32' 2"

Bessel's Aufsatz lassen Sie vielleicht auch abdrucken, oder warum ich **ausdrücklich bitte.** Sie lassen ihn ohne den meinigen abdrucken, wenn Sie ihn angemessener finden. Im entgegengesetzten Fall aber bitte ich ihn mir gelegentlich mitzutheilen, da ich gern sehen werde wie er sich darüber äussert.

N°. 206.   Gauss an Schumacher.   [96

Meinen Brief, theuerster Freund, mit Pasquich's Ehrenrettung werden Sie vermuthlich in derselben Stunde erhalten haben, wo

ich Ihren letzten erhielt. Bessel's Brief schicke ich Ihnen hier
zurück. Die Sache liegt nun ganz in Ihren Händen. Mir däucht
Sie dürfen auf Pasquich's Antwort nicht weiter warten. Von
Ihrer Eile, und von dem Nachdruck des Inhalts Ihrer Astronomischen Nachrichten wird seine bürgerliche Ehre, vielleicht sein
Leben abhangen. Enke schrieb mir gestern, es habe sich in Gotha
das Gerücht verbreitet, Pasquich sei abgesetzt. Gott gebe, dass
die Nachricht wenigstens zu voreilig ist, und dass es noch Zeit
ist, eine solche Folge jener Schändlichkeiten zu hindern.

Ich habe mir alle Mühe gegeben, die Sache in meinem Aufsatze in das klarste Licht zu stellen und allen möglichen Chicanen
und Verdrehungen im voraus zu begegnen. Mein Ton ist strenge
aber so ruhig wie es mir möglich war, aber wie wäre es mir
möglich gewesen die Indignation, schon in jener Entwickelung,
ganz zu unterdrücken! Olbers hat sich kräftig über die Schändlichkeit erklärt, ich habe erklärt, dass sein Urtheil ganz mein
eigen ist.

Wählen Sie nun nach Ihrer eigenen Einsicht meine Entwickelung, oder Enke's, oder beide, oder das Wesentliche daraus,
ganz wie Sie es gut finden. Enke's Aufsatz ist, wie Sie mit
Recht bemerken matt; eine wahrhaft schändliche Geschichte,
ist keine unangenehme Geschichte, aber er enthält mehrere
gute Stellen. Mir däucht, Bessel hat Recht, dass je mehr Stimmen, desto besser. Lassen Sie also jeden sich selbst, also auch
Bessel sich ganz aussprechen.

Von Herzen der Ihrige

C. F. Gauss.

Göttingen, den 7. März 1824.

Sehr eilig.

P. S. Die oben erwähnte Nachricht von Enke hat mich so
consternirt, dass ich mich nicht enthalten hann, noch eine Idee
hinzuzusetzen, deren Anpassenheit ich Ihrem geübtern Tact zu
beurtheilen anheim gebe. Sollte es nicht gut seyn, wenn Sie
sobald die Blätter, die die verschiedenen Erklärungen von uns
allen enthalten, gedruckt sind, sofort davon Abdrücke an ver-
mögende Personen absendeten, z. B. an den Erzherzog Palatinus.
Wahrlich einer so ganz unerhörten Schändlichkeit muss mit dem
grössten Nachdruck begegnet werden. Eben dann wird es doppelt

wichtig seyn, dass Pasquich's eigne Bitte, ihn zu vertheidigen, gar nicht abgewartet ist; wir alle sind ganz uninteressirte Personen, die in fast gar keiner Verbindung mit Pasquich stehen, und die nur durch die höchste Indignation und Betrübniss über eine solche Schändlichkeit angeregt sind. Vielleicht liesse sich denn doch, wenn auch Enke's Nachricht wahr wäre, noch Restitution hoffen, wenigstens nach Möglichkeit; denn freilich, welche Wirkung müsste es auf die schwache Gesundheit des alten, sich ganz unschuldig wissenden Mannes gemacht haben.

Es thut mir jetzt leid, dass ich in meinem letzten Briefe, bei Gelegenheit des in dem Wörtchen hier in Olbers' Erklärung implicite liegenden, obwohl gewiss von Olbers nicht intendirten Vorwurfs, mich so ausgedrückt habe, als ob ich diesen an sich auch nicht für ganz ungegründet hielte. Wir wissen ja alles Nachtheilige über P. lediglich aus den Nachrichten seines hämischen Gegners, und diese können also durchaus nicht mehr Glauben verdienen wie die gegenwärtige Anklage des Betrugs. Unter unsern Erklärungen ist die von Bessel die einzige, die etwas enthält, woraus folgt, dass nicht alle Astronomen auch in Rücksicht auf die übrigen Beschuldigungen alles für baare Münze halten. Erfordert es nicht die Gerechtigkeit gegen Pasquich, dass Sie dieses auch abdrucken lassen?

N? 207.   **Gauss an Schumacher.**   [97

Göttingen, 9. März 1824.

Erlauben Sie mir noch eine Bemerkung, zu der mich die Pasquich'sche Geschichte mittelbar veranlasst. Ich habe Sie schon vor längerer Zeit einmal gebeten, bei jedem Briefe, den Sie in den A. N. aufnehmen, immer auch das Datum zu bemerken, da man oft nicht wissen kann, ob diess nicht einmahl wichtig werden kann, und ich habe mit Vergnügen bemerkt, dass Sie dieses seitdem auch gethan haben. Ich möchte nun aber dieser Bitte noch etwas weitere Ausdehnung geben, und Sie ersuchen, auch bei andern Artikeln, die nicht die Briefform haben, das Datum der Einsendung, insofern ein begleitender Brief dies ergibt, oder im entgegengesetzten Fall, das Datum der Präsentation zu bemerken. Wenigstens Eine grundlose Beschuldigung gegen Pasquich hätte gar nicht gemacht werden können, wenn bei Pasquich's Beobachtungen in Nro. 2 der A. N. dies schon die Regel gewesen wäre.

Die Ungebühr gegen achtungswerthe Astronomen nimmt jetzt Ueberhand, nicht bloss in Genua, sondern auch in Deutschland. Lesen Sie einmahl, ich bitte Sie, den Hesperus vom 14. Februar d. J. Auch hier ist ein würdiger Mann gemishandelt, vielleicht zum Nachtheil seiner bürgerlichen Verhältnisse. Sollte es nicht gut seyn, wenn Sie einmal über solchen Unfug ein Wort sprächen?

Ganz der Ihrige
C. F. Gauss.

No. 208. Schumacher an Gauss. [111

Mein vielverehrter Freund!

Anbei Ihr Exemplar des 2ten Bandes und Ihr Legendre nebst dem Jahrbriefe der mathematischen Gesellschaft. Sie werden wahrscheinlich von Olbers schon Pasquich's Brief (Febr. 24 datirt) und Aufsatz erhalten haben. Er hatte damals noch nicht meinen Brief, es scheint aber, wenn man das Datum dieses Briefes mit der Zeit vergleicht, da die Nachricht der Absetzung in Gotha war, dass diese Nachricht ungegründet ist.

In Eile

ganz Ihr
Schumacher.

März 12.

No. 209. Schumacher an Gauss. [112

Ich eile, Ihnen mein theuerster Freund, zu melden, dass ich so eben einen Brief von Pasquich (März 23.) erhalten habe, aus dem erhellt, dass er nicht abgesetzt ist, aber selbst seit

vorigem Herbste seine Entlassung sucht, und es als einen
Triumph seiner Feinde betrachtet, wenn er diesen Abschied
nicht erhält. Ich verstehe würklich nichts von der Sache. Ich
sende heute den Brief an Olbers, von dem Sie ihn ungesäumt
erhalten werden.

Gestern ist meine Familie mit einer Tochter vermehrt und
jetzt
$$= 2 \text{ Söhne} + 2 \text{ Töchter.}$$

Ihr ganz eigner
Schumacher.

Altona, 6. April 1824.

№ 210. **Gauss an Schumacher.** [98

Empfangen Sie, theuerster Freund! meinen herzlichen
Glückwunsch zu der neuen Vermehrung Ihrer Familie. Möge
Ihre verehrte Frau Gemahlin bald wieder hergestellt, und Ihre
Tochter mit ihren Geschwistern Ihnen immer nur die Quelle
von Freuden, nie von Sorgen, seyn.

Die verschiedenen Pasquich betreffenden Pakete und Briefe
habe ich, so wie ich sie von Olbers überkommen, zu ihrer Zeit
an Enke weiter geschickt. Es ist mir lieb, dass Pasquich's
eigner Aufsatz ungedruckt bleibt. Die Rechnungen betreffend,
gibt derselbe grosse Blössen, und so gern Sie in Ihre Astronomische Nachrichten eine Ehrenrettung gegen eine durchaus
grundlose Anklage auf Betrug aufgenommen haben, so ungern
hätten Sie dieselben zu einem Kampfplatze wegen **Ungeschick**
werden sehen müssen, in Beziehung auf welches Pasquich keinen
Vertheidiger unter uns gefunden haben würde.

Ueber die Fortsetzung meiner Dreiecks-Messungen lässt sich
in diesem Augenblick noch gar nichts sagen.

Ich habe in der letzten Zeit sehr durch Rheumatische Beschwerden gelitten, die sich durch jede Berührung mit der
rauhen Luft verschlimmert haben.

Einliegenden Brief haben Sie wohl die Güte an Gerling zu
besorgen, der nach Hamburg gereiset ist, um dort seine Mutter
zu besuchen. Seine genaue Addresse kenne ich leider nicht,

allein ich zweifle nicht, dass er Sie und Hrn. Repsold zu besuchen nicht verfehlen wird. Wenn ich nicht irre, hat er auch einen Bruder, der dort als Kaufmann etablirt ist.

Ich wünschte wohl zu erfahren, ob Sie die aus Paris erwartete Toise erhalten, wie sie mit der andern übereinstimmt, und ob Sie nunmehro Ihre Basis definitiv berechnet haben? Ich habe unlängst meine sämmtlichen Dreieckspunkte mit Walbeck's Erd-Dimensionen, Ihrer Basis, wie Sie mir solche vorläufig mitgetheilt, und der Breite des Kreisplatzes in der hiesigen Sternwarte, 51° 31' 48"00, neu berechnet und für Hamburg Michaelisthurm, gefunden 53° 33' 0"939 Länge 0° 2' 8"736 östlich. Der Unterschied in der Breite rührt theils von der Basis, theils von der um 0"'7 verminderten Breite von Göttingen her (denn die schärfere Ausgleichung der Dreieckswinkel bringt nur sehr geringe Aenderungen hevor); der Unterschied in der Länge hingegen hat seinen Grund in einem Schreibfehler, der meine frühere Bestimmung entstellt hatte, aber als isolirt betrachtet werden muss, so dass alle andern Angaben davon ganz unabhängig sind. Das Bret an Ihrem Hause finde ich jetzt 16^{meter},612 westlich von Göttingen.

Den Platz bei Harburg hat einer meiner Schüler sorgfältig berechnet und alle 6 Richtungen nach scharf bestimmten Punkten Hamburg, Harburg, Hohenhorn, Lauenburg, Lüneburg, Syk innerhalb kleiner Theile einer Secunde übereinstimmend gefunden. Hat dieser Platz auch weite Aussicht nach Westen?

Ganz der Ihrige
C. F. Gauss.

Göttingen, 18. April 1824.

N? 211.   Schumacher an Gauss.   [113

Heute, mein theuerster und vielverehrter Freund, kann ich nur ein paar Worte auf Ihren letzten Brief antworten.

Ich condemnirte Pasquich's Aufsatz auch, wie ich ihn empfing, ad acta, da seine Methoden über die Maassen unbeholfen sind.

Das Board of Longitude will auf mein Ersuchen in diesem Sommer die Länge von Helgoland von Greenwich durch Reisen

mit einem Dampfschiff der Admiralität und 25 bis 30 Chronometern bestimmen.
Rönneburg will ich untersuchen lassen.
Gerling hat seinen Brief abgehohlt.
Meine herzlichsten und besten Wünsche für Ihre baldige Besserung.
Ich gratulire zur Erwählung als Ehrenmitglied der Academie in Petersburg. Schubert hat mir geschrieben, dass es auf seinen Vorschlag geschehen sey.
Der Herzog von Sussex will Bessel eine Penduluhr von Hardy schenken.

Ganz Ihr
Schumacher.

Altona, 23. April 1824.

N°. 212. **Schumacher an Gauss.** [114

Ich bitte Sie, mein theuerster Freund und Gönner! wenn Sie sonst in Braunschweig einen Bekannten haben, dem Sie es auftragen können, mir auf der Auction des Hofraths Emperius, die den 3ten Mai gehalten wird,

pag. 5 No. 70—72 Polybius edit Gronovii 3 Theile

kaufen zu lassen, wenn ich das Buch für 1 Caroline oder 2 holländische Ducaten bekommen kann.
Dr. Young lässt jetzt Mayer's von Zach ihm mitgetheilte Beobachtungen herausgeben und hat mich sehr um Zeichnung und Beschreibung der von Mayer gebrauchten Instrumente gebeten. Der Mauerquadrant braucht natürlich weder gezeichnet noch beschrieben zu werden, auch sehe ich den Nutzen nicht ein, den dies für die andern Instrumente haben kann, indessen bitte ich, wenn Sie jemand in Göttingen kennen, der für Bezahlung diese Arbeiten übernehmen möchte, sie gefälligst für mich machen zu lassen. Ich werde sie dann an Young senden.

Ganz Ihr
Schumacher.

April 27.

No 213.   **Gauss an Schumacher.**   [99

Göttingen, d. 2. May 1824.

Beigehend, theuerster Freund, erhalten Sie meine sämmtlichen Meridianbeobachtungen des Kometen. Das anhaltend schöne Wetter habe ich dieser Tage zu Beobachtungen des Nordsterns, direct und reflectirt, benutzt. Die Resultate harmoniren äusserst schön unter einander. Heute Morgen stand das Resultat Polhöhe = 51^0 31' 47"62, Gewicht von 57,4 Beobachtungen, Correction der Declination in Ihren Hülfstafeln = — 0"17.

Ich wäre gern von Ihren Operationsplanen in diesem Sommer unterrichtet gewesen. Hoffentlich werden die Messungen in Hohenhorn zu Ihren ersten Arbeiten gehören, die ich in diesem Fall dadurch unterstützen könnte, dass der Gehülfe, den ich vermuthlich bald noch einmal nach Wilsede schicken muss, Heliotroplicht zu verabredeten Stunden nach Hohenhorn lenkte. In etwa 8 oder 10 Tagen werde ich vermuthlich meine Reise antreten.

Pasquich's Brief habe ich von Olbers noch nicht erhalten.

Ihren letzten Brief vom 27. April erhielt ich den 30sten Nachmittags; die nächste Post nach Braunschweig geht erst morgen früh den 3ten dahin ab, und es ist also unmöglich, dass eine Bestellung wegen des Polyb von hieraus früh genug dahin kommen kann. Die einzige Person in Braunschweig aus meiner Bekanntschaft, der ich Ihren Auftrag zu persönlicher Besorgung hätte übergeben können, ist ein Zuhörer von mir, der aber höchst wahrscheinlich heute oder morgen schon auf der Rückreise nach Göttingen seyn wird. Wenn er hieher zurückkommt, werde ich ihn bitten, sich zu erkundigen, ob vielleicht jemand das Buch erstanden hat, der es unter Ihrer Grenze wieder abzustehen geneigt wäre, und ihm aufgeben, dass er in diesem Fall (da ich schwerlich noch hier bin, wenn diese Nachricht eventualiter hierher kommt) veranlasse, dass das Buch Ihnen übersandt werde.

Ich besitze keine Acten, aus denen ich mit Bestimmtheit schliessen könnte, welche Instrumente T. Mayer ausser dem Mauerquadranten gebraucht hat; nur von einem kleinen 1füssig.

Quadranten ist bekannt, dass Mayer damit correspondirende
Höhen observirt hat; sollte Hr. Young dieses Instrument gezeichnet wünschen, obgleich es wohl solches nicht werth ist, so
zweifle ich nicht, dass Hr. Prof. Harding es sich zur Ehre rechnen würde. Von Mauerquadranten hat T. Mayer selbst in
Opp. inedd. gesprochen; ich kann aber nicht alles gut heissen,
was er davon sagt, namentlich habe ich nie an die Realität
der Declinationsverbesserungen p. 15—17 glauben können.

Ganz der Ihrige
C. F. Gauss.

N° 214.   Schumacher an Gauss.   [115

Copenhagen, 16. Mai 1824.

Capitain von Caroc, mein theuerster Freund! wird Ihnen
schon gemeldet haben, dass er in kurzer Zeit bereit ist, Licht
zu Hohenhorn zu empfangen, wenn Sie es dahin schicken wollen.

Mein Operationsplan ist, dass ich gegen Ende des Junius
nach Helgoland gehe, um dort die Zeitbestimmungen zu besorgen. In etwa 3 Wochen bin ich fertig, und kann wiederum
Dreiecke vornehmen. Sehr hatte ich gewünscht und habe auch
schon vor einiger Zeit darum gebeten, Ihren Operationsplan zu
erfahren, um meinen danach einzurichten. Wenn Sie mit dem
Sector beobachten wollen (erst in Göttingen, dann in Altona),
so bitte ich sehr, die Lauenburger Sterne zu nehmen, da einige
gewiss ziemliche eigene Bewegungen haben, und also die Genauigkeit der früheren Beobachtungen durch spätere gewinnt.
Sie können freilich auch die Beobachtungen am Meridiankreise
wiederhohlen, ich glaube aber, es ist dennoch besser, wenn wir
alles mit derselben Sterngruppe abmachen können.

In Ihrem früheren Briefe war auch die Frage nach der
Basis. Ich mag kaum mehr darüber sprechen oder schreiben.
Noch immer ist es mir unmöglich gewesen, den festen Endpunkt von Repsold zu erhalten. Er hat fast für nichts jetzt
Sinn, als für die verfluchten (verzeihen Sie das Wort) Dampfmaschinen, mit denen er seine kostbare Zeit und sein Geld
verschwendet.

Ich denke gegen den 3ten oder 4ten Junius zurück zu seyn und bitte mir nach Altona Ihre Addresse zu senden, um Ihnen sogleich meine Ankunft dort anzuzeigen.
Vielen Dank für Ihre Bemühungen wegen des Polybius.

Ganz Ihr
Schumacher.

N? 215.   Gauss an Schumacher.   [100

Rotenburg, den 24. Junius 1824.

Seit mehreren Monaten bin ich ohne alle Nachrichten von Ihnen, mein theuerster Freund. Von Göttingen aus hatte ich Ihnen meine bevorstehende Abreise, um die Dreiecke nach Bremen zu auszudehnen, gemeldet, und von Hiddingen aus schrieb ich Ihnen vor ungefähr einem Monat, dass der Lieut. Hartmann den Wilseder Berg besetzt habe, und gab Ihnen dessen Addresse, wenn Sie diesen Umstand benutzen wollten, um sich von da nach Hohenhorn Licht schicken zu lassen; zugleich ersuchte ich Sie, Ihre Briefe an mich unter Couvert an Olbers zu schicken, da ich Ihnen bei meinem oft wechselnden und nie auf einige Zeit vorauszubestimmenden Aufenthalt keine andere Addresse geben konnte. Ich bin jetzt aber fast zweifelhaft geworden, ob Sie diesen Brief erhalten haben, da ich noch gar keine Nachrichten von Ihnen habe; auch vom Lt. Hartmann habe ich keine Nachrichten, und bloss aus dem Umstande, dass sein Heliotroplicht manche Tage ganz ausgeblieben ist, wenn ich gleich bemerken konnte, dass der Wilseder Berg im Sonnenschein war, und dass auch, wenn ich sein Licht erhielt, dies nur auf kürzere Zeit war und oft unterbrochen wurde, hatte ich vermuthet, dass Sie doch selbst in Hohenhorn wären, und sich von Wilsede Licht schicken liessen. Auch Dr. Olbers hatte, nach einem seiner letzten Briefe, keine Nachricht von Ihnen, und wusste nur aus frühern Nachrichten, dass Sie im Junius eine Reise nach Helgoland beabsichtigten. In dieser Ungewissheit, ob Sie in Altona, Hohenhorn, Copenhagen, Helgoland oder sonst wo sind, addressire ich nach Altona, und bitte Sie, mir doch' bald einige Nachrichten zu geben, und zwar unter Couvert an Olbers: denn vermuthlich verlasse ich in ein Paar Tagen Rotenburg, und bin jetzt noch ganz ungewiss, wohin ich gehen werde.

Die Dreiecke bis Bremen sind entworfen und ein grosser Theil der Messungen bereits ausgeführt. Es kommt noch auf einen grossen Durchhau an, der Bruttendorf mit dem Litberge verbinden soll; die Entfernung dieser beiden Punkte ist 27000 Meter, es ist aber Holz sowohl in der Nähe des einen als des andern Platzes. Die Direction habe ich nunmehro bis auf ein Paar Secunden genau ausgemittelt, und bei Bruttendorf ist er bereits angefangen. Gelingt dieser Durchhau, das grösste Unternehmen der Art, welches bisher bei meinen Messungen vorgekommen, so habe ich recht schöne Dreiecke bis Bremen, und es könnte dann der Bullerberg aus dem System ganz herausfallen, was aber natürlich doch nicht geschieht, da durchaus jede Messung pro rata contribuiren muss.

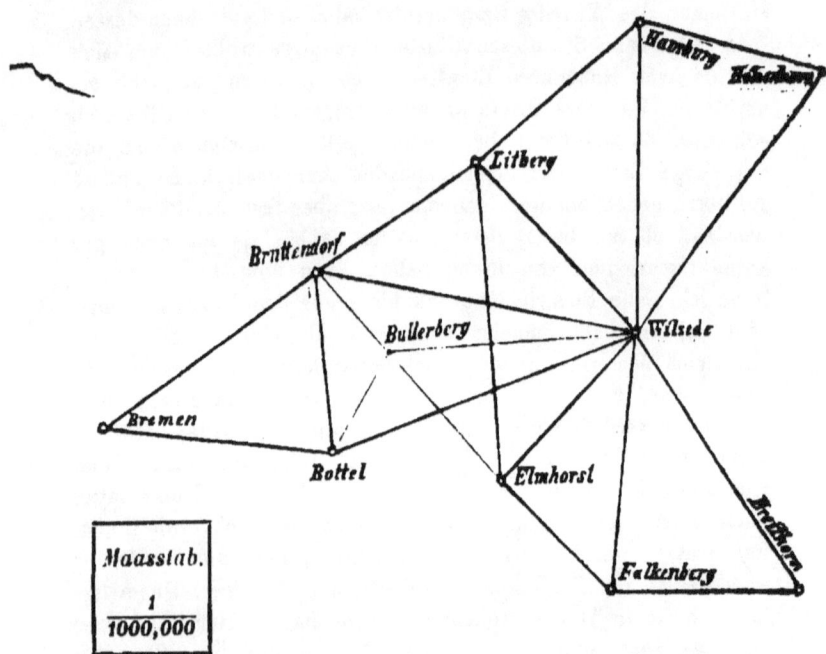

Sie sehen, dass ich durch Litberg und Elmhorst ein ganz neues Uebergangsmittel von der Seite Falkenberg — Breithorn auf Hamburg — Hohenhorn erhalte. Die Winkel in Falkenberg, Elmhorst und Bullerberg sind gemessen, grösstentheils auch die auf dem Bottel, auf welche Art ein weiteres Fortschreiten möglich sein wird, weiss ich noch nicht; ohne Zweifel werde ich demnächst genöthigt seyn, noch einmal von Bottel zurückzukommen. Am liebsten möchte ich Bremen als Hauptdreieckspunkt ganz umgehen, ich weiss aber noch nicht ob dies thunlich seyn wird. Der Ansgarius ist ein schlechter Zielpunkt und wird ein noch schlechterer Standpunkt seyn.

Die Fatiguen der Arbeiten werden mit jedem Jahre angreifender für mich; um so mehr wünsche ich das Ende der trigonometrischen Arbeiten absehen zu können, die Zenithsectorbeobachtungen werden aus diesem Grunde noch zurückgesetzt werden müssen, falls sie nicht im Herbst vorgenommen werden können. Die Polhöhe von Göttingen habe ich noch vor meiner Abreise durch sehr viele Reflectionsbeobachtungen unabhängig von der Biegung gemacht; das Resultat war äusserst nahe $51^0\ 31'\ 48''10$. Die Theilung werde ich nächsten Winter prüfen.

Meine Frau ist in's Emserbad gereiset.

Ganz der Ihrige
C. F. Gauss.

P. S. Seit meiner Abreise von Göttingen bin ich von aller Lecture abgeschnitten, so wie fast von allem Briefwechsel. Kaum erhalte ich zuweilen ein Blatt des unpartheiischen Correspondenten. Sie verpflichten mich daher sehr, wenn Sie mich von allem, was etwa in der besonders astronomischen Welt vorgegangen, in Kenntniss setzen. Die Pasquich'sche Angelegenheit ist hoffentlich ganz geendigt. Enke schrieb mir von einer Replik Kmeth's, die er ein Gewäsch nannte. Diese werde ich dann freilich gar nicht lesen.

N° 216.   Schumacher an Gauss.   [116

Caroc, mein vielverehrter Freund, der seit geraumer Zeit in Hohenhorn ist, hat bis jetzt nur den Wilseder Heliotrop auf

Augenblicke, und so kurz gesehen, dass nichts genügendes zu
erhalten war. Ich kann also nicht ohne mich Vorwürfen auszusetzen ihn länger dort lassen, als er braucht um die andern
Winkel zu messen (etwa noch 14 Tage). Sollte in der Zeit es
nicht besser werden, so will ich lieber selbst einen Gehülfen
nach Wilsede senden. Sie erinnern sich, dass ich vor einigen
Jahren dieselbe Klage, über dies Heliotrop auf Michaelis führen
musste.

Er hat den Winkel Lüneburg — Michaelis 2″ kleiner gefunden als vorher. Ich sehe, dass man am Michaelisthurm baut,
und namentlich die Kugel angestrichen hat. Vielleicht ist sie
auch gerichtet.

Ich hoffe gegen Ende des Julius von meiner Helgolander
Expedition zurück zu seyn. Darf ich dann wohl auf Ihren Besuch rechnen? Wir haben wegen des Sectors noch so viel abmachen.

Ganz Ihr
Schumacher.

Altona, 23. Juni 1824.

N⁰ 217.   Gauss an Schumacher.   [10]

Zeven, den 1. Julius 1824.

Ihr heute früh erhaltenen Brief vom 23. Juni ist die erste
Nachricht, die ich von Ihnen erhalten habe. Erst kurz vor meinem
Abgange von Rothenburg erhielt ich die Protocolle des L. Hartmann
und erfuhr daraus, dass Hr. Hauptmann Caroc in Hohenhorn gewesen und Hartmann ihm viel Licht zugeschickt habe. Ich
wundere mich daher sehr, dass so wenig davon angekommen.
Um nun noch was ich kann beizutragen, schreibe ich sogleich
an H. und gebe ihm auf, vom Empfang des Briefes an alle sein
Licht bloss nach Hohenhorn zu schicken mit Ausnahme von täglich Einer einzigen Stunde, die ich mir reservire, und zwar
von $5\frac{1}{4}$ bis $6\frac{1}{4}$ Uhr. Ich dächte, dass wenn das Wetter einigermaassen günstig ist, Hr. von Caroc damit in ein Paar Tagen
die Richtung wird niederlegen können.

Da die Post von hier wöchentlich nur zweimal geht, so schicke ich diesen Brief, so wie den an Hartmann durch einen Expressen nach Rotenburg, von wo die Post alle Tage auf Harburg geht.

Hartmann ist schon über 6 Wochen in Wilsede und ich werde ihn nicht mehr lange da lassen können, ohne meine ferneren Arbeiten in Stocken zu bringen. Bis zum 8ten mögen Sie aber auf seine Anwesenheit wenigstens rechnen. Sollte nach seinem Abgange gegen alle Erwartung noch nicht Licht genug gekommen seyn, so werden Sie dann am besten noch einen andern Heliotrop hinsenden und ich werde, wenn ich H. durch einen expressen Boten abrufen lasse, diesem auch einen Brief an Sie mitgeben, damit Sie von dem Tage seiner Abreise an, eben so früh wie er selbst avertirt werden und Ihre Einrichtung danach treffen können. Da Sie mir bloss anzeigen, wenn Sie von Helgoland zurückkommen wollen aber nicht, wann Sie dahin abreisen, so bin ich ungewiss ob Sie den erwähnten Brief noch selbst erhalten werden. Damit er in Ihrem Hause erkannt und eventualiter derjenige angestellt werde, der von Ihnen als Substitut für Hartmann substituirt wird, soll Cito auf die Addresse gesetzt werden. Briefe andern Inhalts werden ohne Cito abgesandt werden.

Der Durchhau zum Litberg ist herrlich gelungen; also eine schöne Reihe von 4 Dreiecken zwischen Hamburg und Bremen gebildet. Zu weiterm Fortbau auf die Seite Bremen — Bruttendorf ist aber so gut wie gar keine Hofnung. Vielleicht werde ich am Ende die Verbindung mit Krayenhoff's Dreiecken gar nicht über Bremen machen können.

Ganz der Ihrige

C. F. Gauss.

Meinen letzten Brief aus Rotenburg werden Sie richtig erhalten haben.

N°. 218.   **Schumacher an Gauss.**   [117

Ich habe noch einen nemlichen Brief von Caroc, worin er eben so wie sonst über das Wilseder Heliotrop klagt.

Da Sie, mein theuerster Freund! nun richtig Licht erhalten, so fällt meine Vermuthung, dass vielleicht etwas an dem Instrumente verstellt sey, weg, und ich weiss gar nicht was ich dazu sagen soll. Hat er bis zum 8ten Julius noch nicht genug Licht erhalten, so will ich versprochenermaassen einen Gehülfen hinschicken. Ich kann aber das Rumpf'sche Heliotrop nicht brauchen, da das verstellt zu seyn scheint und ich die Berichtigungsmethoden nicht kenne, und auch sie aufzusuchen keine Zeit habe, indem ich im eigentlichsten Sinne vom frühen Morgen bis späten Abend schreiben und arbeiten muss. Es hat sich nemlich allerley und sehr desperates in diesen Tagen gehäuft.

Mit Betrübniss habe ich bemerkt, dass Sie mir gar keine Hofnung geben Sie hier zu sehen. Von Helgoland bin ich vor Ende dieses Monats zurück. Sie werden doch nicht so nahe bei Altona seyn, ohne mir einige Zeit zu schenken?

Ich werde an Dr. Olbers einen Beweis der Unmöglichkeit der allgemeinen Auflösung der Gleichungen des 5ten Grades senden, die mir für Sie aus Christiania von einem Studiosus Abel zugeschickt ist.

Sind Sie, mein verehrter Freund! noch mit gutem Wein versehen? wo nicht, so befehlen Sie nur wieviel und was ich Ihnen senden soll, und ich will alles zu Conto bringen.

Wie lange bleiben Sie noch in Zeven?

Dass ... von seiner Stelle als Astronom in ... entlassen ist, werden Sie wohl schon von Olbers wissen. Repsold fängt den Bau der Sternwarte hier in nächster Woche an. Sie liegt am Altonaer Thore.

Ich habe dem Stutzschwanze als Verticalmessinstrument durch Repsold die Multiplication nehmen lassen, und er ist vollkommen wie der Meridiankreis eingerichtet, und um ihn als Passageninstrument zu brauchen, mit einem Niveau zum Aufsetzen (nicht zum Durchstechen) versehen. Bis ietzt sind die Resultate sehr befriedigend. Ich notire Ihnen nur den Zenithpunct des Instruments, wie er aus allen bis jetzt angestellten Messungen folgt:

Juni 26   37° 40' 21"20
„   29   — — 21,10
Juli 1   — — 22,61
„   2   — — 22,97

Der Kreis hat eine so starke Collimation erhalten, weil in der Lage die Ablesung der 4 Nonien am bequemsten ist. Ich kann ihm übrigens jede beliebige geben.

Der Apparat, den Bessel für Messungen des absoluten Pendels bei Repsold bestellt hat, wird eine der schönsten Stücke, was Repsold's Ausführung betrifft, der neuern Mechanik. Ich habe doch ziemlich Instrumente gesehen, aber nichts was sich damit vergleichen liesse.

Wenn Sie erst im August nach Bremen gehen sollten, so könnte ich Sie von da hierher abhohlen.

Ganz Ihr
Schumacher.

Altona, Juli 28

N°. 219.   **Schumacher an Gauss.**   [118

Brinkley's Abhandlung kann ich nicht senden, und ich fürchte fast, dass sie bei dem Einpacken verloren ist. Ich habe heute an Dr. Olbers allerhand zur Ansicht gesandt, das ich vorfand, — auch Gruithuisen's Brief — Sie können, wenn Sie es auch durchgesehen haben, mir alles auf einmal retourniren.

Meine auf Helgoland gemessenen Zenithdistanzen (ohne Repetition) des Meerhorizontes, sind folgende:

1824 Juli 15. 14^h Sternzeit 90° 12' 55"5   Bar. 29.77 Th. 66°
                              — — 56,1
                              — — 48,3
                              — — 61,7
Juli 16. *) ....   — — 60,9   Bar. 30.01 Th. 61
                              — — 63,2

---

*) Die Zeit ist nicht bemerkt.   S.

```
Juli 16.  . . . . . . . . . . . . . . .  — — 62,5
    eine Stunde später   — — 70,6
                         — — 66,4
Juli 17. Morgens 9 Uhr   — — 65,1   Bar. 30.10  Th. 62,2
                         — — 58,0
                         — — 50,1
                         — — 57,9
                         — — 65,4
                         — — 52,1
Juli 22. Morgens 10 Uhr  — — 66,8   Bar. 30.14  Th. 61,0
                         — — 69,1
                         — — 68,4
                         — — 68,2
                         — — 70,7
                         — — 65,4
```

In wie fern Sie nach Ansicht dieser Beobachtungen Ihr Urtheil, dass die Uebereinstimmung Sache des Zufalls sey, bestätigt finden, überlasse ich Ihrer eigener Entscheidung. Ich kann nicht läugnen, dass die rasche Art, wie Sie es aussprachen, mich schmerzte, da es entweder meine Beobachtungsfähigkeit, oder mein Urtheil traf. Was die erste betrifft, so glaube ich ziemlich ruhig darüber seyn zu können, und in Hinsicht auf das letzte bedaure ich aufrichtig, dass die Menge der verschiedenartigen Geschäfte, die mir zugefallen sind, mir nicht bis jetzt erlaubt haben, die Theorie der Wahrscheinlichkeitsrechnung zu studiren, und die Zuverlässigkeit dieser Beobachtungen dem Calcul zu unterwerfen. Wenn ich aber die Lage, in der ich mich befinde, nach besten Kräften zum Vortheil der Astronomie benutze, so hoffe ich, wird ein billiger Richter, und vor allen ein Freund, eine Lücke in meinen theoretischen Kenntnissen mir nicht zu hoch anrechnen. Ich habe nicht Ursin's glückliche Disposition meine Geschäfte bei der Ausgabe der Zeitung u. s. w. als ehrenvoll anzusehen, und kann also allein in der Hofnung etwas nützliches zu thun meine Belohnung finden, und diese Hofnung selbst wird mitunter so schwach, dass ich meine Freunde, wenn nicht um Beifall, doch um Nachsicht mit Recht bitten zu können glaube.

Bouvard schreibt mir, dass Pons den Kometen schon am

24sten Juli gefunden hat, — malheureusement cet astronome ne pourra pas fournir d'observations faute d'instrumens. Er hat folgende zwei Pariser Beobachtungen beigelegt.

			A.R.	δ
1824 Aug. 3	9^h 48' 2" t. m.	258° 4' 14"	+24° 30' 27"
„ 4	10 15 34	—	257 11 14	25 26 9

Aus Hansen's Protocoll sehe ich, dass Sie die astronomischen Nachrichten bis No. 58 incl. erhalten haben. Sie werden wohl in Göttingen liegen. In Olbers Packet lege ich 59, 60, 61, 62, und ein Exemplar der Kupfer meiner Sternwarte für Sie.

Von ganzem Herzen Ihr

Schumacher.

Aug. 17.

N? 220. Gauss an Schumacher. [102

Es hat mir sehr leid gethan, dass Sie meine hingeworfene Aeusserung über die Helgolander Zenithdistanzen wie es scheint ganz missverstanden haben. Sie scheinen verstanden zu haben, als sähe ich die Uebereinstimmung der verschiedenen, zu Einer Reihe an einem Tage gehöriger Beobachtungen unter sich (die bloss Sache der Beobachtungsfähigkeit, guter Instrumente und vortheilhafter Umstände ist), als zufällig an; allein dies ist mir gar nicht in den Sinn gekommen; wohl aber schien es mir wahrscheinlich, dass eine nahe Uebereinstimmung der Mittelresultate an verschiedenen Tagen zum Theil die Wirkung des Zufalls sey, indem ich dabei bloss an die Veränderlichkeit der Refraction dachte. So sehr gross nun auch nach meinen vielfältigen Erfahrungen, letztere in flachern Gegenden ist, so würde ich mir demungeachtet darüber gar kein Urtheil erlaubt haben, in sofern ich selbst auf dem Meere gar keine Erfahrungen gemacht habe, wenn Sie nicht selbst bemerkt hätten, dass Sie bei der Depression der Ostsee sehr bedeutende Schwankungen gefunden hätten. Dass nun zwischen der Ostsee und Nordsee ein specifischer Unterschied in dieser Beziehung seyn sollte, schien mir a priori nicht wahrscheinlich, und zur Begründung eines solchen Unterschiedes a posteriori scheinen mir die Erfahrungen nicht zahlreich genug, denn nach den Principien der Wahrscheinlichkeitsrechnung geben Ihre Beobachtungen bloss 3 Erfahrungen (nemlich dass die vom 16, 17 und 22 bis auf 13″ mit denen vom 15. übereinstimmen), und man würde nach jenen Principien noch nicht berechtigt seyn, sehr zu erstaunen, wenn an andern Tagen der doppelte, dreifache oder noch grössere Unterschied sich zeigte. Das ist es allein, was ich habe sagen wollen.

Uebrigens aber gestehe ich es Ihnen gern, dass ich gar wohl geneigt seyn werde anzunehmen, dass die Schwankungen der terrestrischen Refraction über Meer bedeutend geringer sind, als über Land, und hauptsächlich nur der oben mit ☞ bezeichnete Umstand hat mich vor der Hand noch schüchtern gemacht, die Grösse der Unterschiede Ihrer Messungen an den 4 Tagen als eine Art Maassstab für die Schwankung anzusehen. Ich wünschte daher wohl auch über Ihre Ostsee Beobachtungen etwas Näheres zu erfahren,

1) ob vielleicht Ihr Standpunkt in der Ostsee viel höher war als Helgoland, oder ob
2) Sie die Depression der Ostsee von der Stelle gemessen haben, die schon ziemlich tief landeinwärts gelegen war.

Für die gütige Ermunterung danke ich verbindlichst, sowie für die Eintreibung der Rechnung des Herrn Stuhlmann. Ausser dieser werden Sie auch noch die Kosten Ihrer gütigen Weinbesorgung abzuziehen haben, indem ich sonst es als ein Zeichen ansehen müsste, dass ich in Zukunft an ähnliche Bitten mich nicht wiederwagen darf.

Morgen reise ich von hier nach Osterholz ab, wo ich aber vermuthlich nur kurze Zeit bleibe. In Gnarrenburg oder Basdahl bin ich von aller Postcommunication abgeschnitten. Addressiren Sie also Ihre Briefe bis ich nach Zeven komme, vorläufig noch an Hrn. Dr. Olbers. Ueber unsere Zusammenkunft daselbst, auf die ich mich herzlich freue, wird Olbers selbst Ihnen die Verabredung melden.

Ihr gütiges Anerbieten mir, wenn auch nur zur Besetzung des Litbergs einen Heliotrop und Heliotropenlenker zu borgen, wird mir in nächster Zeit überaus willkommen seyn und die Arbeit vermuthlich in Wilsede bedeutend fördern.

Die Heliotrope für Sir Hamphry Davy sind bestellt.

Stets von Herzen der Ihrige
C. F. Gauss

Bremen den 20. August 1824.

N? 221.   **Gauss an Schumacher.**   [103

Apensen, 1 Meile S. W. von Buxtehude
bei dem Kaufmann Köster,
27. September 1824.

Nur mit ein Paar Worten will ich Ihnen, mein theuerster Freund, anzeigen, dass ich gestern hier angekommen bin, um die Messungen auf dem Litberge vorzunehmen, der etwa 5300 Meter von hier entfernt ist.

Wenn das Wetter mich begünstigt, so wird mein Aufenthalt hier nicht lange dauern, und Sie werden mich daher sehr verpflichten, wenn Sie den wohlbekannten Heliotrop bald hieher schicken, damit ich Ihrem Gehülfen erst noch die gehörige Anweisung geben kann. Unter 4 bis 5 Tagen werde ich jedoch schwerlich fertig werden, und wenn dazwischen schlechte Tage eintreten, nach Verhältniss länger. Man sieht auf dem Litberg viele Häuser von Altona. Sie könnten mir, wenn Sie wollen, die bald bevorstehende Ankunft des Heliotrops erst durch Licht vom Altonaer Stadtkirchthurm anzeigen in den Nachmittagsstunden. Wird es mit dem Rumpf'schen Heliotrop gegeben, so wird es gewiss bemerkt und kann, in sofern ich in demselben Augenblick schon selbst da bin, sogleich mit grossem Licht erwiedert werden. Die Richtung wird leicht zu finden seyn, ungefähr $147° 49'$ rechts vom Hamburger Michaelisthurm. Bei einigermaassen guter Luft sehen Sie aber mit einem mittelmässigen Fernrohr das Observationszelt.

Ein Brief mit der Addresse
H. G. in Buxtehude
poste restante

bald abgeschickt, wird mir zu Händen kommen, indem ich in Buxtehude ein oder ein Paarmal nachfragen lassen werde.

Leben Sie wohl, lieber Schumacher, und behalten Sie lieb
Ihren ganz eignen
C. F. Gauss.

Wenn Ihr Gehülfe einen schlechtern aber nähern Aufenthalt, einem etwas bessern aber entferntern vorzieht, so liegt Sauensiek nur etwa 15 Minuten (zu gehen) vom Litberg. Ich selbst bin noch nicht in Sauensiek gewesen, aber Müller hat da logirt, wie auch Clüver und Baumann. Ich weiss nicht, ob der Name daher kommt, dass die Säue dort krank werden. Aber 2 Bierbrauereien sind da, die auch mein Quartier mit ihrem Gebräu versehen.

o Baursberg

o Buxtehude
o Apensen

Sauensiek ° ° Litberg

P. S. Auf dem Baursberg bemerkte ich gestern $1\frac{1}{4}$ Min. links von Buxtehude etwas Postamentähnliches; das was wir voriges Jahr besuchten, müsste etwas rechts liegen und durch ein Haus verdeckt werden. Haben Sie vielleicht ein zweites errichtet, so will ich es einschneiden.

N? 222.   Gauss an Schumacher.*)   [104

Sonnabends 2^h

Indem ich so eben auf eine halbe Stunde von meinem Thurm zum Essen nach Hause komme, finde ich Ihren Brief, liebster Schumacher, und ich eile noch einige Zeilen darauf zu antworten, obgleich ich zweifle, dass dieselben noch mit zur heutigen Post werden angenommen werden. Vorgestern und gestern ist darüber hingegangen, die überflüssigen Oeffnungen des Thurms mit Leinwand zu schliessen, weil sonst wegen des ewigen Windes keine Beobachtung zu machen ist. Heute Morgen habe ich die Instrumente ausgepackt und vorläufig mit dem Theodolithen ein Paar Messungen gemacht, doch war der Michaelisthurm nur kaum durch die Dünste zu erkennen, und mehr zu errathen als zu sehen, daher ich auf diese Messung nichts gebe, allein der

---

*) Der Brief trägt Poststempel Lüneburg den 3ten und 4ten October. Er ist hier abgedruckt, obwohl das Jahr der Abfassung, auch dem Inhalte des Briefes nach, zweifelhaft bleibt.

Winkel zwischen Hohenhorn und Lauenburg (wenn anders das Pavillon-ähnliche Wesen Ihr Signal ist) wird nicht schlecht seyn. Beide Winkel werden wegen der Centrirung noch eine kleine Verminderung erleiden.

Hamburg-Hohenhorn	5 mal	34° 51′ 20″8
Hohenhorn-Lauenburg	10 mal	41 27 56,45
In verkehrter Lage (d. i Kreis links)	noch 13 mal	41 27 57,12
	Mittel	41 27 56,78

Ich erkenne Ihre Güte, dass Sie Hrn. Ursinus zu mir beordert haben, mit Dank, obwohl ich kaum glaube, dass ich ihm Beschäftigung werde geben können. Sehnlich aber erwarte ich Ihre Ueberkunft, damit die Beobachtungen am Kreise gemacht werden können, wozu ein Beobachter nicht zureicht. Bleibt das Wetter günstig, so werden alle Messungen in ein Paar Tagen füglich abgethan werden können. Wird Repsold, den ich herzlich grüsse und darum bitte, nicht noch, wie er versprochen, mit Ihnen kommen?

Stets Ihr ergebenster

C. F. Gauss.

N. S. Wilsede soll nur aus vier Feuerstellen bestehen, vielleicht hat Epailly ein Haus oder einen Baum daselbst zum Zielpunkte gewählt. Jetzt ist die Oeffnung im Thurm dahinaus zu; wenn die Hauptbeobachtungen geendigt sind, können wir uns darnach umsehen.

N°. 223.   Schumacher an Gauss.   [119

Sie würden mich sehr verbinden, mein theuerster Freund! wenn Sie mir diejenige Constante für irdische Refraction senden wollten, die aus Ihren Messungen in dem nördlichen Theile Ihrer Dreiecke folgt. In diesem Theile ist das Terrain dem meinigen sehr gleich, und ich will, bis ich selbst wechselseitige und dabei gleichzeitige Zenithdistanzen genug habe, alle meine

Messungen mit Ihrer Constante wieder berechnen. Wünschen Sie sonst etwas bei dieser Rechnung, so bitte ich mir es aufzugeben, und wir wollen es ausführen.

Von einem jungen Manne, der aus Gotha kommt, habe ich den Grund von Lindenau's Reise nach Genua gehört. Lindenau hat nemlich geglaubt, dass die Herzogin die schon lange nicht mehr schreibt oder schreiben will, schon seit einem Jahre todt sey, und dass Zach ihren Tod verheimliche, um die Apanage zu ziehen. Sie hat aber dennoch gelebt. Er hat nur 9 Tage hin und her gebraucht.

Sie erhalten hier die Uebersicht der Chronometer u. s. w. Ueber alles wird Herr Clausen berichten, der Ihnen diesen Brief und die herzliche Bitte bringt, noch diesen Herbst, wenn auch nur auf ein paar Tage, herzukommen. Der Sergeant, den ich Ihnen sende, heisst van Berg.

Ganz Ihr
Schumacher.

N<u>o</u> 224.   Schumacher an Gauss.   [120

Ich sende Ihnen, mein theuerster Freund! einen meiner Sergeanten, um Sie zu bitten, was der andere bei dem Heliotrop etwa brauchen sollte (das Wetter hält ihn länger auf als ich dachte) ihm vorzustrecken, welches ich alles mit Dank bezahlen werde.

Die Hofnung, Sie hier zu sehen, verschwindet immer mehr.

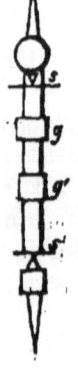

Der Winkel eines irdischen Gegenstandes mit Litberg soll gemessen werden. Da ich ganz allein hier bin, so habe ich es noch nicht gekonnt, obgleich ich 2mal vergebens oben gewesen bin.

Ich bin jetzt bei den Versuchen mit dem Katerschen Reversionspendel. Er selbst hat so beobachtet, dass er durch viele Versuche, und Verrückung der Gewichte g, g', das Pendel dahin gebracht hat, vollkommen gleiche Zeiten auf den Schneiden s, und umgekehrt auf s' zu schwingen. Ich vermuthe aber, man kann eine Correctionsformel gebrauchen, wenn die Zeiten auf s

und s' ziemlich nahe sind, und so Zeit ersparen und ein schärferes Resultat erhalten. Möchten Sie mir nicht darüber ein paar Worte schreiben?

Der Sergeant hat ein paar Flaschen extra guten weissen Wein bei sich, die ich nicht zu verschmähen bitte.

Ganz Ihr

Schumacher.

1824, Oct. 17.

N° 225.   **Gauss an Schumacher.**   [105

Zuerst meinen verbindlichsten Dank, theuerster Freund, für Ihre grosse Güte, mit der Sie mich mit Bier und Wein versorgt haben. Der letztere ist mir in diesem Augenblick sehr willkommen [gewesen, da weder in Apensen noch hier ein trinkbarer Wein zu haben ist, und daher mein zuletzt in Verden mit gutem gefüllt gewesener Flaschenkeller schon ganz geleert ist. Ich behalf mich zuletzt mit täglich einer sehr kleinen Ration von der letzten noch aus Göttingen mitgeführten Nothflasche. Jetzt bin ich bis Hannover geborgen.

Ich muss aber doch gestehen, dass ich trotz mancher bisherigen kleinen Entbehrung mich sehr wohl befinde. Ich habe seit Jahren mich nicht so gesund gefühlt, wie seit den letzten 3—4 Wochen.

Sehr unangenehm wurde mir aber mein hiesiger Aufenthalt durch das abscheuliche Wetter. In den ersten 10 Tagen habe ich fast gar nichts ausgerichtet. Seitdem habe ich ein Paar schöne Tage gehabt. Die Zenithdistanzen von 5 Punkten (worunter der Litberg) sind absolvirt, fehlen also noch die von 2 Punkten, die von Morgen an besetzt seyn werden (Bottel und Bullerberg). Auch mit dem Theodolithen ist nun schon viel geschehen, und ich hoffe im Lauf dieser Woche bestimmt hier fertig zu werden. So viel ich bis jetzt beurtheilen kann, scheint das Dreieck Wilsede — Hamburg — Litberg doch ganz gut schliessen zu wollen (bis auf $1''5$). Der in der Richtung Litberg — Hamburg bemerkte Unterschied gegen das, was ich erwartet hatte, scheint in einer Conspiration kleiner Fehler zu liegen, und ein grosser Theil wird vermuthlich auf die Richtung

Elmhorst — Litberg und zurück kommen, welche hart über Bäume weggeht und dadurch etwas „biassed" sein mag. Meine Messungen sind jetzt zu voluminös, als dass ich die feinste Discussion schon jetzt vornehmen könnte, ich denke, das meiste soll sich leidlich ausgleichen. Es wird daher wol kaum nöthig seyn, dass Sie jetzt in Hamburg den Winkel zum Litberg noch nachmessen.

Ich habe neulich bemerkt, dass Ihr Rönnenburg Platz hier sichtbar ist; der Pfahl ist aber zu schwach, um von hier aus geschnitten zu werden; nur bei ausserordentlich schöner Luft und einer stärkern Vergrösserung würde dies möglich seyn. Wäre aber Ihnen mein Einschneiden desselben so viel werth, dass Sie einen Heliotrop dahin schicken möchten, so bin ich gern dazu bereit. Ich werde (Nachmittags von 2 Uhr an) von Zeit zu Zeit nachsehen. Der Wilseder Berg erscheint in Rönnenberg 165° 44' links von Hamburg Michaelis. Wenn dieser Winkel nur vorläufig auf Papier construirt ist, dieses auf den dortigen Stein gelegt und orientirt wird, so ist der Berg leicht zu finden und dann zeigt ein mittelmässiges Fernrohr das Observationszelt (der Signalbaum ist vor ein Paar Tagen umgefallen). So bald Licht bemerkt wird, soll es durch grosses Licht erwiedert und eingeschnitten werden. Wollen Sie meine Aufmerksamkeit noch mehr darauf schärfen, so schreiben Sie es mit umgehender Post, die aus Harburg Dienstag Abend abgeht und in der Nacht vom $\male$ auf $\mercury$ durchkommt. Ein späterer Brief würde mich vielleicht schon nicht mehr treffen; vielleicht bin ich nemlich schon Freitag zum letzten male auf dem Berge, und nur wenn das Wetter sehr ungünstig ist, könnte ich noch einige Tage zusetzen, aber auch dann nur einige Tage.

Mit grösstem Vergnügen würde ich dem Sergeanten van Berg Geld vorstrecken, wenn ich nur in Communication mit ihm kommen könnte. Ihr zweiter Sergeant will morgen mit dem von Hrn. Wundram geliehenen Pferde nach Harburg und mit dem Dampfschiff über die Elbe. Von meinen 3 Artilleristen geht einer morgen zum Bottel, und die beiden andern bivouaquiren, um die Instrumente zu hüten. Ich muss aber erstlich glauben, dass es Ihrem van Berg auch bei dem besten Willen kaum möglich seyn wird, in Stauensiek viel Geld zu verthun, gegen Ende dieser Woche geht er ab, und im schlimmsten Fall bin ich überzeugt, dass sein Wirth, bei dem schon mehrere male in diesem Sommer Gehülfen von mir gewohnt haben, ihm gern für einige Thaler Credit geben wird. Vom Oranz nach Sauensiek kann nicht mehr als 8 Stunden Weges seyn.

Ich zweifle gar nicht, dass es eben so gut seyn wird, eine kleine Ungleichheit in den Schwingungszeiten am Kater'schen Pendel durch Rechnung zu corrigiren, die Entwickelung der Formeln werde ich aber nicht wohl vor meiner Zurückkunft ausführen können.

Mit Unwillen und Betrübniss habe ich gestern im Correspondenten gelesen, dass man dem alten Legendre, der eine Zierde seines Landes und seines Zeitalters ist, die Pension gestrichen hat. Wissen Sie etwas näheres über seine Umstände? Es wäre doch eine Schande für das Jahrhundert, wenn ein solcher Mann im hohen Alter noch Mangel leiden müsste.

An dem Heliotrop, der jetzt auf dem Litberg ist, fand ich noch etwas Derangement; ich habe eine kleine Palliativcur mit ihm vorgenommen, und er hält sich nun vortrefflich. Ueberhaupt muss ich dem van Berg das Zeugniss geben, dass er das Licht sehr fleissig schickt.

Hartmann ist im vorigen Junius doch auch wol unschuldig gewesen; ich habe jetzt bemerkt, dass vom Hohenhorner Thurm nur ein klein Stück der Spitze über das Holz hersieht; hat Caroc nicht ganz oben in der Spitze gesessen, so konnte das Licht nur bei starker Refraction herüberkommen. Vor 2 Jahren ragte, so viel ich mich erinnere, noch mehr herüber. Das Holz muss gewachsen seyn.

Hrn. Clausen's Bekanntschaft hat mich sehr gefreut. Ich bedaure vergessen zu haben, mit ihm über d'Angos Cometen zu sprechen.

Von der Gesundheit meiner Frau sind die Nachrichten jetzt besser. Sie war im August und September viel kränker als ich damals wusste, fast ohne Hoffnung.

Stets und ganz Ihr
C. F. Gauss.

Barl, den 17. October 1824.

N°. 226. **Schumacher an Gauss.** [121

Das Heliotrop, mein theuerster Freund! wird morgen nach Rönneburg abgehen, da ich sehr diesen Punkt eingeschnitten wünsche. Vielleicht ist jetzt auch schon Litberg von meinem Fenster durch die Bäume sichtbar. Ist das der Fall, so will ich an van Berg jemand senden und ihm sagen lassen, mir auch, wenn Sie fertig sind, Licht zu senden.

Sobald Sie die Correctionsformeln für Kater's Pendel zu entwickeln Zeit finden, bitte ich sehr darum.

Legendre ist, so viel ich weiss, ein wohlhabender Mann. Aber elend und niederträchtig bleibt das Verfahren doch immer.

Mögen Sie, wenn Sie nach Göttingen kommen, Ihre Frau Gemahlin gesund vorfinden!

Alle meine 4 Kinder liegen an den Masern, aber sehr leicht.

Ganz Ihr

Schumacher.

In Ihrem Briefe steht durch einen Schreibfehler „der Wilseder Berg rechts von Michaelis".

Bei nochmaligem Nachsehen finde ich, dass „links" im Briefe steht. Es ist mir unbegreiflich, wie ich mich so versehen haben kann, vorzüglich da dieser Brief des Morgens um 9 Uhr geschrieben ist.

N⁰ 227.   **Schumacher an Gauss.**   [122

(Med. December 1824.)

Sie werden hoffentlich, mein vielverehrter Freund, glücklich wieder in Ihrem Hause angekommen seyn, und meine herzlichsten Wünsche gehen dahin, dass Sie Freude und Gesundheit mögen vorgefunden haben. Ihr Stillschweigen könnte mich besorgt machen, wenn es nicht auch andere und bessere Erklärungen dafür gäbe.

Meine Unterofficiere bleiben so lange weg, dass ich auf die Vermuthung kam, sie müssten ihre Abzugssignale nicht gesehen haben. Ich schickte also Strubye zu Ihnen hin, der sie noch in vollem Eifer bei jedem Sonnenblick Heliotroplicht nach Wilsede zu senden fand. Ich sandte ihn darauf zu Ihnen nach Barl, er hörte aber bei seiner Ankunft, dass Sie schon über 8 Tage zurück nach Göttingen seyen. Darauf liess ich sie wiederum durch Strubye hohlen, und gab ihnen bei ihrer Ankunft ein Mercuriale und den Rath, künftig besser aufzupassen.

Ich habe wie gewöhnlich, mein theuerster Lehrer und Freund! allerhand Bitten und Anträge an Sie, durch deren Beantwortung Sie mich sehr verbinden würden.

1) Die Art, aus den Chronometervergleichungen in Greenwich, Helgoland und Altona die wahrscheinlichsten Längendifferenzen zu finden. Sie haben das Tableau der Vergleichungen schon erhalten, ich wiederhohle aber die Daten hier. Die Vergleichungen, aus denen ich den Gang abgeleitet habe, sind zusammengeklammert, die aus denen die Länge bestimmt ist, sind unterstrichen und mit einem Stern versehen. Indessen liegt zu viel willkürliches in meiner Anordnung, und noch dazu entritt dieselbe Vergleichung zweimal doppelt, und kann also keine unabhängige Resultate geben, wie bei D, und T. Auch sind G, H .... K, L, ... N, P, ... T, U wohl nicht als verschiedene unabhängige Resultate zu betrachten.

A	Altona	Junius	27.
B	*Helgoland	Julius	1.
C	Helgoland	„	2.
D	*Altona	„	3.
E	Helgoland	„	7.
F	Helgoland	„	22.
G	*Greenwich	„	28.
H	*Greenwich	August	2.
I	Helgoland	„	5.
K	*Altona	„	6.
L	*Altona	„	9.
M	Helgoland	„	11.
N	*Bremen	„	12.
O	*Greenwich	„	17.
P	*Greenwich	„	25.
Q	Helgoland	„	30.
R	*Altona	„	31.
S	Altona	Septbr.	4.
T	*Helgoland	„	6.
U	*Helgoland	„	7.
V	Altona	„	12.

Sie finden auf den beigelegten Blättern die nöthigen Data. Das eine enthält A, B ... V d. i. die unmittelbaren Stände der Chronometer, wo ich noch bemerke, dass Voreilung mit — bezeichnet ist, überhaupt Gang und Stand so, dass mit den Zeichen an das angebracht, was die Zeiger der Uhr angeben, mittlere oder Sternzeit (bei Jürg, 13 und Arnold 97) erhalten werde.

Das zweite Blatt enthält:

1) den Gang so wie auf der vorigen Seite erwähnt ist, bestimmt;

2) den Gang der Uhren während der Zeit, dass sie auf Helgoland standen;

3) die Längendifferenzen so wie auf der vorigen Seite erwähnt ist, bestimmt.

Ehe ich nun etwas publicire, was bald geschehen muss, bitte ich Sie herzlich, wenn es Ihre Zeit erlaubt, sehen Sie diese Beobachtungen an und belehren Sie mich, wie ich sie behandeln soll, um das wahrscheinlichste Resultat daraus zu ziehen.

Sie wissen, dass gesetzlich in Dännemark der Secundenpendel als Grundlage des Maasssystems bestimmt ist, und zwar der Secundenpendel unter 45° Breite im Meridian von Skagen. Meine Absicht ist nun hier in Altona Beobachtungen der absoluten Länge zu machen und mit einem unveränderlichen Pendel den Meridian herab bis in Italien hinein mit Repsold zu reisen, der von Hamburgischer Seite beitritt, und den unveränderlichen Pendel an folgenden Orten schwingen zu lassen.

	Breite	Länge	
Skagen	57° 44'	33' 10"	von Paris
Aarhuus	56 10	31 35	
Lysabbel	54 54	30 30	
Altona	53 33	30 25	
Göttingen	51 32	30 25	
München	48 8	36 57	
Verona	45 26	34 44	

Statt München könnte auch Augsburg (48° 22', 34' 18") genommen werden, was näher an dem Meridian liegt, aber wegen der grössern Bequemlichkeit in München zu diesen Versuchen, glaubte ich so viel ablenken zu dürfen.

Möchten Sie mir wohl Ihr Urtheil über die Auswahl dieser Puncte geben, und ob Sie etwas darin verändert haben wollen? Ich soll sobald ich nach Copenhagen komme, sie dem Könige zur Approbation vorlegen.

December 21.

Den 10ten December erkältete ich mich bei der Cometenbeobachtung sehr stark, so dass ich noch immer nicht aus der Stube darf. Dies, mein vielverehrter Freund, hat die Absendung dieses Briefes verhindert. Von dem Madeira habe ich nur 11 Bouteillen mehr, die heute nach Harburg gehen, um die Zahl voll zu machen, habe ich eine Bouteille mit Tokayer gefüllt, die ich Ihrer Frau Gemahlin mit meinen besten Complimenten zu überreichen bitte. Ich muss ohnehin selbst jetzt Madeira wieder kaufen und will gerne es zugleich für Sie besorgen, wenn Sie es befehlen. Es ist aber nicht möglich, ihn jetzt zu dem Preise des vorigen zu erhalten, der wie ein seltener Glücksfall zu betrachten war. Sie müssen ohngefähr 40 ß auf die Bouteille rechnen, um sicher zu seyn, vortreflichen Wein zu erhalten, und dann muss man eine Pipe (etwa 2 Oxhoft) kaufen. Wünschen Sie von dem Weine, so thun Sie am besten, mir die Zahl der Bouteillen zu bestimmen, die Sie haben wollen, wir dividiren dann den Preis der Pipe durch die Zahl der darin enthaltenen Bouteillen. Ich könnte ohnehin Ihnen den Preis des Ankers auf keine andere Art bestimmen. Dazu weiss ich kein Anker zu bekommen, auf das Madeira gelegen hat, und ich darf den Wein nur in ein solches oder in ein ganz neues zapfen. Bei einem neuen ist doch die Möglichkeit des Nachlaugens, wodurch der Wein verdorben wird. Auch kann ein Holzgebinde bei dem Transport angebohrt werden.

Beiliegender Brief — den ich zurückerbitte — wird Sie auch in Erstaunen setzen. Er ist von einem Aufsatze über Aberration begleitet, der mir ganz das Ansehn von übel verdauten, und auf seine Art aufgestutzten Reminiscenzen aus Ihren Vorträgen hat.

So bald ich besser bin, hoffentlich Anfangs Januar, gehe ich nach Copenhagen.

Ganz Ihr

Schumacher.

Nº 228. **Schumacher an Gauss.** [123

Ich vergass gestern, mein theuerster Freund! Sie an eine mir wichtige Sache zu erinnern. Der Druck des 3ten Heftes der A. A. das mit Ihrer Abhandlung anfangen sollte, wartet darauf. Da Sie die Güte hatten, mir in Kloster Seven Ihre Einwilligung dazu zu geben, so habe ich danach meine Einrichtung gemacht und wage Sie zu bitten, sobald Sie es durchgesehen haben, es mir zum Abdruck zurück zu senden.

Bessel denkt, wo möglich in den Osterferien hieher zu kommen, um seinen Pendelapparat von Repsold in Empfang zu nehmen, der würklich ein Meisterstück geworden ist. Wäre es ganz unmöglich, dass Sie dann schon hier wären?

Ihr

Schumacher.

Altona, d. 22. Dec. 1824.

Nº 229. **Gauss an Schumacher.** [106

Göttingen, den 7. Januar 1825.

In meinem letzten in vieler Eile und Unruhe geschriebenen Briefe habe ich verschiedenes zu berühren vergessen, was ich jetzt nachhohle.

Zuerst bin ich ganz erstaunt über das, was Sie mir über den Sergeant van Berg, welcher den Litberg besetzt hatte, schreiben; damit diese Sache ins klare komme, muss ich etwas umständlich seyn.

Ich hatte mit ihm, ehe ich den Litberg verliess, die Abrede genommen, dass ich ihm meine bevorstehende Abreise von Wilsede durch ein telegraphisches (von ihm zu beantwortendes) Zeichen anzeigen würde. Hiebei hatte ich freilich darauf ge-'net, dass ich in Wilsede wirklich fertig werden würde. als ich gegen Ende der dritten Woche meines dortigen alts fürchtete, dass ich diesen Zweck nicht mehr errei- nte, musste ich nothwendig einen Schlusstermin fest- l bestimmte dazu den 24. October. In der Besorgniss jedoch, dass ich vielleicht an diesem Tage keine ☉ haben, und dann also dem v. Berg das verabredete Zeichen nicht geben könnte, und weil ich es für meine Pflicht hielt, Ihre Güte nicht zu misbrauchen, und den v. Berg auch nicht Einen Tag über die Noth in Sauensiek aufzuhalten, schickte ich einen Unterofficier (Biester) als Ordonnanz an ihn ab. Freilich gab ich ihm bloss eine mündliche Bestellung, und zwar Freitags den 22sten Abends, ehe ich vom Berge, wo die Soldaten bivouacquirten, abfuhr (mündlich, weil ich dem Biester den Umweg von mehr als 1 Meile ersparen wollte, zu dem er genöthigt gewesen wäre, wenn er am 23sten früh erst in Barl eine schriftliche Depesche hätte abholen müssen); er sollte nemlich Sonnabends den 23sten nach dem Litberg gehen und dem v. Berg anzeigen, dass ich Sonntags den 24sten das Licht zum letzten male nöthig hätte.

Biester kam Sonntag Nachmittag zurück, als ich auf dem Berge war, und berichtete, dass er die Bestellung ausgerichtet habe; erzählte dabei auch noch, dass v. Berg ihm gesagt, Sie haben ihm bereits einen Boten geschickt mit dem Befehl, wenn ich kein Licht mehr brauche, noch einige Tage solches nach Altona zu richten.

Die Nachrichten in Ihrem Briefe sind nun mit dem Bericht von Biester in Widerspruche: und es wäre doch wahrhaftig ganz arg, wenn der Biester aus Faulheit gar nicht nach Sauensiek gegangen, sondern an einem nähern Orte geblieben und bloss mit Lügen zurückgekommen wäre. Natürlich möchte ich der Sache gern auf den Grund kommen, damit der Biester nach Gebühr bestraft werden könne. Welche Strafe stände wol nach Ihren Kriegsartikeln auf einem solchen Vergehen? Ich wünschte daher, dass Sie den v. Berg gehörig verhörten und eventualiter ihm eine schriftliche Erklärung ausstellen liessen, dass die, nach meiner Anzeige am 23. October an ihn abgeschickte Ordonnanz gar nicht bei ihm gewesen sei.

Die Sache bleibt mir ganz dunkel; denn eben fällt mir noch ein Umstand ein. Ich hatte dem v. Berg gesagt, dass ich Vormittags gar kein Licht bedürfe, sondern nur Nachmittags. Allein dem Biester gab ich auf, dem v. Berg zu sagen, dass ich am 24sten eine Ausnahme davon machen müsse und schon Vormittags sein Licht verlange. In Wilsede selbst regnete es am 24sten Morgens, daher ich erst um $11\frac{1}{2}$ Uhr auf den Berg fuhr.

Alleiu wenn ich nicht irre, erzählte mir der andere Unterofficier Querfeld, der vom 23sten an allein auf dem Berge zurückgeblieben war, dass er am Vormittag den 24sten auf dem Litberg Licht gesehen habe. Doch will ich dies nicht als ganz gewiss behaupten; sollte aber mein Gedächtniss mich bei diesem Umstand nicht getäuscht haben, so scheint es, dass wenn Biester ein Falsarius gewesen, der Querfeld mit ihm durchgestochen haben müsse.

Ich wiederhohle übrigens mit Vergnügen nochmals das Zeugniss, dass der van Berg das Licht immer sehr fleissig und gut geschickt hat.

Ich habe jetzt meine Messungen vom vorigen Jahr meistens berechnet, auch viele Oldenburgsche Punkte nach den Angaben, die ich über die Oldenburgischen Messungen in einem Oldenburger Wochenblatt gefunden habe, taliter qualiter angeschlossen; durch eine mir früher von Ihnen gemachte Mittheilung ist auch Helgoland nun schon gröblich verbunden. Ich wünschte daher sehr, bald zu erfahren, wie die Lage des Platzes Ihrer astronomischen Beobachtungen auf Helgoland gegen den Pulverberg, die Kirche und die Blüse ist. Ich denke, dass in der erwähnten Bestimmung kaum noch ein Fehler ist, der mehr als 1 bis 2 Bogensekunden eines grössten Kreises betragen kann. Ich habe sogar versucht, Copenhagen mit in mein Verzeichniss zu bringen und es 465384^m nördlich, 165811^m östlich von Göttingen gefunden. Leider habe ich das Blatt, worauf die daraus folgende Länge und Breite berechnet ist, verlegt, und in diesem Augenblick nicht gleich Zeit, die Rechnung zu wiederhohlen. Mir deucht die Länge harmonirte sehr gut, die Breite kam aber 55^0 41' 3" Göttingen = 51^0 31' 48" gesetzt also 8" grösser als aus den Astr. Beobachtungen. Es scheint fast, dass die mittlere Krümmung etwas geringer ist, als sie nach den vorausgesetzten Erddimensionen in einem regelmässigen Ellipsoid seyn sollte. Doch verdienen Bugge's Messungen wol kein grosses Vertrauen. Man würde schon etwas zuverlässigeres erhalten, wenn in dem Verzeichniss der relativen Lage gegen Copenhagen sich auch einer oder der andere Ihrer nördlichsten Punkte fände, z. B. Fackebierg oder Lysabbel.

Können Sie mir wol die relative Höhe Ihres Barometers in Altona gegen den Michaelisthurm in Hamburg noch nicht angeben?

Dass ich den wirklich erfolgten Ruf nach B. nicht angenommen habe, glaube ich Ihnen schon gemeldet zu haben. Schon kurze Zeit vorher, ehe ich ihn erhielt, war ich durch die liberale Art, wie man sich in H. und London benahm, verpflichtet, in G. zu bleiben, und konnte also den Ruf ohne weitere Unterhandlung sogleich ablehnen. Das nähere muss ich einer mündlichen Erzählung vorbehalten. Für mehrere mir von Ihnen zum Theil schon vor längerer Zeit gegebene Winke bleibe ich Ihnen sehr dankbar.

Neugierig bin ich auf die Resultate Ihrer Pendelbeobachtungen. Es freuet mich sehr, dass Sie in Zukunft auch in Göttingen solche anstellen wollen; ich hoffe, dass Sie es so einrichten, dass es zu einer Zeit geschieht, wo ich selbst anwesend seyn kann. Auch die übrigen Punkte freuen mich; möchten Sie nur bewirken können, dass die Bayrischen und Oestreichschen Dreiecke, die München und Verona mit Ihren und meinen Messungen verbinden, bald publici juris würden. Ich habe mir viele vergebliche Mühe darum gegeben. Fallon hat meinen Brief gar nicht beantwortet.

Jetzt endlich meinen verbindlichen Dank wegen des so eben angekommenen Weins. Es thut mir in der Seele weh, dass Sie sich Ihres letzten beraubt haben, was ganz gegen meine Absicht war, und Sie müssen mir, wenn ich künftig mich an Sie soll wieder wenden dürfen, denselben zu demselben Preise berechnen, wozu Sie den neuen einkaufen. Es war mir nur um guten Wein, nicht um wohlfeilen zu thun. Da Sie doch eine Pipe wol nicht für sich allein nehmen, so würde es mir ein grosses Vergnügen seyn, künftig von Ihnen welchen abgelassen erhalten zu können. Der diesmalige ist mir zugleich porto- und steuerfrei zugekommen und bitte ich Sie also, diese Auslagen und sonstige Nebenkosten mir mit einzurechnen.

Meine Kinder sind fast ganz wieder gesund; auch meine Frau hat sich um vieles gebessert, obwohl sie noch das Bett hüten muss. Von Ihrem Befinden wünsche ich bald beruhigende Nachricht zu erhalten.

Stets und ganz der Ihrige
C. F. Gauss.

№ 230. **Schumacher an Gauss.** [124

Wie sehr ich, mein theuerster Freund! an der Krankheit ihrer Frau Gemahlin Antheil nehme, brauche ich wohl nicht zu erwähnen. Für Erwachsene sind die Masern immer eine schlimme Krankheit, so wenig sie als Krankheit und mit gehöriger Sorgfalt die Genesenden nicht aus der Stube zu lassen, für Kinder zu sagen haben. Mein ältester Sohn ist, wie ich fürchte, zu früh ausgekommen, er sieht sich gar nicht mehr ähnlich und leidet fortwährend an den Augen. Ich bitte herzlich um Verzeihung, Sie in solchen Augenblicken mit meinen kleinen Anliegen gequält zu haben, und will Ihren Belehrungen über die Chronometer folgend, mich schon selbst damit zu helfen suchen. Es ist nur ein Punct in Ihrer Abhandlung, den ich des Druckes wegen berühren muss:

Es war vorher geschrieben (pag. 5)

„Wenn den Endpunkten eines zweiten Elements auf der ersten Fläche die Werthe

$$(?)\ p, q \text{ und } p + \delta p, q + \delta q$$

entsprechen, so ist der Cosinus des Winkels, welchen dasselbe mit dem ersten Elemente macht

$$\frac{(adt + a'du)(a\delta t + a'\delta u) + (bdt + b'du)(b\delta t + b'\delta u) + (cdt + c'du)(c\delta t + c'\delta u)}{\sqrt{[(adt + a'du)^2 + (bdt + b'du)^2 + (cdt + c'du)^2][(a\delta t + a'\delta u)^2 + (\ldots)^2 + (\ldots)^2]}}$$

Bei p ist mit Bleistift das ausgestrichene Fragezeichen beigeschrieben, und darauf haben Sie corrigirt (statt p, q und ......)

„t, u und $t + \delta u$, $t + \delta u$"

soll das nicht

$$t + \delta t, u + \delta u$$

seyn? Ich würde dies ohne weiteres annehmen, wenn Sie nicht sehr bestimmt den doppelten Werth von $t + \delta u$ corrigirt hätten.

Ich selbst hoffe bald ganz hergestellt zu seyn. Sobald Sie mir erfreuliche Nachrichten über das Befinden der Ihrigen mittheilen können, bitte ich herzlich darum. Meine besten Wünsche sind bei Ihnen.

Ihr ganz eigner
Schumacher.

Altona, 7. Januar 1825.

N°. 231.   **Gauss an Schumacher.**   [107

Nur mit ein Paar Worten, theuerster Freund, dass allerdings

$$t + \delta t,\ u + \delta u$$

stehen soll. Die Eile und Unruhe mögen entschuldigen, wenn die Hand anders schrieb als sie sollte.
Wenn Sie oder Hr. Clausen noch ähnliche Schreibfehler finden sollten, so bitte ich dreist zu verbessern.

Ganz der Ihrige.
C. F. Gauss.

Göttingen, den 10. Januar 1825.

N°. 232.   **Schumacher an Gauss.**   [125

Ich freue mich herzlich, mein theuerster Freund! über die Hofnungen, die mir Ihr letzter Brief auf baldige Besserung aller, in Ihrem Hause giebt. Unter Krankheiten, sind es nun unsere eigenen oder die unserer Lieben, jede geistige Thätigkeit, und jedes zufriedene fröhliche Gefühl verschwindet. Mit mir ist es in der Besserung aber ganz gut bin ich bei weitem noch nicht.

Anbei das Resultat des Kessel'schen Chronometers, nach Ihrer Methode A von Hansen berechnet. Er hat aber wie ich finde nicht jeder Längendifferenz das der Zwischenzeit verkehrt proportionale Gewicht gegeben, und sagte mir wie ich ihn darum befragte, er habe es vergessen. Jetzt habe ich Claasen dabei gesetzt. — Ich glaube auch nicht dass die Voraussetzung A der Fall der Natur ist, sondern beide Störungen existiren wahrscheinlich zusammen. Sollte man nicht die Zeitbestimmungen dabei aus dem Spiele lassen können? Die Altonaer und Helgolander werden wenig zu wünschen lassen, und jede Längenbestimmung setzt doch Zeitbestimmung voraus. Es ist gewiss, dass sie deswegen einem Fehler ausgesetzt sind, aber einem noch dem jetzigen Zustande unserer practischen Astronomie nicht zu eliminirenden, und allen Längenbestimmungen gemeinschaftlichen (error in omnibus occurrens, sed non ubique constans). Doch dies überlasse ich Ihrer Beurtheilung.

Meine Unterofficiere sind nach Rendsburg zurück. Ich will aber sobald als möglich untersuchen, wer der Sünder ist, Biester oder van Berg.

Die Beobachtungen mit dem Ramsden'schen Sector geben für Copenhagen $55°40'52''63$, also $10''$ grösser als die Uebertragung durch Dreiecke (freilich Buggesche). Die Breitendifferenz zwischen den Stellen des Sectors in Lysabbel und Lauenburg ist $1°31'53''306$ (aus 21 Sternen). Der Sector in Lysabbel stand 14,508 Toisen nördlicher als die trigonometrische Station oder der Dreieckspunct auf dem Kirchthurm, dem $0''91$ entspricht. Der Sector in Lauenburg stand 413,445 Toisen südlicher als das Signal.

Die Höhendifferenz des Quecksilbers in meinem Barometer und des Mittelpuncts der Stationsfenster in Michaelis kann ich Ihnen genau angeben, es ist = 45,544 Toisen.

Nehus seine auf Helgoland gemessenen Zenithdistanzen der See stimmen bis auf ein paar Secunden mit den meinigen.

Nach den bisher gemessenen Zenithdistanzen der Ostsee wäre die Höhe der runden Fenster im Michaelis

$65^T 8$ über der Ostsee, also mein Barometer   20,26 Toises
über der Ostsee.
6 Monate correspond. Beobach. mit Neuber geben   20,082
über der Ostsee bei Apenrade. (Grosse Sprünge.)
Poggendorf's Cuxhav. Beobach. (grosse Sprünge)   20,84
über der Nordsee bei Cuxhaven.
68 Tage correspondirender Beobach. auf Helgoland   19,25
über der Nordsee bei Helgoland. (Es sind aber alle im 11 Sturme beobachteten mitgenommen, schliesst man die aus, so kommt fast das Mittel der andern 3.)

Ich glaube Sie haben wohl gethan in Göttingen zu bleiben. Davy versprach in Bremen auf einem Spaziergange auf dem Wall, sobald wie er nur könnte dem Könige vorzustellen, dass Sie auf ganz andere Bedingungen in Hinsicht Ihrer Gradmessung gesetzt werden müssten. Er fand es sehr unpassend, dass Sie wegen irgend eines Punctes dabei das Gutheissen anderer einhohlen sollten. Ist etwas geschehen, dass Sie ihm zuschreiben können?

Möchten Sie mir nicht eine Nachricht über Ihre Durchhaue senden, was Länge und Zahl betrifft? Ich habe sie vielleicht gegen unseren Forstetat nöthig.

Bei der Revision meiner Winkel finde ich, dass ich im Michaelisthurm den Winkel Hohenhorn — Lüneburg

nur 23 mal beobachtet habe $= 32° 24' 35''521$ 1823
vorher 88 mal $35,888$ 1818

Darf ich nicht um Mittheilung Ihrer Beobachtungen bitten, falls Sie welche gemacht haben? sonst muss ich den Winkel wohl noch einmal messen. Er scheint noch zu klein zu seyn.

Obwohl Sie, mein theuerster Freund! mit Ihrem gehorsamen Diener scherzen können, so trieben Sie es doch mit dem Weine etwas zu arg, indem Sie mir zumuthen Profit zu nehmen. Dass es der letzte war, habe ich nur gesagt um die fehlende Bouteille zu entschuldigen. Ich selbst trinke fast nie Madeira, ich kann also recht gut bis zu einer neuen Pipe warten.

Davy schreibt mir, dass nach einem Briefe Brisbane's zu schliessen, ... und Brisbane wieder ausgesöhnt seyen, ... soll nemlich an einer dortigen Gradmessung Theil nehmen. Mr. Laurin ist abgegangen, und der junge Herschel Secretair der R. S. geworden.

Ewig und von ganzem Herzen Ihr
Schumacher.

Altona, 14. Jan. 1825.

So eben sehe ich bei Durchsicht meines Briefes, dass ich die Helgolander, durch Caroc's und Nehus's Triangulation sehr scharf bestimmten Puncte, vergessen habe.

Der Pulverberg existirt nicht mehr, und die Blüsen auf der Sanddüne sind ganz versetzt, auch die auf Helgoland stehen nicht mehr auf den alten Stellen.

Hier sind die Coordinaten der merkwürdigsten Puncte. Der 0 Punct ist mein Passageninstrument in der Sternwarte.

Kirchthurm N. 170^T 96 O. 35^T 80
neuer Leuchtthurm N. 53,87 W. 15,30 jetziger, von den Engländern erbauter,
alter Leuchtthurm N. 26,08 W. 27,49 zu Wessel's Zeit gebrauchter, jetzt verlassener, dies ist der beste Punct zur trigonometrischen Station.

Die Eltern eines jungen Semper, der in Göttingen studirt,

haben mich durch Wall bitten lassen, ihn Ihnen zu empfehlen.
Ich habe geantwortet, wenn er Genie zur Mathematik habe, werde
er sich schon selbst recommandiren. Sollte er nun seine Aufwartung machen, so geben Sie mir doch gefälligst Nachricht,
ob es — wie Wall glaubt — ein junger Newton ist.

Erlauben Sie wohl dass Körner Ihnen ein Hygrometer für
mich schickt, um es im Frühjahr hierher mitzunehmen.

No 233. Gauss an Schumacher. [108

Sie haben von mir, mein theuerster Freund, eine Nachricht
über die bei meinen Gradmessungsgeschäften ausgeführten Durchhaue verlangt; ich gebe Ihnen mit Vergnügen so viel ich kann,
und bedaure nur, dass ich in Rücksicht auf die Kosten und Ausdehnung derselben Ihnen keine so befriedigende Auskunft geben
kann wie ich wünschte. Ueber jene kann ich nur aus dem Gedächtniss und ungefähr etwas angeben, da die Rechnungen von 1821 —
1823 schon seit langer Zeit nicht mehr, die von 1824 hingegen,
insofern sie sich auf die Durchhaue beziehen, noch nicht in
meinen Händen sind. Und ebenso kann ich von der Ausdehnung
nur einige beiläufige Angaben liefern, wie ich sie von meinen
Gehülfen gehört habe; denn in der That habe ich kaum einen
einzigen Durchhau selbst betreten, da ich die Ausführung immer
meinen Gehülfen überliess, die sich in dieses Geschäft sehr gut
eingeübt haben, und denen ich nur die nöthigen Richtungswinkel
und was sonst zu beachten war, vorschrieb. Die meisten Durchhaue hat der Hauptmann Müller geleitet, einige mein Sohn, und
einen oder zwei der Lieutenant Hartmann.

Dass man in so flachen Gegenden, wie der nördliche Theil
des Königreichs Hannover ist, ohne Durchhaue gar keine Triangulirung ausführen kann, muss jedem, der nur einige Idee von dem
Terrain hat, sogleich einleuchten. Ich habe dazu von Seiten des
Gouvernements allen Vorschub gehabt, den ich wünschen konnte.
Alle Königl. Forstbediente sind angewiesen, diejenigen Durchhaue,
die ich nöthig finde, nicht bloss zu gestatten, sondern auch dabei auf alle Art behülflich zu seyn. Sie, oder wo keine Forstbediente in der Nähe sind, die Dorfschulzen, stellten die Arbeiter,

die übrigens von der Gradmessung bezahlt werden. Bei Königl. Forsten habe ich mich dabei um weiter gar nichts zu bekümmern: die betreffenden Forstbedienten haben bloss von den wirklich geschehenen Holzfällungen (insofern sie nicht ganz unbedeutend sind) bei der Kammer Anzeige zu machen, und den dadurch bewirkten Schaden zu taxiren. Bei Privatwaldungen hingegen vergüte ich, auf Rechnung der Gradmessung, auf den Grund der von den Forstbeamten nach bestimmten, bei uns gesetzlichen Principien, taxirten Schaden dem Eigenthümer baar, in so fern er sich solches nicht selbst verbittet, was bei Gutsbesitzern von Bildung, die sich's zur Ehre rechnen, so gemeinnützige Operationen zu befördern, häufig der Fall gewesen ist.

Es ist übrigens wol kaum nöthig zu bemerken, dass ich immer sorgfältigst, ja ängstlich mich bemühet habe, durch die Durchhaue so geringen Schaden wie möglich zu verursachen. Ich habe keinen Durchhau machen lassen, der nicht einen wichtigen und nothwendigen Zweck gehabt hätte, keinen, von dem ich nicht im Voraus gewiss war, dass der beabsichtigte Zweck erreicht werden würde. In Fällen, wo hierüber noch ein Zweifel stattfinden konnte, der sich anderweitig entweder gar nicht heben liess, oder wo die sonstige Hebung solches Zweifels bedeutend kostbarer gewesen wäre, als der mögliche Schaden, wurde immer nur erst eine sehr schmale Oeffnung gemacht, und die Arbeit augenblicklich eingestellt, wenn sich die Unmöglichkeit, den Zweck zu erreichen, ergab. Ein solcher Fall ist mir aber in 4 Jahren nur Einmahl vorgekommen, als ich den Timpenberg mit Lüneburg, vermittelst einer Oeffnung durch das Niendorfer Holz zu verbinden suchte. Das Gelingen wäre wir von grosser Wichtigkeit gewesen, allein als die Oeffnung eine Strecke in das Holz hinein getrieben war, zeigte sich dass das Terrain des Holzes selbst zu hoch blieb, um darüber bis Lüneburg wegsehen zu können. Um dies beurtheilen zu können, hatte ich meinen Gehülfen, die diesen versuchten Durchhau leiteten die Depression unter der die Laterne und der Knopf des Lüneburger Thurms auf dem Timpenberg erscheinen mussten, im Voraus genau angezeigt, wodurch sie zu jener Entscheidung in den Stand gesetzt wurden.

Es versteht sich ferner, dass ich, wo ich wählen kann, immer lieber ohne Durchhau operire, als mit Durchhau; lieber mit einem Durchhau durch eine kleine Waldstrecke, als durch eine lange; lieber durch Holz von geringem Werth, als durch edlere Holzarten oder gar Nutzholz und Obstgärten: lieber durch vollkommen haubares Holz, als durch solches, welches noch im besten Wachsthum steht. Eine Hauptersparniss bewirke ich aber dadurch, dass ich nie einen Durchhau vornehmen lasse, ohne die Richtung im Voraus auf das schärfste angeben zu können, wodurch ich möglich mache, dass die Holzöffnungen nur ungemein schmal zu seyn brauchen, und im Allgemeinen nur Eine volle Baumkrone breit, zuweilen selbst noch weniger. Auch bleibt das Unterholz gemeiniglich stehen, so wie die kleineren Bäume, wenn die Richtung darüber hingeht. Mit einem Wort, es darf durchaus nicht mehr gefället werden als unumgänglich nöthig ist.

Wenn ich alle grösseren und kleineren Durchbaue aus den Jahren 1821—1824 zusammenzähle, von solchen, wo vielleicht ein Dutzend Bäume gefället sind, bis zu den grössten, so mögen etwa 16 oder 17 Durchhaue vorgekommen seyn. Der Allergrösste, nach der Ausdehnung, war im Becklingerholz unweit der Strasse von Bergen nach Soltau. Die ganze Länge hat, wenn ich nicht irre, fast ½ Stunde Weges betragen, obgleich mit bedeutenden Unterbrechungen an kahlen oder niedriger liegenden Stellen. Es war Königl. Waldung, allein das Holz von keiner edlen Art, auch meistens haubar; es soll, wie ich höre, damals auch recht gut verkauft und daher der eigentliche Schaden nicht gross gewesen seyn.

Die grösste Geldentschädigung, die ich an Privaten, oder vielmehr Dorf Communen bezahlt habe, war im Friedlander Holz, um mir die südliche Meridianaussicht der Sternwarte zu öffnen; es waren viele hochstämmige, in gutem Wachsthum befindliche Bäume (doch nicht Einer ohne Noth) gefället, und die ganze Summe incl. Nebenkosten betrug ca. 100 Thaler. Entschädigungen von 70, 60, 50 Thaler etc. sind öfter vorgefallen. Ich glaube aber doch kaum, dass sämmtliche vorgekommene Geldentschädigungen sich viel über 400 Thaler belaufen haben. Wie hoch die Schäden in Königl. Forsten taxirt sind, ist mir nicht officiell zur Kenntniss gekommen. Auf alle Fälle, ist das Ganze bei einer so ausgedehnten Unternehmung gar kein Object, und nach den mir aus München früher mitgetheilten Nachrichten, hat öfters Ein einziger Signalthurm, den man in Baiern bauete, um sich über die Waldungen zu erheben, mehr, vielleicht doppelt mehr gekostet, als alle meine Durchhaue zusammen. Sie haben sehr Recht, dass es in der Ausübung selten der Mühe werth seyn wird, ausser den Irregularitäten der Chronometer auch die Fehler der Zeitbestimmung zu berücksichtigen. Dass die strenge Theorie in abstracto dies aber verlangt, ist einleuchtend, da man sonst verschiedenen chronometrisch bestimmten Längendifferenzen unrechte Gewichte beilegt. Bloss mit Rücksicht auf die Chronometerfehler (der Art A) wäre das Gewicht umgekehrt der Zwischenzeit proportional, also bei einer unendlich kleinen Zwischenzeit unendlich gross, was offenbar wegen der unvermeidlichen Fehler der Zeitbestimmung unrichtig ist. Den Längenbestimmungen aus sehr kleinen Zwischenzeiten wird daher, indem man die Fehler der Zeitbestimmung ignorirt, ein zu grosses relatives Gewicht gegen andere aus grösseren Zwischenzeiten beigelegt.

Meine trigonometrische Bestimmung des Höhenunterschiedes zwischen dem Altonaer und Bremer Barometer ist 5 — 6 Toisen grösser, als die Barometervergleichung selbst giebt; ich habe zu jener Rechnung den Höhenunterschied zwischen dem Altonaer Barometer und der Mitte der ovalen Fenster im Hamburger Thurm, nach Ihrer mir gütigst mitgetheilten Angabe, den Unterschied der letztern von dem Knopf und Fussboden der Laterne hingegen (welches meine Zielpunkte gewesen sind), aus dem Kupferstiche vor Benzenberg's bekanntem Buche entlehnt. Meine Zenithdistanzen sind alle hin und zurück gemessen, so viel thunlich zu correspondirenden Tagszeiten, und wenn ich auch von meinem Resultate ein Paar Toisen ablassen kann, so ist mir doch ein Fehler von 5 — 6 Toisen nicht wohl denkbar. Ich bemerke jedoch, dass Olbers und ich, wenn wir das Barometer ablasen, immer in Einerlei Sinn von einander differirten (ich meine, ich las immer eine grössere Höhe, weiss dies aber nicht mehr gewiss) und zwar ziemlich viel, auch wenn jeder von uns on purpose noch einmahl nachsah, beharrte jeder auf seiner Ablesung.

Eine beiläufige Reduction des Beobachtungsplatzes auf Helgoland giebt mir den Längenunterschied von Göttingen in Zeit 8' 14" 40, welchem die chronometrische Bestimmung ziemlich nahe kommen wird. Die Breite finde ich 54° 10' 57"2, also 10 — 11" mehr als die Beobachtung. (Bei der Rechnung von

Göttingen $51^0\ 31'\ 48''0$ ausgegangen. Um einige Bogensecunden wird die geodätische Bestimmung, bei der geringen Genauigkeit der Oldenburger Messungen, noch ungewiss bleiben, indessen wird doch die geodätische Amplitudo zwischen Altona (wo wir meine ich $5''$ Unterschied gefunden haben), wol einige Secunden grösser bleiben als die astronomische. Dasselbe findet zwischen Lauenburg (Sector) und Lysabbel (Dreieckspunkt) Statt, wo ich die Amplitude geodätisch $1^0\ 31'\ 57''275$ levi calamo gefunden habe, während der Sector $1^0 31' 54''221$ gegeben hat. Wir würden also, wenn wir unsere Messungen mit den Ostindischen zusammenstellten, und die französischen, englischen und schwedischen ausschlössen, eine bedeutend grössere Abplattung finden, als Walbeck bestimmt hat.

Es wird mir angenehm seyn, wenn Sie Ihr Hygrometer an mich addressiren lassen wollen. Ob ich aber Ihnen solches selbst bringen kann, wenigstens, ob im nächsten Frühjahr, kann ich nicht verbürgen, da die dringende Nothwendigkeit meine Dreiecke bald zu vollenden mich wol zuerst an die Weser rufen wird.

Mit Dank erkenne ich Ihre freundschaftliche Absicht bei Ihrer Communication an Davy. Es ist aber bisher an meinen Bedingungen bei den Gradmessungsarbeiten nichts verändert. Ich bin übrigens mit diesen Bedingungen vollkommen zufrieden, und finde meine Diäten, als Defrayirung — und mehr verlange ich nicht — reichlich zulangend.

Gibt es wol in Hamburg gewöhnlich Gelegenheit Reisewagen zu kaufen, die schon gebraucht, aber nicht gar viel gebraucht sind? Ich sollte glauben, dass wohl mancher, der von da nach England oder fremden Welttheilen sich einschifft, dort verkauft. Mein bisheriger Wagen hat ziemlich ausgedient, allein ich scheue mich etwas vor einem ganz neuen Wagen, da ich so viele Beispiele höre, dass bei den ersten Reisen Federn oder Axen gebrochen. Wenn ich zu einem Ankauf der Art in Hamburg gute Hofnung hätte, so würde ich mich vielleicht mit meinem alten Wagen noch so lange behelfen, bis ich selbst nach Hamburg kommen kann. Ich habe in Hannover Erkundigungen einziehen lassen, bei einem Hofwagenfabrikanten steht ein sehr schöner fertiger Wagen, dessen Besteller ihn jetzt aus plausibeln Gründen nicht gern nehmen will, und der nach der Beschreibung mir wohl

conveniren würde. Allein aus obigen Gründen bin ich etwas
scheu, und der Preis von 105 Louisd'or ist mir doch auch etwas
zu hoch.

         Ganz der Ihrige
           C. F. Gauss.

P. S. Den Winkel zwischen Lüneburg und Hohenhorn in
Hamburg (centr.) habe ich

unmittelbar (23 mal).................. 32° 24' 35",479
aus dem Ensemble sämmtlicher Messungen 32 24 35,262

N° 234.   **Schumacher an Gauss.**   [126

Sie erhalten hier, mein theuerster Freund! Clausen's Berechnungen der Längenunterschiede nach Ihrer Methode A. Ich
glaube nicht, wie Sie selbst auch bemerken, dass dies der Fall
der Natur ist. Wollten Sie die vermeinte Methode etwas näher
angeben, so soll er auch die fertig rechnen.

Wenn Sie diese Rechnungen durchgesehen haben, bitte ich
sie mir unfrankirt zurück.

Es ist jetzt in Anrege, auch Mondsorte zu geben. Sollen
wir mit Damoiseau's Tafeln einen Versuch machen? Meine Absicht war AR, δ und Parallaxe für den Augenblick der Culmination in Altona und Göttingen zu geben, Länge und Breite aber
in mittlerer Greenwicher Zeit, weil die bei den Distanzen gebraucht werden soll. Darf ich mir Ihren Rath darüber ausbitten?

Mit erster fahrender Post erhalten Sie Tittel's Opus.

         Ganz der Ihrige
           Schumacher.
1825 Jan. 25.

In Eile.

N° 235.   **Schumacher an Gauss.**   [127

Ich war neulich, mein theuerster Freund! so in der Eile,
dass ich die Pendelbeobachtungen vergass, die schon gemacht

sind. Zahrtmann hat nemlich mit einem unveränderlichen Pendel von Fortin in Paris und hier beobachtet. Jede Reihe besteht aus etwa 20 Beobachtungen. Sie sind an beiden Stellen auf unendlich kleine Schwingungen, luftleeren Raum, Meeresspiegel, und dieselbe Temperatur (= 15° centigr.) reducirt.

Paris.
Schwingungen in 24^h Sternzeit.

1823	August 31	86988,10
	,, 31	9,04
	Septbr. 1	7,31
	,, 2	9,01
	,, 3	7,75
	,, 4	7,88
	,, 7	7,11
	,, 10	7,55
	Mittel	86987,97

Altona.
Schwingungen in 24^h Sternzeit.

1824	October 21	86995,26
	,, 24	4,77
	,, 26	4,91
	,, 29	4,63
	,, 31	5,52 ⎫
	Novbr. 4	6,13 ⎬ bei Tage
	,, 6	6,26 ⎭
	,, 8	5,46
	Mittel	86995,37

In Altona sind alle Versuche spät in der Nacht nach Mitternacht gemacht, wenn kein Wagen mehr fuhr. Ausgenommen davon sind Oct. 31., Nov. 4. u. 6. die bei Tage gemacht sind.

Nach Laplace's Formel (die Pendellänge $= A + B \sin \varphi^2$)

$$\frac{A}{B} = 470,453$$

$$\text{Abplattung} = \tfrac{5}{4} \cdot \tfrac{1}{289} - \frac{B}{A}$$

finde ich daraus $\frac{1}{153}$. Nach einer Formel, die Schubert in seinem neuen Werke über Astronomie (Theil 3. p. 226) hat (wo ω Abplattung, λ Pendellänge unter φ, λ' Pendellänge unter φ')

$$\frac{\lambda' - \lambda}{\lambda \sin \varphi'^2 - \lambda' \sin \varphi^2} = \frac{1}{\frac{1}{\omega} + 2}$$

finde ich $\frac{1}{287}$. Es frägt sich nun, nicht welche Abplattung richtig ist (denn dazu sind die Orte zu nahe und die Beobachtungen nicht zahlreich genug), sondern welche Formel richtig ist. Schubert's giebt $\omega = \frac{B}{A - 2B}$ also in Verbindung mit Laplace's würde daraus folgen

$$\frac{5}{2} \cdot \frac{1}{289} = \frac{2 \cdot \frac{B}{A} \cdot \left(1 - \frac{B}{A}\right)}{1 - 2\frac{B}{A}}$$

Ich könnte vielleicht, wenn es Ihnen interessant wäre, Zahrtmann mit dem unveränderlichen Pendel noch ehe Sie reisen, nach Göttingen senden, um dort schwingen zu lassen. Auf jeden Fall komme ich im künftigen Jahre selbst.

Hoffentlich ist auch Ihre Frau Gemahlin jetzt wieder hergestellt.

Ganz Ihr

Altona, 25. Jan. 1825.
Schumacher.

N? 236.   Gauss an Schumacher.   [109

Mit vielem Danke schicke ich Ihnen hieneben die Clausensche Berechnung der Chronometer-Resultate zurück. Sie sind aber nicht im Geiste meiner Vorschrift gemacht, nach welcher jeder Gleichung ein der Zwischenzeit verkehrt proportionales Gewicht hätte beigelegt werden müssen. Die Nothwendigkeit ist klar, da das, was jede Gleichung $= 0$ setzt, eigentlich, wenn man bloss Fehler A berücksichtigt, nichts anders ist, als das Aggregat aller bei den einzelnen Schlägen eingetretenen Anomalien, welches Aggregats „mittlerer Betrag" der Quadratwurzel der Zwischenzeit proportional wird.

Ich wundere mich um so mehr, dass Hr. Clausen dies zu berücksichtigen versäumt hat, 1) da Sie mir schrieben, dass schon Hr. Hansen denselben Fehler begangen habe, 2) weil die richtige Rechnung viel kürzer ist als die unrichtige. Denn man überzeugt sich sehr leicht, dass bei letzterer der Gang der Uhr schlechtweg durch Vergleichung der ersten und letzten Uhrvergleichung abgeleitet wird, welches also z. B. bei Arnold 97, $i = -3''581$ gibt. Die einzelnen Werthe für x und y brauchen dann bloss nach Maasgabe der Gewichte zu einem Mittel vereinigt zu werden, also

für x			für y	
Werthe	Gewicht		Werthe	Gewicht
$-3''47$	0,2392		$+0''65$	0,1751
$-0,75$	0,9174		$+2,27$	0,3368
$-0,52$	0,2581		$-0,53$	0,1695
$+1,38$	0,8251		$-0,81$	0,1792
$-0,43$	0,4973	Mittel	$0''7473$	0,8606
$+0,19$	1,6892			
$-0,92$	0,6605			
$-3,10$	0,2306			
Mittel $-0''3345$	5,2874			

Man substituirt dann diese Werthe in allen 19 Gleichungen, quadrirt die Abweichungen, dividirt jedes Quadrat mit der Zwischenzeit (= Multiplication mit dem respect. Gewichte) und addirt die Quotienten. Diese Summe mit $16 = 19 - 3$ (weil Anzahl der unbekannten = 8) dividirt und Quadratwurzel extrahirt, gibt mir levi calamo

$$\sqrt{\frac{31,3506}{16}} = 1''3998$$

als mittlern Fehler einer Vergleichung, deren Gewicht = 1, d. i. mittlern Fehler einer Chronometer-Bestimmung von 1 Tage Zwischenzeit.

Die mittlern Fehler der Resultate sind dann

für i .... $\dfrac{1''3998}{\sqrt{77{,}140}} = 3''581$ *)

x .... $\dfrac{1{,}3998}{\sqrt{5{,}2374}} = 0''6117$

y .... $\dfrac{1{,}3998}{\sqrt{0{,}8606}} = 1''5089$

Die sogenannten wahrscheinlichen Fehler wünsche ich eigentlich, als von Hypothese abhängig, ganz proscribirt; man mag sie aber berechnen, indem man die mittlern mit 0,6744897 multiplicirt.

Sie sehen, dass die Resultate sowohl in den Werthen als in der Genauigkeit, bedeutend von denen abweichen, die Hrn. Clausen's ganz unzulässige Rechnung gegeben hat.

Die Methode B habe ich noch nicht so vollständig entwickelt, dass sie mitgetheilt werden konnte, es würde beinahe eine kleine Abhandlung werden müssen und wahrscheinlich wird die numerische Anwendung 6 mal mehr Arbeit machen als obige. Die Verbindung von A und B würde noch schwieriger seyn und das Verhältniss der beiden Fehlerquellen müsste erst anderswoher bestimmt werden. Bei Jürgensens Tourbillon ist das Daseyn von Fehlern B sehr in die Augen fallend.

Wenn Hr. Clausen die sämmtlichen Beobachtungen — haben Sie denn die Protocolle der englischen 36 Chronometer nicht auch schon erhalten? — nach der Methode A richtig berechnet hat, bitte ich um gefällige Mittheilung der Resultate.

Ganz vortrefflich ist Ihr Plan, die Mondsörter zu berechnen, führen Sie ihn doch ja so aus. Gegenwärtig hat man wenig Lust Mondsbeobachtungen zu machen, wenn man die grosse Arbeit der Vergleichung mit den Tafeln ganz auf sich selbst nehmen soll. So wird aber ein neues Leben in die Mondsbeobachtungen kommen und manches schnell weiter aufgeklärt werden.

Schubert's Formel für die Abplattung setzt eine ganz homogene Beschaffenheit des Erdkörpers voraus, die von Laplace bloss die Homogenität der einzelnen Schichten. Sie werden finden, dass wenn man beide Formeln einander gleich setzt, Newton's

---

*) Gauss hat hier aus Versehen statt des mittlern Fehlers von i die Zahl i selbst angesetzt.

bekannte Abplattung $=\frac{1}{230}$ erscheint, die nur für eine homogene Erde gilt.

Stets und ganz der Ihrige
C. F. Gauss.

Göttingen, den 2. Februar 1825.

Sehr eilig.

P. S. Sie bemerken zwar mit Recht, dass Altona und Paris einander zu nahe liegen, um mit einiger Sicherheit die Abplattung daraus ableiten zu können, aber es ist doch auffallend, dass nur ein Unterschied von 7,4 Schlägen stattgefunden hat, da er wol $2\frac{1}{2}$ mal so gross hätte seyn sollen. Sind denn bei dem unveränderlichen Pendel noch Ungewissheiten von 10" per Tag zu befürchten, oder hat Hr. Zahrtmann vielleicht etwas dabei versehen, oder sollen wir (was doch viel gegen sich hat) eben so grosse Anomalien auf der Erde, in Rücksicht auf die Pendellänge statuiren, wie sie bei den Krümmungen stattfinden? Es wird daher Vervielfältigungen an mehrern Orten durch hinlänglich erfahrene Beobachter, sehr zu wünschen seyn. Sollten Sie aber Hrn. Zahrtmann schon jetzt nach G. schicken wollen, was mir übrigens sehr angenehm seyn würde, so muss ich Sie doch aufmerksam darauf machen, dass ich noch keine einzige tüchtige Penduluhr habe, und Chronometer zu solchen delicaten Operationen anzuwenden, halte ich doch für sehr bedenklich. Haben Sie noch nichts weiter von der Penduluhr, die der Herzog von Sussex hierher bestimmt, gehört?

N° 237. **Schumacher an Gauss.** [128

Ich habe, mein vielverehrter Freund! zwei Ihrer Briefe zu beantworten und will bei dem letzten anfangen. Clausen ist dabei meine Chronometer richtig zu berechnen, und wird dann auch die englischen vornehmen. Beide Arbeiten will ich Ihnen senden. Zahrtmann's Pendelversuche habe ich schon einmal durchgesehen, ohne eine Quelle des Irthums entdecken zu können. Irrthümer von 10" täglich scheinen mir ganz unmöglich. Indessen will ich diese Versuche im kleinsten Detail wieder durchgehen.

Die Pariser Beobachtungen sind mehr von Arago als Zahrtmann gemacht. Das einzige, was ich nicht scharf durchgesehen habe, sind die Pariser Reductionen.

Da Sie keine gute Pendeluhr haben, kann es allerdings wohl nicht helfen, dass ich Ihnen Zahrtmann sende, und wir wollen also warten bis ich selbst komme. Von der Pendeluhr des Herzog von Sussex — ne verbum quidem. Ich will mich aber bei Baily erkundigen.

Wie Lieutenant Nehus in Bremen war, fand sich zwischen seiner und der Olbers'schen Barometerablesung ein constanter Unterschied von 0,017 Engl. Zoll. Die Sache fand ihre Erklärung darin, dass Olbers nicht die obere Fläche der Quecksilber-calotte einstellte, sondern einen Lichtreflexionspunct a der auf der convexen Oberfläche war. Seit der Zeit stellt Olbers, auch wie wir den Punkt b ein. Die Barometerbestimmungen kommen dadurch den trigonometrischen näher, und ich hoffe, wenn ruhigeres Wetter eintritt, wird der Unterschied ganz verschwinden. Nach dem von Sonnin selbst besorgten grossen Kupfer der Michaeliskirche, ist

Höhenunterschied des Knopfes und der Fenster = 60 Fuss 6 Zoll Hamburger (1 Hambgr. Fuss = 127 Linien).

Höhenunterschied der Fenster und der untern Grenze der Kuppel = 48 Fuss.

Es sind noch ein paar Exemplare dieses Kupferstich's in der Heroldischen Buchhandlung, soll ich Ihnen eins kaufen?

In Hamburg ist immer Gelegenheit gute gebrauchte Reisewagen zu erhalten, und der mittlere Preis möchte etwa 400 Thaler unsers Geldes seyn. Das Unglück mit neuen Wagen kenne ich leider aus Erfahrung, und rathe niemanden dazu, der nicht einen Offenbacher Wagen von Dick und Kirschten bekommen kann. Diese Fabrikanten sollen eine solche pedantische Sorgfalt bei der Auswahl ihrer Materialien anwenden, dass gar keine Gefahr dabei seyn soll einen neuen Wagen von ihnen zu nehmen. Der Preis in Offenbach ist 90 — 100 Carolinen.

Hier in Altona ist auch ein vortreflicher Sattler, der für seine neuen Wagen einsteht, und mit dem immer ein Accord zu

treffen wäre, dass etwa die Hälfte des Preises erst nach einem
Jahre bezahlt würde, wenn sich nichts an dem Wagen zu er-
innern fände. Er heisst Hofsommer, und ist von London hierher
gekommen. Sie könnten bei ihm den Wagen ganz nach Ihren
Bedürfnissen und Bequemlichkeit eingerichtet bekommen. Der
Preis würde auch wohl beinahe 100 Louisd'or seyn. Ich kenne
ihn lange und stehe ganz für ihn ein, will auch selbst, sobald mein
Wagen nicht mehr gut thut, einen von ihm haben. Auf jeden
Fall thun Sie am besten erst hier alte und neue Wagen zu
besehen, ehe Sie sich entschliessen. Sollte auch der Hannöver'sche
Wagen unterdessen verkauft werden, so finden Sie immer für
105 Louisd'or gute Wägen.

Bessel's Besuch darf ich in der Mitte Aprils erwarten, wäre
es wohl ganz unmöglich, dass Sie auch dann schon hier wären?

So eben erhalte ich das mittlere Resultat von Olbers aus
91 Barometerbeobachtungen mit der vorhin erwähnten Correction
berechnet, genogen. Danach ist sein Barometer 11,204 Toisen
tiefer als meines (mit dem mittlern Fehler 0,01587). Ihre Dreiecke geben, wie er schreibt, 12,2 Toisen. Die Resultate kommen
sich also schon näher. Er hat auch seine im Januar angestellten
Beobachtungen gesandt, die Clausen nun berechnet.

Dass Pond sich vor einer Commission auf L.'s Anklage über
Fehler und Nachlässigkeiten in den Journalen der Greenwicher
Sternwarte rechtfertigen soll, und dass man glaubt er werde dazu
kommen um seinen Abschied bitten zu müssen, glaube ich Ihnen
schon geschrieben zu haben.

Mit der innigsten Verehrung

Ihr ganz eigner

Schumacher.

Altona, 11. Februar 1825.

N? 164 u. &auss an Schumacher.*) [74 a.

Vor ungefähr 6 Wochen habe ich eine Abhandlung über
die Umformung der Flächen an Sie, mein theuerster Freund,

---

*) Dieser Brief, in dem Gauss die Jahreszahl (1822 statt 1823) ver-
schrieben, ist durch ein Versehen nicht nach No. 164, wohin er gehört,
abgedruckt.

eingeschickt; da ich seit noch längerer Zeit gar keine Nachrichten von Ihnen habe, so bleibt der Verfasser ganz ungewiss, ob jene angekommen ist.

Vor ein Paar Tagen erhielt ich von Hrn. Hansen ein dickes Packet, in welchem sich zwei Exemplare Ihrer Hilfstafeln 1823 und ein 4tes Supplement zu Nro. 24 Ihrer A. N. fanden. Indem ich Ihnen für mein Exemplar verbindlichst danke und anzeige, dass das andere an seine Addresse abgegeben, bemerke ich, dass ich von den A. N. seit Nro. 22 und 23 nichts erhalten habe, also Nr. 24 und dessen 3 erste Supplemente noch gar nicht kenne.

Dr. Olbers schrieb mir vor etwa 4—5 Wochen, dass er in den A. N. einen Bericht über meine Gradmessungsarbeiten gefunden habe, dies wird also vielleicht in den desiderirten Stücken gewesen seyn. So viel ich habe in Erfahrung bringen können, haben auch andere Personen, die Exemplare der A. N. durch hiesige Buchhandlungen beziehen, noch keine Hefte seit 22 und 23 bekommen. Diese Umstände und das Ausbleiben aller so sehr ersehnten Nachrichten von Ihnen machen mich besorgt, dass etwas verloren gegangen ist. Vor einigen Wochen ist ein grosses Felleisen mit Briefen, Geldern &c. vom Postwagen zwischen Celle und Hannover gestohlen. —

Ich habe seit ein Paar Monaten viel Leiden durch Krankheiten in meinem Hause gehabt. Meine Frau liegt noch jetzt schwer krank.

Unter herzlichen Wünschen für Ihr Wohlbefinden
der Ihrige
C. F. Gauss.

1822 Januar 21.

P. S. In der vollkommenen Ungewissheit über Ihren dermaligen Aufenthalt addressire ich diesen Brief nach Altona.

☛ Diese Correspondenz zwischen Gauss und Schumacher ist für Rechnung der Schumacher'schen Erben zu beziehen in der Expedition der Astronomischen Nachrichten, Altona, Palmaille No. 12, zum Preise von 4 Thaler R. M. oder 3 Thaler Pr. Cour. pro Band; von diesem Preise wird kein Rabatt gegeben, weshalb die Buchhandlungen genöthigt sind, höhere Preise anzusetzen.